Constanze und Dieter Kraft
Einsichten und Widersprüche
Texte aus drei überwältigten Jahrzehnten

Constanze und Dieter Kraft

Einsichten und Widersprüche

Texte aus drei überwältigten Jahrzehnten

Mit einem Vorwort von Thomas Metscher

Der Verlag bedankt sich herzlich bei Dr. Michael Wengraf
für seine freundliche Unterstützung bei der Realisierung dieses Buches.

© Mangroven Verlag Kassel 2020
Constanze und Dieter Kraft: Einsichten und Widersprüche
Lektorat: Dr. Michael Wengraf
Umschlag: Niki Bong
www.mangroven-verlag.de
info@mangroven-verlag.de
ISBN: 9783946946120

Inhalt

Vorwort

Thomas Metscher

Politisches Christentum und das Prinzip Liebe
Tractatus philosophico-politicus.

I. Die Liebe gegen die Gewalt

Zur Freude mancher Menschen, zu denen ich mich zähle, gehört es, gute Bücher in der Welt zu wissen – ja schließlich in den Händen zu haben und in der eigenen Bibliothek nach Bedarf gebrauchen zu können.

Was ist ein gutes Buch? Ganz sicher ein Buch, in dem man mit Freude Lesen und Lernen kann, das zudem Anlass zum selbständigen Denken und zu praktischen Interventionen ist. Des Näheren wäre darüber eine Abhandlung zu schreiben oder vielleicht auch nur ein kurzes Gedicht, ein philosophischer Gedanke, ein Briefwechsel oder eine Erzählung. In Prosa könnte sie sein oder in Vers – wie die ersten Erzählungen in Versform waren.

In vielen Formen gibt es gute Bücher, und wir wissen, dass es nicht die Form ist, zumindest nicht die Form allein, die ein Buch zu einem guten macht. Das entscheidende Kriterium ist der Gehalt. Dieser bestimmt die Form. Er „bringt die Form mit". Kraft dieser Bestimmung ist „Form" (…) nie ohne Gehalt". So Goethe in der „Schematischen Übersicht zum *Faust* vom April 1800", nach Schöne „Arbeitsnotizen eigenhändig". Sie waren für den ganzen *Faust* gedacht. Es gelte, „diese Widersprüche, statt sie zu vereinigen disparater zu machen." Heißt wohl ungleichartiger, unvereinbarer, schärfer, meint in jedem Fall eine Zunahme am Widerspruch. Wer hier spricht, ist Goethe, der Realist als Dialektiker. Wir zögern noch zu sagen: der dialektische Materialist. Doch ist es für ihn so, dass letztlich der Inhalt zählt, der Gehalt einer Schrift: der

Geist als „Welt u Thaten Genius", und das zunehmend im Fortgang des Werkganzen. Denn im „Streit zwischen Form- u Formlosen" hat der „formlose Gehalt" „Vorzug [...] vor der leeren Form". „Gehalt bringt die Form mit / Form ist nie ohne Gehalt." Dies dürfte die Grundformel sein. Sie konstituiert ein dialektisches Verhältnis zwischen Gehalt und Form, bei Zunahme des Widerspruchs im Fortschritt des Werkganzen. Form, in der Dichtung, ist zuallererst *sprachliche Form*, doch vermag sie, in Verbindung mit den Schwesterkünsten, Musik und bildender Kunst, den Spielraum des dargestellten Gehalts zu erweitern. Die *ästhetische Form* bezieht sich, so verstanden, auf alle Künste, die Einzelkünste und ihre mögliche Synthesis. In dieser empirisch gegebenen Tatsache liegt der Ursprung der Idee des Gesamtkunstwerks. In Goethes *Faust* findet sie zum ersten Mal Verwirklichung.

In jedem Fall: als Existenzform des Gehalts ist die ästhetische Form ein dialektischer Begriff. Sprache, Ton und Bild: ohne Gehalt sind sie leere Schale. Erst als Existenzform des Gehalts: als *gestalteter Inhalt* werden sie zur Kunst. Das Meiste freilich, das heute als Kunst vermarktet und im Feuilleton der akkreditierten Journale angepriesen wird, ist bedeutungsarm. Es mangelt des Gehalts, der die Form erst erschafft. So kommt es über seinen Charakter als Ware nicht hinaus, mag auch sein Marktwert astronomische Höhen erreichen.

Für Gehalt darf auch Inhalt stehen. Gehalt oder Inhalt: das ist das *Concretum*, der *Mensch ganz* in seinem empirisch gegebenen Dasein, der praktisch zuhandenen, von ihm selbst geschaffenen, zumindest mit-geschaffenen Welt. Nichts anderes ist gemeint, nichts anderes, doch auch nicht mehr, wenn hier vom *Concretum menschlichen Daseins* gesprochen wird. Und der Mensch als Concretum heißt: als historisch-gesellschaftliches Naturwesen, ausgestattet mit der Fähigkeit der Vernunft als der Kraft des Denkens, in die Welt gestellt als dem Spielraum menschlicher Praxis und Erfahrungen, verbunden mit Anderen: in Leid und Trauer, Freude und Genuss. „Zu leiden, weinen, / Genießen und zu freuen sich". So Goethes *Prometheus*-Ode. Hier ist sie schon, die Freude, sehr früh, dem jungen Schiller nahe, der seine Ode „An die Freude" im Sommer 1785 niederschrieb; die Beethoven noch Jahrzehnte später als Material seiner musikalischen Utopie gebrauchte: „Freude, schöner Götterfunken, / Tochter aus Elysium": dem Ort eudaimonischen Daseins am Westrand der bekannten Welt, eine Frühform mythischer Utopie. Noch für Thekla im *Wallenstein* ist Venus „das Gestirn der Freude" (*Die Piccolomini*, III / 4), erkannt als Stern-Konstellation. Den Liebenden freilich bringt sie kein Glück. Max wird zum Opfer des Gottes der Gewalt, er stirbt, vergeudet in einem sinnlosen Krieg, unter den Hufen seiner Pferde. „Da kommt das Schicksal – Roh und kalt / Fasst es des Freundes zärtliche Gestalt / Und wirft ihn unter den Hufschlag seiner Pferde – / – Das ist das Los des Schönen auf der Erde!" (*Wallensteins Tod*, IV, 12). Die Liebe hier schon ist das produktiv-schaffende Prinzip, einer Freude, die den Liebenden gehört und keinem anderen in Schillers großem Stück. Sie ist Gegnerin des Prinzips der Gewalt, das hier, verkörpert in Theklas eigenem Vater, den Sieg wie es scheint davon trägt – das aber dann an sich selbst zugrunde geht. Sein Gegensatz und Opponent ist die Liebe. Sie ist Prinzip eines humanen Lebens. Als ein solches steht sie für eudaimonisches Dasein.

II. Eudaimonisches Dasein

Was es heißt, das eudaimonische Dasein (es wird im Deutschen meist abgeschwächt als ‚glückselig' wiedergegeben), ist der antiken Philosophie abzulesen, bei Aristoteles, später dann bei Lukrez. Sein Kern ist ein Dasein im Einklang mit den produktiven Kräften der sinnlichen menschlichen Natur, die als Teil der umfassenden Natur (‚physis') gedacht werden muss. Von daher bestimmt sich auch der Begriff ‚Glück' als Harmonie der menschlichen Naturkräfte. Engels' Begriff „menschlicher Freiheit" tritt hinzu: als Existenz in Harmonie mit den erkannten Naturgesetzen. Eudaimonie meint menschliches Sein in, nicht außerhalb der Natur. Die kultur-historische Topographie der eudaimonischen Orte hat uns Lukrez übermittelt, in der Schrift über die *Natur der Dinge (De rerum natura)*, deren Bedeutung für die Entstehung des modernen Bewusstseins in Stephen Greenblatts *The Swerve* überzeugend dargestellt ist. Die eudaimonischen Orte, lässt sich sagen, gehören zu dem, was im neueren Denken *utopische Orte* genannt werden kann und auf älteste Wunschkomplexe zurückgeht. Im Irdischen Paradies der *Commedia* Dantes kehren sie wieder, romantisch-modern bereits im Arkadien des Helena-Akts, wo Faust fast schon die ominösen Worte des Pakts spricht: „verweile doch, du bist so schön". „Zur Laube wandeln sich die Thronen: / Arkadisch frei sei unser Glück" wird an deren Stelle gesagt.

Nicht hier, und auch nicht anderen Orts wird Faust die Worte des Pakts sprechen, jedenfalls nicht in der gewünschten Form, so sehr auch der Gegen-

gott darauf beharrt. Der Umriss seiner Figur, der männliche Gott als Herr
der irdischen und himmlischen Welt, stammt gleichfalls aus Goethes frühes-
ter Zeit, und das „Dein nicht zu achten", die Verachtung des Gottes, ist eine
Kampfansage an jede herrschaftliche Intervention. Sie wird von Goethe nie
aufgekündigt. Diese Haltung ist jeder Demut fern wie auch fern jeder Angst.
Denn sie weiß sich im Bund mit menschlichem Selbstbewusstsein und den
Kräften des Subjekts. „Hast du's nicht alles selbst vollendet, / Heilig glühend
Herz?", „Hast du die Tränen gestillet / Je des Geängsteten", heißt es hier, und
gefragt wird der Gott, der es nie vermochte. Das allein Unabwendbare sind
Zeit und *Schicksal* – die „allmächtige Zeit" und das „ewige Schicksal", denen
niemand entgeht, weder Mensch noch Gott. Hier klingt an, was im nächsten
Jahrhundert im Namen existentiellen Denkens philosophisch Karriere machen wird: Menschliches Dasein als *Sein in der Zeit;* wollten wir das Denken
des frühen Heidegger heute weiterdenken, müssten wir den *Raum* hinzu-
fügen. Es gibt keinen validen Grund, diesen fallen zu lassen. Der Gedanke
lautet dann wie folgt: *,Das Dasein, in dem ich bin, das Concretum meines Seins in
Zeit und Raum ist von mir selbst gemacht, von mir selbst in der Gemeinschaft mit anderen.* So gilt das *Du* der Prometheus-Ode nicht der Liebe, deren Prinzip wird
anderen Orts gesucht werden müssen. Der *A-Theos* als Gott der Ode ist der
Nicht-Gott, dem die atheistische Aufklärung zu Recht den Kampf ansagte. Es
ist der menschenfeindliche Gott, der Unterwerfung fordernde Herrschergott,
den schon Milton und die englische Romantik bekämpften. Es ist der Gott,
der Max Piccolomini unter die Hufe seiner Pferde warf, den Schillers Wallenstein verkörpert, der Liebe nur als Mittel der Macht kennt.

III. Die Entfesselung des Prometheus und das Prinzip Liebe

Dieser Kampf gegen die Herrscher der irdischen und himmlischen Welt war
Teil der europäischen Revolution. Der göttliche Gegner des Prometheus war
den Menschen feindlich gesinnt, er war kein Gott der Verzeihung und der
Liebe. Das lyrische Prometheus-Drama Shelleys, „*Prometheus Unbound*" feiert
die Entfesselung des Prometheus als Metapher für die reale Befreiung des
Menschen. Mit diesem aber ist nicht mehr der abstrakte Mensch der bürger-
lichen Aufklärung gemeint, sondern der konkrete Mensch der Arbeiterklasse.
Deren Entfesselung stellt Shelleys Drama dar. Es ist eine Ästhetik der Befrei-

ung – lange bevor dieses Symbolwort erfunden wurde. Diese Befreiung aber steht noch an ihrem Beginn. Das neue Jahrhundert – das von Marx, Engels, Lenin, Connolly, Luxemburg, Gramsci, Mao, Castro bestimmte 20. Jahrhundert – war nicht nur „an Age of Extremes" (Eric Hobsbawm), sondern auch ein Jahrhundert der Katastrophen. Sein Gott war der Geldgott, sein Prinzip das Kapitalprinzip. Sein Triumph zieht als Blutspur durch alle Kontinente. Das Kapital errichtete ein Imperium der Gewalt, gegen das sich die große Kunst des Zeitalters mit höchster Entschiedenheit richtete: Pablo Picassos *Guernica*, die *Ästhetik des Widerstands* des Peter Weiss, der *Große Gesang* Pablo Nerudas, die Romane José Saramagos, das musikalische Werk Dmitri Schostakowitschs. Denn die große Kunst war nicht auszurotten. Sie blieb als unversöhnte Gegnerin des Prinzips der Gewalt. Und sie blieb als Erinnerung der Liebe und des Kampfes.

Kunst ist, wie Lukács sagte, das Selbstbewusstsein der Menschheit; ihr Werk die Erinnerung. In Shakespeares *Sonetten* ist es die Erinnerung der Liebe. Bei Neruda liest es sich so: „Niemand weiß, wo die Mörder / die Leiber verscharrten, / jedoch, sie werden der Erde entsteigen, / zurückzufordern das vergossene Blut / bei der Erhebung des Volkes" *(Der große Gesang)*. „Ich möchte Erde, Feuer. Brot, Mehl. Zucker, / Meer, Bücher. Heimat für alle, drum / war ich unstet und flüchtig: Mich verfolgten die Richter des Verräters." *(Der große Gesang)*. Den Gott des Geldes und der Gewalt nicht zu achten, der prometheische Widerstand wurde ein Stück menschlicher Selbstbehauptung, das heute noch gilt, über die Kontinente hinweg. Und wenn es Zukunft gibt für die Menschen, als befreites Geschlecht, so nur über den Kampf und im Bund mit der Liebe, die am Ende des „*Faust*" weibliche Gestalt besitzt. „Jungfrau, Mutter, Königin, / Göttin" – das ist sie.

Der männliche Herrschergott ist der weiblichen Liebesgöttin gewichen. Dies hat den meist männlichen Germanisten so viel Bauchgrimmen und Kopfweh bereitet: die Verwandlung des Zeitlichmännlichen ins Ewigweibliche, die das Drama *Faust* als Handlung vollzieht. Es ist eine neue Macht, Tat der Befreiung, die zu Recht ‚unbeschreiblich' genannt wird – weil sie poetisch nicht mehr beschrieben werden kann. Zugleich ist die Göttin der Liebe der verwandelte Schöpfergott: „Eros / der alles begonnen". So am Ende der Klassischen Walpurgisnacht, auf Galathees Meeresfest. Hier schon dominieren weibliche Figuren, nehmen das Ende voraus – „Das Unbeschreibliche, / Hier ist's getan; / Das Ewigweibliche / Zieht uns hinan."

Es ist Gretchen, die in den Kreis der liebenden Frauen aufgenommen wird – nicht Helena, die Fürstin und die schönste Frau des antiken Griechenland, sondern die Unterste, Niedrigste ist es, die das äußerste Leiden erfuhr; Kindsmörderin, die, von ihrem Geliebten verlassen, mit verhallender Stimme im Kerker endet, in der Erwartung von Scharfrichter und Blutgerüst. „Una Poenitentium, sonst Gretchen genannt." Sie hat freilich die Liebe schon früh erkannt: die Liebe, die mehr ist als Sex, weil sie den ganzen Menschen ergreift. Sie singt in ihren Liedern davon, im „König in Thule" vor allem, „gar treu bis an das Grab, / dem sterbend seine Buhle / Einen goldenen Becher gab." Der Becher hier ist Symbol der gemeinsam genossenen Liebe. Als Kraft des Lebendigen und lebensgestaltendes Prinzip wird sie in ihrer partikularen Larvengestalt erfasst, damit intuitiv erkannt, was sie für das ganze Werk bedeutet – das Werk der Kunst und das Werk des Lebens. So handeln bereits Gretchens Lieder von dem, was in der Sprache des gewöhnlichen Lebens „unbeschreiblich" bleibt, „unzulänglich" – nicht zu erlangen – in den Handlungen des Alltags. Hier, sehr früh, liegt der Schlüssel für Gretchens „Rettung": dass sie wusste, was die Liebe bedeutet, und die Welt ohne Liebe verloren ist, zurückfällt ins alte Chaos, das der Teufel vertritt. So kann dann auch auf die flehende Bitte um Rettung: „Ach neige, / Du Schmerzensreiche, / Dein Antlitz gnädig meiner Not!" die Stimme dankbaren Glücks Antwort geben: „Neige, neige, / Du Ohnegleiche, / … / Dein Antlitz gnädig meinem Glück! / Der früh Geliebte, / Nicht mehr Getrübte, / Er kommt zurück".

Zu erkennen ist, dass es hier um die Rettung des Menschen geht, eine Anthropodizee, die an die Stelle der Theodizee tritt (Peter Hacks hat diesen Gedanken zuerst ins Spiel gebracht). Heißt Theodizee die Rechtfertigung Gottes gegenüber dem Vorwurf seiner Verantwortlichkeit für die Übel der Welt, so kann Anthropodizee nur die Vergebung des Menschen für die von ihm begangenen Untaten bedeuten. Die Fausthandlung hält die Frage der Schwere von Fausts Schuld bis in die Todesszene hinein offen (Großer Vorhof des Palasts), so dass auch der Streit darüber in der Faust-Rezeption bis heute unentschieden blieb. Fausts Anthropodizee erfolgt in der Bergschluchten-Szene, die den Aufstieg des liebenden Menschen aus Tiefe und Dunkelheit in die Helle des Himmels abbildet, und hier ist es Gretchen, die Fausts Rettung vollzieht. Sie spricht die erlösenden Worte von Fausts Rückkehr und ihrem Glück. Ihre Liebe hier ist keineswegs sinnenabgewandt oder christlich-platonisch. Sie spricht von „dem Neuen", dem „frischen Leben", das der „alten Hülle sich

entrafft". „Aus ätherischen Gewande / Hervortritt erste Jugendkraft." Und:
„Vergönne mir, ihn zu belehren, / Noch blendet ihn der neue Tag." Gretchen,
in der neuen Welt, der neuen Schöpfung, möchte man sagen, ist Fausts Leh-
rerin – wie er es für sie in dem alten war. Angedacht hier ist ein „neues Sein",
das den Prinzipien der Gewalt und der Macht, mit ihnen der alten Welt, Absage erteilt. Diese Absage erfolgt aus einem neuen Weltprinzip: dem *Prinzip
Liebe*, für das die Frauengestalten der Bergschluchtenszene einstehen. Goethe
hat dieses neue Weltprinzip angedacht – der Frage nachgedacht, wie dieses
neue Weltprinzip zu denken sei.

Wir wissen, wie intensiv der greise Goethe an dieser letzten Szene seines Lebens und Dichtens gearbeitet hat, dass er ihren Text versiegelte und
den wertesten Freunden nicht zeigen wollte (selbst dem klugen Humboldt
nicht). Er wusste sehr wohl, dass „dieses seltsame Gebäu" [...] an den Strand
getrieben wie ein Wrack in Trümmern daliegen und von dem Dünenschutt
der Stunden zunächst überschüttet werden (würde)." (Brief an Wilhelm von
Humboldt, 17. März 1832). Das „Zunächst" deutet an, dass er eine Zukunft, in
der seine Dichtung Gehör finden würde, nicht ausschloss. Das neue Sein, die
‚Erneuerung der Welt', die Goethe hier andenkt, folgt nicht dem Prinzip der
Macht, sondern dem der Liebe. Im *Faust* ist dies in einer Kunstform gedacht,
die als musikalisch geformte Sprache Existenz hat – wie am Werk dieser Dichtung alle Künste teilhaben – wohl die erste Gestalt eines Gesamtkunstwerks.
So ist es bezeichnend, dass die letzte Szene – Bergschluchten – in einer Sprache
verfasst ist, die den dargestellten Vorgang, das eigentliche Geschehen sprachlich nicht mehr beschreibt. Es ist ‚unbeschreibliches Ereignis' – sprachlich
nicht fassbar, doch es geschieht, ‚unzulänglich' zugleich, weil auch empirisch
nicht zu erlangen. Hier liegen die Aporien des *Faust* als künstlerische Form.

IV. Das Prinzip Liebe als Selbstbewusstsein der Menschheit

Das Prinzip Liebe hat im *Faust* jedes andere Prinzip abgelöst: die Hoffnung,
die Verantwortung, den Glauben; denn es reicht weiter als diese anderen und
ist doch Teil von ihnen. An seiner Seite steht der soziale Kampf. Dies wissen
wir von Salvador Allende, der über Nerudas Dichtung sagte: „In Nerudas
Dichtung ist ganz Chile gegenwärtig, mit seinen Flüssen und Bergen, dem
ewigen Schnee und den glutheißen Wüsten. Über alle Dinge aber stellt er den

Menschen, den Mann und die Frau. Darum ist in seiner Dichtung die Liebe
und der soziale Kampf."
Wie Menschen liebten und litten, kämpften und starben: daran soll Erinnerung sein. Daher steht an der Seite der Liebe bei Neruda der soziale Kampf,
und auch politische Solidarität ist eine Form der Liebe – wie es auch Freundschaft ist. Bei Neruda ist, wie für keine zweite Gestalt moderner Dichtung,
Erinnerung die Grundidee des Gedichts. Mit dem *„Großen Gesang"* gelingt es
ihm, die lyrische Form zum *Weltgedicht* – zur modernen Epopöe – zu erweitern. Damit rückt Neruda in die Tradition von Homer, Vergil, Dante, Milton,
Faust, denn dieser Gesang ist Drama und Epos zugleich. In der neueren Dichtung wäre hier allein noch an Balzacs *Menschliche Komödie,* Tolstois *Krieg und
Frieden,* Melvilles *Moby Dick,* Scholochows *Der stille Don* und Weiss' Ästhetik
des Widerstands zu denken. Die Grundform, von der her das Welt- und Zeit-
epos aufgebaut wird, ist in diesen Beispielen der moderne realistische Roman.
Noch zu nennen in diesem Zusammenhang sind Pounds *Pisan Cantoes* als
Versuch, über die lyrische Form gegenwärtige und vergangene Literaturspra-
chen im Zusammenhang sprechen zu lassen und so das konkrete Bild einer
menschheitlichen Weltkultur zu entwerfen, die die Wertschätzung aller Kulturen propagiert.
Ist Liebe das Prinzip solcher Dichtung (und für die Mehrzahl der genannten Fälle trifft dies zu), so sei erinnert, dass Liebe hier Vieles bedeutet und
eine lange Geschichte hat. So ist das Werk der Venus die „Wonne der Menschen und Götter", Kraft des Lebens, „die alle lebendigen Wesen erzeugt",
und „allein die Natur der Dinge regiert", wie es das Erste Buch des Lukrez
besingt, wie Botticelli die Feier ihrer Ankunft malte, das wohl schönste Bild
der italienischen Renaissance. Psyche steht im Bund mit Amor, dem Gott der
Liebe, ewiger Feind dem rächenden Gott. Gott der Liebe aber ist auch der
ans Kreuz geschlagene Jesus, Sohn eines Zimmermanns, dem José Saramago,
der Kommunist, ein humanistisches Evangelium hinterließ: das *Evangelium
nach Jesus Christus,* nicht als antichristliche Kampfansage, vielmehr als Testament eines kommunistischen Christentums. Denn Liebe heißt hier auch
Agape und Solidarität, die Gemeinschaft derer, die kämpften und untergin-
gen, eingedenk der Worte John Donnes (Shakespeares Zeitgenosen), die ein
anderer Realist der Klassischen Moderne, Ernest Hemingway, seinem großen
Spanienroman *For Whom the Bell Tolls* („Wem die Stunde schlägt") als Motto
vorangestellt hat:

No man is an Island, intire of it selfe; every man is a peece of the Continent, a part of the maine; if a Clod bee washed away by the Sea, Europe is the lesse, as well as if a Promontory were, as well as if a Mannor of thy friends or of thine own were; any mans death diminishes me, because I am involved in Mankinde: And therefore never send to know for whom the bell tolls; it tolls for thee.

Kein Mensch ist eine Insel, die nur aus sich selbst besteht; jeder Mensch ist ein Stück des großen Kontinents, Teil des Ganzen; wenn ein Erdstück vom Meer hinweggespült wird, wird Europa verkleinert, wie auch ein Vorgebirge kleiner wird oder ein Landhaus, das dir oder deinen Freunden gehört: der Tod jedes Menschen verkleinert mich, denn ich gehöre zur Menschheit. Drum frage nie, für wen die Totenglocke läutet, sie läutet für dich.

Was hier ausgesprochen wird – in hoher metaphorischer Konzentration – ist das, was Lukács das *Selbstbewusstsein der Menschheit* nennt: dass der Mensch, der sich als Einzelner erfährt und kennt, Teil der Menschheit ist. Es ist ein historisch-anthropologischer Begriff, der das Individuum als Gattungswesen meint – damit Teil eines Ganzen, auf dem seine Würde und sein Ethos gründen. Ihm angeschlossen ist das Prinzip einer Liebe, die Solidarität, Glaube und Hoffnung vereint. Es bildet den Boden einer Ethik, die zugleich politisch und individuell ist, die politische Weltanschauung und individuellen Glauben, Marxismus und Christentum, zusammenzufügen vermag.

V. Constanze und Dieter Kraft: Zur Dialektik des Politischen und des Theologischen

„Und wozu Denken in dürftiger Zeit?"

Jetzt liegt hier ein Buch vor, das ein kategoriales Feld umkreist, das ich in den ersten Teilen meines Texts einzugrenzen versuche; das ich bewusst in den Zusammenhang der Literatur des philosophischen Traktats stelle. In diesen ersten Teilen versuche ich zudem, die genannten Elemente zusammenzuführen, die dem Leser und Besitzer dieses Buchs andauernder Anlass zum Lesen, Denken und Lernen sind; das daher auch aus mehr als nur einem Grund zu den Büchern gehört, deren Lektüre und Besitz eine nie versiegende Quelle der Freude und Hoffnung sind. Dabei handelt es sich um Schriften sehr unterschiedlicher Art – zwischen gelehrter Abhandlung, philosophisch-literarischem Essay, theologisch-philologischer Reflexion, politischer Analyse, Zeitdiagnose, politischem Essay und theologischem Bericht. Es ist schwierig, die verschiedenen Formen unter einen Titel zu stellen. Und doch bewegen sich die hier gesammelten Texte bei aller Verschiedenheit und Differenz im Einzelnen, in Form wie im Stil, in der Spannung von Ethos und Politik, deren Normen im weitesten Sinn von der Bibel her bestimmt sind. Diese Normen stiften erst die Einheit von Ethos und Politik, Erkennen und Handeln im Sinn eines dialektischen Verhältnisses. Einer solchen Sicht tritt erst der Zusammenhang des Verschiedenen in seiner ganzen Bedeutung hervor. Sichtbar wird, dass diese Vielschichtigkeit wie ihr Zusammenhang nie Fragen der Form allein betrifft, sondern stets auch Fragen des Gehalts, des Inhalts in der Form, der über Bedeutung und Gelingen des Einzelnen wie des Ganzen erst entscheidet.

Die Autoren dieses bemerkenswerten Buchs sind nicht nur durch die Gemeinsamkeit ihres Denkens und Fühlens miteinander verbunden, sondern auch durch die Gemeinsamkeit ihres Glaubens und ihrer persönlichen Lebensverhältnisse. Beide leben seit biblischen 40 Jahren in der Gemeinschaft einer Ehe – eine höchst ungewöhnliche Gemeinsamkeit in dieser zerrütteten Zeit.

Die Autorin, *Constanze Kraft,* ist bereits aus Berufsgründen eine Person der Praxis. Sie ist eine Berliner Pfarrerin, die Erfahrungen auf nahezu allen Gebieten christlicher Praxis gewonnen hat. Sie hat in verschiedenen kirchlichen Gemeinden gearbeitet, war tätig im Ökumenischen Rat Berlin-Brandenburg, zeitweilig auch Vorsitzende seiner Theologischen Kommission und Mitglied des Theologischen Prüfungsamtes der Landeskirche. Ihr Studium an der Evangelischen Theologischen Comenius-Fakultät in Prag schärfte ihren Sinn für eine geschichtliche Perspektive, in die sie nicht zuletzt auch die hier festgehaltene Verbindung zur hussitischen Bewegung einbezieht und damit auch die enge Verbindung zu den sozialrevolutionären Traditionen des frühen Protestantismus. Als ihren wichtigsten theologischen Lehrer betrachtet sie Ton Veerkamp.

Der Autor, *Dieter Kraft,* promovierte bei Hanfried Müller zum Dr. theol., einem Schüler Karl Barths, der Schlüsselfigur der dialektischen Theologie, der auch Kraft in seiner Arbeit eng verbunden blieb. Er wurde zum Dr. sc. theol. an der Humboldt-Universität zu Berlin promoviert bzw. habilitiert und war bis zu seiner sogenannten ‚Abwicklung' im Jahre 1992 im Rahmen der Reconquista der neoliberalen Weltordnung ordentlicher Universitätsdozent für Systematische Theologie an der Sektion Theologie dieser Universität. In jenem deutschen ‚Unrechts- und Atheistenstaat' war es also durchaus möglich, als Lehrer der Theologie tätig zu sein. Bereits 1991 war Dieter Kraft aus Protest gegen die vollzogene Neuordnung als gewählter Senator seiner Universität zurückgetreten. Von 1980 und 1984 arbeitete er im Prager Stab der Christlichen Friedenskonferenz und redigierte seit 2000 für zehn Jahre die von Hans Heinz Holz und Domenico Losurdo herausgegebene philosophische Zeitschrift *Topos*. Als Autor hat er dort regelmäßig publiziert, wie auch in den seit 1982 erschienenen *Weißenseer Blättern* und in *Aufhebung. Zeitschrift für dialektische Philosophie*. Bis in unsere Tage hinein ist er Autor in kritischen Organen und hilft mit, dialektisches und damit auch marxistisches Denken im Hier und Jetzt, in unserer Zeit und über diese hinaus am Leben zu erhalten.

Die Zusammenarbeit dieser beiden Autoren ist zudem, nach Auffassung des hier Schreibenden, Modell für einen Marxismus zukünftiger Zeit. Denn dieser hat eine Zukunft nur, wenn er im Sinne seines dialektischen Grundprinzips bislang Getrenntes zusammenführt, und dazu gehört auch das Zusammenführen von Wissen und Glauben. Sicher: nicht jeder Glaube wird es sein, doch sicher ein solcher, wie ihn die beiden Krafts vertreten. Die Kunst, nicht zuletzt, ist der Ort, an dem ein solches Zusammenführen möglich werden kann – in der Vergangenheit auch schon möglich wurde. In allen Künsten lassen sich Beispiele dafür finden – mit Sicherheit seit jenem Zeitpunkt, den Eric Hobsbawm als Doppelrevolution charakterisiert. Die Einheit des Politischen und des Philosophischen, hier auch des Theologischen, ist ein Indiz für den Reifegrad des Denkens – auch und gerade des Denkens im Marxismus. Dieser aber ist nur als dialektischer zu solchen Entwicklungen fähig – ich habe dafür den Begriff des ‚Integrativen Marxismus' vorgeschlagen.

Dies bedeutet nicht, dass die Differenzen zwischen Wissen und Glauben verwischt werden, sie sind offen zu halten, so dass das Gemeinsame sichtbar bleibt wie das Trennende. Wenn Marx sagt: *die Kritik der Religion ist die Voraussetzung aller Kritik,* so muss festgehalten werden, wann und wo er es sagte und welche Form der Religion er im Blick hatte. Durchaus ist eine religiöse Haltung denkbar, die die Grundlehre der Evolution – naturgeschichtlich und anthropologisch-gesellschaftsgeschichtlich – im vollen Umfang anerkennt, damit auch die Theorie geschichtlicher Entwicklung und gesellschaftlicher Klassen, die Notwendigkeit der Revolution zur Herstellung einer neuen – postkapitalistischen – Welt; eine Welt, die im Geist der Kooperation und Solidarität errichtet ist. Dies gilt für jede politische Ethik wie die ihr folgende Praxis, die zu diesem Ziel führt.

Es kann also nicht die Aufgabe von Marxisten sein, den Glaubenden die Unmöglichkeit ihres Glaubens vorzurechnen. Ob ein Christ historischer (und in der Folge dialektischer) Marxist sein kann, ist nicht von Marxisten zu entscheiden. Von diesen ist allein festzuhalten, dass der Marxismus keine Religion ist und deshalb auch mit keiner Religion konkurriert – dass Glaubende sehr wohl aber ihren Platz finden können an der Seite von Marxisten. Entscheidend dabei ist die Einheit von ethischer Grundlage und politisch-praktischem Verhalten, wie auch die Gemeinsamkeit der Kriterien für beide. Wenn solche Gemeinsamkeiten gegeben sind, steht auch der politischen Kooperation von Christen und Marxisten nichts im Wege – eine Einstellung, die sich auch auf Mitglieder anderer Religionen bezieht.

V. Constanze Kraft und das Prinzip Liebe

Von allen Beiträgen in dem Buch ist Constanze Krafts essayistischer Text zum Prinzip Liebe: *Da stand die Sonne still. Biblische Maßgaben für Frauenfiguren im Werk von Peter Hacks*[1] von herausragender Bedeutung. In ihm treten literarisches Essay und philosophisch-theologische Reflexion auf das Glücklichste zusammen.

Krafts Text ist ein Grundlagenaufsatz dieses Buchs, weil er seine wesentlichen Dimensionen mit scharfer Logik und im besten Stil in ihrer Tiefe auslotet. Als Erstes ist es die Bibel. Der Essay klärt, was bislang nur wenigen Linken, auch Marxisten nicht, auch mir selbst nicht, mit genügender Gründlichkeit klar gewesen ist: dass es sich bei der Bibel nicht um ein beliebiges Buch theologischen Inhalts handelt, sondern um ein Werk der Weltliteratur. Hier schließt die Arbeit Krafts an die große Studie Erich Auerbachs, *Mimesis. Dargestellte Wirklichkeit in der abendländischen Literatur* an, die mit der *Odyssee* und dem *Alten Testament* ihren Einsatz nimmt. Das Grundkonzept von Krafts Ausarbeitung liegt in dem, was hier das *Prinzip Liebe* genannt wird. So ist der neutestamentliche Begriff der Liebe zu ergänzen durch den Begriff der *Solidarität* – als „hoher Mut," zu versuchen, „in einer unsolidarischen Welt solidarisch zu leben", wie auch im Anschluss an Paulus, der Liebe mit *Glaube* und

---

1 In: *Hacks Jahrbuch* 2016. Hg. Von Kai Köhler. Berlin 2016, 21–42.

Hoffnung in Verbindung bringt. Eine weitere Verbindung zieht Kraft, wenn sie Liebe auf *Eirene* – den Frieden – bezieht, der als ersehntes Gut nach dem Ende der Perser- und Peloponnesischen Kriege entstand, bei Aristophanes und Euripides aber schon als existentielles Konzept entwickelt wurde. Kraft zieht hier die Linie zu den Dramen von Hacks, die Liebe und Frieden behandeln. Eirene wird hier als Göttin des Friedens vom Himmel geholt und mit dem Zustandekommen eines Staatswesens verbunden, in dem Ordnung, Wohlstand und Frieden herrschen (hier ließe sich auch leicht die Linie zu Shakespeare ziehen). Erweitert wird dieser Gedanke durch den von Jesaja vermittelten Vorstellungskonzept eines „neuen Himmels und einer neuen Erde", in dem „Wolf und Lamm beieinander weiden", „der Löwe Stroh fressen wird wie das Rind", aber die Schlange Erde fressen muss" (Jesaja 65, 17–25).

Von allen Dramen, die Hacks schrieb, hat nach Kraft *„Pandora"* die größte Nähe zur Bibel. Die biblische Hoffnung auf die Erneuerung der Welt, als Hoffnungsgut für die gesamte Menschheit gedacht, findet ihren Ermöglichungsgrund im Sozialismus. Das entscheidende Element dabei ist die Arbeit, Der Grundwiderspruch zwischen vergesellschafteter Arbeit und privater Aneignung des Mehrwerts dieser Arbeit besteht jetzt nicht mehr. Der Gegensatz zwischen prometheischen und epimetheischen Kräften hat seinen feindlichen Charakter aufgegeben. Sie sind miteinander verbunden zugunsten einer Sache, die errungen werden muss. Aus der Arbeit entwickeln sich Heil und Heilung für die Menschen, das ersehnte Heil-Sein ihrer Existenz. Zwischen diesem und der antiken Bibel findet ein atemberaubender Brückenschlag statt. Nicht der Vater der Arbeit, Prometheus, ist es, der die durch ihn selbst bewerkstelligte Befreiung genießt. Die Zukunft gehört der schönen Kunst, der Liebe und der Muße, biblisch gesprochen: dem Sabbath. Es ist dies eine Menschheitsutopie der es um das Weltganze geht. Neu ist auch die biblische Hoffnung, weil es Erde und Himmel sind, in deren Gegenwart Befreiung geschieht, Zerstörtes wiederhergestellt wird, Gerechtigkeit herrscht, der Tod ohne Wirkung bleibt.

Das Prinzip Liebe schließt an, wo das Prinzip Hoffnung seine Grenzen hat, und es wird historisch-gesellschaftlich konkretisiert. Es ist denkbar nur durch den weltweiten Sieg des Sozialismus, als historischem Concretum. Hacks, durch die Augen von Constanze Kraft gesehen, erschließt uns einen neuen literarischen Erdteil. Der literarisch-theologische Essay trägt in seiner tiefsten Dimension den Blick in eine literarisch-kritische Geschichtsphilosophie. Deren Bezüge reichen nicht allein in das ontologische Erbe von Lukács zurück, sondern, über dieses hinaus, in ein Prinzip Hoffnung, wie es uns von Bloch überliefert ist, beide aber konkretisiert und erweitert durch das, was uns als das Prinzip Liebe im radikalen christlichen Denken an die Hand gegeben ist – für die gegebene und noch zu schreibende Literatur. Das dramatische Werk von Hacks steht dafür im doppelten Sinne ein – als biblische Tradition, geschriebene Tradition und noch zu lösende zukünftige Aufgabe.

Überblicken wir die in diesem Buch versammelten Texte im Ganzen, so lässt sich sagen, dass trotz seiner Diversität – Erinnerung und Geschichtsschreibung, politische Analyse und philosophisch-theologische Studie – die gedankliche Einheit frappiert. Wenn hier von Rezipienten also bestimmte Schwerpunkte gesetzt werden, so ist zuzugestehen, dass in dieser Auswahl das Interesse der Rezipienten Priorität erhält. In die Darstellung des Ganzen tritt damit ein stark subjektives Moment. Von den hier genannten Konzepten des Buchs sind es vor allem drei, die im Mittelpunkt des Interesses des hier Schreibenden stehen, aus unterschiedenen, doch miteinander verknüpften Gründen: (1) es ist das, was ich das *Prinzip Liebe* nenne und das mit ihm gesetzte kategoriale Feld (motiviert nicht zuletzt auch durch parallel laufende Studien zu Goethes Dichtung), (2) die Erläuterung zur *Utopie* als Schlüsselbegriff gegenwärtigen Weltverständnisses, (3) die Erörterung zu *Hegel* als eine auch für heute noch im hohen Maß aktuelle Philosophie. Es sind dann wohl auch gerade die beiden Themen, die im Mittelpunkt des Interesses stehen, das Dieter Kraft als Denker bewegt.

VI. Dieter Kraft und ein neuer Begriff der *Utopie*

Es ist kaum übertrieben zu sagen, dass die Utopie ein Grundbegriff unserer Epoche ist und doch zugleich ein Terminus, über den so viel Unsinn geschrieben wurde und geschrieben wird wie über kaum einen zweiten. Das fängt mit der im Grunde simplen Begriffsbestimmung an. Selbst gelehrte Wörterbücher sehen sich nicht imstande, einen Dialog von einem Roman zu unterscheiden. So heißt es dann, die Utopie sei seit Morus ein Staatsroman, wobei es sich um einen bei den Humanisten so beliebten Dialog handelt – der auf Platons Tage zurück geht. Weiter heißt es, dass die Utopie ein Genre sei, das eine Idealgesellschaft darstelle. Dagegen schreibt Kraft, mit guten philologischen, philosophischen und historischen Gründen, dass die *Utopie* eine Denk-Schrift sei, „die den Ausweg aus der Katastrophe weisen will".[2] Für sie gelte das Wort: „Nicht ideale *civitas*, sondern notwendige Gründung". Die Utopie sei ein Denken am Abgrund der Katastrophe. Die zweiteilige Gliederung sei mit Bedacht gewählt. Im ersten Teil ginge es um die frühkapitalistische Entwicklung in England. England drohe im Chaos zu versinken, in Elend und in Anarchie – in einen Zustand, den Marx im Kapital mit dem Begriff der „ursprünglichen Akkumulation" erfasste, in dem „die Schafe die Menschen auffressen". Dagegen setzt Morus in einem Akt experimentellen Denkens die Gesellschaft einer „kommunalisierten Humanität". Die neue Gesellschaft ist eine „Gütergemeinschaft samt den sie begleitenden Neuerungen". In ihr ist Humanität eine „Staatsdoktrin. Es geht um kein Land, in dem „Milch und Honig fließen", sondern um „einen Staat, der Bestand und also Zukunft hat". Zu diesem Staat gehört die Abschaffung des Geldes, Einführung einer menschenfreundlichen Arbeitskultur, ein allgemeines und gleichberechtigtes Bildungssystem, eine allgemeine kommunale Kranken- und Altenpflege. Dies nur als Beispiel, um zu zeigen, dass das Land Utopia Züge besitzt, die durchaus in einer modernen keynesianisch-sozialistischen Partei (gäbe es sie denn) heute noch eine hohe Aktualität hätten.[3]

Morus' *Utopia* besitzt so eine hochgradige Aktualität. Zudem ist sie ein Beispiel experimentellen Denkens, für das es im Schrifttum seiner Zeit kaum ein Pendant gibt. Das Ende des dargestellten Dialogs wird offengelassen, dadurch erhält dieser den Sinn eines nicht-beendeten Gesprächs. Für den informierten Leser freilich wird deutlich, dass sich Morus den Friedensforderungen seines Freundes Erasmus von Rotterdam anschließt, die dieser in der *Klage des Friedens* gegenüber den Fürsten Europas erhebt. Schon hier wird in größter Klarheit das Christentum an den Friedensgedanken gebunden – auch ein Beispiel einer humanistischen Argumentation. Nach den Kriterien solchen Denkens und dem Inhalt der in ihm entwickelten Friedensidee ist Platons *Staat*, mit dem in den üblichen Dar-

---

2 Des Näheren Dieter Kraft, „Über den Begriff der Utopie. Verständnis und Missverständnis einer verbogenen Kategorie". In: H. Kopp (Hg.), *Wovon wir träumen müssen ... Marxismus und Utopie*. Hamburg 2013, 83–106.

3 Vgl. Thomas Metscher, „Notwendigkeit und Möglichkeit der Utopie". In: Rüdiger Dannemann u.a. (Hg.), *Der aufrechte Gang im windschiefen Kapitalismus. Modelle kritischen Denkens*. Wiesbaden 2018, 195–223.

stellungen die Geschichte der Utopie beginnt, gerade keine ideale Polis, sondern, wie Kraft schreibt, eine Militärdiktatur, wie auch Bacons *Nova Atlantis* (von 1627) nicht die Fortsetzung, sondern ein „Gegenstück" zu Morus' *Utopia*.

Von dem Begriff des Utopischen her, wie ihn Morus selbst prägte (und Kraft in seinem Text überzeugend darstellt), ist die Geschichte der Utopie und utopischen Denkens in großen Teilen erst noch zu schreiben.

VI. Kraft, Hegel und die Dialektik

Man wird in der vorhandenen Hegelliteratur lange suchen müssen, um einen Text zu finden, der in sprachlich wie begrifflich gleich scharfsinniger Weise in die Philosophie Hegels eindringt und deren Kernbestand, die Dialektik herausarbeitet wie die Hegel-Studie Dieter Krafts. Der Grund, warum in der gängigen professionellen Hegelliteratur (und in den ihr angeschlossenen Diskursen) auf Kraft wenig, wenn überhaupt Bezug genommen wird, mag tatsächlich, wie Kraft ironisch vermutet, in dem Tatbestand liegen, dass hier ein Theologe spricht und kein Fachphilosoph – als ob nur ein Shakespeare-forscher Kluges zu Shakespeare, ein Goetheforscher Kluges zu *Faust* zu sagen hätte! Ein einsichtiger Grund für das Verschweigen der Arbeit Krafts zu Hegel ist dies natürlich nicht. Es ist vielmehr eine Tatsache (für die ich mich verbürge), dass es heute kaum ein zweites Werk zu Hegel gibt, das in den Fundamentalbereich dieses Denkens, und das ist die Dialektik, in der gleichen Klarheit und Kühnheit des Gedankens einführt wie Krafts Text es tut. Sicher: das vielbändige Werk von Holz zur Geschichte der Dialektik ist nicht zu schlagen und sucht im philosophischen Schrifttum unserer Zeit seinesgleichen, doch wäre es, schon seines Umfangs wegen, für eine Einführung in die Dialektik denkbar ungeeignet.

Krafts Text erschien in *Aufhebung. Zeitschrift für dialektische Philosophie*, 6 (2015) und geht auf eine Ringvorlesung an der Universität Potsdam zurück, die dieser dort am 30. April 2013 gehalten hat. Sie beschäftigt sich zentral mit Hegel und trägt den sehr treffenden Titel „Hegels dialektische Philosophie der gesunden Menschenvernunft".

Es wäre vermessen, ein so komplexes Werk wie Krafts Text zu Hegel in einem einführenden Vorwort kurz abhandeln zu wollen. Mir geht es allein

darum, die Leser dieses Buchs mit den Grundgedanken von Krafts Hegel-
lektüre bekannt zu machen und die Lust auf weiteres Lesen und Lernen zu
wecken. Angefügt sei als Grundthese, dass es nach dieser Einführung nicht
mehr möglich ist, Marx ohne Hegel zu denken. Ein solches Denken liefe auf
einen Marxismus ohne Dialektik hinaus – was die Selbstaufgabe des Marxismus bedeuten würde. Was zurück bliebe, wäre ein Positivismus, der die Welt
weder erkennen noch verändern kann. Den positivistischen Materialismus
gibt es heute in vielen Formen – ja, es ist die zeittypische Form des Materialismus in der Gegenwart. Ja, es lässt sich sogar sagen, dass der positivistische
Materialismus den Idealismus im bürgerlichen Denken weitgehend abgelöst
hat. Umso wichtiger ist Krafts Versuch, seine Leser, vor allem auch marxistische Lesende, mit dem Gedankenfeld der Dialektik bekannt zu machen, das
Nachdenken über Dialektik weiterzutreiben. Denn keineswegs ist mit den in
diesem Buch niedergelegten Gedanken das Problem der Dialektik und der
Hegelschen Philosophie aus der Welt – noch auch die Frage nach dem Verhältnis von Hegel und Marx.[4]

Krafts Grundgedanke besteht in dem Bemühen um eine materialistische
Philosophie, welche die Dialektik als „Betriebssystem" (Kraft spricht auch
von „Organisationssystem") der Welt in sich aufgenommen hat. Als ein solches Betriebssystem ist Dialektik weder auf Natur noch auf Geschichte begrenzt. Dialektik ist Betriebssystem des Seienden im Ganzen. Das heißt, sie
ist ontologischer Grundbegriff. Es gibt nichts in der Welt des Seienden, in Geschichte und Natur, das nicht dialektisch wäre. Dialektik ist Methode allein
als Modus begreifenden Denkens, der sich auf Geschichte und Natur bezieht.
Genauer noch gesprochen: Geschichte im ontologischen Sinn ist ein in Natur
gründender Begriff, der uns zu sagen gestattet, dass Natur als kosmisches
Sein an sich selbst geschichtlich ist. Geschichte inhäriert in Natur, so dass von
geschichtlichen Modi (ontologischen Formen von Geschichtlichkeit) gesprochen werden sollte, die im Einzelnen auszuarbeiten sind. Kraft verweist auf
das Dialektische als „Quelltext" der Wirklichkeit und Hegels Begriff der „spe-

---

4   Ich selbst habe mich ausführlich mit Krafts Text und einigem Kritischen dazu (nicht zu-
    letzt auch zur Frage von Dialektik und System) auseinandergesetzt, und zwar in: Th.
    Metscher, „Dialektik als Fundamentalkategorie. Annotationen zu einem Problemfeld."
    In: *Aufhebung. Zeitschrift für dialektische Philosophie*, 8 / 2016, 65–101. Die Annotationen
    wollen die Gedanken weiterführen und mit ihnen die Lust am Lernen, wie es sich für ein
    gutes Buch gehört.

kulativen Vernunft", die imstande sei, das Gegensätzliche in seiner Bewegung zu integrieren. Mit dem Begriff ginge Hegel auf seine lateinische Bedeutung zurück, in der die ‚speculatio' sich auf Erkundung und Entdeckung – also „philosophisches Neuland" – bezieht. Kraft trägt die Argumentation (unter Berufung auf Hans Peter Dürr) bis in den Bereich der Quantenphysik hinein, in vorsichtig formulierten Gedankengängen, was ihn vor bitterer Kritik sogenannter Fachleute keineswegs schützte. In der heutigen Fachwelt sind Außenseiter nicht zugelassen.

Übersehen wird in der verschiedentlich geäußerten Kritik an Kraft, dass es diesem hier wie auf anderen Feldern um experimentelles Denken geht – um ein Denken, das unentdeckte Welt und neue Gedanken ausprobiert. Dass mit dem Stellen von Problemen der Anspruch ihrer Lösung keineswegs mitgegeben wird, muss die heutige Fachwelt offensichtlich noch lernen. So auch hier; denn viele Probleme tun sich auf, die ihrer Lösung harren, und nach der Lösung neue Probleme sichtbar machen. Wie Goethe dem Grafen Reinhard in Abwehr der Vorstellung einer ‚letzten Antwort' zum *Faust* geschrieben hat: „Der Welt- und Menschengeschichte gleich enthüllt das zuletzt aufgelöste Problem immer wieder ein neues aufzulösendes." Nur ein Denken aber das sich solchem Fragen stellt, wird ein Denken der Zukunft sein – wie auch nur solche Bücher neu und weitergelesen werden, die die Lust wecken auf noch nicht entdeckte Welt.

Dies gilt in doppelter Weise für Kraft: dass dieser den Mut hatte, wie er selbst ironisch sagt, sich als Nichtphilosoph zu dem schwierigsten Text der klassischen europäischen Philosophie zu äußern, zudem diesen Text zu Ergebnissen der modernen Physik in Beziehung setzt, sich damit also auf ein Feld begibt, das dem Fachwissen des Autors noch ferner liegt als die traditionelle Philosophie. Auffallend ist, dass die Arbeit Krafts, mit der Ausnahme der schwachen Intervention Nareyeks, vom Fach schlicht ignoriert wird. Man hört zwar einiges brummige Grummeln im Hintergrund (das sich zudem auch auf Hans-Peter Dürr bezieht), doch ist mir Schriftliches bislang nicht zu Gesicht gekommen. In Richard Sorgs sorgfältigem Buch zur Dialektik ist zwar meine Verteidigung Krafts bibliographisch verzeichnet,[5] jedoch nicht Krafts

---

5 Th. Metscher, „Dialektik als Fundamentalkategorie. Annotationen zu einem Problemfeld". In: Aufhebung. Zeitschrift für dialektische Philosophie 6 / 2016, 65–100.

originärer Text. Übrigens folgt Sorgs Buch ohnehin einer etwas eigentümli-
chen Logik. Nicht nur fehlt die Behandlung Krafts, es fehlt auch die Auseinandersetzung mit der sicher gründlichsten Betrachtung der Hegelschen *Logik*,
die bis zum heutigen Tag von marxistischer Seite vorliegt, und das sind Lenins „Konspekte zu Hegels Logik".[6] Nach meinem Wissen sind sie nirgendwo
weiterführend aufgenommen – ironischerweise ist es gerade Krafts Text, also
der Text eines Theologen, der sich am dichtesten an Lenins Hegel-Kommen-
taren orientiert.

Dies führt bei Kraft bis hin zu dem Punkt, der die Schlussfolgerung nahelegt, dass sich mit einer gründlichen Hegel-Lektüre die Marx/Engelssche
Kritik Hegels erledigt hat. Dies wird zumindest nahegelegt. Es ist eine Linie
des Denkens, die von Sarah Wagenknecht bis Andreas Arndt reicht, sich gelegentlich auch bei Hans Heinz Holz findet. Hier, meine ich, ist Widerspruch
einzulegen. Hegels Werk ist keineswegs so einheitlich wie es erscheint oder
von seinen Adepten gemacht wird. Ich selbst spreche von zwei Linien in Hegels Denken, zwischen denen zu unterscheiden ist und die eine Kritik auf
erweiterter Stufe nötig machen.[7] So gibt es fraglos die Linie, die ins Zentrum
des neuen Materialismus führt (wie das von ihm und Engels begründete Denken von Marx selbst genannt wird). Doch wird das idealistische Grundgerüst
seines Denkens von Hegel im Kern nie aufgegeben. Am deutlichsten zeigt es
sich im Aufbau der systematischen Struktur. Die Trias *Kunst – Religion – Philosophie* im Aufbau des *absoluten Geistes* wird in ihrer hierarchischen Wertung
von Hegel nie in Frage gestellt. Dies alles heißt: wir können bei Hegel nicht
stehen bleiben – so wenig wir übrigens bei Marx stehen bleiben können.

Dies ist keine Kritik an Kraft, eher der Hinweis, das von ihm zutage Ge-
förderte weiterzudenken.

---

6   Siehe Th. M., „Dialektik als Weg des Denkens und Bewegung des Seins", op. cit. 73–90.
7   „Hegel-Kritik auf erweiterter Stufe", op. cit., 95–100.

Einleitung

Dieser Sammelband enthält in chronologischer Folge ausgewählte Vorträge, Referate, Vorlesungen und Essays aus den Jahren 1989 bis 2019. Sie entstanden aus ganz unterschiedlichen Anlässen für ganz unterschiedliche Zuhörer und Leserinnen. Aber gemeinsam ist ihnen allen die Erfahrung einer Niederlage: das Ende eines gesellschaftlichen Systems, das den Begriff von Sozialität neu zu definieren und auch zu realisieren begonnen hatte. Dieser evolutionsgeschichtliche Sprung misslang (in Europa), denn seine Protagonisten wurden 1989 überwältigt; und der Ursachen hierfür sind viele. Nun aber schrieb sich die Überwältigung fort; und heute will sie grenzenlos werden, also global und unumkehrbar.

Die in diesem Band gesammelten Texte der vergangenen dreißig Jahre widerspiegeln diesen evolutionären Rückfall auf ganz unterschiedliche Weise. Aber als Nukleus eines historischen Prozesses gehört die Einsicht in diese Degression für die Autorin und den Autor zu einem themenübergreifenden Erkenntniszusammenhang. Die Palette dieser Themen ist vielfältig, wie von Theologinnen und Theologen nicht anders zu erwarten ist, denn auch die Bibel ist nicht nur vielfältig, sie ist geradezu lebens- und geschichtsumfassend. Thomas Mann und Bertolt Brecht wussten das noch. Die Verfasserin und der Verfasser knüpfen auf ihre Weise an diesen Lebens- und Geschichtsuniversalismus an. Da braucht kein Thema ausgespart zu werden – Hegel nicht, die Dialektik nicht, Peter Hacks nicht. Und natürlich geht es um biblische Topoi, um gesellschaftliche Frauenbilder, um das adäquate Verständnis von Utopie und Reformation, um Kirche im Kapitalismus, um Macht und Sprache, um Ethik und Bildung, um Opportunismus und Standhaftigkeit, um Mythos und Ideologie – und sogar Stalin muss da nicht fehlen.

Wenn ein Theologenehepaar so dezidiert zu seinen Einsichten steht und seine Widersprüche formuliert, dann wirkt das heutzutage durchaus provokant. Aber „Provokation" ist ein notwendiges Wort, ein biblisches zudem. Denn „provocatio" heißt nichts anderes als „herausrufen". Ein Herausrufen aus einem Denken und Tun, das unsere alte Welt gefangen hält und von dieser alten Welt gefangen gehalten wird, die sich einer neuen Welt um jeden Preis verweigert – selbst um den Preis ihres absehbaren Untergangs.

Dieter Kraft

Erwägungen zur Perspektive menschheitlichen Überlebens

Vorlesung im Frühjahr 1989 auf Einladung von Psychologie-Studenten
der Berliner Humboldt-Universität, in: Kommunität, Berlin 1989 /
Festschrift für Peter Heilmann, S. 4–20

Jede den Menschen wirklich betreffende Frage ist ihrem Wesen nach eine ethische, denn sie ist zugleich immer auch eine Anfrage an den Mit-Menschen. Hinter dieser Einsicht steht der anthropologische Hauptsatz des Aristoteles, dass der Mensch ein *zoon politikon* sei, ein gesellschaftliches – oder wie das 19. Jahrhundert gern sagte: ein geselliges – Lebewesen, ein in Sozialität nicht nur eingebundenes, sondern allein auf Sozialität hin definierbares. Aber eben nicht nur auf Sozialität allein.

Heute wissen wir, dass wir im Blick auf den Menschen von einem bio-psycho-sozialen Phänomen zu sprechen haben – eine Beschreibung, die die an Marx orientierte Bestimmung des menschlichen Wesens als ein Ensemble gesellschaftlicher Verhältnisse nicht zurücknimmt, sondern konkretisiert und weitet. Für die Ethik setzt diese polydimensionale Sicht des Menschen ein neues Problembewusstsein frei, das in der Formulierung damit verbundener völlig neuer Problemzusammenhänge erst noch am Anfang steht. Außerhalb der theologischen Ethik wird Ethik als Wissenschaft in der Regel als eine philosophische Disziplin definiert, die die Moral als gesellschaftliche Erscheinung zu ihrem Gegenstand hat, im wesentlichen also auf ein soziales Phänomen fixiert ist. Diese Perspektive wissenschaftlicher Ethik ist fraglos von grundsätzlichem Interesse. Sie provoziert jedoch die zunehmend dringlicher werdende Frage nach der Bedeutung des Subjekts für die sozialen Prozesse und Erscheinungen. Wenn das Subjekt sozialer Erscheinungen und Prozesse – mithin also auch der Moral – der Mensch in seiner bio-psycho-sozialen Entität ist, dann muss das Konsequenzen haben auch für das Selbstverständnis wissenschaftlicher Ethik. Die kann sich dann eben nicht mehr nur auf die soziale Komponente allein konzentrieren, sondern hat sich der Aufgabe zu stellen, gleichermaßen auch den bio-psychischen Faktoren Prägnanz abzugewinnen.

Mit dieser These verbindet sich eine zweite, die darauf zielt, die wissenschaftliche Ethik nun eben nicht ausschließlich als eine philosophische Disziplin zu klassifizieren, sondern als eine letztlich interdisziplinäre, in der dem naturwissenschaftlichen Sachverstand nicht weniger Bedeutung zukommt als der philosophischen und gesellschaftswissenschaftlichen Reflexion. Wenn es in der Ethik im weitesten Sinne um die Moralität menschlicher Beziehungen geht, dann kann die Frage nach dem Bio-Psychischen und in diesem Sinne also die Frage nach der „Natur" des Menschen nicht ausgeklammert werden, denn die Dynamik sozialer Prozesse und die Qualität sozialer Beziehungen konstituieren sich nicht nur durch soziale Bewegungsmechanismen. Vielmehr sind diese ihrerseits bio-psychisch untersetzt. Und welches Gewicht diesem bio-psychischen Aspekt dabei zukommt, wird deutlich, wenn man in der Beschreibung des Menschen als einem bio-psycho-sozialen Phänomen nicht nur die Komplexität, sondern eben auch das Gefälle einer ja zum Ausdruck gebrachten Graduierung verinnerlicht, die davon ausgeht, dass der Mensch zunächst erst einmal aus nichts anderem denn aus „Fleisch und Blut" besteht – und gewiss auch aus genetischen Informationen, die aber bereits vor der Geburt gelöscht sein können, ohne dass wir nach der Geburt das Recht hätten, den Namen „Mensch" zu verweigern. Denn was den Menschen zum Menschen macht, ist letztlich allein die Tatsache, dass er von Menschen gezeugt und geboren wird.

Marxistische Ethik hat sich lange dagegen gewehrt, der Frage nach dem Bio-Psychischen Raum zu geben. Und das ist verständlich, denn die im 16. Jahrhundert einsetzende naturwissenschaftliche Anthropologie mündete schließlich in jenen philosophischen Anthropologismus, der im Menschen nur noch ein bio-psychisches Wesen sehen wollte. Und nicht zufällig verband sich ja dann bei Max Scheler diese transsoziale Schau der „ewigen Menschennatur" mit dem präfaschistischen Entwurf des „deutschen Menschen". Vorsicht bleibt beim Stichwort „Anthropologie" durchaus geboten, auch wenn sich Sartre anders liest als Arnold Gehlen oder Konrad Lorenz. Weil es menschliche Existenz faktisch nur als Koexistenz gibt, bleibt der Zugang zu einer Antwort auf die Frage nach einem von Sozialität absehenden „An-sich" menschlicher Existenz verlegt. Und die Kantsche Problematisierung des „Dinges an sich" findet jedenfalls hier ihre unbestreitbare Verifikation. Diese erlaubt – ins Ethische gewendet – den Nachsatz, dass die, vor allem auch in der theologischen Ethik häufig artikulierte, Unterscheidung von Individual-ethik und Sozialethik eine bloße Fiktion bleibt, eine noetische Konstruktion, die als solche nicht einmal hilfreich sein muss. Denn jeder nur denkbare Mo-ralbegriff ist sozial ausgelegt, weil er sozial angelegt ist. Selbst ein noch so privat gehaltener Tugendbegriff bleibt an Sozialität gebunden und bekommt nur von ihr seinen Sinn.

Noch lange bevor Aristoteles vom *zoon politikon* sprach, wusste das Alte Testament davon zu reden, dass der Begriff des Menschen eigentlich sogar komplementär bestimmt werden müsse. Genesis 1,27: Gott schuf den Men-schen als Mann und Frau. Die Tragweite dieser Aussage lässt sich entdecken, wenn man Gen. 1,27 vor dem Hintergrund des alttestamentlichen Gemein-schaftsverständnisses liest, das den Einzelnen nie anders als auf die Gemein-schaft des Volkes Israel bezogen sieht. Objekt der Erwählung ist nicht der einzelne Israelit, sondern das Volk Israel. In Gen. 1,27 wird dieser Soziali-tätsgedanke gleichsam anthropologisch untersetzt. Und es klingt für unsere Ohren geradezu paradox, wenn dort gesagt sein will: der Mensch besteht aus Mann und Frau. Das heißt: streng genommen ist der Mensch gar kein Indivi-duum, kein Unteilbares. Er ist vielmehr ein Dividiertes, das seinen eigentli-chen Begriff erst in der Kommunität erreicht – in der Gemeinschaft von Mann und Frau, in umfassenderem Sinne: im Ereignis von Sozialität.

Gen. 1,27 gehört zum sogenannten Schöpfungsbericht, in dem an jenen „Urstand" erinnert wird, der noch nichts über des Menschen „Fall" weiß. Doch dieser „Fall" ereignet sich – und mit ihm jene große Zäsur, in deren Konsequenz auf einmal ein ganz anderer Mensch auf den Plan tritt. Nun be-steht der Mensch nicht mehr aus Mann und Frau. Er hört auf, ein Dividiertes und also auf Gegenseitigkeit hin Angelegtes zu sein. Nun will er wie Gott selbst sein – ein Individuum, ein Unteilbares, ein in sich Ganzheitliches, das der Ergänzung nicht mehr bedarf. Und so erschlägt Kain seinen Bruder Abel. Die Menschheitsgeschichte hat begonnen, und sie konfrontiert uns mit der Klage, dass sich der Mensch, der ohne Sozialität letztlich nicht einmal gedacht werden kann, aufs Ganze gesehen asozial verhält. Eine Erfahrung, die wir bestätigen können, wenn wir dem Begriff des Asozialen Tiefe und Weite geben und ihn über die enge Definition gesellschaftlicher Unangepasstheit hinausführen. Kain verhält sich nicht unangepasst. Er entledigt sich seines Bruders, weil es zu einem Interessenkonflikt gekommen ist: die von Abel Gott dargebrachte Opfergabe findet bei diesem Anerkennung und Wohlgefallen, nicht aber auch das Opfer des Kain.

Und schon nimmt die Weltgeschichte ihren Lauf. Eine Weltgeschichte, deren Subjekte sich nun in der Tat als In-dividuen ausweisen, als Unteilbare – mit eben jenem ungeteilten Interesse, das sich dem Anderen nur mitteilt, sofern dieser das je meinige Interesse teilt. Der Konflikt ist programmiert, und Harmonie wird zu einem Zufall, der sich einstellt, wo Interessen nicht kollidieren, sondern koinzidieren. Und natürlich werden sich diese Zufälle häufen, wo diese Unteilbaren zuhauf kommen, um schließlich über die Sippe hinauszuwachsen und als Gesellschaft im Verbund eines Staates auch von übergreifenden Interessen harmonisiert zu werden. Der Konflikt der Unteilbaren aber bleibt. Nur tritt nun der Brudermord zurück hinter den Interessengegensatz ganzer Klassen und Schichten. Krieg heißt nun der Mord, der ins Fürstliche, Königliche, Parlamentarische gewendete. Die Logistik der Geschichte wird transparent, und Marx und Engels bestätigen den von ihnen hochverehrten alten Heraklit: „Der Streit ist das Recht der Welt, der Vater und König aller Dinge." Nur klingt das jetzt noch lebensnaher, das Leben selbst mischt sich in das Prinzip, das nunmehr lautet: „Die Geschichte aller bisherigen Gesellschaft ist die Geschichte von Klassenkämpfen."

Wir sind noch immer beim Thema „Ethik", auch wenn wir noch nicht bei der Moral selbst angelangt sind. Aber es ist eben dieser erste Schritt, auf den alles ankommt. Und es gibt mehrere Wege. Erster Weg: Wir betreten das Feld jener wissenschaftlichen Ethik, die die Gesetzmäßigkeiten der Entwicklung der Moral als einer sozialen Erscheinung untersucht. Ein möglicher Weg, der uns allerdings an den Subjekten der sozialen Erscheinungen und damit an der Frage vorbeiführt, welche Bedeutung die bio-psychologischen Gesetze, denen menschliche Existenz unterworfen ist, für die Moral in ihrer sozialen Erscheinung haben. Und so könnten wir versucht sein, uns vielleicht doch lieber einem zweiten Weg zuzuwenden, auf dem uns die These angeboten wird, dass im eigentlichen Sinne von einer Entwicklung der Moral ohnehin nicht die Rede sein könne, weil der Mensch letztlich immer derselbe bliebe und sich lediglich seine äußeren Existenzbedingungen und Sozialbeziehungen verändern würden. Mit dieser metasozialen These ließe sich plausibel leben – wenn sie zutreffen würde. Die Geschichte der Ethik zeigt nun aber, dass es nicht nur Entwicklungen des Moralbewusstseins gibt, sondern dass dieses geradezu qualitative Sprünge gemacht hat, deren soziale Beweggründe kaum bestritten werden können.

Einem der größten und aufregendsten Sprünge begegnen wir in der Lebensphilosophie der Stoa, jener philosophischen Bewegung, die die griechische Welt ebenso nachhaltig geprägt hat wie die römische. Um das Jahr 300 ante Christum natum ins Leben getreten, blühte sie – wenn auch zuletzt mehr in Vereinzelung – bis in das 4. Jahrhundert post Christum natum und gehörte somit auch zu jener heidnischen Philosophie, in deren Umfeld die christlichen Gemeinden entstanden. Als Zenon aus Cition um 300 in der *stoa poikile*, der mit Gemälden geschmückten Halle am Markt von Athen, seine neue Philosophie vorträgt, ist Athen bereits ein Zentrum des Hellenismus. Als Alexander der Große 323 stirbt, hinterlässt er ein Reich, das sich im Osten bis nach Indien erstreckt und im Südwesten Ägypten umfasst. Der Hellenismus wird zur sozio-kulturellen Signatur dieses Vielvölkerstaates, in dem sich Nationalitäten wie in einem Schmelztiegel vermischen, in dem sich die unterschiedlichsten Religionen begegnen und sich synkretistisch zu assimilieren beginnen; und der strenge Nationalismus weicht einem Weltbürgertum, für das die Stoa dann den Begriff „Kosmopolitismus" prägen wird. Diesem Kosmopolitismus, dieser weltbürgerlichen Öffnung nach außen – bedingt durch den weiten Horizont eines Weltreiches – korrespondiert andererseits ein geschärfter Blick für den Einzelnen, der in höchster Gefahr steht, in diesem Meer der Völkerverschmelzung verlorenzugehen. So entspricht dem Kosmopolitismus, dem Blick in die Weite des Alexanderreiches, ein sich eindrücklich artikulierender Individualismus. Und mit diesem Individualismus verbindet sich das Ideal der Apathie und der Ataraxie, das Ideal der Unbekümmertheit und Unberührtheit gegenüber den äußeren Dingen und Ereignissen des Lebens. Wer in diesem Weltreich überleben will, der muss sich auf sich selbst zurückziehen – unbeeindruckt von dem Auf und Ab des politischen Geschehens.

Weltflüchtigkeit gehört durchaus zum Klima der hellenistisch geprägten Stoa, und der Freitod, die *exagoge* wird zum Inbegriff einer Lebenssouveränität, die sich allein auf sich selbst gestellt weiß und diese Vereinzelung andererseits nun gerade dadurch zu überwinden versucht, dass sie den singulären Absolutheitsanspruch auf das Leben relativiert. Leben ist mehr als nur mein eigenes Leben; es ist auch das Leben des anderen, dem es letztlich ja nicht anders ergeht. Und der andere ist nun sogar auch der Sklave, der Barbar, der Banause, ja: der Mensch als solcher. Ein Gedanke, der für die vorstoische griechische Philosophie kaum denkbar gewesen war. Vergeblich suchen wir bei Plato und Aristoteles nach dem Begriff des Menschen, nach der Idee der Menschheit. Ein Mensch ist, wer kein Barbar, sondern ein Grieche ist. Und natürlich nicht irgendein Grieche, sondern ein Bürger der Polis. Und natürlich nicht irgendein Bürger, sondern ein Mann – *ho anthropos*: der Mensch = der Mann. Um diesen anthropos kreist die Ethik der alten Griechen, durch und durch egozentristisch, eudämonistisch, utilitaristisch. Der Nächste ist höchstens der Bürgerfreund, nicht aber schlechthin der Andere. Dieser existiert ideengeschichtlich noch gar nicht. Erst mit der Stoa tritt er auf den Plan, und mit ihm das große Wort von der Philanthropie, von der Menschenliebe, von der humanitas, wie dann die römischen Stoiker sagen werden. Homo homini sacra res. Der Mensch ist dem Menschen eine heilige Sache. Jetzt erst beginnt die Ethik im eigentlichen Sinne. Aber sie beginnt eben nicht zufällig erst jetzt. Denn erst die ökumenischen Dimensionen des Alexanderreiches mit seiner ihm eigenen hellenistischen Signatur lassen den Begriff der Menschheit und also den des Menschen Gestalt finden.

Und so können wir uns also auch nicht auf unseren zweiten Weg begeben, bei dem wir hätten voraussetzen müssen, dass es so etwas wie eine von sozio-kulturellen Faktoren abhängige Entwicklung ethischen Bewusstseins gar nicht gibt. Es gibt sie. Und in der Stoa wird an ihr noch etwas anderes deutlich: Es gibt sie gerade dort offensichtlich, wo die Frage nach dem Überleben des Einzelnen Antwort nur findet unter notwendiger Berücksichtigung anderen Lebens. Es ist paradox: aber der Begriff der Humanität ist kein ethischer Gipfelbegriff. Er wächst vielmehr in den Niederungen eines Weltreiches, das zur Solidarität zwingt. Wie denn ja auch der Begriff der Solidarität Leben erst erhält, wenn es ans Leben geht.

Dieser Gedanke stellt uns vor einen dritten Weg: Ethik als „notwendende" Übereinkunft zum Leben. Und jetzt schlägt auch die Stunde der Psychologen, der Verhaltensforscher, der Biologen, der Soziologen und also all jener, die mit der „Natur" des Menschen befasst sind. Der Mensch als bio-psycho-soziales Wesen. Der hier Unkundige wird sich hüten, in ihm fremde Fächer einzugreifen und etwa zu fragen nach Instinkten und Affekten und Aggressionen und Chromosomenkonstellationen und genetischen Konditionierungen und deren Bedeutung für das Problem einer ethisch ausweisbaren Qualität menschlichen Koexistierens. Hier müssen wirklich Kompetente wirklich Kompetentes sagen. Aber sie müssen nun auch wirklich auf jene Fragen antworten, die gestellt wurden – nicht zuletzt von Philosophen und nicht zuletzt in der nachgerade klassisch gewordenen Kontroverse jener Positionen, die sich mit den Namen Thomas Hobbes und Anthony Shaftesbury verbindet.

Der 1679 verstorbene englische Philosoph Hobbes hat seine Zeitgenossen mit der aufregenden These in Atem gehalten, dass das, was den Menschen primär bestimme, sein Erhaltungstrieb sei. Diesem Egoismus würden sich letztlich alle Lebensäußerungen zu- und unterordnen. Selbst der Altruismus, die Zuwendung zum anderen, sei letztlich nur eine subtile Form des Egoismus. Homo homini lupus. Der Mensch ist dem Menschen ein Wolf. Und wo diese Menschen zusammenkommen, da gilt das bellum omnium contra omnes, der Krieg aller gegen alle. Der Mensch, so Hobbes, hat von Natur aus überhaupt keine Moral. Er will nur leben und überleben. Und dabei ist ihm jedes Mittel recht. Doch nicht jedes Mittel ist das richtige. Denn weil jeder Mensch einem jeden Menschen ein Wolf ist, ist jeder Mensch gezwungen, Kompromisse zu schließen, sich notfalls zusammenzuschließen mit anderen Wölfen, um zu überleben. Und diese Moral der Banditen sei die eigentliche Geburtsstunde der Ethik. Selbst eine so umfassende Institution wie die des Staates beruhe letztlich nur auf einer Übereinkunft, die das Ziel habe, die Menschen voreinander zu schützen. Doch innerhalb dieses Staates ist sich jeder selbst der Nächste, und die vielfältigen Formen der Moralität, der Beachtung bestimmter Sitten und Gepflogenheiten hätten nur den einen Sinn: dem einzelnen optimale Lebens- und Überlebenschancen zu sichern. Fiele dieser Sinn dahin, würden auch die Moralvorstellungen verfallen und höchstens noch als leere Konventionen überleben. Moral, meint Hobbes, ist letztlich ein Interessenbegriff, der, konkret formuliert, ganz unterschiedliche Menschen zusammenbinden kann, sofern es in ihrem eigenen Interesse liegt. Die Moral der Banditen.

Eine gewagte, eine kühne, eine provozierende These, der denn auch prompt widersprochen wurde – mit besonderem Nachdruck von dem 1713 verstorbenen englischen Grafen Shaftesbury, Anthony Ashley Cooper. Der Mensch, so Shaftesbury, ist von Hause aus kein Egoist. Im Gegenteil. Er ist seiner „Natur" nach ein Altruist und also das Gegenteil eines Egoisten. Gewiss, er ist egoistisch; aber letztlich fühlt er sich in diesem seinem Egoismus nicht wohl. Er will ihn überwinden. Und es reut ihn immer wieder aufs Neue, so ichbezogen zu sein, dem anderen gegenüber lieblos und hartherzig. Und die Geburtsstunde des Moralischen schlägt nicht im bellum omnium contra omnes, sie bricht vielmehr dort an, wo der Mensch zu seiner eigentlichen Natur findet, zum Altruismus, zur Nächstenfreundlichkeit. Und wo diese öffentlich wird und die Gestalt von Konventionen annimmt, da entwickelt sich auch gesellschaftliche Moralität, und Ethik findet ihr Thema.

Winckelmann und Herder waren begeistert von dieser noblen Anthropologie, und Herders „Briefe zur Beförderung der Humanität" konnten gar nicht anders geschrieben werden denn unter Voraussetzung eines Menschenbildes, das die Humanität bereits bei sich trägt und nun nur noch zur Entfaltung gebracht zu werden braucht. In dieser Entfaltung legitimierte sich Geschichte. Ein großartiger, ein wunderbarer Gedanke, der sich dann doch in der Geschichte verlief, weil sich die Geschichte gegen ihn stellte. „Der Mensch ist gut", so der protestierende Titel der berühmten Novellensammlung Leonhard Franks, die 1918 eben nur noch protestieren konnte, gegen die Inhumanität, ohne die Kraft zu haben, Humanität nun noch einmal zu begründen. Dieser Krieg schien ein letztes Wort gesprochen zu haben: mit Hobbes, gegen Shaftesbury. Und es sollte danach noch dunkler werden.

Geschichtsphilosophie ist aber eigentlich kein Thema, denn es gibt keine Philosophie der Geschichte, wenn man nicht Hegel heißt. Aber Hegel lässt sich nicht nur vom Kopf auf die Füße stellen. Man kann ihn auch gänzlich zur Seite legen und damit der Frage entgehen, ob der im Verlauf der Geschichte wieder zu sich selbst findende absolute Geist nicht auch anthropologisch ausgelegt werden könnte: die Geschichte gesellschaftlicher Moralität als soziale Entwicklung und Entfaltung menschlicher Charakteristik. Jedenfalls hebt das Ineinander von Biogenese und Ontogenese eine solche Auslegung über den Rand einer bloßen Spekulation. Doch man muss es nicht mit Hegel treiben, wenn man das Einzelne ins Allgemeine zieht. Die Alternative „Hobbes oder Shaftesbury" steht so oder so. Und selbst wenn sie nicht als Alternative steht, steht doch die Frage nach dem Anteil des Bio-Psychischen an dem, was wir Moral nennen. Und hier fallen Entscheidungen.

Freud entschied zugunsten der Libido und sah im Sexualtrieb das den Menschen auch in seiner Moralität entscheidend Bestimmende. Die Kultur des Ethischen entspringe den sich ins Äußerliche wendenden Triebsublimierungen, doch der sexuelle Regelungsmechanismus hinterlasse das bleibende „Unbehagen in der Kultur". Auch wenn diese Libido-Theorie nur zu 20

Prozent gesichert wäre, es wären jene 20 Prozent, die bei der Frage nach der Ethik verrechnet werden müssten. Verrechnet ganz gewiss auch mit dem Anteil der Arbeit an der Menschwerdung des Menschen und seiner Moral. Aber 20 Prozent wären bedeutend. Und Ökonomen wissen davor zu warnen, den Außenhandel eines Landes möglichst nie über 20 Prozent mit nur einem Handelspartner abzuwickeln. Im Konfliktfalle nämlich könnte das die gesamte Volkswirtschaft ruinieren.

Diese Warnung ist lehrreich, denn Ethik entspringt dem Konflikt, und Moral ist nichts weniger als die Kultur der Konfliktbewältigung. Wo aber Konflikte bewältigt werden, da werden auch jene 20 Prozent zu einer Gewalt, die das ganze erschlagen können. Aktuell formuliert: Der Ausgang der politischen Krise in der DDR hängt zu 20 Prozent von den charakterlichen Qualifikationen der Politiker und also davon ab, ob sie in der Lage sind, Eigeninteressen gesamtgesellschaftlichen Perspektiven kategorisch unterzuordnen. Und dieser Satz gilt nicht nur für Funktionäre. Und er gilt auch – mutatis mutandis – für die Frage nach den wohlbekannten „subjektiven Faktoren", die geradezu lebensgefährlich werden können, wenn sie die führende Rolle übernehmen.

Leider geht die Theorie des 1832 verstorbenen englischen Moralphilosophen Jeremy Bentham nicht auf, die da besagt, dass der persönliche Utilitarismus auch eine soziale Dimension habe. Nach Bentham steht der Mensch immer in dem natürlichen Widerspruch von Schmerz und Vergnügen, von Lust und Unlust. Und so fragt er natürlich in allem nach der *utilitas*, nach dem Nutzen, nach dem, was ihm nützlich ist, um einen möglichst hohen Lustgewinn zu erzielen und die Unlust so klein wie möglich halten zu können. Und, glaubt Bentham, er sucht nicht nur sein eigenes Wohlergehen, sondern zugleich immer auch das Wohl der anderen, den Wohl-Stand des Ganzen.

Das ist zu schön, um wahr zu sein – selbst wenn man es in der Variante des 1790 verstorbenen englischen Ökonomen Adam Smith liest, der ganz pragmatisch argumentiert mit dem dictum: wenn es dem Einzelnen gut geht, geht es allen gut. Diesem ökonomischen Optimismus ist es nicht gut ergangen. Und Smith hätte eigentlich schon bei Aristoteles misstrauisch werden müssen, der ja auch nicht nur den Erfolg des Einzelnen, sondern die Bilanz der Polis im Sinne hatte, die für ihn freilich nur aus Seinesgleichen bestand. Aber Jeremy Bentham ist wichtig, denn er schlägt die Brücke von der antiken griechischen Ethik in die Neuzeit. Und so ist es denn auch kein Vorwurf zu sagen, dass sein Utilitarismus so neu nicht ist. Die Alten unter den Griechen kennen ihn alle, denn sie identifizieren Ethik mit Eudämonismus, mit dem Streben nach Glückseligkeit; und die Nuancen liegen höchstens dort, wo ein Aristippos mehr auf den sinnlichen Lebensgenuss der Hedone setzt, ein Epikur mehr auf das Wohlbehagen des Geistes. Aristoteles will möglichst beides haben, zudem noch Gut und Geld. Selbst Sokrates ist durch und durch ein Utilitarist, dabei gewiss nicht ohne Menschenfreundlichkeit; und diese ließe sich vielleicht auch bei Diogenes entdecken. Der Cyniker jedoch will eigentlich nur seine Ruhe.

Sie alle bleiben letztlich mit sich selbst beschäftigt, und wo die Frage nach der Tugend steht, dort steht ihr Ich an allererster Stelle. Egozentrisch ist diese Ethik, und ihre vier Kardinaltugenden (Weisheit, Tapferkeit, Besonnenheit, Gerechtigkeit), sie haben nur ein Ziel: die Ertüchtigung zu jenem Lebensgewinn, den sich der Einzelne zum Lebensziel gesetzt hat. Und sehr wohl wissen die Griechen dabei um die Bedeutung des Bio-Psychischen, um die Macht des Fleisches, um die Zerbrechlichkeit der Seele. So wird die Tugendethik zum Kampfplatz des Geistes gegen die Affekte des Leibes. Die *psyche* wird trainiert gegen die Unwägbarkeiten der *tyche*, des Zufalls, des Missgeschicks. Denn soviel ist ihnen klar: der gestaltete Erfolg beginnt erst dort, wo die Eigengesetzlichkeit des Natürlichen endet und beherrscht wird im Interesse jener Konfliktbewältigung, die Moral nicht zur Voraussetzung, wohl aber zum Ergebnis hat.

Und damit wären wir wieder bei Hobbes und also bei dem Menschen, der letztlich nur um sich selbst kreist und sich als In-dividuum moralisch nur in seinen Kreisen hält. Denn Moral ist die Kultur der Konfliktbewältigung. Der Konflikt zwingt zur Moral, zur Übereinkunft, zur Anpassung. Nietzsches Herrenmensch steht denn auch „jenseits von Gut und Böse". Die „blonde Bestie" will nicht den Kompromiss. Der Schwächere muss sterben. Der Wille zum Leben kennt nur sich selbst. Hitler liebte Nietzsche, und Nietzsche studierte die Sophisten, jene vorsokratischen Griechen, die ganz dezidiert der Meinung waren, Moral sei nur das formulierte Recht des Stärkeren und Unmoral ein Offenbarungseid der Schwäche. Der Starke nur diktiere das Gesetz der Sitte.

Mit diesem Satz war Wesentliches ausgesprochen. Und der Erkenntniszuwachs darf nicht schon deshalb geleugnet werden, weil ein Nietzsche ihn brutalisiert hat. Die Sophisten sind die ersten Moral-Theoretiker. Und die Moral ihrer Theorie gipfelt in der These: Eine Moral, die „es gibt", gibt es nicht.

Das könnte sagen: Moral ist nichts Vorgegebenes, sie ist dem Menschen nicht eingegeben und mitgegeben. Sie entsteht – im jeweils gegebenen Konflikt des Miteinanders. Und sie muss entstehen, weil der Einzelne zur Koexistenz gezwungen ist, wenn er als Einzelner überleben will. Und so entsteht sie vielschichtig und vielgesichtig auf all jenen Lebensebenen, auf denen der Mensch immer zugleich steht: als Staatsbürger und Mitbürger, als Familienangehöriger und Klassenzugehöriger, als Berufsständischer und Standesgebundener. Und das Leben hat denn auch für jeden Lebensstandard eine Moral erzwungen, die man nun sogar in Bücherschränke stellen kann. Und die Titel heißen dann: „Politische Ethik", „Sexualethik", „Individualethik", „Sozialethik", „Standesethik", „Staatsethik", „Wissenschaftsethik", „Wirtschaftsethik", „Berufsethik", „Gesinnungsethik", „Wertethik" ...

Solcher Bücher sind Legionen, und doch gehören sie in *einen* Bücherschrank – unter die Signatur: „Konfliktbewältigung". Denn ihnen allen liegt die Kollision zugrunde, der Widerspruch der Interessen, einzelner und vieler. Und die Moral beginnt nun dort, wo Kain den Abel nicht erschlägt, weil Abel selbst zu mächtig ist, und Kain nicht ohne Abel überleben kann. Moral ist niemals selbstlos. Der Selbstlose moralisiert nicht. Doch wahr ist auch, dass man nicht zwei Bücher zugleich lesen kann. Und so kann es geschehen und so geschieht es denn auch, dass in Sachen Ethik und Moral die Lebensebenen nicht konvergieren. Moral ist immer konkret, denn Konflikte haben Konkretion. Es gibt nicht den Moralischen. Es gibt nur Dimensionen der Moralität, die der Polyphonie des Lebens erwachsen und also der Vielfalt des Widerspruchs, der je und je mitgeprägt wird von jenen bio-psychischen Konditionierungen, die sich als die „Natur" des Menschen zu Sprache bringen.

Exempel: Wiewohl Moral und Bildung nicht zu trennen sind und Graduierungen hier ganz entscheidend wirken – Bildung bleibt gebunden an das Maß des Intellekts. Die Natur setzt Grenzen, gründet Unterschied. Und dieser trägt sich aus – nicht nur dort –, wo Moral zum Ereignis wird, wo der Konflikt lebendig ist. Aber dort nun gerade auch, denn Konflikte werden nicht nur erfahren, sie müssen auch erkannt werden. Interesse ist nicht erkenntnisindifferent – mithin auch nicht Moral. Das wusste schon Sokrates, dass Interessen erkannt sein wollen – gerade auch die eigenen. Und hier fällt Bildung ins Gewicht, so weit wie möglich. Aber Konflikte bleiben nicht immer aktuell. Sie werden überwunden. Und zurück bleibt Konvention und also die Kultur der Konfliktbewältigung. So entstehen Sitten und Gebräuche. Sie wirken harmlos, weil sie den Konflikt schon überwunden haben. Doch ihnen eignet eine Vorsicht, die zur Rücksicht zwingt. Konventionen sind die Enkelkinder der Moral. Und mancher meint, Moral bestünde eigentlich nur aus den Enkeln. Sittlichkeit und Konvention: die ins Künftige gerettete Erinnerung an Kollision, die einstmals an das Leben ging und nunmehr Umsicht strikt gebietet. Das hat vieles für sich, und sicher greift die Bildung hier entscheidend ein, so weit wie möglich. Denn Bildung ist auch dieses: befestigte Erinnerung an die Gewalt des Ursprünglichen. Hier siedelt denn auch Weisheit, kollektives Wissen, selbst das Moment der Prophetie bekommt hier einen Platz, und auch der Mythos trägt Erkenntnis ein. Diese Bildung ist die Zwillingsschwester der Moral. Sie weiß um die latente Aktualität der Tradition und Konvention, denn sie weiß um den Ursprung der Moral. Sie kennt noch den Konflikt, der jederzeit zu neuem Ausbruch kommen kann. Diese Bildung geht auf die Geschichte, weil es ihr um Zukunft geht. Auch Bildung ist nicht selbstlos. Sie hat das Leben im Sinn. Und Allgemeinbildung bekommt heute mehr und mehr den Sinn, das Leben überhaupt zu sichern: das Menschheitsüberleben.

Die drei zentralen Fragen Kants müssen heute neue gebildet werden, wenn unser Menschheitsüberleben nicht in Frage gestellt bleiben soll. Bei Kant klingt das noch sehr vereinzelt: „Was kann ich wissen?", „Was soll ich tun?", „Was darf ich hoffen?". Schon die erste Frage wird entscheidend: „Was kann ich wissen?". Wenn unser Wissen heute versagt und wir um die globalen Menschheitsgefährdungen nicht wissen oder höchstens darum wissen, dass andere um sie wissen, dann steht – mehr früher als später – die Gattung Mensch zur Disposition. Und nicht nur sie. Dann ist nicht nur tabula rasa, dann ist terra rasa angesagt. Wir stehen vor einer ethischen Entscheidungsfrage: „Was kann ich wissen?". Und schon brechen die Anfragen auf, die skeptischen: ob die Natur und also die Beschränktheit unserer Intelligenz jenes Maß an Allgemeinbildung zulässt, das nötig wäre, um diese neuen Dimensionen zu erkennen – und das nicht nur in abstracto? Ob unsere Bildung ausreicht, um diesen völlig neuen Gewalten widerstehen zu können? Ob unser Denken auf Elemente zurückgreifen kann, die für das heute gebotene „neue Denken" konstitutiv sein können? Und letztere ist vielleicht die entscheidendste Frage, denn ein „neues Denken" ist nicht einfach das Gegenteil des „alten Denkens".

Wäre dem so, dann hätten wir keine Probleme, denn das bloße Gegenteil hat ja durchaus auch seine Geschichte. Heute aber geht es um eine neue Qualität des Denkens, an der gemessen traditionelle Bildung zu bloßer Einbildung wird. Zur Einbildung etwa, dass wir mit unseren traditionellen Moralsystemen, mit der in der Vergangenheit durchaus ja auch bewährten Weise der Konfliktbewältigung die anstehenden Menschheitskonflikte bewältigen könnten.

„Was kann ich wissen?" Das ist nicht zuletzt die Frage nach der Priorität unserer Interessen: *gnothi seauton*, des Sokrates moralische Maxime, entliehen dem Orakeltempel zu Delphi. Mensch, erkennen dich selbst! Erkenne das, was für dich wirklich nützlich ist. Dieser Utilitarismus hat heute eine gattungsgeschichtliche Perspektive bekommen. Aber haben wir schon den Gattungsbegriff „Mensch"? Oder stehen wir noch immer bei Immanuel Kant und der bereits heute unzulänglichen Fassung der Frage „Was kann ich wissen?" Der notwendige Gestaltwandel vom Singular zum Plural dürfte denn auch jene Antwort beinhalten, die auf Kants zweite Hauptfrage heute zu geben ist: „Was soll ich tun?" Antwort: Ich soll alles tun, damit das Ich zum Wir wird. Das meint mehr als nur die Addition der Gleichgesinnten. Das zielt auf Gesellschaft und Politik, und das alte Wort vom Sozialismus bekommt hier neue Dringlichkeit. Nun erst recht! Es ist ja kein Zufall: „kapitalistische Moral" – allein das Wort gleicht einer contradictio in adjecto, einem Widerspruch in sich selbst. So kommt das Wort auch nirgends vor. Es kann nicht einmal sprachlich existieren. Das sollte uns mutig bleiben lassen für das neue Wort von der Gemeinsamkeit. Und wenigstens die Utopie muss hier real sein und Vision begründen helfen und pure Illusionen widerlegen. Denn soviel können wir schon heute wissen: Wenn diese Kommunität nicht gelingt, verlieren wir die Gattung „Mensch", und ihr Begriff wird niemals wirklich definiert.

„Was dürfen wir hoffen?" Relativ wenig, was den Namen „Hoffnung" wirklich auch verdient. Denn Hoffnung gründet auf Erfahrung. Die haben wir gesammelt, durch Jahrtausende. Geschichten vom Wolf – und von der Wölfin, die ihre Jungen liebt, die ihre Jungen lieben. Homo homini lupus. Da steckt auch Hoffnung. Und Plötzlich wird das Ego zu einer neuen Macht, die überleben will, selbst um den Preis, kein In-dividuum zu bleiben, die Welt als unteilbar zu sehen und also Welt zu teilen. „Was dürfen wir hoffen?" Erstens: Dass der Egoismus des Menschen größer ist als die Intelligenz der Dinosaurier. Zweitens: Dass dieser Egoismus und mit ihm die Triebfeder aller Moral und Ethik nicht versagt. Drittens: Dass der Satz „Jeder ist sich selbst der Nächste" gültig bleibt und zu der Überlebenseinsicht zwingt, dass jeder nur dann sich selbst der Nächste bleiben wird, wenn er jeden zum Nächsten werden lässt.

Diese Hoffnung ist nicht ganz unbegründet, auch wenn diese Überlebensethik zur Zeit noch reines Hoffen ist, das freilich Wurzeln hat, die weit zurückreichen, hinreichen in das Weltreich des Alexander, das zum Kosmopolitismus zwang, zum Bewusstsein eines Weltbürgertums, und aus der Not heraus den Begriff der Menschheit formulierte: *he anthropotes.* Hier müsste Bildung heute wieder Wurzeln schlagen um jener Ethik willen, die Überlebensethik werden muss.

Dieter Kraft

Über den Begriff der Utopie

Vom Sinn und Unsinn
einer real existierenden Kategorie

Vorlesung im Herbst 1991 auf Einladung von Theologie-Studenten
der Berliner Humboldt-Universität, in: Weißenseer Blätter 1/1992, S. 11–27

Der Umgang mit dem Utopie-Begriff ist mühsam geworden – zumal in
einer Zeit, in der von Utopien zwar vielerorts die Rede ist, doch niemand
wirklich welche hat. Auch dafür gibt es Gründe, verständliche. Wer gibt
schon gerne Niederlagen zu. Und wenn es denn sein muss: Jawohl, der Sozialismus ist perdu, aber, bitteschön, nicht die sozialistische Utopie! Das
klingt manchmal sogar trotzig. Und wer nicht mehr gerne trotzt, der kann
mit dieser These und etwas Larmoyanz auch seinen Rückzug nachholen:
vom abgewickelten Marx zum (noch) tolerierten Bloch. Danach wird man
weitersehen. Den dritten Weg gibt es natürlich auch mit seiner komfortab-
len Formel: das Ende des Sozialismus = die Befreiung der Utopie aus der
Unrechtsherrschaft des Real-Existierenden. Endlich können wir wieder un-
gestört Utopien haben! Die Bonner Politoffiziere wissen wahrscheinlich,
dass es töricht wäre, den Utopie-Begriff auf den Index zu setzen. Utopien
braucht man nicht abzuwickeln. Im Gegenteil. Im deutschen Supermarkt
der Ideologien haben sie geradezu Präsenzpflicht. Schließlich soll es da für
jeden etwas geben, solange man nicht gerade nach Altlasten fragt. Und für
wen selbst der Utopie-Begriff eine Altlast geworden ist, der kann sich natürlich auch zum Umtausch einreihen: zwei veraltete Utopien gegen eine
neu-deutsche Gesinnung.

Der Umgang mit dem Utopie-Begriff ist in der Tat mühsam geworden. Schwierig war er aber schon immer. Auch dafür gibt es Gründe. Dem Worte „Utopie" fehlt ja das Wesentliche einer Sprache: die Kraft, konkret zu definieren und also zu bezeichnen, zu benennen. Utopie ist nicht nur ein Kunstwort, es scheint geradezu ein Un-Wort zu sein, dem in der Wirklichkeit nichts entspricht. Wohl wissen wir darum, dass Wirklichkeit so komplex werden kann, dass die Sprache versagt. Dann „fehlen uns die Worte", lässt sich Tatsächliches „nicht mehr in Worte fassen". Die Sprache kann uns erschlagen werden. Und wir reflektieren dies, auch sprachlich, vielgestaltig – bis hin zu Wendungen, in denen bewusst Verzicht geleistet wird: „Das spottet jeder Beschreibung". Anders und ganz im Gegensatz dazu der Utopie-Begriff. Hier haben wir ein Wort, dem sich die Wirklichkeit versagt. Das Wort von der Utopie hat kein reales Gegenüber. Es scheint tatsächlich ortlos zu sein – ou-topos: kein Ort, nirgends. Das Derivat „utopisch" ist denn auch primär mit dieser Ortslosigkeit verbunden. Die Bedeutungsgeschichte hat sich festgelegt: Utopisch heißt unwirklich und: niemals Realität werdend. Das macht Sinn. Das Beiwort „utopisch" ist zu einer präzisen Beschreibung geworden und zugleich zu einem Verdikt, mit dem man Gedanken und Ideen erschlagen kann – jedenfalls abtun und ignorieren. Auch umgangssprachlich hat sich dieser Pejorativ einen festen Platz erobert. „Völlig utopisch" meint: unerreichbar, nicht zu schaffen. Und schon ist jeder der Notwendigkeit enthoben, dem als unerreichbar" Disqualifizierten nachgehen zu müssen.

Wiewohl das Adjektiv utopisch von der Insel „Utopia" herübergekommen ist, inzwischen meint es geradezu das Gegenteil von Utopie. Der Wortsinn hat sich pervertiert. Utopisch ist, was niemals kommt. Dann allerdings müsste es tatsächlich heißen: weg von der Utopie, hin zur Wissenschaft. Wer heute von Utopie spricht, dem ist es kaum möglich, den Pejorativ „utopisch" fernzuhalten. Selbst wenn er kategorisch unterscheidet, der Utopie-Begriff bleibt vom „Utopischen" besetzt. Besetzt aber bleibt er auch vom „Utopismus", der sich begeistert am Entwurf der neuen Welt und ihr auch Chancen einräumt, aber letztlich doch nur literarisch und also steckenbleibt im Leserkreis von Jüngern – selbst wenn man hin und wieder kleine Inseln gründet. Würde dieser „Utopismus" zum Kern des Utopie-Begriffs gehören, dann müsste man auch hier mit Marx und Engels sagen: weg von der Utopie, hin zur Wissenschaft, die auf Geschichte zielt und Wege zeigt, die Neues möglich machen. Die Frage aber ist: lässt sich der Begriff der Utopie tatsächlich nur in jener Perspektive orten, in der er dann mit (Hegelscher?) Notwendigkeit „utopistisch" werden muss und, weil von der Geschichte eingeholt und überholt, „allen praktischen Wert, alle theoretische Berechtigung" verliert?[1]

Die Versuche, den zum Pejorativ „utopisch" degradierten und unter dem Utopismus-Verdikt stehenden Begriff der Utopie zu rehabilitieren, sind im 20. Jahrhundert nicht gerade zahlreich – und, um die Provokation gleich vorwegzunehmen, auch nicht übermäßig hilfreich. Das Verdienst, den Utopie-Begriff überhaupt wieder ernst genommen zu haben, wird relativiert durch eine Interpretation, die der ursprünglichen Herausforderung der Insel „Utopia" nicht entspricht. Das lässt sich an drei ganz unterschiedlichen Interpretationsansätzen verdeutlichen – an Ernst Bloch, an Paul Tillich und an Karl Mannheim.

Das Prinzip Hoffnung

In Blochs Ansatz ist der Mensch ein Mangelwesen, wie er sagt. Ein „Mangelwesen par excellence". Er ist weit schlimmer dran als jedes Tier, das seinen Hunger mit nur wenig Aufwand stillen kann. Der Mensch muss Pläne schmieden, um dem Hunger beizukommen, um sich zu schützen, um sich auszurüsten für das reine Überleben. Er muss erst etwas werden, um sein und bleiben zu können. Er lebt im permanenten Vorgriff auf die Gegenwart, die er nur besteht, wenn er ihr vorauseilt. In allem muss er Vorsorge treffen, planen, bedenken, Gedanken entwerfen und also Ideen entwickeln, die Übergänge tragen von einem Tag zum anderen. Die Ideen fallen nicht vom Himmel. Sie werden aus der Not geboren. Der Mangel ist die Mutter allen Denkens – und: aller Utopie. Denn Utopie, so Bloch, ist das „reflektiert-antizipierte" Verhältnis des Menschen zu seiner Gegenwart, für die er Zukunft beansprucht.

Das will sagen: wer das Heute über-leben will, der muss sich gedanklich bereits in Zukünftigem einrichten, er muss antizipieren, Bilder entwerfen, Vorstellungen entwickeln, die heute zwar noch keinen konkreten Ort haben, utopisch sind, aber gerade darin dem gegenwärtigen Ort ganz nahe, als sie dem Gegenwärtigen Zukunft eröffnen. Ganz lapidar heißt das: „nichts in der

---

1   K. Marx/F. Engels, *Werke*, Bd. 4, S. 491, Berlin 1977.

Nähe kann geschehen ohne ein Fernziel" – also ohne das „Prinzip Hoffnung", ohne Utopie. „Das Utopische selbst ist das Charakteristikum des Menschen."[2] Nur er bewohnt diesen Topos. Utopie als antizipierte Realität. Verlässt der Mensch diesen Topos des Utopischen, bringt er sich um seine Existenz. Die Geschichte der Menschheit ist nicht nur ein materiell-ökonomischer Prozess, sondern als ein solcher ist sie zugleich auch ein Prozess sich not-wendig entwickelnder Ideen, die je und je den Vorlauf für Zukünftiges schaffen. Das Noch-Nicht muss vorgedacht werden – ohne Hemmungen, ganz radikal und also ganz utopisch Neues formulierend, das noch nicht verplant ist.

Bereits in seinem ersten großen Werk von 1918, „Geist der Utopie", hat Bloch diese anthropologische Perspektive von Utopie in die Geistesgeschichte eingezeichnet. In den 1954, 1955 und 1959 erschienenen drei Bänden seines Hauptwerkes „Das Prinzip Hoffnung" weitet sich diese Perspektive nachgerade zu einer weltgeschichtlichen Teleologie, in der Fortschritt als fortschreitend antizipierendes Bewusstsein vorgestellt wird, dem die Latenz zum „Reich der Freiheit" innewohnt. Hier gründet das Prinzip jener Hoffnung, die auf die prinzipielle Einlösbarkeit des Utopischen setzt – vorausgesetzt, der Mensch bleibt utopiebefähigt. Blochs leidenschaftliche Affirmation des Utopie-Begriffs hat ebenso Anstoß erregt wie sein eindringlicher Versuch, hier Transparenz zu schaffen. Anstoß in doppelter Weise und in fast alle Richtungen. Anstößig vor allem auch der große Zusammenhang, in dem Bloch die Religionsgeschichte ortet. Auch Theologen reagierten herausgefordert, denn Blochs Interpretation von Religion will auch aufklärerisch entmythologisieren. Jürgen Moltmanns 1964 erschienene „Theologie der Hoffnung" verstand sich denn auch bewusst als Auseinandersetzung mit dem „Prinzip Hoffnung", das zurückgeholt werden sollte unter den Anspruch christlicher Tradition.

Blochs Religionstheorie ist nicht als Religionskritik entworfen. Eher ganz das Gegenteil von Kritik: Religion als Träger des Utopischen, Religion als Hoffnung. Jedenfalls war sie einst der Inbegriff von Utopie, in der sich die Antizipation einer neuen, einer besseren Welt ereignet. Eschaton und Jenseits als charakteristische Signaturen von U-topia. Religion als das vorweg-

---

2 E. Bloch, *Abschied von der Utopie? Vorträge*, hg. von Hanna Gekle, Frankfurt a.M. 1980, S. 101, 80, 106.

genommene Noch-Nicht. „Die großen Menschheitsreligionen waren dem
Willen zur besseren Welt oft seine missbrauchende Vertröstung, lange aber
auch sein geschmücktester Raum, ja sein ganzes Gebäude."[3] Sie „waren",
sagt Bloch und will damit sagen: Ohne Utopie keine Religion. Moltmanns
Antithese: Ohne Religion keine Utopie. Aber Bloch bleibt dabei: Nicht die
Religion hat die Utopie geboren. Der auf Utopie angewiesene Mensch hat
sich in der Religion einen Raum geschaffen, in dem das Utopische um sich
greifen konnte – auch quantitativ, die Massen ergreifend. Säkularisierung bedeutet nicht das Ende der Utopie, sondern nur ihren Auszug aus der Religion – und diesem Auszug eigne Logik, wenn die „bessere Welt" nicht ewig
Jenseits bleiben will. Der Auszug selber ist schon wieder ganz konkrete Utopie, denn nun soll diese neue Welt auch wirklich werden, wenigstens latent
nicht ewig Jenseits bleiben. Hegels Apotheose wird in diesem Utopie-Prinzip
der Hoffnung nicht erreicht. Wiewohl das „Reich der Freiheit" immer näher
rückt – die Utopie hat stets ein letztes Wort. Und sollte dieses einmal nicht
mehr ausgesprochen werden, droht der Untergang: „ohne Dimension Zukunft, uns als adäquat denkbar, aktivierbar bleibend, hält es ohnehin kein
Dasein lange aus."[4]

Der Mythos vom Paradies

„Menschsein heißt: Utopie haben." Dieser Satz könnte bei dem Philosophen
Ernst Bloch stehen. Er stammt aber von dem Religionstheologen Paul Tillich –
aus einem Vortragszyklus von 1951 zu dem Thema „Politische Bedeutung der
Utopie im Leben der Völker"[5.] Utopie ist für Tillich weit weniger ein so zentra-
les Thema wie für Bloch, dessen Menschenbild in Horizont und Mitte utopie-
besetzt ist. Aber auch für Tillich ist das Problem der Utopie ein Phänomen der
Anthropologie. „Die Utopie ist verwurzelt im Menschen selbst."[6] Aber dieses
„Menschsein selbst" sieht doch ganz anders aus als bei Ernst Bloch. Blochs
Mensch ist ein Mensch im Werden, und er wird durch Antizipation. Er muss

3   E. Bloch, *Das Prinzip Hoffnung*, Frankfurt a.M. 1959, S. 1390.
4   E. Bloch, *Tübinger Einleitung in die Philosophie I*, Frankfurt a.M. 1963, S. 131.
5   P. Tillich, *Politische Bedeutung der Utopie im Leben der Völker*, Berlin 1951, S. 64.
6   Ebd., S. 51.

werden, um bleiben zu können, denn er ist von Hause aus ein „Mangelwesen". Er fängt mit nichts an. Alles muss er erst erwerben. Und so lebt und
webt er permanent im Fernziel, im Utopischen.

Ganz anders Tillich, dessen Anthropologie eingebunden ist in den theologisch formulierten Kontrast von „Essenz" und „Existenz". Tillichs Mensch ist
nicht im Werden – er ist „gefallen" und nicht mehr das, was er ursprünglich
einmal war. Er hat seine Eigentlichkeit verloren, sein wahres Wesen, die Essenz. Nun kann er nur noch existieren, herausgehalten aus seiner Ursprünglichkeit. Ein endliches Wesen in Not und Unvollkommenheit. In gewisser
Weise also durchaus auch ein Mangelwesen. Aber für Tillich gründet dieser
Mangel im Verlust des Wesens, im Fall, im Ausschluss aus dem Paradies. Der
Mensch lebt nicht mehr im Garten Gottes.

Und das hat Konsequenzen, die dramatisch sind. Mit dem Verlust der
Unmittelbarkeit Gottes verliert er sein eigenes Ganz- und Heilsein. Er verliert den Sinn für die Einheit der Wirklichkeit. Aber: er bleibt am Leben,
er existiert, gebrochen zwar und oft genug zerbrochen – doch gleichsam
mit Erinnerung. Entfremdet, doch nicht bewusstlos. Der Urzustand vor
dem Fall ist nicht vergessen. Er bleibt nicht spurlos. Und eine seiner Spuren ist die Utopie. Es ist auffällig, sagt Tillich, dass sich Utopien meistens
„ein Fundament in der Vergangenheit" schaffen. Sie blicken nach vorn und
nehmen zugleich Anhalt im Rückgriff. Das Ideale der Zukunft ist das, was
man „einst", in der Vergangenheit, träumte – oder das, von dem man herkommt und zu dem man zurückwill. „Es ist eins der erstaunlichsten Phäno-
mene des menschlichen Denkens, in der Symbolbesetzung, im Religiösen,
im Mythischen, Politischen, Ästhetischen, überall also, dass Vergangenheit
und Zukunft Korrelate sind, dass die Vergangenheit des Ursprungs und die
Zukunft des Zieles sich entsprechen."[7] Tillich verweist auf den stoischen Begriff des „Goldenen Zeitalters", das in der Vergangenheit liegt und nach
dem Weltbrand wiederkommen wird. Und natürlich auf das Symbol des
Paradieses, das verloren ist und am Ende der Tage wiederhergestellt wird.
Er erinnert an Rousseaus „Zurück zur Natur", zum ursprünglich reinen Na-
turzustand, der durch die Kultur verdorben ist. Und nicht zuletzt gemahnt
er an die Utopie des „Urkommunismus" als der Urmotivation einer klassen-

---

7   Ebd., S. 14.

losen Gesellschaft der Zukunft. Selbst das Märchen mit dem phantastisch
glücklichen Ausgang beginnt: Es war einmal.

Die Utopie, so Tillich, projiziert den anthropologisch-ontologischen Unterschied von Essenz und Existenz, von Wesen und Wirklichkeit in die zeit-
liche Dimension einer Urzeit-Endzeit-Struktur. Dazwischen lebt der Mensch
in Erwartung des kommenden Endes. Und die großen Utopien werden mit
dem Glauben geboren, im letzten Zeitalter vor der apokalyptischen Resti-
tution zu stehen, wenigstens aber vor dem Beginn des tausendjährigen Reiches, dem „Himmelreich auf Erden", in dem (gemäß der Offenbarung des
Johannes 20,1-10) die Macht des Satans gebannt ist. Der Chiliasmus als die
große Utopie altchristlicher Tradition – von Augustin bekämpft, schon von
Origenes, doch immer wieder aufgebrochen – als Protest gegen Welt und Kirche. Doch es ist symptomatisch: Was in den ersten beiden Jahrhunderten der
Kirchengeschichte fast Allgemeingut ist, verliert sich nach und nach in Kon-
ventikeln ausgegrenzter Sekten, wird von der offiziellen Kirche denunziert.
Joachimiten gehören ins Gefängnis. Wiedertäufer muss man rädern und
enthaupten. Auch wenn man heutzutage an Thomas Müntzer nicht mehr
vorbeikommt, das Täuferreich zu Münster bleibt ein Monster, ganz grässlich
anzuschauen.

„Menschsein heißt Utopie haben." Für Tillich bedeutet dieser Satz denn
doch etwas anderes als für Bloch. Bei Bloch müsste es letztlich lauten: „Utopie
haben heißt: Menschsein." Die Differenz ist mehr als nur eine Nuance. Es geht
um Kontradiktionen. Für Tillich heißt Menschsein: einen Ursprung haben,
aus dem die Utopie sich speist. Utopie erinnert an das Wesen, das gewesen
ist und nach dem Fall als Existenz den Widerspruch erfährt, der aufgehoben
werden soll und doch bestehen bleibt. Wo immer Utopien in politische Realität überführt werden, da läuft der Widerspruch zwangsläufig mit, denn letztlich bleibt der Mensch an seine Existenz gebunden. Und das hat Folgen für
die Weltgeschichte insgesamt. Jede Revolution fraß bisher ihre Kinder. Das
„Reich der Freiheit" bleibt das Paradies.

Ideologie und Utopie

„Utopisch ist ein Bewusstsein, das sich mit dem es umgebenden ‚Sein' *nicht*
in Deckung befindet." Das ist die zunächst recht harmlos klingende Grund-

these Karl Mannheims in seinem 1929 erschienenen Werk „Ideologie und Utopie"[8].

Mannheim ist Soziologe, ein Protagonist der sogenannten „Wissenssoziologie" – ein von Marx inspirierter Marx-Kritiker, der verbunden bleibt mit seiner Quelle, aus der er schöpft, um, so Georg Lukács, gegen den Strom rudern zu können[9]. Das Abstraktum „Mensch" kommt bei ihm jedenfalls nicht vor. Der Mensch ist ein gesellschaftliches Wesen, und was er weiß und denkt, hat im Sozialen seinen Hintergrund. Das gesellschaftliche Sein bestimmt das Bewusstsein. Und das gesellschaftliche Sein ist immer konkret. Auch wenn sich nicht alle Bezüge gleichermaßen klar ausleuchten lassen, die „soziale Seinsgebundenheit" des Bewusstseins lässt sich nicht bestreiten. Und nicht bestreiten lässt sich auch, dass diese „Seinsgebundenheit" ganz unterschiedlich ausfällt und natürlich auch in Klassen zerfällt, in Herrschende und Beherrschte, in upperclass und underground, in Kapital und Arbeit. Zum status quo des Herrschens gehört es, nicht nur keine Utopien zu haben, sondern das Utopische auch mit allen Mitteln zu bekämpfen, denn die jeweilige Herrschaft befindet sich sehr wohl „in Deckung" mit dem gegebenen gesellschaftlichen Sein und will, dass das so bleibt. Wer dieses aus guten Gründen nicht will, der wird Protest anmelden, auf die Defizite verweisen, auf das Ungenügen, auf die Unvollkommenheit. Er wird sich in seinem Denken und Handeln nicht am Gegebenen orientieren, sondern vielmehr an dem, was nicht ist.

Das allein aber macht, so Mannheim, noch keine Utopie. Die reine Phantasie, die sich aus den Zwängen des Faktischen zurückzuziehen versucht, indem sie sich illusionär in wirklichkeitsfremde Idealwelten versetzt, ist noch lange nicht der Inbegriff von Utopie, denn: „Man kann sich an wirklichkeitsfremden, seinstranszendenten Faktoren orientieren und dennoch in der Richtung der Verwirklichung beziehungsweise der steten Reproduktion der bestehenden Lebensordnung wirken."[10] Gegen Illusionen hat die Herrschaft also nichts, auch wenn sie sich in der Gestalt utopischer Gemälde präsentieren. Im Gegenteil. Illusionen sind dem status quo willkommen. Sie bestätigen ja gerade den Realitätswert des Gegebenen, wenn auch nur indirekt vermittelt. Illusionen sind aber auch eben keine Utopien, denn utopisch im eigentlichen

8   K. Mannheim, *Ideologie und Utopie*, Frankfurt a.M. 1978 (6.Aufl.), S. 169.
9   G. Lukács, *Die Zerstörung der Vernunft*, Berlin 19954, S. 500ff.
10 K. Mannheim, *Ideologie und Utopie*, a.a.O., S. 169.

Sinne ist nur jene „wirklichkeitstranszendente Orientierung, die, in das Handeln übergehend, die jeweils bestehende Seinsordnung zugleich teilweise
oder ganz sprengt"[11].

Das klingt schon weniger harmlos, denn jetzt wird die Machtfrage gestellt.
Revolution steht ins Haus. Und prompt reagiert auch die Herrschaft: die Utopie wird mit Ideologie bekämpft. Was zunächst aussieht wie eine Auseinandersetzung unterschiedlicher Ideologien, das ist in Wahrheit die Konfrontation von Utopie und Ideologie. Das Charakteristische der Ideologie besteht
nämlich darin, dass hier „seinstranszendente Vorstellungen" das Wort haben,
die „de facto niemals zur Verwirklichung des in ihnen vorgestellten Gehaltes
gelangen"[12]. Auch dort, wo sich die Ideologie über den status quo hinaus-
hebt, geht es ihr letztlich nur um dessen Verteidigung, selbst dann, wenn von
Reform und Veränderung die Rede ist. Mannheim will bewusst definieren:
Utopie sprengt das Gegebene; Ideologie zielt auf dessen Bewahrung und Verteidigung – und letzteres durchaus in doppelter Gestalt, als unreflektiertes
Bewusstsein des Einverständnisses und als bewusst eingesetztes Instrument
im Kampf um die Köpfe der Leute: Ideologie als Demagogie.

Und was geschieht, wenn die Utopisten den Kampf gewinnen? Ganz einfach: Das Ganze geht von vorne los. Die neuen Herren werden Ideologen, die
den neuen status quo verteidigen – gegen die neuen Utopien. Und so weiter,
bis es vielleicht einmal gar keine Utopien mehr gibt. Das aber wäre das Ende
der Menschwerdung des Menschen. Mannheim schließt ein solches Ende
nicht aus.

Der Traum aller Träume

Die Skizzen über Bloch, Tillich und Mannheim sind nur Abbreviaturen. Sie
zeigen aber die Verlegenheit, in der sich der Utopie-Begriff befindet: allen
drei Interpretationsansätzen liegt ein unterschiedliches Utopie-Verständnis
zugrunde; drei Hermeneutiker formulieren unter einem Namen je einen anderen Inbegriff von Utopie und kommen so zu drei verschiedenen Begriffen.

11   Ebd., S. 169.
12   Ebd., S. 171.

Für Bloch ist Utopie eine anthropologische Kategorie. Weil „der" Mensch seine Gegenwart nur im permanenten Vorgriff auf Zukunft bewältigen kann, wird Utopie zum Inbegriff des Menschseins. Hoffnung wird zum Prinzip des Überlebens. Und weil „der" Mensch jeder Mensch ist, haben alle irgendeine Utopie – und sei es nur die populäre Hoffnung auf die kleine Zukunft.

Für Tillich ist Utopie ein Indiz für die „Entfremdung" des Menschen von seiner (theologisch gedeuteten) Ursprünglichkeit. Essenz und Existenz fallen auseinander. Die Utopie der heilen Welt wird zur „seinsmächtigen" Erinnerung an den Ursprung. Aber nicht jeder hat solche Erinnerungen. Utopien sind elitär. Sie werden nicht getragen von jenen, „die auf der untersten ökonomischen Stufe stehen und deren Unzufriedenheit grundsätzlich ökonomisch und sonst nichts ist"[13]. Sic!

Für Mannheim gibt es nicht „den" Menschen und also keine Anthropologie im asozialen Raum. Utopie ist für ihn vielmehr der Inbegriff gesellschaftlicher Entwicklung, eine sozial eingebundene Antithese, die wieder zur These wird, wenn sie zur Macht gelangt, um dann dem neuen Anti zu begegnen. Utopie ist eine Kategorie der Entwicklung in wissenssoziologischer Perspektive. Als solche ist sie weder elitär noch prinzipiell populär. Das Dilemma ist perfekt: Utopie scheint eine deutungsoffene Kategorie zu sein, flexibel einsetzbar, ein wenig auch Verwirrung stiftend, weil nie restlos definiert und definierbar, jedenfalls ohne Deutungsworte nicht ganz verständlich und eigentlich kein wirklicher Begriff, der zu Verständnis führt, das ohne Interpretation bleiben kann. Die aber fallen, wie gezeigt, ganz unterschiedlich aus.

Wäre es da nicht eigentlich seriöser, dem Utopie-Begriff den Abschied zu geben, statt ihn immer wieder neu zu wenden und auch zu beschwören – wie eine magische Formel, von der man nicht lassen kann, weil die Welterklärungsformeln nicht oder noch nicht oder nicht mehr greifen?

Bloch, Tillich und Mannheim sind bei aller Differenz aber in einem einig: sie wollen den Begriff der Utopie verteidigen gegen das vulgäre Verdikt „völlig utopisch!"; sie wollen ihm den „Utopismus"-Makel nehmen, den Begriff wenigstens intellektuell repatriieren. Und sie wollen dabei doch nicht grundsätzlich auf die patentierte Formel verzichten: Utopie ist der Traum vom Besseren, von der verbesserten Welt, vom Ideal des Lebens.

---

13   P. Tillich, *Politische Bedeutung der Utopie im Leben der Völker*, a.a.O., S. 54.

Natürlich klingt das bei ihnen nicht so platt. Es soll ja gerade nicht banal und abgegriffen klingen. Es soll ja gerade gezeigt werden, wie der zu Kitsch und Science-Fiction verkommene „Traum aller Träume" weder das eine noch das andere ist, sondern etwas ganz Grundsätzliches mit einer Mensch und Gesellschaft bewegenden Dynamik, ein Lebensprinzip (Bloch), eine gesellschaftliche Entwicklungskraft (Mannheim), wenigstens aber ein Urphänomen, das Wirkung zeitigt (Tillich). Aber die Formel bleibt: Utopie ist das, „was sein soll" und noch nicht ist.

Auch ein Martin Buber geht ganz selbstverständlich von dieser Übereinkunft aus[14]. Und noch Jürgen Habermas kann 1984 in „Die Krise des Wohlfahrtsstaates und die Erschöpfung utopischer Energien" ganz unbedenklich eben diese Formel rezipieren, um sie anschließend zu konfrontieren mit der These: Utopien reden von der besseren Zukunft, aber heute ist allein schon der Begriff der Zukunft negativ besetzt. Im Horizont der gegenwärtigen Gefährdungen der Gattung Mensch haben Utopien kaum noch Relevanz. Die utopischen Energien sind erschöpft[15].

Wenn der Begriff der Utopie tatsächlich nur eingebunden gedacht werden kann in den Verrechnungsanspruch von Soll und Haben, dann lässt sich natürlich auch Utopie-Geschichte schreiben, denn Differenz gab es an diesem Punkt schon immer. Und – eigenartig genug – in dieser Frage gibt es keinen Unterschied zwischen Arthur von Kirchheims 1892 erschienener „Schlaraffia politica – Geschichte der Dichtungen vom besten Staat" und Ernst Blochs „Abriss der Sozialutopien" von 1946: „Freiheit und Ordnung". Beide beginnen ganz antik und eigentlich mit Platon. Wer aber sagt, dass Platon eine „Utopie" geschrieben hat im Sinne jener Formel, die von Soll und Haben handelt?!

Man braucht nicht einmal Karl Raimund Poppers beißende Kritik an Platon zu teilen[16], um in der „Politeia" alles andere als eine Vision von einer „besseren Welt" zu sehen. Aber das Vorurteil wirkt unmstößlich: Platons „Politeia" ist die erste wirkliche Utopie, das Urbild so vieler späteren[17]. Pla-

---

14 M. Buber, *Pfade in Utopia*, Heidelberg 1950, S. 19.
15 J. Habermas, *Die Moderne – ein unvollendetes Projekt. Philosophisch-politische Aufsätze 1977–1990*, Leipzig 1990, S. 107.
16 K. R. Popper, *The Open Society and Its Enemies* (Die offene Gesellschaft und ihre Feinde), London 1945.
17 Andreas Voigt, *Die sozialen Utopien*, Leipzig 1906, S. 24.

ton ist der große Utopist der Antike. „Er steht am Anfang aller literarischen Utopien".[18]

Vielleicht ist das ja wirklich so. Nur: wenn es so ist, wenn Platons großer Dialog über den Staat tatsächlich eine Utopie genannt werden kann, dann kann der Begriff der Utopie unmöglich identisch sein mit dem „Traum aller Träume". Die „Politeia" ist ein reiner Alptraum.

Die Frage nach dem eigentlichen Skopus des Utopie-Begriffs lässt sich nicht abstrakt beantworten. Utopie versteht sich nicht von selbst. Utopie ist nicht selbstverständlich in jenem Sinne, der sich selbstverständlich einstellt, wenn es um das bloße Ungenügen geht, um die qualitative Differenz zwischen erlebter und erwünschter Lebensmöglichkeit, um die Hoffnung auf die Weltverbesserung. Wann hätte es eine solche Hoffnung nicht gegeben?! Wann wäre der Grund für ein solches Hoffen nicht allzu plausibel gewesen?!

Wer den Begriff der Utopie in dieser Sehnsucht deponiert, pflegt Umgang mit einem Wort, das austauschbar wird mit anderen Worten, die treffender sind. Bloch hat das (nolens volens?) vorgeführt: nicht Utopie, sondern Hoffnung ist für ihn das entscheidende Wort. Wer aber sagt, dass sich Utopie auf Hoffnung reimt, dass Utopie an das Paradies erinnert, dass Utopie die Triebkraft zur Höherentwicklung ist?!

Was der Utopie-Begriff besagt, lässt sich ausschließlich dort festmachen, wo er Eingang gefunden hat in unsere Sprache. Utopie ist kein archaischer Menschheitsbegriff. „Utopia" ist ein Wort des Thomas Morus aus dem Jahre 1516 – ein Kunstwort zudem, eine Wortschöpfung, die offensichtlich notwendig wurde, um etwas zum Ausdruck bringen zu können, was ganz und gar nicht selbstverständlich war.

Die Alternative am Abgrund

An Thomas Morus „Utopia" von 1516 scheiden sich die Geister. Während die einen dieses Werk für die feinsinnige Stilübung eines gebildeten Menschenfreundes ausgeben und die römische Kurie glaubwürdig versichern würde, dass Morus

---

18   Joachim Walter (Hg.), *Der Traum aller Träume. Utopien von Platon bis Morris*, Berlin 1990 (2. Aufl.), S. 372.

nicht etwa als Vorläufer von Marx 1935 heiliggesprochen wurde, zielt die marxistische Morus-Interpretation gerade auf die „gedanklich vorweggenommene kommunistische Gütergemeinschaft", auf die hin „das ganze Buch angelegt" sei.[19] Morus ist in der Tat nicht aus gesellschaftskritischen, sondern aus kirchenpolitischen Gründen heiliggesprochen worden. Schließlich hatte er dem abtrünnigen Heinrich VIII. widerstanden und sich nicht von Rom getrennt. Und tatsächlich nimmt in „Utopia" die Gütergemeinschaft samt den sie begleitenden Neuerungen einen zentralen Platz ein: Abschaffung des Geldes, Einführung einer menschenfreundlichen Arbeitskultur, einer allgemeinen kommunalen Kranken- und Altenpflege, eines allgemeinen und gleichberechtigten Bildungssystems. Bis hin zu den fakultativen Gemeinschaftsmahlzeiten steht „Utopia" im Zeichen einer kommunalisierten Humanität. Humanität ist in „Utopia" Staatsdoktrin. Ein wunderbares Land, von dem allein nur so konkret zu träumen im Jahre 1516 eine außergewöhnliche Leistung gewesen wäre. Thomas Morus aber träumt gar nicht von einem Paradies. „Utopia" ist für Morus nicht der Entwurf einer idealen Möglichkeit, sondern einer realen Notwendigkeit. Denn die alles entscheidende Frage, die diesen Entwurf bestimmt, zielt nicht auf ein Land, in dem „Milch und Honig fließen", sondern auf einen Staat, der Bestand und also Zukunft hat.

Des Raphael Hythlodeus Bericht über die Insel Utopia schließt mit einer Quintessenz, die alles trägt: Die Utopier „haben sich Lebenseinrichtungen geschaffen, mit denen sie das Fundament eines Staates legten, dem nicht nur das höchste Glück, sondern, nach menschlicher Voraussicht wenigstens, auch ewige Dauer beschieden ist. Seitdem sie nämlich im Inneren Ehrgeiz und Parteisucht ebenso wie die anderen Laster mit Stumpf und Stiel ausgerottet haben, droht keine Gefahr mehr, dass sie unter innerem Zwist zu leiden haben, der schon vielfach die alleinige Ursache des Untergangs von Städten gewesen ist, deren Macht und Wohlstand trefflich gesichert war. Solange jedoch die Eintracht im Inneren und die gesunde Verfassung erhalten bleiben, ist der Neid auch aller benachbarten Fürsten nicht imstande, das Reich zu zerrütten und zu erschüttern, was er vor langer Zeit zwar schon zu wiederholten Malen, aber immer ohne Erfolg versucht hat.[20]

---

19 Th. Morus, *Utopia*, dt. hg. und mit einem Nachwort von Jürgen Teller, Leipzig 1976 (5. Aufl.), Nachwort, S. 157.
20 Ebd., S. 130.

Karl Kautsky hat in seiner Morus-Biographie[21] sehr ausführlich die ökonomischen und sozialen Umwälzungen beschrieben, die das englische Königreich mit dem Ausgang des 15. Jahrhunderts in jene dramatische Krise stürzten, die von Morus in „Utopia" geschildert wird. Die frühkapitalistische Entwicklung setzte besonders in England katastrophale Prozesse in Gang. Der Verfall des Feudaladels überschwemmte das Land mit seiner nunmehr vogelfreien Gefolgschaft. Massen von Bauern wurden Opfer der neuen Landbesitzer und ihrer allein auf die Wollmanufakturen abgestellten Schafzucht. Handwerker unterlagen der neuen Manufakturkonkurrenz, und aus einst wohlversorgten Militärs wurden marodierende Räuberbanden. England drohte im Chaos zu versinken, in Elend und Anarchie. Was Marx etwa dreieinhalb Jahrhunderte später im „Kapital" theoretisch (auch unter Aufnahme drastischer Schilderungen in „Utopia"[22]) darstellen konnte als „ursprüngliche Akkumulation" des Kapitals und also als eine Übergangsphase, das war für Thomas Morus alles andere als ein zukunftsträchtiger Progress. Für Morus war das praktisch das Ende seines Staates, der Untergang und also eine Katastrophe.

In eben dieser Katastrophenstimmung wurde „Utopia" geschrieben – nicht als ein verspielter Entwurf eines idealen Staates, sondern als eine Denk-Schrift, die den Ausweg aus der Katastrophe weisen will. „Utopia" verdankt sich nicht einer grenzenlosen humanistischen Phantasie, sondern der not-wendigen Frage nach dem möglichen Ausweg eines Staates, der vor dem Abgrund steht.

Der Ausweg, den Morus denkbar machen will, ist kühn und radikal. Wer vor dem Abgrund steht, der kann nur noch umkehren. Am Abgrund zählen keine Reformprogramme; es gibt nur noch Alternativen. Ein Staat, der kopfsteht, muss auf die Füße gestellt werden, das heißt die Gesamtheit seiner traditionellen und offenkundig unheilvollen politischen und gesellschaftlichen Prinzipien muss umgekehrt werden – geradezu ins glatte Gegenteil. Und genau dies tut Morus in „Utopia". Die „Wende" wirkt total und zielt auf alles, was gewendet werden kann und muss. Vor allem zielt sie auf das Denken. „Verkehrte Meinungen" muss man „mit der Wurzel ausrotten"[23]. Und da gibt

21 K. Kautsky, *Thomas More und seine Utopie* (1888), Berlin 1947.
22 K. Marx / F. Engels, *Werke* Bd. 23, S. 754, Berlin 1969.
23 Th. Morus, *Utopia*, a.a.O., S. 43. Weitere Seitenangaben im Text.

es vieles auszurotten: die unselige Meinung, dass es wichtiger ist, neue Reiche zu erobern, statt das eigene gut zu verwalten (S. 16); dass Kriege unvermeidlich sind und nicht das Ergebnis einer planmäßigen und vorsätzlichen Kriegspolitik (S. 22); dass sich die Fürsten und ihre Berater vornehmlich mit militärischen Fragen und nicht mit der Kunst des Friedens zu befassen haben (S. 16; 36f.); dass eine volle Kriegskasse die Sicherheit des Landes befestigt und nicht seinen Untergang herbeiführt (S. 41); dass Kriegsruhm etwas Großes ist und nicht etwas erbärmlich Unrühmliches (S. 102); dass man sich als Besitzer einer Stadt und nicht als deren Bebauer zu betrachten hat (S. 51).

Die Friedensfrage nimmt in „Utopia" verständlicherweise einen breiten Raum ein. Aber nicht nur hier muss total umgedacht werden, wenn der Staat Bestand und Zukunft haben soll. Sämtliche konventionellen Maßstäbe bedürfen einer neuen Legitimation und, wenn nötig, einer Revolutionierung. Weil das Elend Ursachen hat, muss man die Ursachen beseitigen und nicht etwa Todesstrafe für Tagediebe verhängen (S. 24,27). Weil der Besitz immer auf Kosten anderer geht (S. 47), muss man das Privateigentum abschaffen und natürlich auch das Geld, das Armut ja erst schafft (S. 45f.). Selbstverständlich haben die Bordelle zu verschwinden (S. 70), und – Morus spitzt in den eklatanten Widersprüchen zu – aus Gold und Silber darf man höchstens Nachttöpfe machen, nicht aber prunkvolles Tafelgeschirr (S. 72f.). Wer die Jagd liebt, der hasst das Leben (S. 83f.); wer einen Krüppel verlacht, der ist ein Unmensch; wer sich schminkt, der ist ein Idiot (S. 97). Reichtum aber ist: „völlig frei von jeder Sorge, heiteren Sinnes und ruhigen Herzens zu leben, nicht um seinen eigenen Lebensunterhalt ängstlich besorgt [...], ohne Furcht, der Sohn könne in Not geraten, ohne Angst und Bangen um die Mitgift der Tochter, sondern unbesorgt um den eigenen Lebensunterhalt und um den der Seinen, der Gattin, der Söhne, der Enkel, Urenkel und Ururenkel [...]"(S. 126f.).

Was für ein Satz im Jahre 1516 – wie im Jahre 1992! 1516 wirkt ein solcher Eingriff in das Gewohnte geradezu töricht. Morus weiß das und lässt denn auch seinen Possenreißer auftreten. Und dieser ist es, der sich anbietet, den Vorschlag zu verteidigen, man solle doch eigentlich alle Kranken und Alten und in Not Geratenen und Arbeitsunfähigen staatlich versorgen (S. 32). In Utopia gibt es keine Obdachlosen, keine Arbeitslosen und keine Millionäre. Ein völlig irrealer Gedanke – 1516 und 1992! Völlig allein steht Morus mit dieser „kopernikanischen Wende" im Grundsätzlichen nicht. Sie ist ein Teil der humanistischen Bewegung, die die Seiten verkehrt, das Obere nach unten schichtet und neue Dekaloge schafft. „Lob der Torheit" heißt die später vielgerühmte Schrift des Erasmus von Rotterdam aus dem Jahre 1509. Und irgendwie erinnert dieser „Paradigmenwechsel" – trotz aller Differenz – an Paulus: „Was die Welt für töricht hält, hat Gott auserwählt, um die Weisen zu beschämen" (1. Kor. 1,27).

Was ist Utopie? Für Thomas Morus jedenfalls nicht der Traum von einer besseren Welt, die Hoffnung auf Verbesserung, die Erinnerung an einen „Ur-stand", ein Entwicklungsprinzip der Geschichte. In „Utopia" sieht es in der Tat ganz anders aus als im England Heinrich VIII. Aber: es *muss* alles eben ganz anders aussehen, wenn England Bestand haben will. „Utopia" ist der kategorische Imperativ zu einem grundsätzlich neuen Denken[24] angesichts einer gesellschaftlichen Situation, die sich in den Kategorien apokalyptischer Endzeit beschreiben lässt. „Utopia" ist für Morus zugleich der präzise Ausdruck dafür, dass das von ihm eingeforderte neue Denken am Abgrund der Katastrophe in dieser Welt noch keinen Ort hat. Ou-topos: kein Ort, nirgends, wo so gedacht wird. Das aber nimmt dem Begriff der Utopie jegliche Erbaulichkeit.

Wer mit Morus von Utopie spricht, der redet nicht einfach von Zukünftigem, sondern davon, dass es für die Zukunft in der Gegenwart noch keinen Ort gibt. Morus ist kein Optimist, dem es gegeben ist zu glauben, es werde schon alles irgendwie werden. Seinem Realismus eignet eher Pessimismus, der im Begriff U-topia zum Ausdruck kommt und Alternativen formuliert: Entweder bekommt das neue Insel-Denken einen Ort in dieser Welt oder die Welt wird nicht mehr bleiben als eine Insel, der jederzeit die Überflutung droht. Wie aber reagiert die Welt auf diese Alternative? Morus beschreibt es sarkastisch in seiner Vorrede, exemplifiziert an einem „frommen Theologen", der unbedingt wissen will, wo Utopia zu finden ist: „Nicht aus eitlem und neugierigem Verlangen, Neues zu sehen, sondern um die verheißungsvollen Keime unserer Religion dort zu pflegen und noch zu vermehren. Um dabei ordnungsgemäß zu verfahren, hat er beschlossen, sich vorher einen Missionsauftrag vom Papst zu verschaffen und sich von den Utopiern sogar zum Bischof wählen zu lassen." (S. 7)

---

24 Ich benutze den Begriff „Neues Denken", nicht obwohl er vom Gorbatschowismus missbraucht wurde, sondern gerade weil er ad absurdum geführt werden sollte und heute deutlicher als bisher gesagt werden muss: Gorbatschowismus und Neues Denken schließen einander gegenseitig aus.

Ein Gegenstück zur Utopie

Der Utopie-Begriff des Thomas Morus ist nicht getragen von dem Gedanken an das, was künftig machbar wäre und wünschenswert. Er wird vielmehr bestimmt von dem, was notwendig ist, um Zukunft überhaupt zu garantieren. „Utopia" ist kein Fortschritt in die Zukunft, sondern ein Rücktritt von einem Denken, das die Zukunft in Frage stellt.

Wer den Utopie-Begriff bei Morus disloziert, kann nicht mehr unkritisch „Utopie-Geschichte" schreiben und etwa Francis Bacon und Thomas Morus in Synopse bringen.

Bacons „Nova Atlantis" von 1627 ist – gemessen an dem Inbegriff von Utopie bei Morus – gerade keine Utopie, geradezu das Gegenteil davon. Denn Bacons Zukunftsoptimismus ist völlig ungebrochen. Er sieht sich am Anfang einer zukunftsträchtigen Entwicklung, nicht an deren Ende[25]. Was alles möglich ist und machbar, das will Bacon zeigen. Da wird in der Tat geträumt und phantasiert von einem Land, das einer riesigen Akademie der Wissenschaften gleicht. Erfindungen erleichtern das Leben, befördern den Überfluss (S. 43ff.). Alles hat seine feste Ordnung wie in einem wissenschaftlichen System (S. 41). Bacon schreibt die erste Science-Fiction, und für die Wissenschaft braucht er die klinisch saubere, geordnete Gesellschaft. Alle sind glücklich und zufrieden in diesem Land, dessen Bewohner dem Fremden wie Engel erscheinen (S. 15). Natürlich ist auch „Nova Atlantis" ein Werk voller Protest gegen stupide Dogmatik und Dummheit. „Wissen ist Macht" – das ist Bacons kapitale Maxime. Und wo Wissen ist, da ist alles auch machbar. Probleme werden einfach gelöst.

Morus ist da viel skeptischer und dialektischer – verständlicherweise. Die ungeahnten Möglichkeiten der Akkumulation des Kapitals hat er noch gar nicht im Blick. Allein schon den Kompass hält er für sehr ambivalent: eine Erfindung, die zwar große Vorteile bringe – aber, unvorsichtig eingesetzt, noch größeren Schaden verursachen könne.

---

25 F. Bacon, *Neu-Atlantis*, neu hg. von Jürgen Klein, Leipzig 1982, S. 26. Weitere Seitenangaben im Text.

Noch heute hält es das Kapital nicht mit dem zögerlichen Morus, sondern mit Bacon und dem Begriff des „know how".[26] Wer Utopie an Bacon definiert, muss sich von Morus trennen, denn das sind Alternativen, die nicht in eine Geschichte gehören, bloß weil die Gattung „Staatsroman" das nahelegt. Hier fallen semantische Grundentscheidungen, die nur um den Preis umgangen werden können, den Begriff der Utopie zu einer völlig diffusen Kategorie verkommen zu lassen. Entweder Morus oder Bacon. Diffus genug ist das Utopie-Gerede in der Tat geworden. Doch aufs Ganze gesehen hat sich die Geschichte doch entschieden: für Bacon und also für Utopie als den (literarischen) Traum von einem Land, in dem Bedingungen geschaffen sind, unter denen alle Menschen endlich glücklich und zufrieden leben können. Dass Marx und Engels diese Utopie (im Hegelschen Sinne) „aufheben" mussten, ist verständlich. Und verständlich ist auch, warum der Skopus von „Utopia" für sie gar nicht mehr in den Blick kommt: Wenn die Revolutionen die Lokomotiven der Geschichte sind, dann wird des Morus These abständig, die da – mutatis mutandis – besagt: Revolutionen sind nicht die Lokomotiven der Geschichte, sondern ihre Notbremsen.

Die totale Korrektur

Die sogenannte „Utopie" des Francis Bacon hat eine ganz eigene Rezeptionsgeschichte, in der aufrüttelnde und tollkühne, rührende und abenteuerliche Staatsromane entstanden sind. Aber auch Thomas Morus hat Nachfolger gefunden, wenn auch bei weitem nicht so viele. Vielleicht wird man vorbehaltlos sogar nur zwei Namen nennen können: Tommaso Campanella und Johann Valentin Andreae.

Ernst Bloch hat Campanellas „Civitas solis" von 1623 ein „Gegenstück zu Morus" genannt[27]. Genau das aber ist der „Sonnenstaat" nicht, auch wenn es in ihm tatsächlich weit strenger zugeht als in der „Utopia". Campanella will den Zentralismus, er will durchaus auch Hierarchie – vor allem aber will er

---

26 Das ist natürlich alles nicht polemisch gegen Bacon gesagt, denn Bacon hat alles andere als „Sprüchelchen" gemacht, wie ihm Hegel meinte nachsagen zu müssen, nur weil Bacon von der Empirie genau so viel hielt wie Hegel vom absoluten Geist.
27 E. Bloch, *Freiheit und Ordnung. Abriß der Sozialutopie*, Leipzig 1987 (2.Aufl.), S. 68.

Ordnung in das Ganze der Gesellschaft bringen. Doch dieses stellt ihn nur vordergründig in einen Gegensatz zu Morus. Ein Gegenstück zu Morus wird daraus nur, wenn man mit Bloch das formale Schema „Freiheit und Ordnung" anlegt und nicht den von Morus inhaltlich geprägten Utopie-Begriff verrechnet. Genau dieser aber trägt den „Sonnenstaat" – natürlich mit dem spezifischen Gepräge seines italienischen Autors, der als Dominikaner-Mönch 27 Jahre im Kerker zubringen musste, wegen Hochverrats an der römisch-katholischen Dogmatik und als offizieller Mitarbeiter eines gescheiterten kalabrischen Putsches gegen die Spanier.

Die Welt, die Campanella erlebt, verdichtet sich für ihn zum Inbegriff des Nichtigen. Von Gottes guter Schöpfung ist im Blick auf die Menschen kaum etwas zu merken. Hier regiert das Unrecht und das Böse. Das Elend zerfrisst den Leib und das Gemüt. Wohin man auch schaut, überall erbärmliche Verhältnisse und niedrige Gesinnung. Gemessen an der Ordnung der Natur, deren Maß sich berechnen lässt, die als Kosmos auch Schönheit ist und Harmonie – gemessen an dem regelmäßigen Verlauf von Sonne, Mond und Sternen, verläuft das Leben in der Menschenwelt chaotisch. Das Reich des Menschen ist ein reines Chaos, unberechenbar, gnadenlos willkürlich. Nirgends erkennt man einen Plan. Gesetze gibt es nur dem Namen nach. Der Zufall regiert, Dummheit beherrscht das Land und blanke Gewalt erstickt jeden Keim der Vernunft.

Düsterer als Campanella kann man die Gesellschaft der Menschen ja kaum empfinden. Ganz sicher ist das auch eine Frage der Perspektive und des historischen Ortes. Und Campanellas Italien ist durchaus der Ort, an dem man so empfinden kann – wohl auch empfinden muss, wenn man das Leben von unten sieht.

Wie „Utopia" so ist auch der „Sonnenstaat" nicht etwa eine *ideale* civitas, sondern eine *notwendige* Gründung. Das unterscheidet auch Campanella von Bacon und dessen Nachfahren. Seine Utopie trägt nicht den Charakter des Idealen. Ideale sind Superlative, die Gegebenes optimieren. Campanella aber will, wie Morus, das Gegebene gerade destruieren und neue Gegebenheiten setzen. Und dafür hat er – aus seiner Sicht – auch allen Grund, fast noch mehr Gründe als Morus. Für Morus steht die Frage nach der Überlebensfähigkeit des Staates auf dem Spiel, die Frage nach der Zukunft. Doch was für Morus der befürchtete Zusammenbruch ist, das ist für Campanella das ganz Normale. Für ihn ist alles noch viel schlimmer. Die Welt droht nicht erst aus den Fugen zu geraten, sie ist noch nie gefügt gewesen. Von Zukunft kann da sowieso nicht die Rede sein. Verglichen mit dem ordentlichen Ganzen der Natur im Himmel und auf Erden, das all die Spuren einer weisen Schöpfung zeigt, und also teilnimmt, an dem vollkommenen Sein eines vollkommenen Schöpfers, ist die Welt des Menschen das reine Nichts. Und das wird sie auch künftig bleiben, wenn nicht der Mensch selber hier eingreift und Ordnungen schafft, die auf der Höhe der Natur sind.

Campanella hat sehr drastisch eingegriffen. Natürlich gibt es in dem „Sonnenstaat" nicht mehr das Eigentum, das andere versklavt[28]. Kommunalität bestimmt nun das Leben in jeder Beziehung (S. 57), aber auch Bildung und Weisheit (S. 34f.). Und natürlich auch die Astrologie (S. 76f.). Warum soll ein Menschenleben weniger berechenbar sein als die Bahnen der Sterne?! Also muss man etwas dafür tun, im Großen wie im Kleinen. Das Große ist der einheitliche Weltstaat, der der Einheit der Natur entspricht (S. 102). Das etwas Kleinere beginnt schon mit der Zeugung (S. 51f.): die Dicken paaren sich mit den Dünnen und die Langen mit den Zukurzgekommenen. Harmonie muss *erzeugt* werden, Ordnung muss *hergestellt* werden, sonst bleibt die Menschenwelt ein Chaos. Mit Platons Politik der „Menschenzucht", die zudem ausschließlich militärischen Gewinn erzielen soll, hat Campanellas Harmoniestreben nichts zu tun. Und doch hat man sich über Campanella immer mehr ereifert als über den Griechen Platon. Das sei alles „fanatischer Kommunismus", eine „gewaltsame Beglückung der Menschen"[29]. Macht und Gewalt sind für Campanella keine Abstrakta. Schließlich schreibt er im Gefängnis. Aber, dass Macht als solche böse sei, kann man im „Sonnenstaat" in der Tat nicht lesen. Auch die Natur ist mächtig und gewaltig. Aber in ihr hat die Macht einen Sinn für das Ganze. Und es geht auch nicht darum, die Menschheit gewaltsam zu einem „Zurück zur Natur" zu zwingen. Campanella ist kein Vorläufer Rousseaus. Er will nicht zurück, er will heraus aus einem Zustand der Menschheit, der noch nicht einmal das geregelte Maß der Natur hat. „Vorwärts zur Natur", das ist sein eigentlicher Gedanke.

---

28 Th. Campanella, *Der Sonnenstaat*, Berlin 1955, S. 39. Weitere Seitenangaben im Text.
29 Klaus J. Heinisch, *Der utopische Staat*, Reinbek 1960, S. 216. (Es handelt sich im Zitat um eine verräterische Wendung! Wer vor der Alternative steht: entweder gewaltsame Unterdrückung oder gewaltsame Beglückung, der wird sich nicht für die Gewalt, aber für die Beglückung entscheiden. Und wer gegen diese Entscheidung votiert, der optiert für die Gewalt und die Unterdrückung.

Wie bei Morus so zeichnet sich auch bei Campanella der Utopie-Begriff in das Katastrophale ein. Morus will die Katastrophe verhindern, Campanella will das Katastrophale überwinden. Der württembergische Theologe Johann Valentin Andreae will eigentlich beides, wenigstens will aber sein „Christianopolis" eine „Fluchtburg für das Wahre und Gute"[30] sein. Bevor Andreaes „Christianopolis" 1619 erschien, konnte ihr Autor wahrscheinlich schon Einblick nehmen in Campanellas „Sonnenstaat", dessen erste Fassung bereits 1602 entstanden war. Einfach abgeschrieben hat Andreae aber weder bei Campanella noch bei Morus, wiewohl in Zentralem Übereinstimmung herrscht: kein Geld (S. 34), kein produktives Privateigentum (S. 23ff.), Kommunalität in jeder Hinsicht (S. 41). Dafür aber Arbeit für alle (S. 33f.) und Bildung (S. 71ff.) und zwei Tafeln, auf denen zehn Gebote stehen, die Gesetzeskraft haben und von allen befolgt werden.

Der Protestant Andreae macht sich ganz einfältig und sagt: Wir brauchen nur die zehn Gebote zu halten, dann haben wir eine andere Welt. So einfach ist das, und es ist offensichtlich doch einfach nicht möglich. Diese Welt wird nicht von den zehn Geboten, sondern vom Teufel regiert. Und es sieht ganz danach aus, dass dies auch so bleiben wird – bis zum jüngsten Tage. Aber wehe der Kirche, die sich mit einem Staat abfindet, dessen Wappen von „Sinnbildern der Rohheit und Eitelkeit" besetzt ist und nicht von „Werkzeugen der Menschlichkeit und Arbeit" geziert wird (S. 42)! Andreaes Protest gegen Staat, Kirche und Gesellschaft konnte im ersten Jahr des Dreißigjährigen Krieges radikaler nicht ausfallen. Diese Radikalität entspricht einer an die Wurzeln gehenden Diagnose, die wie bei Morus und Campanella lautet: diese Welt ist in einem katastrophalen Zustand und nur mit einer radikalen Therapie zu retten. Viel Hoffnung hat Andreae dabei allerdings nicht. „Christianopolis" ist kein Kind des historischen Optimismus. Andreae kokettiert nicht mit einer lichten Zukunft. Wo der Teufel regiert, da ist Zukunft ohnehin kein schönes Wort. Doch wehe der Kirche, die sich abfindet mit der „Normativität des Faktischen", Fatalismus predigt und dem Teufel nicht auf der ganzen Linie und in jeder Beziehung den Kampf ansagt und also nicht bereit ist zur totalen Korrektur in Staat, Kirche und Gesellschaft!

---

30   J.V. Andreae, *Christianopolis*, Leipzig 1977, S. 17. Weitere Seitenangaben im Text.

Abkehr und Umkehr

Aus der Katastrophe führt nur die Korrektur im Grundsätzlichen heraus, die totale Wende, der radikale Umbruch. In dieser Überzeugung wurzelt Morus' „Utopia". Utopie als Überlebensstrategie. Wer heute eine Utopie-Geschichte schreibt, der muss sich schon im Ansatz entscheiden: zwischen einer willkürlichen Auflösung des Utopie-Begriffs in prinzipielle Hoffnung auf „noch nicht" zur Gegenwart Gehöriges, auf noch Erwartetes und zu Erwartendes und jenem Utopie-Begriff, der Utopie als Überlebensstrategie begreift und also gar nicht viel erwartet, keine Träume hat und keine Illusionen und nur das eine will: die Katastrophe muss verhindert werden! Eine an Morus orientierte Utopie-Geschichte würde nicht sonderlich umfangreich ausfallen. Und doch müsste sie – von der Sache her – sehr weit zurückgreifen und sich hineinstellen in den radikalen Protest der alttestamentlichen Prophetie gegen die innere und äußere Gefährdung der Überlebensfähigkeit Israels.

Dieser Protest spiegelt sich auf doppeltem Niveau: in der Forderung nach einer Reorganisation innerstaatlicher Gemeinschaftsbeziehungen und im Horizont einer universalen Perspektive, die eine Rettung Israels (und der Völkerwelt) nur noch durch eine radikale Neuschöpfung der Erde erwartet.

Die alttestamentlichen Propheten sind keine Moralisten. Israel soll sich nicht „bessern" und weniger verwerflich leben. Es soll sich völlig abkehren von den fremden Göttern und radikal umkehren auf den Wegen, die in das Verderben führen. Die Alternativen sind Tod oder Leben, Zukunft oder Untergang. Die Propheten reden geradezu pragmatisch von der Umkehr als der conditio sine qua non für Israels Weiterexistenz. Und sie reden dabei nicht partiellen Reformen das Wort, sondern sie zielen auf das Ganze, auf die Erneuerung des ganzen Menschen und ganz Israels. In der Sprache der Propheten heißt das: Israel hat nur dann Bestand, wenn Jahwe seinen Geist ausgießt (Jes. 32,15ff.) und ihm das Gesetz in das Herz schreibt (Jer. 31,31ff.), wenn Israel ein anderes Herz erhält und einen neuen Geist (Hes. 11,19). Und selbst diese Totalität der Umgestaltung wird noch überboten: durch den apokalyptischen Horizont einer universalen Erneuerung der ganzen Welt (Jes. 2,4; Mich. 4,3ff.; Sach. 9,9f.). Die Überlebensfähigkeit Israels hängt nicht nur von seiner inneren Verfasstheit ab, sondern von der Verfassung der Welt insgesamt! Das prophetische Urteil über den status quo dieser Welt ist allerdings vernichtend. Die Jesaja-Apokalypse spricht aus, was bereits zur Grundstimmung fast aller

Propheten gehört: „Die Erde welkt [...], die Welt zerfällt, sie verwelkt, Himmel und Erde zerfallen. Die Erde ist entweiht durch ihre Bewohner [...]." (Jes. 24,4f.). Im Zeichen dieser Katastrophenerklärung ließe sich die Aussicht auf eine geheilte Welt „am Ende der Tage" durchaus als Vertröstung lesen. Doch Vertröstung will das Wort von „dem neuen Himmel und der neuen Erde" (Jes. 67,17) gerade nicht sein. Die eschatologische Perspektive einer geheilten Welt „am Ende der Tage" zielt nicht auf eine Entweltlichung der Geschichte, sondern auf Zukunftsfähigkeit: Zukunft hat die Geschichte nur, wenn sie einem radikalen Umbruch unterworfen wird, der den „alten Äon" überwindet und die Welt eine neue Gestalt annehmen lässt.

Die alttestamentliche Rede von der Erneuerung der Welt als Voraussetzung von Zukunftsfähigkeit ist verbunden mit der spektakulären Einsicht, dass es ohne Umkehr im Grundsätzlichen keine Zukunft geben wird. Ohne Umkehr und Abkehr wird das Ende zum Strafgericht. Die Konturen der notwendigen Abkehr und Umkehr geben sich in der prophetischen Intervention an fundamentalen Aspekten zu erkennen:

- in dem Postulat einer neuen Gerechtigkeit, die das Recht der faktisch Rechtslosen zu Geltung bringt (Jes. 3,12ff.);
- in der radikalen Verwerfung des Krieges und der Aufrichtung eines weltweiten (ewigen) Friedensreiches (Jes. 2,4);
- in einer neuen Besinnung auf das Verhältnis zwischen Mensch und Natur (Jes. 11,8);
- in der Überwindung des nationalen Staatsegoismus durch die Universalisierung des Zukunftsanspruches für alle Völker (Jona);
- in der totalen Revision des poly- und henotheistischen Götterverständnisses durch einen Monotheismus, in dessen Konsequenz nicht nur die Einheit der Welt (als Schöpfung des einen Gottes), sondern zugleich auch die Einheit der Völkergeschichte in den Blick kommt (Jes. 44,24ff.) und die Ablösung der Praxis konfrontativer Völkerkonkurrenz durch das Prinzip stellvertretender Proexistenz eingeklagt werden muss (Jes. 49,6).

Der alttestamentliche Ruf zur Umkehr findet seine neutestamentliche Entsprechung in der Metanoia. Für die apokalyptisch geprägte urchristliche Gemeinde ist Metanoia beides: die Umkehr des „inneren" Menschen und die Umwandlung der „äußeren" Verhältnisse. Und beides steht im Zeichen jener Radikalität, die durch die Erwartung des apokalyptischen Dramas provoziert wird. Der erwartete Untergang dieser Welt ist für das Neue Testament kein fatalistisches Geschick, kein schicksalsmächtiges Ereignis, das so oder so eintreten würde. Der Tod ist vielmehr der Sünde Sold (Röm. 6,23). Das Gericht erfolgt nach den Werken (Matth. 16.27). Diese Welt ist zum Sterben verurteilt, weil „alle, Juden wie Griechen, unter der Herrschaft der Sünde stehen" (Röm. 3,9). Zukunft kann diese Welt unmöglich haben, jedenfalls nicht in ihrer jetzigen Gestalt. Das Ende „dieses Äons" wird im Neuen Testament fast noch mehr herbeigesehnt als befürchtet. Aber die Sehnsucht geht nicht in ein Jenseits, sie zielt auf „einen neuen Himmel und eine neue Erde" (Offb. 21,1).

Was im Neuen Testament als „Reich Gottes" beschrieben wird, trägt in seiner eschatologischen Perspektive den erneuerten Begriff von Zukunft bei sich. Die Zukunft des „alten Äon" ist der „neue Äon". Der „alte Äon" ist hoffnungslos verloren. Aber was jetzt Zukunft (Eschaton) heißt, bricht nicht für alle Menschen gleichermaßen an. Es gibt kein Erbrecht auf das Reich Gottes (Gal. 5,21), wiewohl es Verheißung gibt für alle, die da umkehren. „Leichter kommt ein Kamel durch ein Nadelöhr hindurch als ein Reicher in das Reich Gottes hinein." (Mt. 19,24) Metanoia ist im Neuen Testament der Auszug aus dem Reich des „alten Adam" in den Herrschaftsbereich des Christus Jesus als dem „Erstgeborenen aus den Toten" (Kol. 1,18). Dieser Exodus verkehrt die Maximen dieses Äons geradezu in ihr Gegenteil: „Wer das Leben gewinnen will, der wird es verlieren; wer aber das Leben um meinetwillen verliert, der wird es gewinnen." (Matth. 10,39) „Wer unter euch der Größte sein will, der soll euer Diener sein, und wer unter euch der Erste sein will, der soll der Diener aller sein." (Mk. 10,43f.) „Die Ersten werden die Letzten sein und die Letzten die Ersten." (Matth. 19,30)

Der neutestamentliche Ruf zur Umkehr beansprucht den einzelnen und ergeht an alle. Er ist politisch in des Wortes ursprünglichster Bedeutung. Das lukanische Magnificat (Luk. 1,46ff.) lässt denn auch die „Bekehrung der Herzen" der Umwandlung der Polis korrespondieren: „Gewaltige hat er vom Thron gestürzt und Niedrige erhöht. Hungrige hat er erfüllt mit Gütern und Reiche leer davongeschickt." Die soziale Dialektik der neutestamentlichen Metanoia nimmt provozierende Formen an: Den einen wird gegeben, den anderen wird genommen werden, und eben so wird Gerechtigkeit zu einem Ereignis, das Eschaton hat. Alle drei synoptischen Evangelien haben denn auch das programmatische Prophetenwort Jes. 40, 3-5 übernommen. Lukas zitiert ausführlich: Johannes der Täufer „kam in das Land am Jordan und predigte eine Taufe der Umkehr zur Vergebung der Sünden, wie im Buche der Reden des Propheten Jesaja geschrieben steht: ‚Eine Stimme ruft in der Wüste: Bereitet den Weg des Herrn, macht seine Straße eben! Jedes Tal soll ausgefüllt und jeder Berg und Hügel abgetragen werden, und was krumm ist, soll gerade, und was rauh ist, zu ebenen Wegen werden, und alles Fleisch soll schauen Gottes Heil!'" (Luk. 3,3ff.) Radikaler und umfassender lässt sich Metanoia kaum beschreiben. Da sollen Hügel und sogar Berge abgetragen werden, um die Täler auszufüllen; da soll alles Krumme begradigt, alles Unebene geebnet werden. Da soll das Gesicht der Erde erneuert werden – gegen allen Widerspruch, der daran festhält, dass das Unterschiedliche schließlich so ganz und gar natürlich sei. Aber gerade dieses eben so und nicht anders Gewachsene und Zusammengeschobene, dieses unerhört Faktische des Oben und Unten, des Krumm und Gerade, dieses Durchfurchte und Verfaltete – es soll nicht sein, wenn der Herr kommt. Es soll nicht länger zugelassen sein, dass „die da oben" leben und „die da unten" verhungern, dass Reichtum sich durch Armut nährt und Wohlstand sich am Elend misst. Wenn der Herr kommt, dann darf dieses Oben und Unten nicht länger fortbestehen, nicht länger mehr die Kluft, die Existenzen tötet, die Sklaven schafft und Beute macht bei den Geringen. Dann darf nicht mehr Tal und Hügel sein, sondern nur noch ebene Straße. Kein Wunder, dass Johannes der Täufer den Herodes nicht überlebte.

Der utopische Eingriff

Der von Morus definierte Inbegriff von Utopie zeigt Traditionslinien, die weit zurückreichen, sich aber kaum zu einer Sukzessionsgeschichte reihen lassen. Der am Abgrund formulierte Utopie-Begriff zeigt keine Kontinuität. Die Hoffnung auf Verbesserung, Veränderung, Entwicklung ist, seit Menschen leben, niemals abgebrochen. Utopien aber reden von der Katastrophe, die verhindert, überwunden werden soll – durch eine Korrektur im Großen und Ganzen. Nicht schon das bloße Modell einer Stadt, eines Staates ist Utopie in des Wortes Bedeutung. Der Staatsroman als solcher muss nicht utopisch sein, auch wenn er sich durchweg an Idealem orientiert. Utopien beschreiben nicht das Ideale, sie modellieren Antithesen, die den Ausweg suchen.

„Utopia" sieht nur einen Ausweg: das Ganze eines Staates muss verändert werden, und schon das Denken selbst bedarf der radikalen Korrektur.

Ein Thomas Hobbes sieht das ganz anders, wiewohl er das Ganze im Blick hat. Sein „Leviathan" von 1651 rechnet erst gar nicht damit, Grundsätzliches verändern zu können. Der Mensch ist, wie er ist und dementsprechend sieht auch die Gesellschaft aus: ein bellum omnium contra omnes, ein Kampf aller gegen alle[31]. Homo homini lupus, so lautet Hobbes' Diagnose: Der Mensch ist dem Menschen ein Wolf. Da lässt sich nichts korrigieren. Der Selbsterhaltungstrieb, der Egoismus, der Utilitarismus sind naturgegeben. Gesellig ist der Mensch nur dann, wenn es ihm Nutzen bringt. Aristoteles irrt, wenn er vom zoon politikon ausgeht (S. 147). Der Mensch ist ein Steppenwolf. Und eigentlich brauchte man das gar nicht zu beklagen, wenn es nicht an die Substanz ginge. Dieses aber tut es leider. Hobbes schreibt seinen „Leviathan" gegen Ende des englischen Bürgerkrieges. Charles I. ist schon hingerichtet worden. Für Hobbes eine Katastrophe, die erst endet, als Charles II. 1660 den alten Adel restauriert und Hobbes selbst zu neuen Ehren kommt.

Im „Leviathan" spiegelt sich die englische Revolution für den im Pariser Exil schreibenden Systematiker durchaus als ein apokalyptisches Geschehen. Wie Behemoth, das riesig große, wilde, starke Tier, wälzt sich der Bürgerkrieg über das Land und treibt es in den Abgrund. Revolution und Konterrevolution liefern einander blutige Schlachten. Für Hobbes ist England am Ende. Da hilft nur die ultima ratio: Behemoth muss durch den Leviathan gebändigt werden, durch das Meeresungeheuer, das noch stärker ist, vielleicht sogar noch schrecklicher. Aber tertium non datur. Im „Leviathan" wird dieses Meeresungeheuer beschrieben. Es ist ein Staat, der den status belli beendet, indem sich seine Bürger der absoluten Gewalt eines Souveräns unterwerfen, der seinerseits völlig unanfechtbar ist, auch unabsetzbar, jenseits jeder Kritik, doch zuständig für alle entscheidenden innen- und außenpolitischen Fragen (S. 150ff.). Der Souverän untersteht keinen staatlichen Gesetzen (S. 226). Er hat uneingeschränkten Zugriff auf das Eigentum seiner Untertanen (S. 179). Seine Gewalt muss er mit niemandem teilen, und er muss sie jederzeit einsetzen und regelmäßig demonstrieren (S. 156f.). Er ist Oberbefehlshaber, oberster Richter, oberster Gesetzgeber, Oberhaupt der Staatskirche. In einem Wort: er ist von Gottes Gnaden, und nur er!

---

31   Th. Hobbes, *Leviathan*, hg. von Hermann Klenner, Hamburg 1978, S. 106. Weitere Seitenangaben im Text.

Als Hobbes in Paris diesen Absolutismus entwirft, ist Ludwig XIV. bereits regierender König. Viel Phantasie war für den „Leviathan" nicht nötig, wenngleich der „Sonnenkönig" erst nach 1661 seinem Namen wirklich Ehre machte. Hobbes und der europäische Absolutismus inspirierten einander ganz sicher gegenseitig. Aber nicht das ist das Entscheidende. Entscheidend ist vielmehr, dass für Hobbes der Leviathan ein Untier ist, ein Ungeheuer. Hobbes ist kein Absolutist aus Leidenschaft, er ist es aus reiner Rationalität, die da besagt: Des Menschen Selbsterhaltungstrieb, sein Egoismus und Utilitarismus, ist so naturgewaltig, dass es keinen Sinn macht, im bellum omnium contra omnes auf Verzicht zu insistieren und zu appellieren an Moral und hehre Gesinnung. Man muss die Menschen gerade auf ihren Egoismus ansprechen und ihnen bewusst machen, dass sie um ihrer Selbsterhaltung willen gezwungen sind, den Kampf aller gegen alle einzustellen. Dieses aber bedarf eines radikalen Eingriffs in die Gesellschaft. Die naturgegebene Gleichheit aller Kombattanten (S. 104ff.) muss an einer Stelle durchbrochen werden: der Souverän herrscht absolut und wird darin – ganz wider die „Natur des Menschen" – von allen anerkannt. Und nur so kann er seine Aufgabe erfüllen, die Untertanen voreinander zu schützen und das Land nach außen erfolgreich zu verteidigen.

Hobbes rechnet mit der Natur des Menschen und sieht sich gerade deshalb zu einem widernatürlichen Eingriff gezwungen, von dem er sich Bewahrung vor dem Untergang verspricht. Die civitas als solche soll im Prinzip nicht verändert, sie soll lediglich so stabilisiert werden, dass sie jenes Alter erreicht, das die Naturgesetze ihr ermöglichen (S. 273).

Ganz ähnlich denkt schon Platon. Und analog wirkt auch die Situation. Was für Hobbes die englische Revolution ist, das ist für Platon der peloponnesische Krieg, der Kampf zwischen Athen und Sparta, zugleich eine Schlacht zwischen Demokratie und Aristokratie, die auch Hobbes sehr genau kennt. 1629 erscheint seine Übersetzung der „Geschichte des Peloponnesischen Krieges" von Thukydides.

Platons Antwort auf die Herausforderung des griechischen Bürgerkrieges ist die „Politeia", der große Dialog über den Staat, um den es nicht gut bestellt ist in einer Welt, in der der Krieg zum Alltag gehört. Auf den Gedanken, den Krieg zu ächten, wenn er doch an die Fundamente der Polis geht, kommt Platon nicht. Seine staatserhaltenden Erwägungen fallen ausgesprochen simpel aus und lauten: Wenn der Krieg den Staat bedroht, muss man dessen Wehrfähigkeit erhöhen. Das ist denn auch schon der eigentliche Inhalt der „Politeia", die nun beschreibt, wie man das gründlich macht. Auch Platon protestiert gegen den status quo: gegen die Krise der Polis, die sich zur ungesunden Großstadt auswächst[32] und mit ihrer politischen Identität ihre Wehrfähigkeit verliert. In einer vom Krieg dominierten Welt aber bedeutet der Verlust der Wehrfähigkeit und Kriegstüchtigkeit eine Infragestellung der Überlebensfähigkeit. Auch Platon philosophiert am Rande der Katastrophe, weit weg vom Ideal des besten aller Staaten, ganz eingebunden in die Frage nach der überlebensnotwendigen Korrektur. Das Ganze darf diese freilich nicht berühren, denn schließlich soll der Stadt-Staat bleiben, was er einmal war: aristokratisch regiert und beherrscht.

Schon „Demokratie" ist für Platon ein Reizwort. In der „Politeia" kommt der Demos denn auch gar nicht erst vor. Hier geht es fast ausschließlich um das Militär und darum, wie diese „Wächter" zu halten und zu züchten sind.[33] Natürlich müssen die Wächter sehr tüchtige Leute sein, an Leib und Seele trainiert und also mit Gymnastik und Musik erzogen, ferngehalten von unbotmäßigen Göttergeschichten, frei von Todesfurcht, die ohnehin nur von Schauermärchen über die Unterwelt herrührt. Also muss man solche Märchen verbieten und auch jene Geschichten, in denen Götter jammern und klagen und lachen und lügen. Lügen darf nur der Regent, und auch er nur im Interesse des Staates. Dann aber richtig. Und Platons Staat gründet auf einer Staatslüge, die zum Staatsgeheimnis wird: die Menschen müssen an die „unentbehrliche Unwahrheit" glauben, dass sie von Natur aus zu Unterschiedlichem geboren sind, Gold, Silber oder eben nur Erz in sich tragen (III,21). Und wer das glaubt, mit dem lässt sich auch alles machen. Platons „Wächter" leisten keinen Widerstand. Sie leben kommunal in jeder Hinsicht. Eine riesige Kaserne, in der alles gemeinsam ist – Wohnung und Mahlzeit und Frauen und Kinder. Doch dürfen nur die Tüchtigsten die Tüchtigsten richtig beschlafen, damit auch der Nachwuchs ganz tüchtig wird. Was sonst noch zur Welt kommt, wird beiseitegeschafft, wenn es nicht vorher schon abgetrieben werden konnte. Ein richtiges Heer muss gezüchtet werden. Wie eine „Herde"

---

32 *Platons Staat*, hg. und übers. von Otto Apelt, Leipzig 1916, Buch II, Kap. 13. Weitere Kapitelangaben im Text.
33 Angemerkt sei, mit Kommunismus hat das Ganze nur so viel zu tun wie die Sozialdemokratie mit der Revolution.

(V,8) muss es auf voller Höhe bleiben. Die Frauen als „weibliche Schäferhunde" (V,3), die Kinder als künftige Krieger, die schon Schlachten beiwohnen sollen, um zuzusehen, wie ihre (ihnen unbekannten) Eltern den Feind besiegen.

Gewöhnlich fällt immer nur der eine Satz, wenn es um Platons „Politeia" geht: die Könige sollen Philosophen sein. Das ist in Platons Staat auch wichtig, doch längst nicht das Entscheidende. Das VIII. Buch beginnt zudem ganz anders: „Herrscher sollen diejenigen sein, die sich in Philosophie sowie für den Krieg als die Besten herausgehoben haben." (VIII,1) Entscheidend für Platon ist das Heer, das doppelsinnige Wort von der Heeres-Zucht. Hier greift er korrigierend ein, um seiner Polis Dauer zu verleihen.

Auch Hobbes stützt sich lediglich auf einen Punkt: der Souverän befriedet seine Untertanen. Doch Hobbes weiß, dass das ganz unnatürlich ist. Platon will wieder ganz natürlich werden: die Armee muss man züchten wie Rassehunde (V,8).

Abschied von der Utopie

Gemessen an Morus, Campanella und Andreae wirken Platon und Hobbes geradezu realistisch – in des Wortes traditioneller Bedeutung. Sie wollen die Welt nicht auf den Kopf stellen, sondern nur dafür sorgen, dass der status quo erhalten bleibt. Um das zu erreichen, bedarf es des spektakulären Eingriffs in das Fundament eines Staates. Die außerordentlich große Bedrohung kann nur noch durch außergewöhnliche Maßnahmen abgewendet werden.

In dieser Überzeugung liegt der Utopie-Gehalt der „Politeia" und des „Leviathan". Und hier treffen einander Platon und Hobbes mit Morus bei jenem Utopie-Begriff, der als Inbegriff von Überlebensstrategie den Ausweg sucht. Die Differenz aber ist erheblich. Für Morus ist das Ganze des Staates nur noch dann zu retten, wenn der Staat ganz umgestaltet, wenn das Alternative zum Prinzip des politischen Denkens erhoben wird. Wenn die Welt kopfsteht, muss man sie auf neue Füße stellen.

Von diesem „Neuen Denken" ist bei Platon und Hobbes nichts zu spüren. Ihr utopischer Eingriff bleibt partiell, gebunden an den Vorsatz, dass sich möglichst gar nichts ändern soll. Das ist ja Hobbes' Argument: Wenn ihr wollt, dass alles so bleiben soll, dann müsst ihr dem absolutistischen Gesellschaftsvertrag zustimmen! Und Platon will gar zurückkehren zu den guten alten Zeiten, in denen die athenische Aristokratie noch optimistisch herrschen konnte.

Platon und Hobbes machen den Umgang mit dem Utopie-Begriff nicht gerade leicht. Das Diktat des Absolutismus und die totale Militarisierung der Gesellschaft empfehlen sich nicht von selbst. Es muss schon zwingende Gründe geben, wenn man Platon und Hobbes verteidigen will. Natürlich auch Gründe der Macht und also der herrschenden Klasse. Wer aber sagt, dass „Utopie" ein Wort zum Schwärmen und zum Erwärmen ist?! Utopie ist eine Überlebenskategorie. Und die entscheidende Frage an Platon und Hobbes ist eigentlich die, ob ihr partieller Utopie-Begriff heute überhaupt noch relevant ist.

Man kann diese Frage natürlich auch abweisen: etwa unter Hinweis darauf, dass Utopien ohnehin nie von realpolitischer Bedeutung waren, jedenfalls nicht ernsthaft und auch nicht messbar ins Gewicht fielen – oder eben unter Berufung darauf, dass Utopien stets widerlegt wurden. Schließlich gibt es England noch heute. Auch Athen ist eine blühende Stadt. Natürlich hat die Geschichte alles irgendwie verändert, aber der Rückblick zeigt doch, dass die Befürchtung einer Katastrophe vielleicht verständlich, doch letztlich unbegründet war. Katastrophal wurde es höchstens für ganz bestimmte Schichten, für bestimmte Klassen der Gesellschaft. Doch das ist der Lauf der Welt.

Gegen dieses Argument lässt sich kaum etwas sagen, solange man die Meinung teilt, dass eben dieser Lauf der Welt ganz selbstverständlich ist, das heißt: dass die Geschichte immer weiter geht und, wenn überhaupt einmal, dann höchstens erst in allerfernster Zukunft enden wird. Um diese Zukunft brauche man sich heute nicht zu sorgen.

Diese Meinung ist noch immer populär, jedenfalls dort, wo Zukunft noch ganz selbstverständlich eingeplant werden kann. Aber die Zahl jener Länder wächst, in denen Zukunft zu einem Fremdwort geworden ist, weil das Sterben inzwischen schon in die Millionen geht und der Begriff Unterentwicklung wie ein Euphemismus und also zynisch klingt. Für große Teile dieser Erde ist die apokalyptische Katastrophe nicht eine drohende Gefahr; sie ist längst Realität. Und Realität ist auch, dass sich das heute weltbeherrschende Kapital auf dieses Sterben einzustellen beginnt, indem es nationale Wagenburgen baut, die verhindern sollen, dass dieses Elend dort Einzug hält, wo es ursprünglich herkommt. Aber auch innerhalb der „Warenburgen" des Kapitals

ist Zukunft schon längst kein unumstrittenes Wort mehr. Seit die Halbierung
der Zwei-Drittel-Gesellschaft begonnen hat, rechnen auch immer mehr noch
Nicht-Betroffene damit, dass man mit allem rechnen muss. Sie tun es, zumal
die Wahrscheinlichkeitsrechnungen immer dichter werden und es offensichtlich schon heute nur noch eine Frage der Zeit ist, wann sich die ökologische
Krise zu einem globalen Kollaps auswächst. Dann ist auch das ungeheure
nukleare Potential nicht mehr kontrollierbar, wenn es nicht gar gezielt zum
Einsatz kommt.

Darin hat Jürgen Habermas völlig recht: „Die Zukunft ist negativ besetzt;
an der Schwelle zum 21. Jahrhundert zeichnet sich das Schreckenspanorama
der weltweiten Gefährdung allgemeiner Lebensinteressen ab: die Spirale des
Wettrüstens, die unkontrollierte Verbreitung von Kernwaffen, die strukturelle Verarmung der Entwicklungsländer, Arbeitslosigkeit und wachsende
soziale Ungleichgewichte in den entwickelten Ländern, Probleme der Um-
weltgestaltung, katastrophennah operierende Großtechnologien geben die
Stichworte, die über Massenmedien ins öffentliche Bewußtsein eingedrun-
gen sind."[34] Letzteres offenbar noch längst nicht nachhaltig genug. Aber in
der Tat: der faszinierende Gedanke der Aufklärung, dass die Menschheit
eine teleologische Entwicklung durchlaufe, scheint am Ende des 20. Jahrhunderts abgedankt zu haben. Die real-existierende Sozialismus-Perspektive
wurde zerschlagen. Und allein schon der Begriff „Menschheit" ist zu einem
Abstraktum degeneriert und faktisch nur noch definierbar in den gnadenlos
separierenden Kategorien einer „Ersten", „Zweiten", „Dritten", „Vierten" ...
Welt. Entwicklung ist zu einem Privileg geworden, das ausgegrenzte Unterentwicklung ebenso zur Folge wie zur Voraussetzung hat. Und vom Telos
lässt sich kaum noch anders denn in apokalyptischen Bildern reden. Die globalen Gefährdungen sind so handgreiflich geworden, dass selbst der Begriff
„Entwicklung" bedrohlich wirkt. Entwicklung geht auf Zukunft, die aber ist
negativ besetzt. Wir erfahren den Doppelsinn des griechischen Wortes „telos": Ziel und Ende.

Aber Schicksal ist das alles nicht! Wer in dieser Zeit mit Habermas von
der „Erschöpfung utopischer Energien" spricht, hat mit der Preisgabe des
eigentlichen Utopie-Begriffs zugleich auch eine seiner charakteristischen Si-

---

34   J. Habermas, a.a.O., S. 107.

gnaturen verdrängt: die Überzeugung, dass sich die Gesellschaft ändern lässt und nicht dem Fatalismus überlassen werden darf und auch nicht überlassen werden muss. Schon Platon lässt den Propheten im Namen der Lachesis verkünden: „Euer Los wird nicht durch den Dämon bestimmt, sondern ihr seid es, die den Dämon erwählen" (Politeia X,15).

Utopie widerspricht ganz bewusst dem Fatalismus und demonstriert den Einspruch gegen die Ohnmacht. Erst wenn sich diese utopische Energie erschöpft, kann das Schicksal seinen Lauf nehmen. Und es fällt auf, dass die von Habermas erwähnten Medien zwar manches dafür tun, dass sich die Katastrophe ins Bewusstsein schreibt, doch oft eben so, dass nur der Eindruck übrigbleibt: dagegen können wir sowieso nichts tun.

Die Utopie will gerade das Gegenteil erreichen. Und sie erreicht es nicht zuletzt dadurch, dass sie auf Analytisches setzt. Platon fragt ständig nach den Ursachen der Krise der Polis. Hobbes verweist permanent auf die Konsequenzen falscher Politik. Morus, Campanella und Andreae demonstrieren Kausalzusammenhänge bis ins Detail. Natürlich ist das theoretisch nicht alles ausgeleuchtet. Aber dass hier Ursache und Wirkung verrechnet werden müssen, das ist für den Utopiker gar keine Frage. Von dieser Rechnung lebt ja sein Modell. Und eine Erschöpfung utopischer Energien wäre heute gleichbedeutend mit dem Verzicht auf Einsicht in Zusammenhänge. Utopie und Wissenschaft sind gerade keine Alternative.

Besagte Medien geben sich da in der Regel mit Andeutungen zufrieden. Wenn überhaupt, dann werden Zusammenhänge mehr geahnt als demonstriert und höchstens mit Struktur umschrieben. Und es verdichtet sich der Eindruck, dass auch das mit Vorsatz geschehen könnte. Denn nicht auszudenken, was passieren würde, wenn die Medien Tag für Tag die Sätze verbreiteten: Der kapitalistische Profitmechanismus ist der Totengräber der Menschheit. Nur wenn das Wolfsgesetz des Kapitals weltweit gebrochen wird, hat die Menschheit eine Chance auf Zukunft. Wenn hier nicht Umkehr, radikale Abkehr einsetzt, bleibt die Selbstvernichtung programmiert.

Wer heute so redet, bekommt seinen Stempel: „Radikalist", „Umstürzler", „Staatsfeind", „Kommunist", „Anarchist". Nie aber wird als Ketzerhut der Titel „Utopist" verliehen. Und dabei wäre das durchaus angemessen. Denn ein Thomas Morus ist ein Radikaler, und es gehört zum Wesen der Utopie, radikal sein zu müssen. Wenn es der Gesellschaft an die Wurzeln geht, hilft kein Reformismus. Und es behauptet ja auch niemand ernsthaft, dass an dem „re-

formierten" Kapitalismus, der sich „soziale Marktwirtschaft" nennt, in der sogenannten dritten Welt weniger Menschen sterben müssten. Zu offensichtlich
ist das Gegenteil der Fall. Eine Erschöpfung utopischer Energien würde heute
gleichbedeutend sein mit dem Verzicht auf konsequenten Wider-Spruch, auf
eine Programmatik, die an die Wurzeln geht, um das Ganze retten zu können. Die Option für den utopischen Eingriff à la Platon und Hobbes ist längst
nicht mehr offen. Gemessen an dem, was not-wendig ist, wirken Platon und
Hobbes heute eher unrealistisch, weil „reformistisch" – mutatis mutandis. Die
Interdependenz der Welt von heute und ihrer globalen Krisenherde lässt weder eine selektive Sanierung zu, noch gestattet sie den Gedanken, es könnte
eigentlich alles so bleiben, wenn man nur bestimmte Konzessionen mache.
Die Welt von heute steht vor Alternativen, die so gravierend sind, dass es
sogar fraglich bleibt, ob der Selbsterhaltungstrieb und Egoismus groß genug
sind, sie überhaupt erst einmal zu erkennen.

Und was geschieht, wenn sie erkannt worden sind? Welche Wege müssen
dann beschritten werden? Was ist dann Strategie und Taktik?

Es wirkt eigentlich ganz ungeheuerlich, dass alle Utopien den Weg zu ihrem Ziel verschweigen. Sie setzen immer ein mit einer Macht, die alles regeln
kann, und niemand sagt, wie diese Macht zustande kommt. Wahrscheinlich
deshalb nicht, weil das niemand weiß. Den Utopikern geht es nicht anders
und nicht besser als denen, die heute danach fragen, wie es weitergehen
muss, wenn es weitergehen soll, wo sich das neue „revolutionäre Subjekt"
zeigen könnte, nachdem Arbeiterklasse und Sozialismus zwei offensichtlich
disparate Termini geworden sind.

Die Verlegenheit beginnt quälend zu werden. Und doch muss man sich
darauf einstellen, dass sie noch ziemlich lange quält. Eine Erschöpfung utopischer Energien wäre in dieser Zeit gleichbedeutend mit dem Verlust des Über-
lebenswillens. Gerade weil die Wege unklar sind, muss das Ziel umso deutlicher sein. Auch dafür steht der Utopie-Begriff, was vermuten lässt, dass er
womöglich doch noch auf den Index kommt. Solange die Wege unklar sind,
ist an einen Abschied von der Utopie erst recht nicht zu denken, gerade weil
das, was Habermas unter „utopischer Energie" versteht, in der Tat erschöpft
ist. Weil die Welt am Abgrund steht, bekommt der Utopie-Begriff des Thomas Morus und also jener Inbegriff von Utopie, der an Abgründen formuliert
wurde, ein ganz neues und eigenes Gewicht, einen praktischen Wert und eine
theoretische Berechtigung.

Constanze Kraft

Wi(e)der eine christliche Front

Spuren europäischer Nachkriegsgeschichte in einer Westberliner Kirchengemeinde

Leicht gekürzte Fassung eines Aufsatzes von 1993

Das Archiv einer kleinen reformierten Kirchengemeinde in Westberlin birgt auffallende Parallelen: zur Kirchengeschichte Westberlins, zur Geschichte der Evangelischen Kirche in Deutschland und zur europäischen Geschichte des Kalten Krieges. Kleine Spuren hier widerspiegeln große politische Positionen, die sich im Laufe des Kalten Krieges im Westen Europas durchsetzen.

Neben allem, auch lautem kirchlichen Geschrei für einen Endsieg im Zweiten Weltkrieg, gab es dennoch kirchliche Stimmen, die während und nach der faschistischen Zeit das Gegenteil taten. Sie waren einsame Rufer und Ruferinnen geblieben. Sie wussten, dass eine wahre Kirche „Ort der Schulderkenntnis ist [...] Wo es anders wäre, wäre die Kirche nicht mehr Kirche." (Dietrich Bonhoeffer) Sie hatten erkannt, dass in allem, was geschehen war, gerade die Kirche Christus gekreuzigt hatte. Zu ihnen gehörten jene Mitglieder der Bruderräte der Bekennenden Kirche (BK), die am konsequentesten an den Entscheidungen der Bekenntnissynoden von Barmen (Januar 1934) und Dahlem (Oktober 1934) festhielten. Ihnen war bewusst, dass das Schuldbekenntnis, das der Rat der Evangelischen Kirche in Deutschland im Oktober 1945 auf Wunsch der Ökumene in Stuttgart abgelegt hatte, als Initialzündung für eine Debatte über die Schuld der Kirche am Nationalsozialismus überhaupt wirkte. Doch eine Analyse der konkreten kirchlichen Schuld hatte das Stuttgarter Schuldbekenntnis überaus halbherzig unterlassen. Vielmehr wurde es oftmals als Mittel angewendet, um von anderen Völkern nun gleicherweise ein Schuldeingeständnis zu fordern.

Gegen diese Mehrdeutigkeit von „Stuttgart" verfasste der Reichsbruderrat der Bekennenden Kirche 1947 das „Darmstädter Bruderratswort". Es benannte in bemerkenswerter Konsequenz das Versagen der Kirche nicht nur in der Zeit von 1933 bis 1945. Es blieb nicht hängen an der nationalen Form der Schuld, sondern sprach ihren sozialen Inhalt konkret aus. Es bekannte auch nicht irgendeine „Kollektivschuld", sondern die eigene Schuld der Kirche an der Schuld des Volkes. In der dritten These des Bruderratswortes heißt es:

Wir sind in die Irre gegangen, als wir begannen, eine „christliche Front" aufzurichten gegenüber notwendig gewordenen Neuordnungen im gesellschaftlichen Leben der Menschen. Das Bündnis der Kirche mit den das Alte und Herkömmliche konservierenden Mächten hat sich schwer an uns gerächt. Wir haben die christliche Freiheit verraten, die uns erlaubt und gebietet, Lebensformen abzuändern, wo das Zusammenleben der Menschen solche Handlungen erfordert.

Mit dieser Aussage sollte nicht der Schlusspunkt hinter eine Retrospektive gesetzt werden. Das Darmstädter Wort wurde zu einem aktuellen Bußruf gegen alle Neigung der Kirche, im Bündnis mit „das Alte und Herkömmliche konservierenden Mächten" lieber das Ihre zu suchen, anstatt – theologisch gesprochen – auf die Verheißung der Umkehr zu hoffen. Es wurde verlautbart zu einem Zeitpunkt, als die Evangelische Kirche in Deutschland (EKiD) bereits unwiderruflich ihren Restaurationsprozess begonnen hatte. Und der kirchengeschichtliche Verlauf der fünfziger Jahre hat genau das gezeitigt, wovor das Darmstädter Wort warnte. Das Darmstädter Wort ist nicht umsonst erbarmungslos kritisiert, boykottiert und totgeschwiegen worden. Die Gemeinden kannten es nicht.

Diese Wirkungsgeschichte lässt sich an der im Westsektor Berlins beheimateten Evangelisch-reformierten Bethlehemsgemeinde deutlich ablesen. Im Kleinen spielte sich ab, was im Großen geplant war.

Unvereinbares

Auf Veranlassung von Martin Albertz hatte Konsistorialrat Hans Nordmann seine Amtsgeschäfte in der Bethlehemsgemeinde im Februar 1946 niedergelegt. Vom Juni 1945 bis zu diesem Zeitpunkt war er dort Vertreter für seinen Bruder Walter gewesen. Pfarrer Walter Nordmann hatte im Mai 1945 das zerstörte Berlin aus familiären Gründen, wie er schrieb, verlassen. Vordergründig vertrat also freundlicherweise ein Bruder den anderen. Im Hintergrund aber ging es um kirchenpolitische Standpunkte und Entwicklungen. Der evangelische Konsistorialrat Hans Nordmann hatte mit der NSDAP sympathisiert. Sein Bruder Walter, den er vertrat, gehörte der Bekennenden Kirche (BK) an. Und diese grundsätzliche Unvereinbarkeit trieb Martin Albertz (1883–1956) nachdrücklich um. Martin Albertz war seit 1931 Superintendent des Evangelischen Kirchenkreises Spandau, wurde Pfarrer der Bekennenden Kirche und Leiter ihres illegalen Pfarrerprüfungsamtes. Im Jahr 1938 gehörte er zu den Mitherausgebern einer Gebetsliturgie, die die deutsche Bevölkerung mit ihrer Mitschuld am drohenden Krieg konfrontierte. 1940 wurde er amtsenthoben und 1941 inhaftiert. Nach 1945 war er Dozent für Neues Testament an der Kirchlichen Hochschule Berlin und Professor an der Humboldt-Universität zu Berlin. Zugleich fühlte sich Martin Albertz evangelisch-reformiertem Erbe verpflichtet. In der jüngeren und jüngsten Kirchengeschichte waren es des öfteren reformierte Theologen und Gemeinden gewesen, die verkrustete Schichten aufbrachen und neue, richtungsweisende Schritte gingen. Ihre christuszentrierte Haltung zu kirchlich aktuellen Fragen hatte sie oftmals zu einer widerständigen (kirchen)politischen Stimme gemacht. Die Barmer Theologische Erklärung von 1934 geht wesentlich auf den reformierten Schweizer Theologen Karl Barth (1886–1968) zurück. Dessen Wirken und Werk gehören zu den bedeutsamsten theologiegeschichtlichen Tatsachen des 20. Jahrhunderts. Dass die Bethlehemsgemeinde ein Ort blieb, an dem seit Mitte der dreißiger Jahre die Haltung der Bekennenden Kirche weiterhin gelebt wurde, darum war es Martin Albertz dringend zu tun. Er wollte verhindern, dass in dieser Gemeinde nationalsozialistisches Gedankengut zum Tragen kam oder Unterschlupf fand.

So suchte Martin Albertz für die Gemeinde nach einem Pfarrer im Geiste der BK. Diese Suche war nicht einfach, schlugen sich in ihr doch unmittelbar die Spuren der Zeit nieder. An drei Pfarrern, die für die Besetzung der Stelle in Aussicht genommen wurden, und an einem besonderen Versammlungsort lässt sich das ablesen.

Ein prägender Ort

In Berlin-Friedenau stand bis zu seiner Zerstörung in den letzten Kriegstagen das alte Haus der Goßner-Mission. Johann Evangelista Goßner, Pfarrer an der

böhmisch-lutherischen Bethlehemsgemeinde, hatte diese Missionsgesellschaft
1836 gegründet. Insbesondere der indische Subkontinent war ihr Missionsfeld
gewesen. 1934 trat die Goßner-Mission – wie die meisten anderen deutschen
Missionsgesellschaften – auf die Seite der Bekennenden Kirche. Ihr Haus war
in der faschistischen Zeit ein zunächst von der politischen Hatz merkwürdig
unberührter Ort. Hier entfaltete sich eine zutiefst solidarische Gemeinschaft
zwischen Christen jüdischer und nichtjüdischer Herkunft. Hier fanden bewegende Gottesdienste mit „judenchristlichen" Familien statt, die kurz vor
der Deportation standen. Eine Teilnehmerin sagte von diesen Begegnungen:
„Nicht von uns, der Bekennenden Kirche, ging diese geistige Gemeinschaft
aus. Zwischen uns war schon der Unfriede gesät. Die Gebete der ,Besternten'
schufen die Gemeinschaft, und sie sollten uns stets in Erinnerung bleiben".

Dieses Goßner-Haus war auch Begegnungs- und Gestaltungsort der Berliner Bekennenden Kirche. Hier richtete die Vorläufige Leitung 1937 ein kate-
chetisches Seminar für die sogenannten „illegalen jungen Brüder" ein, die wegen ihrer Zugehörigkeit zur BK in keinem der bestehenden Predigerseminare
Aufnahme fanden. Nachdem das Seminar 1938 geschlossen werden musste,
gingen seine Mitarbeiter von hier aus auf Besuchsreisen in die inzwischen
von der altpreußischen BK eingerichteten Sammelvikariate.

Im Goßner-Haus gab es auch die ersten katechetischen Kurse für Laien,
da fast die Hälfte aller Berliner Lehrer den Religionsunterricht in den Schulen niedergelegt hatten. Die Kirchliche Hochschule, die 1935 ins Leben gerufen worden war, begann an diesem Ort ihre Tätigkeit. Vor allem aber fanden
hier die jährlichen Reichstagungen der Erziehungskammer der Bekennenden
Kirche statt, die Martin Albertz zusammen mit dem Kollegen Wilhelm Rott
leitete. Auf ihrer letzten Tagung im April 1943 im Goßner-Haus entwarfen die
Teilnehmer das große Schulprogramm der BK für die Zeit nach dem Krieg.
Hier wurde bahnbrechend an dem grundsätzlichen Entwurf einer „Evangelischen Unterweisung" gearbeitet.

Das Goßner-Haus war also schon rein räumlich zu einem Zentrum der
katechetischen und pädagogischen Arbeit der BK geworden. Das entsprach –
und entspricht bis heute – durchaus seinem Missionsbegriff „nach innen".
Dass es auch ein geistlicher Sammelpunkt gewesen ist, verdankt es weitgehend der Leitung von Hans Lokies (1895–1982). Als Dozent der Kirchlichen
Hochschule und Leitungsmitglied der Goßner-Mission gehörte er zum engen
Vertrautenkreis der Berliner BK. Die Konspiration des Theologen Dietrich

Bonhoeffers (1906–1945) mit der Widerstandsgruppe vom 20. Juli 1944 hatte er toleriert, was in keiner Weise selbstverständlich war. Als in den letzten Kriegstagen im Goßner-Haus die ersten Schritte zur Bildung der neuen Kirchenleitung unternommen wurden, gehörte Hans Lokies zum Beirat des Konsistoriums. Er übernahm ebenfalls die Leitung der Kirchlichen Erziehungskammer für Berlin. In dieser Funktion gelang es ihm, seinem Grundsatz gemäß, den katechetischen Dienst bzw. Religionsunterricht an den Schulen Westberlins in den Händen der Kirche zu belassen. Im Vergleich zu den anderen Bundesländern bzw. Landeskirchen war dies schon viel, doch immer noch Ausdruck mangelnder Staatsdistanz der EKD insgesamt, die hier ebenso auf einem Sonderrecht beharrte wie im kirchlichen Finanzwesen. Dass die „evangelische Unterweisung" allein ein Anliegen der lebendigen Gemeinde sein und also auch nur dort ihren Ort haben darf, ist dann nur in der DDR – unfreiwilligerweise – erkannt und auch praktiziert worden.

Durch dieses Haus ist die Bethlehemsgemeinde mit bedeutsamen Menschen und Richtungsentscheidungen der Westberliner Kirche in Berührung gekommen.

Erste Suche | Der kriegsversehrte Pfarrer

Hans Lokies hatte im Februar 1945 den jungen ostpreußischen Pfarrer Horst Dzubba zu seiner Unterstützung in das Goßner-Haus berufen. Horst Dzubba (1913–1978) war 1944 Mitarbeiter der Goßner-Mission geworden. Er stand in ihrem Unterrichtsdienst und hatte so wiederholt Kontakt mit der Berliner Zentrale. Seit März 1945 war er im Auftrag der Kirchenleitung als Kurier unterwegs gewesen: zu Fuß und per Rad durch die brennende und sterbende Stadt. Nach Kriegsende zog Hans Lokies ihn zur Ausbildung der künftigen Religionslehrer an den Berliner Schulen heran. Horst Dzubba unterrichtete Altes Testament und hebräische Sprache.

In Horst Dzubba hatte die Goßner-Mission einen äußerst scharfsinnigen Denker und radikalen Exegeten gewonnen. Mit seiner ganzen Existenz drängte er nach Erneuerung. Er fühlte sich auch dem Berliner „Unterwegs-Kreis" zugehörig, der sich nach Kriegsende zusammengefunden hatte, nachdem die „jungen Brüder" der BK aus der Kriegsgefangenschaft heimgekehrt waren. Für die theologische Orientierung dieses Kreises spielte Karl Barth, der

„Kirche und Welt" dialektisch aufeinander bezog, eine herausragende Rolle. Im Juli 1946 und im August 1947 referierte Barth im „Unterwegs-Kreis" und unterbreitete etwa folgende theologische Grundsätze: Stellungnahmen der Kirche zum Zeitgeschehen dürfen nicht als das vielbeschworene sogenannte „Wächteramt der Kirche" gegenüber der Welt betrachtet werden, sondern bestenfalls als Verständigungsversuche innerhalb der Gemeinde Jesu Christi. Und: Der NS-Staat hat ein falsches „Regiment" in der Kirche aufgerichtet und eine falsche Lehre verbreitet, im volksdemokratischen (scil. sozialistischen) Staat ist dies jedoch nicht der Fall. Und: Die Kirche darf sich nicht an die Seite einer westeuropäischen Klasse stellen, die angesichts der Entstehung des neuen politischen Gesellschaftssystems tödlich erschrocken ist und „gegen den Kommunismus mit dem Bekenntnis" anrückt.

Dieses Umfeld hatte auch Horst Dzubba zu einer tiefgreifenden Infragestellung seiner eigenen theologischen Existenz geführt. „Wir Deutsche dürfen vorläufig nicht mehr predigen", hatte er noch 1949 gesagt. „Das geht nicht mehr, nach allem, was passiert ist. Gnade verkündigen – das dürfen wir nicht mehr machen. Vielleicht in einigen Jahren wieder." Er hat es dann doch gewagt. Martin Albertz war im Goßner-Haus auf ihn aufmerksam geworden und hatte ihn im April 1946 gebeten, für einige Monate die Vertretung in der Bethlehemsgemeinde nach der Krise um Hans Nordmann zu übernehmen. Horst Dzubba hat das dann sehr engagiert getan, immer frei predigend und völlig unklerikal.

Doch Horst Dzubba war krank. Im mörderischen Krieg hatte er eine schwere Kopfverletzung durch einen Granatsplitter erlitten. In ihrer Folge sah er sich, abgesehen von seiner Tätigkeit in der Erziehungskammer, nicht mehr in der Lage, eine Gemeinde allein zu versorgen. Eine Hoffnungsfigur für die kirchliche Erneuerung nach 1945 war Opfer des nationalsozialistischen Krieges geworden.

Auf der Sitzung des Presbyteriums mit Martin Albertz im April 1946 wurde deshalb von einem Ältesten Wilhelm Rott als zukünftiger Pfarrer der Bethlehemsgemeinde vorgeschlagen. Damit war unwissentlich der „Traumkandidat" von Martin Albertz ins Gespräch gebracht worden.

Zweite Suche | Der westwärtsgerichtete Pfarrer

Wo der Name Wilhelm Rott genannt wird, klingt ein ganz spezifisches Stück Kirchenkampfgeschichte an. Wilhelm Rott (1908–1967) hatte an der Seite von

Dietrich Bonhoeffer fast zwei Jahre lang eines der fünf altpreußischen Predigerseminare geleitet. Es gelang ihm dabei durchaus, neben seiner reformierten Prägung auch ein gewisses „rheinisches" Element mit einzubringen. In der Ausbildung der Kandidaten hatte er den katechetischen Teil übernommen. 1937 wurde Wilhelm Rott von Martin Albertz in die Schulkammer der Vorläufigen Leitung der BK übernommen. Damit saß ein für Bonhoeffer wichtiger Informant in der Berliner Zentrale – doppelt wichtig, wenn es vorkam, dass Rott die Geschäfte der Leitung mitunter völlig allein führen musste. Fast bei allen Berlinbesuchen hat Dietrich Bonhoeffer Wilhelm Rott konsultiert.

In Berlin entwickelte sich Wilhelm Rott zur rechten Hand von Martin Albertz: nicht nur in der Schulkammer, sondern auch im Blick auf das Besuchsamt für die reformierten Gemeinden. Und im Rahmen dieses Besuchsdienstes wurde Wilhelm Rott 1941 an die Bethlehemsgemeinde berufen: als Adlatus Walter Nordmanns zur „Sammlung und Betreuung der in Berlin sowie im deutschen Osten verstreuten deutschen Reformierten in Predigt, Sakramentsverwaltung, Lehr- und Unterrichtstätigkeit sowie Besuchsdienst". Die Besoldung erfolgte aus der Stiftung „Reformiertes Werk" über die Bethlehemsgemeinde.

Für seine vielfältigen Aufgaben war ihm die Bethlehemsgemeinde zunächst einmal ein guter Rückhalt. Als Walter Nordmann aber im April 1942 eingezogen wurde, band sich Wilhelm Rott tiefer in die Arbeit an der Bethlehemsgemeinde selbst ein. Er übernahm monatlich einen Gottesdienst in der Kirche in der Mauerstraße, den er gelegentlich auch als „Lehrgottesdienst" über den Heidelberger Katechismus verstand. In Steglitz leitete er einen biblischen Arbeitskreis. Ganz besonders hervorzuheben ist sein Konfirmandenunterricht. Er gestaltete ihn ausgesprochen gemeindeorientiert und sehr anspruchsvoll. Unsichere Konfirmanden sollten durch das Presbyterium besucht und über die Konfirmation eines jeden Kindes individuell entschieden werden.

Durch seine Verbindungen zur Abwehr war es Dietrich Bonhoeffer gelungen, Wilhelm Rott als Soldaten im Zivildienst in die Abwehr übernehmen zu können. Diese Konstruktion zerbrach, als die gesamte Abwehrorganisation im Februar 1944 dem Reichssicherheitshauptamt eingegliedert wurde. Wilhelm Rott verschwand auf diese Weise bei Kriegsende für viele Monate spurlos im „automatischen Arrest" des US-Internierungslagers Moosburg. Dort erreichte ihn im Mai 1946 der Ruf der Bethlehemsgemeinde, eingebettet in

einen beschwörenden Brief von Martin Albertz: „[...] wie einst Farel und But-
zer es mit Calvin getan haben, um Gottes und um des Herrn Christus willen,
bitte komm zu uns." Er unterbreitete ihm die Aufgaben, die in Berlin auf ihn
warteten: Sitz in der Kirchenleitung Berlins, Mitglied des Moderamens (dem
Leitungsorgan der reformierten Gemeinden) sowie der Kirchlichen Erziehungskammer, Superintendentur des neu zu bildenden deutsch-reformierten
Kirchenkreises.

Doch Wilhelm Rotts Gedanken waren während der Gefangenschaft eigene Wege gegangen. Er lehnte den Ruf nach Berlin ab. Wohl spürte er die
Liebe und das Vertrauen der Berliner Brüder, namentlich auch das von Goß-
ner-Missionsdirektor Hans Lokies. Dieses Vertrauen war verstärkt dadurch,
dass auch Walter Nordmann aus der Ferne die Wahl von Wilhelm Rott ausdrücklich gutgeheißen hatte. Dennoch wählte der aus einer Fülle von Angeboten die Übernahme eines vollen Pfarramts in Koblenz, seiner rheinischen
Heimat. Seinen zukünftigen Berliner Aufgabenbereich sah er als Überforderung an, auch vermisste er für die Arbeit an der Bethlehemsgemeinde
„volksmissionarische Möglichkeiten". Das jedoch hieß nichts anderes, als
dass ihm die Sammlung der reformierten Gemeindeglieder im unierten Berlin-Brandenburg als „christlich (sic!) vordringliche Aufgabe" äußerst fraglich
erschien.

Doch die Absage Wilhelm Rotts und seiner Frau an Berlin bedeutete – auch
– etwas anderes: eine Option für den Westen. An dieser Stelle war Martin Albertz verletzlich. Zwar gehörte auch er zu denjenigen, die das „Darmstädter
Bruderratswort" ein Jahr später bewusst nicht mit verabschieden wollten, da
es für ihn in einigen politischen Formulierungen zu weit ging. Andererseits
hatte er im Gefängnis vor so manchem Kommunisten „große Hochachtung"
bekommen und wusste, dass hier „ein Neues gepflügt" werden musste. Und
so schreibt er sich seine Enttäuschung von der Seele: „Mich persönlich trifft
gerade Dein Nichtkommen außerordentlich schwer. Gerade in der Einsam-
keit meiner Situation wärst Du für mich und meinen Dienst eine wichtige, ja
notwendige Ergänzung gewesen. Wenn man alt wird, sucht man nach einem
Nachfolger. Ich hätte keinen lieber gehabt als Dich. Das ist nun mein persön-
licher Kummer, den ich tragen muss. Er wird mir umso schwerer zu tragen,
weil es ja bei mir auch nicht um mich, sondern um eine bestimmte Sache und
Haltung geht, die unserer östlichen Kirche sehr nottut."

Albertz musste es noch öfter erleben, dass Brüder, „die im Osten waren und im Westen sind, im Westen bleiben", wie er an Wilhelm Rott schrieb. Denn auch Walter Nordmann, Pfarrer der Gemeinde von 1935–1945, war 1945 in den Westen gegangen und nicht zurückgekehrt.

Dritte Suche | Der „heimatvertriebene" Pfarrer

Nachdem sich nun auch der zweite reformierte Kollege dem Wunsch und der Wahl des Bethlehemspresbyteriums versagt hatte, machte Martin Albertz von seinem Besetzungsrecht für die Gemeinde Gebrauch. Knapp ein Jahr, nachdem sich Bruno Moritz vergeblich bei ihm um das Pfarramt in der Bethlehemsgemeinde bemüht hatte, betraute er diesen mit dem Pfarrdienst. Vielleicht verband Martin Albertz seine Hoffnung auf kirchliche Erneuerung mit der Person Bruno Moritz, vielleicht aber war er für ihn eine Notlösung. Im November 1946 führte er Moritz unter Mitwirkung von Horst Dzubba und einem weiteren Kollegen in das neue Amt ein.

Mit Bruno Moritz geriet abermals ein ostpreußischer Pfarrer an die Bethlehemsgemeinde. Als nahezu 50jähriger brachte er nicht nur einen reichen Fundus an volkskirchlichen Gemeindeerfahrungen mit, sondern auch das Erlebnis der Flucht mit seiner Frau und seinen sieben Kindern.

Bruno Moritz (1897–1965) hatte überwiegend in Königsberg studiert. Als reformierter Pfarrer in seiner Geburtsstadt Gumbinnen schloss er sich zunächst den Deutschen Christen an. Im Sommer 1934 trat er aber der Bekennenden Kirche bei und wurde im Zusammenhang mit beschlagnahmten Kollekten auch verhört. Bei Visitationen und Tagungen war er verschiedentlich in Kontakt mit Bruderratsmitgliedern gekommen. Dieser Hintergrund wird für Martin Albertz ausschlaggebend gewesen sein, Bruno Moritz mit dem Pfarramt der Bethlehemsgemeinde zu betrauen. Dass die Bethlehemsgemeinde nach all den Jahren der Zerstörung innerlich und äußerlich wiederhergestellt wurde, verdankt sie dessen sorgfältiger Arbeit. Als Mitglied des 1947 gegründeten Evangelisch-reformierten Moderamens, als langjähriger Präses der reformierten Kreissynode und als Moderator für Berlin (West) von 1963-1964 war Bruno Moritz auch am Wiederaufbau der reformierten Kirchenstrukturen wesentlich beteiligt.

Doch war er auch jemand, der – getreu reformierter Theologie – die innere Selbstkritik der Barmer Theologischen Erklärung lebte?

Kirchliche Nachkriegshilfe als westliche Strategie und die „geschlossene Front der Kirche"

Die Bethlehemsgemeinde hatte verschiedene Patengemeinden: in Polen das ehemalig deutsche Geierswalde, in der Evangelisch-reformierten Kirche Nordwestdeutschlands die Gemeinden in Emden, Schüttorf, Rinteln und Hannover. Und dann gab es noch eine weitere Patenschaft: die mit der anglo-katholischen Gemeinde St. Peter in Springfield, Massachusetts/USA.

Bischof Otto Dibelius hatte nach dem Krieg eine breite Patenschaft zwischen Berliner und amerikanischen Gemeinden angeregt und befürwortet. Ende 1947 kam es so zur ersten Kontaktaufnahme zwischen der St. Petersgemeinde und der Bethlehemsgemeinde. Dies war der Anfang für eine ganze Serie von Care-Paketen, die auch den Gliedern der Bethlehemsgemeinde eine spürbare Entlastung ihrer äußeren Not brachte. Pläne für einen breiteren Jugendaustausch scheiterten zwar an mangelndem Interesse, dafür entwickelte sich zwischen dem Ehepaar Moritz und dem amerikanischen Ehepaar Payne, das im wesentlichen den Versand der Pakete besorgte, eine Freundschaft. 1955 kamen Paynes zu Besuch nach Berlin, wo sie auch Bischof Dibelius vorgestellt wurden. Nach dem Tod ihres Mannes reiste Lisa Moritz 1966 in die USA und stattete der St. Petersgemeinde einen Gegenbesuch ab.

Hinter diesen und vielen ähnlichen Patenschaften stand jedoch auch eine Strategie: die rasche wirtschaftliche Stärkung des durch die alliierten Westmächte besetzten Teil Deutschlands, das bald die Zahlung der Kriegsreparationen an die Sowjetunion einstellte und diese der östlichen Zone allein überließ. Politisch war damit die Aussichtslosigkeit einer – von der Sowjetunion angestrebten – Neutralität Deutschlands vorprogrammiert. Von der Gründung der Bundesrepublik an verfolgte Konrad Adenauer im Auftrag westlicher Staaten das Konzept der Westintegration Deutschlands. „Lieber das halbe Deutschland ganz, als das ganze Deutschland halb", ließ er verlauten.

Bischof Otto Dibelius ist dabei nicht nur Adenauers Parteifreund, sondern auch sein kirchliches Pendant gewesen. Indem Dibelius und die EKD in diesem Sinne in den fünfziger Jahren Kirchenpolitik betrieben, war schon längst vor der Berliner Mauer eine Mauer entstanden. „Es geht darum, dass die christliche Kirche und zwar ohne Unterschied der Konfessionen [...] durch ihre ganze Existenz dem materialistischen Dogma entgegen ist", hatte Otto Dibelius gesagt und damit den Osten gemeint. Bruno Moritz war uneingeschränkter Sympathisant des Bischofs und Ratsvorsitzenden der EKD. Die Bedenken, die die Bruderräte angesichts des Wiederauflebens eines „christlichen" deutschen Staates empfanden, lagen ihm gänzlich fern. Im Gegenteil: Die Briefe, die er als Beauftragter der Evangelisch-reformierten Bethlehemsgemeinde nach Springfield schrieb, zeugten von einer hohen Selbstgewissheit.

Im Darmstädter Bruderratswort hatten die Verfasser 1947 bekannt: *„Das Wort (scil. der Versöhnung) sollen wir hören, annehmen, tun und ausrichten. Dies Wort wird nicht gehört, nicht angenommen, nicht getan und nicht ausgerichtet, wenn wir uns nicht freisprechen lassen von unserer gesamten Schuld, von der Schuld der Väter wie von unserer eigenen ... Wir sind in die Irre gegangen, als wir meinten, eine Front ... der Gerechten gegen die Ungerechten im politischen Leben und mit politischen Mitteln bilden zu müssen."*

Genau diese Schuld war es, die 12 Jahre lang unendlich viel Leid über die Völker gebracht hatte. Mehr noch: Das Neue, das in Osteuropa entstand, war eine Folge eben dieses Leides. Doch Bruno Moritz schrieb 1948 an den Pfarrer der St. Petersgemeinde: „Unser Volk hat Schuld, dass es sich so von einer Gaunerbande betören ließ. Und wir Christen haben Schuld, weil wir nicht lauter unsere Stimme erhoben ... Aber wenn man nun drei Jahre dieses Elend sieht, dann muss man sagen: Wir haben viel gebüßt, und es ist Zeit, dass ein Schlussstrich gezogen wird, um ein Neues zu beginnen. Wenn unser Volk diese Hilfe spürt, ist das die beste Entnazifizierung." Indem er so aus Tätern Opfer machte, lag es ihm auch nicht fern zu fordern, dass die „ganze christliche Welt" gegen die politischen Umgestaltungen protestieren müsse. Dabei war er auch davon überzeugt, „dass die Feinde Christi gegen die geschlossene Front der Kirche vergeblich anrennen werden."

Besetzt von diesem Frontdenken, fand bei Bruno Moritz keinen Raum, was die Kirche in den fünfziger Jahren tief polarisierte: der Protest gegen die Wiederaufrüstung der Bundesrepublik und die Frage ihrer Atombewaffnung. Neutral und unbeteiligt wirkte er, wo zum Beispiel die Bruderräte Sturm liefen, unter ihnen Martin Niemöller und Gustav Heinemann. Der Rat der EKD hatte schon 1950 (!) erklärt, „die Frage, ob eine wie auch immer geartete Wiederaufrüstung unvermeidlich ist, kann im Glauben verschieden beantwortet werden". Dieses heimliche Einverständnis der Kirchen mit der Remilitarisierung der neuentstandenen Bundesrepublik mündete 1957 in den Abschluss des Militärseelsorgevertrages, jene unüberbietbarste aller Verquickungen von Staat und Kirche überhaupt. Eine Kritik der Bethlehemgemeinde an diesem

Vertrag wurde nicht bekannt, wohl aber Bruno Moritz' verbaler Kampf gegen die Regierung des anderen deutschen Staates im unseligen „Obrigkeitsstreit" von Otto Dibelius.

Ende der fünfziger Jahre war aus dem politischen Kalten Krieg längst auch ein kirchlicher Kalter Krieg geworden. Denn längst stand angesichts des Ost-West-Konflikts in der EKD offene Kreuzzugsmentalität gegen Versöhnungsbereitschaft. Undenkbar, dass der Ratsvorsitzende Otto Dibelius von sich aus einmal einen „Schritt aufeinander zu" vermittelt hätte. Martin Albertz hat es getan. Ein halbes Jahr vor seinem Tod 1956 bat er Dibelius darum, „dass Sie als der erste Vertreter der Kirche den Weg zwischen West und Ost bereiten, indem Sie die streitenden Parteien unseres Volkes an einen Tisch, den Tisch der Kirche zusammenführen. Liegt auch im Augenblick ein Gespräch zwischen Adenauer und Grotewohl jenseits aller menschlichen Möglichkeiten, so ist doch klar, dass früher oder später die Deutschen an einen Tisch müssen. Darf ich Sie daher bitten zu erwägen, ob Sie nicht an irgendeinem Punkte, der unsere Berliner Kirche besonders angeht, Brücken zu schlagen versuchen." Otto Dibelius kam dieser Bitte nicht nach – und forcierte damit bewusst die weitere Ost-West-Konfrontation.

Den Bau der Berliner Mauer hätte die Kirche als Ruf zu ihrer eigenen Umkehr verstehen müssen. Der amerikanischen Patengemeinde gegenüber beschrieb Bruno Moritz die Folgen der Ereignisse jedoch so: „Wir flehen vor allem Gott den Herrn an, dass er uns bewahre, von dieser gottlosen Welle verschlungen zu werden."

Von der Bethlehemsgemeinde wurden am 13. August 1961 fünfzig Familien abgetrennt. Sie wurden später von der Evangelisch-reformierten Schlosskirchengemeinde Köpenick aufgenommen. Zu der Köpenicker Gemeinde bestanden von nun an sehr enge Beziehungen, auch in materieller Hinsicht. Doch wird man sagen müssen, dass die Bethlehemsgemeinde zu diesem Zeitpunkt in der Ökumene mehr eine frontal denkende als eine versöhnend handelnde Gemeinde war.

„Dann kommt man in ein Untermenschentum"

Wie bereits erwähnt, wurde die Flucht aus Ostpreußen für Bruno Moritz ein sehr bestimmendes Ereignis. Und zunehmend entwickelte sich das Faktum „Heimat" für ihn zu einer theologischen Kategorie.

Bruno Moritz hatte von Anfang an versucht, den Kontakt zu seinen Gumbinner Gemeindegliedern nicht zu verlieren. Seit dem Frühjahr 1946 hielt er die Verbindung durch einen Rundbrief aufrecht. Er wollte seine ehemalige Gemeinde weiter begleiten, ihr nahe sein, Nachrichten übermitteln, Querverbindungen herstellen. In den schweren Nöten der Nachkriegszeit versah er damit einen wichtigen menschlichen Dienst. Auffangen, Kontinuität anbieten, Bewahren – auch das war echte Hilfe. Er schrieb und beantwortete in diesem Dienst viele hundert Briefe, sein Leben lang.

Aber er tat das nicht als Privatperson und auch nicht nur als Pfarrer seiner ehemaligen Gemeinde. Das Evangelisch-reformierte Moderamen fasste auf seiner Gründungssitzung am 25. Februar 1947 u. a. folgenden Beschluss: „Wir grüßen die Glaubensbrüder und -Schwestern aus den reformierten Gemeinden des abgetrennten Ostens. Es ist uns ein besonderes Anliegen, dass sie auch in der Zerstreuung die Verbindung mit der Glaubensgemeinschaft der reformierten Kirchen festhalten. Dazu soll die reformierte Gemeinde Berlin-Bethlehem mit ihrer besonderen Betreuung beauftragt werden [...] Pfarrer Moritz wird mit der dauernden Beobachtung der Flüchtlingssache beauftragt."

Es gab also eine Beauftragung, die das Evangelisch-reformierte Moderamen, die Evangelisch-reformierte Bethlehemsgemeinde und Pfarrer Bruno Moritz in gleicher Weise band. Auf der einen Seite ging es hier um die Bewahrung einer Gemeinschaft aller reformierten Gemeinden. Doch es gab noch eine Beauftragung von anderer Seite. Ebenso wie bei dem breit gefächerten Organisationssystem der Vertriebenenverbände gestaltete sich auch die Flüchtlingsarbeit der Kirchen und ihrer Hilfswerke. Koordiniert wurde diese Arbeit hauptsächlich durch den 1946 ins Leben gerufenen „Kirchlichen Hilfsausschuß für die Ostvertriebenen (Ostkirchenausschuß)" und durch den 1950 gegründeten „Konvent der zerstreuten Ostkirchen". In Westberlin – dieser besonderen Schaltstelle – war schon im September 1945 der „Kirchendienst Ost" entstanden. Ihm oblag im wesentlichen die Nothilfe für die aus dem Osten stammenden kirchlichen Amtsträger und deren Angehörige. Zweieinhalb Jahre nach seiner Gründung bestellte der Kirchendienst Ost im Zusammenhang mit einem Beschluss der Berlin-Brandenburgischen Kirchenleitung „Kreisvertrauenspfarrer für Umsiedlerseelsorge". Unter ihnen war Bruno Moritz.

Und in eben diesem Auftrag führte Bruno Moritz seine umfangreiche Korrespondenz weiter. Er arbeitete dabei eng mit der Landesgruppe Berlin der Landsmannschaft Ostpreußen zusammen und organisierte monatliche

Ostpreußengottesdienste, die häufig in Berlin-Schlachtensee und ab 1958 in
der Kaiser-Wilhelm-Gedächtniskirche stattfanden. Für landsmannschaftli-
che Weihnachtsfeiern vermittelte er Pfarrer. Auf den großen Treffen mit der
Gumbinner Patenstadt Bielefeld hielt er mitunter selbst Gottesdienst. Bereits
seit 1946 sammelte er im Johannes-Stift in Berlin-Spandau jährlich die in der
sowjetischen Besatzungszone lebenden ehemaligen Ostpreußen. Dieser „Ostpreußische Kirchentag" wurde vom Bundesministerium für gesamtdeutsche
Fragen mitfinanziert. Im Anschluss an den Kirchentag fand jeweils eine Rüst-
zeit für ostpreußische Pfarrer statt. Das entsprach durchaus den Erfahrungen
der ostpreußischen Bekennenden Kirche, zu deren Bruderrat Bruno Moritz
als Berliner Geschäftsführer gehörte. Doch es zeigte sich bald, wie theologisch
unterschiedlich schon immer in der Bekennenden Kirche gedacht worden war.

Es war genau der Kern der Botschaft von Barmen und Darmstadt, der die
Geister schied: das Vertrauen in das Wort von der Rechtfertigung des Gottlosen, aus dem die Kirche lebt, und nicht das Vertrauen in ein Bündnis mit
einem politischen Partner, aus dem die Kirche leben zu können meint (Thesen III und V der Barmer Theologischen Erklärung). Bruno Moritz gehörte zu
denjenigen, die einen Verlust an „christlicher Welt" beklagten. Für ihn war
„die Katastrophe, die uns unsere Heimat genommen hat, die Folge einer von
Gott sich lösenden Entwicklung, der unser Volk im letzten Jahrhundert verfallen war." Dann eben komme man in das „dunkle Verlies" der Welt, „dann
verliert man das wahre Menschentum. Dann sinkt man auf die Stufe des Tie-
res. Dann kommt man in ein Untermenschentum."

Ausgerechnet dieser berüchtigte Begriff – verwendet im Auftrag des
Evangelisch-reformierten Moderamens und der Bethlehemsgemeinde?

Doch dass die östlich der Bundesrepublik Deutschland gelegenen Staaten
nicht etwa einen Abfall von Gott fürchteten, sondern erneute Großmachtambitionen eines Landes, das vollständig und begründet den Krieg verlorenen
hatte – dies ist die Ursache dafür, dass sie mit Misstrauen auf die Verlautba-
rungen der Heimatvertriebenen und der sie unterstützenden Kirchen blickten.

„Geistliche und politische Umkehr" | Der andere prägende Ort

Erst Anfang der sechziger Jahre begann ganz langsam und unter schweren
Konflikten ein Prozess des kirchlichen Umdenkens. Den Anstoß dafür gab

das „Tübinger Memorandum" von 1961, in dem namhafte Persönlichkeiten des öffentlichen Lebens der Bundesrepublik Deutschland politischen Realismus anmahnten. Darunter waren zum Beispiel der Präses der Evangelischen Kirche im Rheinland, Joachim Beckmann, die Naturwissenschaftler Karl Friedrich von Weizsäcker und Werner Heisenberg sowie der Intendant Klaus von Bismarck. Neben vielfältiger sachlicher Kritik an der Politik der Bundesregierung schlossen sie sich der Ansicht jener „Sachverständigen" an, die meinten, *„dass wir den Souveränitätsanspruch auf die Gebiete jenseits der Oder-Neiße-Linie werden verloren geben müssen."* Der Sturm der Entrüstung, der daraufhin losbrach, reichte bis zu Morddrohungen gegen die Verfasser. Mit scharfer Polemik griff auch der Ostkirchenausschuss in die Debatte ein. Er stellte die angebliche Bereitschaft der Verfasser an den Pranger, „vor der Macht zurückzugehen". „Macht, die nicht nach dem Recht handelt, richtet an die Stelle des Gehorsams unter Gott eine eigene Machtherrlichkeit auf, die zum Bösen führt", hieß es.

War sie da nicht wieder errichtet: die christliche Front der vermeintlich Besseren gegen den „gottlosen Kommunismus" – mitten im Repräsentationsorgan der Ostflüchtlinge bei der Evangelischen Kirche in Deutschland?

In Beienrode, nahe bei Helmstedt gelegen, war 1949 ein Gutshaus gemietet und „Haus der helfenden Hände" genannt worden. Seine Aufgabe: Sammlung der zerstreuten Glieder der ostpreußischen BK, besonders der ins Elend geratenen Pfarrwitwen, materielle Unterstützung von Flüchtlingen und Hilfe bei deren Auswanderung in andere Länder. Seine Idee: Gewähr zu schaffen „für das Nichtwiederaufkommen verständlicher Bitterkeit und nationalistischer Wahnideen". „Ehe das Unheil über uns kam, haben wir Angehörige anderer Nationen in derselben Gestalt durch unsere Straßen irren sehen." Seine Existenzform: das einzige der westdeutschen Flüchtlingshilfekomitees, das finanziell unabhängig von Kirche und Staat blieb. Sein Gründer: Hans Joachim Iwand (1899–1960), Schlesier, Vorsitzender des ostpreußischen Bruderrats, von der Königsberger Universität vertrieben, Leiter eines der illegalen Predigerseminare der BK, als Reichsbruderratsmitglied inhaftiert, Theologe an den Universität Göttingen und Bonn, geistiger Vater des „Darmstädter Bruderratswortes".

In Beienrode wurde also Ähnliches praktiziert wie in Berlin. An beiden Orten gab es jeweils einen Konvent. Man besuchte sich auf Tagungen und tauschte sich miteinander aus. Bruno Moritz ist öfter in Beienrode gewesen,

und Hans Joachim Iwand hielt Referate in Berlin. Es gab ein gemeinsames Anliegen, und doch waren beide Konvente im Laufe der fünfziger Jahre zu ganz
entgegengesetzten Schlussfolgerungen gelangt.

Die in Beienrode entstandene Bruderschaft versuchte, die Leiderfahrung
der Überfallenen und die Leiderfahrung der Geflüchteten in ein versöhnen-
des Gespräch münden zu lassen, die politische Realität als Ergebnis konkre-
ter staatlicher und kirchlicher Schuld zu akzeptieren und vor allem eines zu
ächten: den Kalten Krieg. In diesem Sinne begrüßte der Beienroder Konvent
zunächst als einziger die Aussagen des Tübinger Memorandums und machte
sie sich zu eigen. Weiter hieß es in seiner Erklärung:

*Deshalb ermahnen wir unsere Landsleute, den so gewiesenen Weg einer geist-
lichen und politischen Umkehr mit uns zu beschreiten und alle Bestrebungen zur
Versöhnung mit den östlichen Nachbarn zu fördern. Unsere Regierung bitten wir, in
diesem Sinne mit unseren Nachbarn im Osten zu verhandeln.*

Im Berliner Konvent ostpreußischer Pfarrer hingegen hatten sich die Dinge
ganz anders entwickelt. Auf den alljährlich stattfindenden Kirchentagen und
Pfarrerrüstzeiten war ein mystisch-religiöser Heimatbegriff beherrschend geworden. „Heimat ist das Kostbarste, das uns der Schöpfer gegeben hat", erklärte Bruno Moritz 1960 in einem grundlegenden Vortrag. Und „Abfall von
Gott bringt nach der Bibel den Verlust der Heimat". Den sogenannten Sün-
denfall, der mit der Vertreibung aus dem Paradies endete (1. Mose 3), deutete
er rein geschichtstheologisch und setzte ihn mit den Flüchtlingsschicksalen
der jüngsten Vergangenheit gleich. In dieser schwer nachvollziehbaren Bibel-
exegese war es für ihn nicht etwa Auschwitz, sondern das Flüchtlingselend
des 2. Weltkrieges, „das unserem Zeitalter sicher einmal die Bezeichnung ‚das
barbarische Jahrhundert' einbringen werde". Zwar räumte Bruno Moritz „zumindest eine Mithaftung" für das ein, was im Krieg geschehen ist, aber das
Stuttgarter Schuldbekenntnis und die Charta der Vertriebenen hätten „von
unserer Seite die Schuld bekannt". Und: Es gab für ihn das Recht (!), um die
Gnade der Heimkehr zu beten.

So betrieb Pfarrer Bruno Moritz das Geschäft der Vertriebenenverbände.

Es ist deutlich, dass es da, wo auf der einen Seite versöhnend, auf der
anderen Seite aber heimatrechtlich gedacht wurde, zum Konflikt kommen
musste. Und so geschah es auch, dass der Berliner Konvent ostpreußischer
Pfarrer den Beienrodern vehement widersprach, als sich die meisten von
diesen dem Tübinger Memorandum anschlossen. In einem Aufruf gegen die

„Beienroder Verzichtserklärung" erhoben sie den Vorwurf der Verletzung von Barmen V und des (völker-rechtlichen) Dilettantismus. Keinesfalls könne diese Resolution als „Stimme der ostpreußischen Bekennenden Kirche" angesehen werden. Bruno Moritz – neben Reinhold George, Pfarrer an der Kirchengemeinde Zum Heilsbronnen, einer der beiden Wortführer des Konvents – sammelte rund 160 Unterschriften für den Berliner Aufruf, um damit zu demonstrieren, dass „Beienrode" eine verschwindend kleine Minderheit sei. Die überwiegende Mehrheit der ostpreußischen Pfarrer, so schrieb er, könne nicht von sich aus einen Verzicht auf die ostpreußische Heimat erklären, nicht aus „Heimatsentimentalität", sondern aus sehr wichtigen theologischen Gründen. Außerdem hätten auch Brüder unterzeichnet, deren Urteil schon immer von Gewicht gewesen sei – und Bruno Moritz verwies auf Namen von Professoren der Königsberger Theologischen Fakultät. Es war genau dieselbe Fakultät, von der der irenische Neutestamentler Julius Schniewind aus eigener Erfahrung sagte: „Dass in Ostpreußen Kirche noch lebendig ist, ist geschehen trotz seiner Theologischen Fakultät."

Für ein weiteres Zusammengehen der beiden Konvente unter gleichem Namen sahen die Berliner kaum noch Chancen. Bruno Moritz hatte schon 1961, vor Ausbruch des offenen Konflikts, seine Mitgliedschaft im ostpreußischen Bruderrat niedergelegt, weil er meinte, als Vertrauensmann des Berliner Konvents diese Funktion nicht mehr erfüllen zu können. Er boykottierte Programme des Beienroder Konvents, auf denen bestimmte Referenten vorgesehen waren (z. B. Gerhard Bassarak aus der DDR). Der Berliner Konvent und er fühlten sich gedrängt, „einen Neuanfang mit der Bruderschaft der ehemaligen ostpreußischen Pfarrer und der BK zu machen, Beienrode aus dem Sog der ‚Bruderschaften' zu befreien und allen wieder zu einer echten Brüderlichkeit zu verhelfen."

Tatsächlich kam es später zu einer Neugründung des Berliner Konvents. Doch da hatte Bruno Moritz bereits seinen Ruhestand angetreten (1964) und sich aus der aktiven Konventsarbeit zurückgezogen. Tief verwurzelt in seiner Geburtsstadt Gumbinnen, lautete das Credo seines Lebens: „So wenig ich meine ostpreußische Heimat verleugnen kann, so wenig auch die Ostpreußische Kirche als unsere geistliche Mutter." Insofern war es quälend für ihn zu wissen, dass er der letzte lebende ostpreußische reformierte Pfarrer war.

Für eine größere Teilnahme der Bethlehemsgemeinde an der ostpreußischen Betreuungsarbeit gibt es kaum aussagekräftige Spuren.

Das Recht auf Heimat und der Sieg im Kalten Krieg

Kurz vor seinem Tod im Jahr 1965 stritt Bruno Moritz noch einmal öffentlich für sein Anliegen: in einer Zuschrift auf den Artikel „Recht auf Heimat?" von Karl Halaski, erschienen in der Reformierten Kirchenzeitung (RKZ). Und hier klingen seine Gedanken tatsächlich beklemmend: „Dass nicht unser ganzes Volk die Frage der östlichen deutschen Gebiete zu seiner Frage macht und wie einst Kurt Schumacher sagte: ‚Bei den kommenden Friedensverhandlungen werden wir um jeden Zentimeter deutschen Bodens kämpfen', ist für mich eine große Enttäuschung und lässt mich fragen, ob wir noch ein Volk sind oder nur noch eine ‚Pluralistische Gesellschaft'. Deshalb meine ich, was die Landsmannschaften tun, tun sie für unser Volk ... Ich meine, krank ist ein Volk, das nicht Unrecht Unrecht nennt und dagegen ankämpft."

Karl Halaski, reformierter Kollege von Bruno Moritz und damaliger Herausgeber der RKZ, hatte in seinem Artikel entschlossene Hilfe und Vermittlung durch den Rat der EKD gefordert. Vermittlung dadurch, „dass wir ... um der Liebe Christi willen, die doch auch den Tschechen, den Polen und allen andern gilt, ... dass wir also in dieser Sache ... die Rede vom ‚Recht auf Heimat' aufgeben und nach Wegen menschlicher Hilfe suchen sollten." Denn auch der reformierte Theologe Karl Halaski gehörte zu denjenigen, die dringend die Konfrontation zwischen West und Ost zu beenden suchten.

Es ist eine historische Tatsache, dass die durch das Tübinger Memorandum ausgelöste Diskussion wesentlich zur Entstehung der „Vertriebenendenkschrift" der EKD von 1965 beigetragen hat. Bei aller historischen Bedingtheit und inneren Widersprüchlichkeit dieser Schrift finden sich in ihr so bemerkenswerte Sätze wie: „Im Namen des deutschen Volkes wurde der Zweite Weltkrieg ausgelöst und in viele fremde Länder getragen. Seine ganze Zerstörungsgewalt hat sich schließlich gegen den Urheber selbst gekehrt. Die Vertreibung der deutschen Ostbevölkerung und das Schicksal der deutschen Ostgebiete ist ein Teil des schweren Unglücks, das das deutsche Volk schuldhaft über sich selbst und andere Völker gebracht hat." Damit ging die EKD einerseits auf die flexibler werdende Politik der Bundesregierung ein. Andererseits war die Denkschrift mit Politikern der Bundestagsparteien abgesprochen worden, denn sie sollte als kirchliche Hilfestellung für die Entwicklung einer versöhnlicheren politischen Haltung gegenüber den östlichen Nachbarstaaten dienen.

Was 1965 jedoch vielen wie eine langersehnte „Entspannung" und notwendige „Normalisierung" erschien, führte über KORB 3 der Schlussakte der Konferenz für Sicherheit und Zusammenarbeit in Europa (KSZE) aus dem Jahr 1975 und die latenten ununterbrochenen Destabilisierungsstrategien westlicher Denkfabriken – auch – zum Ende des Sozialismus auf europäischem Boden im Jahr 1989.

Die Geschichte der Bethlehemsgemeinde zeigt beispielhaft, dass die Kirchen daran einen nicht unmaßgeblichen Anteil hatten. Denn das Recht auf Heimat *im* Kapitalismus haben sie nie aufgegeben – ebenso wenig wie das Recht auf Heimat *für den* Kapitalismus. Damit befanden sie sich unübersehbar im Gefolge der europäischen Nachkriegsgeschichte.

Literatur

Archiv des Reformierten Moderamens Berlin-Brandenburg
Archiv der Evangelisch-reformierten Bethlehemsgemeinde
Arbeiten zur Geschichte des Kirchenkampfes (Bd.11), Göttingen 1978
Das Ostpreußenblatt
Evangelisches Zentralarchiv Berlin
Junge Kirche. Theologische Zeitschrift
Hans Joachim Iwand: Briefe, Vorträge, Predigtmeditationen, hg. von Peter Paul Sänger, Berlin 1979
Hans Prolingheuer: Kirchenwende oder Wendekirche, Bonn, 1991
Reformierte Kirchenzeitung

Dieter Kraft

Friedenspolitischer Ratschlag

„Deutschlands Großmachtambitionen und die Lage der Friedensbewegung"

Vortrag auf dem Friedenspolitischen Ratschlag, Kassel, 19./20. November 1994; zuerst in: Weißenseer Blätter 5/1994, S. 19–27

Es ist beschwerlich genug, über „Großmachtambitionen" zu reden, aber über „Deutschlands" Großmachtambitionen sprechen zu müssen, das nähert sich der Grenze des Zuträglichen – weil allein schon das Wort „Deutschland" wieder dabei ist, zu einem Begriff werden zu wollen. Und durchaus nicht nur für den sogenannten rechten Rand der Gesellschaft, der sich in dieser Frage bereits ganz einig wissen darf mit dem rechten Rand der sogenannten Mitte. Es gilt selbst für jene Linken, die in einem Deutschland nicht nur für eine Randrolle zugelassen sein wollen und deshalb vorsorglich ihren rhetorischen Beitritt erklären. Noch ist Deutschland nicht endgültig auf den Begriff gebracht, doch der „anschwellende Bocksgesang" beginnt zu dröhnen, und ein Botho Strauss wird wissen, gegen wen er dann den Krieg zu führen hat, der sich bei ihm literarisch bereits erklären ließ[1].

Der Kampf um Sinn und Verstand ist jedenfalls schon lange im Gange, und „Deutschland" ist zur Parole geworden, vor der sich das Wort „Bundesrepublik" zunehmend verflüchtigt und zu einem Schibboleth wird. Und wer gar im politischen Dialekt ostdeutscher Provenienz von der BRD spricht, ver-

---

1 DER SPIEGEL, 8.2.1993.

wirkt hierzulande zumindest sein ideologisches Bürgerrecht. Sprachlich hat die Bundesrepublik Deutschland fast aufgehört zu existieren. Sie steht nur noch im Grundgesetz, dessen Verbindlichkeit auch schon zur Fiktion geworden ist, nachdem es unter Verstoß gegen Artikel 79 zur beliebigen Interpretation und Änderung freigegeben wurde. Ein Grundgesetz aber, das sich der herrschenden Politik grundsätzlich akkommodieren lässt, hat eben auch aufgehört, als Grundgesetz zu existieren, zumal das Verfassungsgericht wohl kaum eine Feststellungsklage entgegennehmen dürfte, die die Promotoren dieser Änderungen als Grundgesetz-Gegner definiert.

Diese Vorbemerkung ist mir wichtig. Nicht weil ich die Formulierung des Themas unserer Veranstaltung beanstanden möchte. Im Gegenteil. Der Zusammenhang wird ja deutlich: wer politisch auf Großmachtambitionen setzt, der wird auch rhetorisch dort ansetzen, wo allein schon mit dem Begriff „Deutschland" assoziativ weit mehr beansprucht ist, als die Bundesrepublik in den Grenzen von 1994. Als Hoffmann von Fallersleben 1841 sein Deutschlandlied schrieb, da gab es noch nicht einmal ein Deutsches Reich, wohl aber schon die Überzeugung, dass der deutsche Nationalstaat wenigstens jene Gebiete umfassen müsste, in denen das wie auch immer artikulierte Deutsch Heimatrecht reklamieren konnte. Eine Vorstellung, die nach 1933 noch weit umfassender eingelöst werden sollte und seit dem 3. Oktober 1990 schon wieder die Signatur des Realpolitischen trägt. Eben deshalb halte ich es nicht für lässlich, abbreviativ von „Deutschland" zu reden und bin ganz entschieden der Überzeugung, dass es die Sprache des Friedens gerade auch und vor allem der Friedensbewegung gebietet, selbst in dieser für viele womöglich ganz nebensächlichen Frage Reflexion und Sorgfalt walten zu lassen. Der Kampf um den Frieden ist auch ein Kampf um Wörter, zumal mit einem Gegner, der Schillers Diktum über die Sprache, „die für mich dichtet und denkt", verinnerlicht hat und massenpsychologisch umzusetzen versteht.

Vielleicht aber geht es hierbei schon gar nicht mehr nur um Präliminares. Denn wenn wir nach Indizien für bundesdeutsche Großmachtambitionen suchen, dann werden wir jene neo-nationale Debatte nicht aussparen können, deren anfänglicher Nebel sich sehr schnell verzogen hat, um die Konturen eines „National-Deutschland" erkennen zu geben, in dem selbst das deformierte Grundgesetz der Bundesrepublik nur Makulatur wäre. Was bei einem Schäuble noch nach ideologischem Krisenmanagement klingen sollte, das hat inzwischen Dimensionen angenommen, in denen die Wiederentdeckung des

Nationalen identisch wird mit dem Postulat einer „geistig-moralischen Wende" als Abwendung von dem Politik- und Gesellschaftsverständnis, das sich
in der Bundesrepublik nach 1945 wenigstens verbal artikulierte. Und diese
„Wende" geht aufs Ganze und macht, wie wir hautnah erleben, selbst vor
dem Begriff des „Sozialstaats" nicht halt.

In der Sprache der offiziellen Politik klingt es zwar noch etwas verschämt
und verlogen, wenn das bedrohliche Wort von der „Verschlankung" des
Staates fällt und von seinem „Umbau". Doch die „geistig-moralische Wende" greift bereits, wenn auf solche Kaschierungen zunehmend verzichtet und
statt dessen Klartext geredet wird, in dem dann eben nicht Umbau, sondern
ganz einfach Abbau steht. Jüngst haben ja in Berlin Politiker der FDP demonstriert, was unter diesem „neuen Realismus" zu verstehen ist: Der Staat habe
eigentlich nur die Aufgabe, im Innern für Ruhe und Ordnung zu sorgen und
nach außen für eine schlagkräftige Armee. Alles andere gehört auf den Markt
oder eben auf den Müll. Eine Reduzierung des Staatsapparates auf Militär
und Polizei, offensichtlich inspiriert von amerikanischen Verhältnissen und
weder irritiert durch den abschreckenden Pejorativ dieses Begriffs noch dadurch, dass in den USA gerade diese Verhältnisse in wachsendem Maße als
Handikap einer weltmachtpolitischen Dominanz gesehen werden.

Doch was sind schon solche Widersprüche in einer Gesellschaft, die in einem gesamtgesellschaftlichen Widerspruch gründet und nach der Beseitigung
ihrer Alternative auf dem Wege ist, Wesen und Erscheinung wieder zur Identität zu bringen. Denn der Vortrag der Berliner Genossen von der FDP fällt nur
rhetorisch ein wenig aus dem Rahmen der großen Koalition von Politik und
Kapital. In der Sache besteht hier weitgehend Einigkeit, wie die grundsätzliche
Übereinstimmung des Murmann-Papiers[2] mit der antisozialen Politik der sogenannten christlich-sozialen Parteien zeigt. Und dabei befinden wir uns erst
in den Anfängen einer Entwicklung, die im Kontext der umwälzenden Struk-
turkrise kapitalistischer Warenproduktion Ausmaße annehmen wird, die im
Pauperismus des 19. Jahrhunderts durchaus Analogien finden dürften.

2   Die Bundesvereinigung der Deutschen Arbeitgeberverbände (BdA) hatte 1994 ihre Über-
     legungen für eine finanzielle Anpassung sozialer Leistungen unter dem Titel „Sozialstaat
     vor dem Umbau" vorgestellt. Diese kursieren als „Murmann-Papier". Von den Gewerk-
     schaften ist das Murmann-Papier als drastischer Einschnitt in das Sozialsystem gewertet
     worden.

Herrn Schäubles bemerkenswert laut vorgetragene Erwägung, die Bundeswehr gegebenenfalls auch nach innen einsetzen zu lassen, gibt da schon einen eindrücklichen Vorgeschmack auf das zu Erwartende und offenkundig auch von ihm Erwartete. Der Knoten jedenfalls wird längst geschürzt. Und der künftige Gleichschritt von BND und Polizei, dem – wieder einmal – auch die SPD zugestimmt hat, ist da nur eine Seite in einem staatsverfassten Drehbuch, in dem man über den „Rechtsstaat" am Ende nicht einmal mehr viel wird lesen können. Natürlich ist damit zu rechnen, dass die organisierte Kriminalität wächst. Wie sollte sie auch nicht wachsen, wenn doch der Unterschied zum organisierten Kapital oft nur noch darin besteht, dass sich dieses seine Verbrechen legalisieren lässt. Aber es wird eben auch damit gerechnet, dass nach der „Verschlankung" der Zwei-Drittel-Gesellschaft zur Ein-Drittel-Gesellschaft auch das Potential eines organisierten Widerstandes erwächst. Wahrscheinlich weniger noch unter jenen, die dann ohnehin nichts mehr zu verlieren haben und nicht einmal mehr ordentliche Ketten tragen dürfen, sondern von denen, die jederzeit alles verlieren können. Und nicht auszudenken, wenn dann auch hier große Koalitionen entstünden.

Wenn wir in der Friedensbewegung programmatisch und perspektivisch denken wollen, dann werden wir nicht umhinkommen, uns auf die bereits anhebenden sozialen Verwerfungen einzustellen. Denn der Zusammenhang zwischen der zu erwartenden sozialen Misere und der Friedensfrage ist evident. Wenn der Begriff der „Verelendung" aus der sogenannten Dritten Welt zurückkehrt in die Welt der schwindenden Sozialstaatlichkeit und wachsenden Obdach- und Massenarbeitslosigkeit, dann wird die Friedensfrage endgültig zu einem gesellschaftlichen Randthema ausbleichen. In einem Staat, dessen sozialer Zerfall nicht aufgehalten, sondern generalplanmäßig befördert wird, verliert das Wort vom „Frieden" seinen Sitz im Leben. Es weicht dem Wort vom „Kampf", der sich zur Grunderfahrung sozialen Überlebens verdichtet.

Die ersten Straßenkämpfer haben sich ja auch bereits formiert, und die Ideologie dieses Kampfes ist auch schon längst formuliert. Ich zitiere nur Ansgar Graw, seit 1993 Redakteur beim öffentlich-rechtlichen Sender Freies Berlin. In dem in diesem Jahr von Heimo Schwilk und Ulrich Schacht im Ullstein-Verlag herausgegebenen Band über die „Selbstbewußte Nation" schreibt er unter dem Titel „Dekadenz und Kampf. Über den Irrtum der Gewaltlosigkeit": „Längst stuft die Gesellschaft mehrheitlich den Dienst an der Waffe

irgendwo zwischen ‚lästigem Anachronismus‘ und ‚potentiellem Killertum‘
ein. Kämpfen ist ‚mega-out‘. Hierzulande kuschelt man lieber. Kuscheln ist
nicht nur schöner als Kämpfen, sondern auch wichtiger: Dies ist ein Indiz für
das Stadium der Dekadenz, in dem es nichts mehr zu geben scheint, um das
es sich zu kämpfen lohnt, und in dem es nur den Hedonismus zu befriedigen
gilt, der als alleinige Richtschnur blieb. Seinen Untergang hat das Abendland
noch nicht erlebt, aber seinen Zenit scheint es überschritten zu haben. Die
Germanen, die einst das degenerierte ‚ewige‘ Rom überrannten, warten heute in der dritten Welt. Den Heroismus von Ernst Jüngers ‚Stahlgewitter‘ haben wir getauscht gegen das andere Extrem, das nur noch ‚weichen Themen‘
huldigt und Inferiorität zur Maxime persönlichen wie politischen Handelns
macht. Eine ‚Trendwende‘ ist nur möglich, wenn Werte wiederentdeckt werden, um die zu kämpfen zum Bedürfnis wird, wenn es wieder religiöse und
emotionale Klammern gibt, die Opferbereitschaft, Staatsbewußtsein, Natio-
nalbewußtsein erzeugen, wenn neben das aufgeklärte Wissen mit seinen Des-
illusionierungen auch wieder der demütige Glaube mit seinen Hoffnungen
getreten ist. Der Kampf wäre dann kein ständiger, aber die Kampfbereitschaft
immer existent. Wer andere Vokabeln vorzieht: Es geht um wehrhafte Demokratie.“ Denn: „das Sichwehren ist und bleibt eine ewige Notwendigkeit“.[3]

Es hat nur acht Jahre gedauert, bis das Pamphlet „Mein Kampf“ in den
Rang einer offiziellen Regierungserklärung aufsteigen konnte. Und unsere
Zeit ist schnelllebiger geworden. Nichts erlaubt uns, nicht mit allem rechnen
zu müssen, nachdem schon jetzt evident ist, dass das Problem der bürgerlichen Demokratie mehr noch als im Aufmarsch neofaschistischer Parteien
vor allem darin besteht, dass die unter der Brutkappe des Konservativen kei-
mende Ideologie des Neofaschismus gar nicht mehr nur an eine spezifische
Partei gebunden ist. Und es ist gerade dieser wuchernde Konsens, der die
Friedensbewegung nötigt, Antifaschismus als Synonym für Friedensarbeit zu
definieren. Denn darüber dürfte wenig Zweifel bestehen: was heute noch als
„demokratische“ Rechte firmiert, wird mit der bürgerlichen Demokratie auch
die Nachkriegszeit konvertieren in eine neue Vorkriegszeit – so man ihr dazu
die Macht überträgt. Letzteres aber könnte ein wenig auch davon abhängen,

---

3   H. Schwilk/U. Schacht (Hg.), *Die selbstbewußte Nation. „Anschwellender Bocksgesang“ und
     weitere Beiträge zu einer deutschen Debatte*, Berlin 1994, S. 285f.

wie stark und wie breit der Widerstand gegen diese Rechte wird. Und die Friedensbewegung sollte sich nicht nachsagen lassen müssen, in dieser Frage nicht bündnisfähig gewesen zu sein.

Ich betone das, weil ich mir durchaus darüber im Klaren bin, in welch widersprüchlicher Situation wir uns hierbei befinden. Denn während wir gegen die junge Freiheit der neuen völkischen Beobachter gegenwärtig durchaus noch Bündnispartner finden, finden wir unter eben diesen kaum noch Verbündete, wenn es um „Deutschlands" Großmachtambitionen geht. Als würde es keinen Zusammenhang geben zwischen den politischen und sozialen Brüchen im Innern und jener Orientierung nach außen, die unter der Ägide einer Neuen Weltordnung nun auch Soldaten der Bundesrepublik auf die künftigen Schlachtfelder schickt. Und derer wird es viele geben, weil es sie geben soll. Denn der Krieg gehört in dieser „Ordnung" der Welt nach den Herrschaftsprinzipien des internationalen Kapitals wieder zu dem öffentlich-rechtlich anerkannten Instrumentarium der Politik. Und was für die USA nie ein Problem war, das hat sich inzwischen ja auch für die BRD gelöst, in der demnächst höchstens noch Sanitäter von „humanitären Einsätzen" reden werden.

Out of area ist in in dieser Gesellschaft. Von der CSU bis zu Teilen der Grünen weiß man sich einig darin, dass das, wie man gerne sagt, größer gewordene Deutschland endlich mehr, wie man auch gerne sagt, „Verantwortung" zu übernehmen habe. Im Bundestag war es in der vergangenen Legislaturperiode (1990-1994) lediglich die PDS, die sich dieser imperialistischen Politik nicht unterwarf – und auch dafür natürlich bestraft wurde mit dem von der CSU bis zu den Grünen einmütig verhängten Verdikt des out of political consent.

Dass es bei der Offensive des out of area tatsächlich um Imperialismus geht und nicht etwa um Menschenrechte, das hat bekanntlich selbst Herr Rühe in einem Anfall von Aufrichtigkeit bestätigt, die sehr wohl schon die Züge jenes „neuen Realismus" trägt, der für die „geistig-moralische Wende" bestimmend werden soll. Es gehe, so Rühe im Klartext, um Deutschlands „vitale Sicherheitsinteressen", um die „Aufrechterhaltung des freien Welthandels und des ungehinderten Zugangs zu Märkten und Rohstoffen in aller Welt". Vielfach zitiert, von mir nach der Ausgabe des „Neuen Deutschland" vom 28. Dezember 1993 (Seite 10).

Seit es in dieser Welt keine Kraft mehr gibt, die diesem klassischen Imperialismus Einhalt gebieten könnte, hat sich die Doktrin dieser „Neuen Weltordnung" zur neuen Geschäftsgrundlage des internationalen Kapitals entwickelt.

Und das in einem atemberaubenden Tempo, als müsste nun so schnell wie möglich nachgeholt werden, woran man über 40 Jahre gehindert war, jedenfalls nicht ungehindert. Und der „Golfkrieg", bei dem selbst amerikanische Kommentatoren vom „vitalen Interesse" an „unserem Erdöl" sprachen, war die Besiegelung dieser neuen Geschäftsgrundlage. Es handelte sich dabei um einen martialischen Initiationsritus, mit dem zugleich demonstriert werden konnte, dass Kriege politisch und militärisch wieder führbar geworden sind und in Zukunft auch wieder geführt werden würden, so es „unsere vitalen Interessen" erfordern.

Der „Golfkrieg"[4] hatte die Friedensbewegung noch einmal zu beeindruckendem Protest auf die Straße getrieben. Aber schon 1990 konnte man selbst unter Linken hören, dass dem Irak eigentlich ganz recht geschehe und dass man Leuten wie Saddam Hussein halt nicht anders beikommen könne. Das Wort vom „Diktator" machte die Runde und suggerierte das Recht zum Tyrannenmord – vorbehaltlich der Einschränkung, dass es natürlich nur den USA zustünde, Tyrannen zu ernennen und im Terminplan der Militärs festzulegen, wann ein Diktator ein Diktator ist. Selbst der tapfere Hermann Gremliza siedelte vorsichtshalber schon einmal um – in die Nähe von Jan Philipp Reemtsmas Kapitulationsphilosophie, nach der es immerhin noch erträglicher sei, von Bush als von Hussein dominiert zu werden, was Oliver Tolmein füglich als Vorbereitung einer intellektuellen Kriegskreditierung las[5]. Und obgleich Hussein schließlich doch kein Haar gekrümmt wurde, wiewohl die USA für Militär und Industrie die hervorragende Gelegenheit geschaffen hatte, die punktuelle Zielgenauigkeit der letzten waffentechnischen Entwicklungen unter Gefechtsfeldbedingungen erproben und der Weltöffentlichkeit via gleichgeschaltetem TV demonstrieren zu können, und obgleich statt des einen wahrscheinlich eine halbe Million Iraker zusammengebombt wurde, z.T. sogar mit verstrahltem Material, und obgleich das erste Mal in der Geschichte des Terrorismus ein in Betrieb befindlicher Reaktor zerstört wurde und obgleich alle Welt wusste, dass es den USA ausschließlich um die Durchsetzung ihres Hegemonialanspruchs ging, konnte auch in der BRD für die Politik der militärischen Intervention inzwischen eine immer breiter werdende Zustimmung hergestellt werden.

---

4   Gemeint ist hier der sogenannte Zweite Golfkrieg (Erster Irakkrieg), der 1990/91von einer US-geführten Militärkoalition getragen wurde. Damals wurde Saddam Hussein noch nicht liquidiert.
5   KONKRET 12/1990; 1+4/1991.

Eine besonders unrühmliche Rolle spielte dabei wieder einmal der Rat der EKD, der Evangelischen Kirche in Deutschland, der es bisher noch nie verabsäumt hat, die jeweils geltende Militärdoktrin zu sanktionieren. So also auch jetzt wieder in der im Januar dieses Jahres (1994) herausgegebenen „Denkschrift" unter dem irreführenden Titel „Schritte auf dem Weg des Friedens. Orientierungspunkte für Friedensethik und Friedenspolitik". Irreführend deshalb, weil diese Denkschrift nicht einer Ethik des Friedens das Wort führt, sondern einer Rechtfertigung des Interventionskrieges als – Zitat: „ein prinzipiell nötiges Mittel der Politik"[6]. Und weiter im Text: „Der Einsatz militärischer Gewalt, der im Prinzip verwerflich ist", ist „gleichwohl ethisch und rechtlich als Ausnahmefall, als Grenzfall gerechtfertigt."[7]

Auch in der bürgerlichen „Friedens- und Konfliktforschung" wird dem Einsatz „schneller Eingreiftruppen" inzwischen applaudiert. In seinem in diesem Jahr im Suhrkamp-Verlag erschienenen Buch mit dem Titel „Wohin driftet die Welt?" spricht Dieter Senghaas sogar schon von einer „politischen Kultur legitimer Intervention"[8], bei der selbstredend auch die Bundesrepublik nicht abseits stehen dürfe, wenn sie ihre weltpolitischen Interessen gewahrt wissen möchte. Zitat: „Wenn die Interdependenzen in der Welt zunehmen, dann findet faktisch eine Einmischung in die inneren Angelegenheiten anderer Völker statt. Zugespitzt kann sich nur die Frage stellen, welche bewußten und gezielten Einmischungen von außen – ungeachtet des alten völkerrechtlichen Prinzips der Nichteinmischung in die inneren Angelegenheiten anderer – rechtens sind."[9] Solche Sätze muss man nicht zweimal lesen, um über ihre Ungeheuerlichkeit zu erschrecken. Und erschreckend auch die Fortsetzung – und zwar im Hinblick auf die Frage, wer denn hier nun dekretiert, was da an Völkerrechtsbruch „rechtens" sei. Senghaas Antwort lautet unter anderem: „der Hegemon, eine ordnungsstiftende Macht" im „Rahmen einer Hegemonialordnung"[10].

---

6   *Schritte auf dem Weg des Friedens. Orientierungspunkte für Friedensethik und Friedenspolitik.*
    Ein Beitrag des Rates der Evangelischen Kirche in Deutschland, EKD-TEXTE 48, 1994, S. 2.
7   Ebd., S. 18.
8   D. Senghaas, *Wohin driftet die Welt? Über die Zukunft friedlicher Koexistenz,* Frankfurt a.M.
    1994, S. 182.
9   Ebd., S. 84.
10 Ebd., S. 124.

Das ist Imperialismus pur, vorgetragen von einem deutschen „Friedensforscher", dessen Problem aber ganz offensichtlich darin besteht, kein US-Amerikaner zu sein. Dann nämlich müsste er nicht so nebulös von „dem Hegemon" reden, sondern könnte ganz einfach von den Vereinigten Staaten sprechen. Doch genau das geht – mutatis mutandis – in der Bundesrepublik heute noch nicht, auch wenn man noch so kräftig „Deutschland" ruft.

Und damit stehen wir eigentlich vor dem gravierendsten Thema der gegenwärtigen und zukünftigen weltpolitischen Entwicklung. Dass der sogenannten „Dritten Welt" nun sogar das Völkerrecht offiziell aberkannt wird, ist nur eine Folge der Entfesselung des Imperialismus, der auch die ehemals „Zweite Welt" nicht privilegierter zu behandeln gedenkt, wie das interessengeleitete Kräftespiel um das ehemalige Jugoslawien bereits zu erkennen gibt. Die „Neuordnung" der Welt nach den Herrschaftsgrundsätzen eines neuen Marktkolonialismus dürfte als ausgemachte Sache gelten. Aber es ist eben noch längst nicht ausgemacht, welcher Partei dabei die führende Rolle zukommt.

Solange es mit dem sozialistischen Lager einen gemeinsamen Gegner gab, den es um jeden Preis zu liquidieren galt, zwang diese Interessengemeinschaft zu einem Burgfrieden, bei dem nicht nur der Dollar als Leitwährung anerkannt werden musste, sondern die USA auch als Burgherr. Doch die Zeit dieser „friedlichen Koexistenz" ist vorüber, und heute werden, um noch einmal Senghaas zu zitieren, „die Karten neu gemischt"[11]. Und wer da keine Großmachtambitionen anzumelden hat, der wird gar nicht erst zur Partie zugelassen. Die Bundesrepublik jedenfalls ist offensichtlich fest entschlossen, ihr Spiel zu machen, auch wenn es dazu erst noch sehr aufwendiger Vorbereitungen bedarf. Aber die sind in vollem Gange und abzulesen an dem Hochdruck, mit dem ausgerechnet die BRD den sogenannten „europäischen Einigungsprozess" vorantreibt. Sehr wohl wissend, dass sie politisch und ökonomisch eben doch noch nicht so stark ist, um im Alleingang – und noch dazu auf unabsehbare Zeit ohne die ge-

11 Ebd., S. 229.

ringste Chance auf eigene atomare Bewaffnung – [12] neben USA und Japan zu sitzen zu kommen.
Der erste Erfolg hat sich auch schon eingestellt. Konnte zu Zeiten des „Kalten Krieges" eine Abkoppelung der westeuropäischen Integration von den USA unter Hinweis auf den gemeinsamen Gegner verhindert werden, so sind die Vereinigten Staaten von Amerika nunmehr höchstens noch in der Lage, die Bildung der Vereinigten Staaten von Europa rhetorisch zu konterkarieren. Bill Clintons überraschende Wendung in seiner Rede am Brandenburger Tor, in der er eine europäische leadership of Germany zu protegieren vorgab, konnte die European neighbours of Germany eigentlich nur zu äußerster Zurückhaltung gemahnen wollen. Zumal bei ihnen noch in Erinnerung sein dürfte, dass der im Wilhelminischen Berlin gezeugte und ausgerechnet in Versailles geborene deutsche Nationalstaat am Ende fast nur ein geschwollenes Preußen war.

Die Friedensbewegung steht gegenüber der Europa-Frage in einer doppelt schwierigen Situation, denn heute als dezidierter Europäer gelten zu wollen, ist wenigstens ambivalent geworden, nachdem es in Maastricht ohnehin nur um die kapitalistische Vereinigung Europas geht, die für die Bundesrepublik zum Stellplatz für ihren Einzug in die Runde der Großmächte werden soll[13]. Und nicht zu überhören ist nun eben auch der Widerspruch, der sich innerhalb bestimmter Kreise des deutschen Kapitals gegen Europa regt und etwa

---

12 Das Streben der BRD nach Atomwaffen darf jedoch keineswegs unterschätzt werden, auch wenn es sich gegenwärtig nur indirekt – aus den Reaktionen Frankreichs und Großbritanniens – erschließen lässt. Offensichtlich ist es aber bereits sehr massiv. Denn um dem Argument zuvorzukommen, gegen die Gefahr vagabundierenden Plutoniums könne sich die BRD nur durch eine eigene Atomrüstung schützen, haben Frankreich und Großbritannien eine Einbindung in das A-Waffensystem ihrer Armeen im Rahmen der WEU und des französisch-deutschen Eurocorps initiiert. So sieht der Vertrag über das Eurocorps vor, dass der gemeinsamen Truppe A-Waffen „beigestellt" werden können – ungeachtet der Frage, wer diese zu diesem Zeitpunkt befehligt. Vor dem Hintergrund dieser Entwicklung kann nicht ausgeschlossen werden, dass die BRD ein großes Interesse an der medienwirksamen Aufbereitung des jüngsten Plutoniumschmuggels (so es dabei nicht gar um Inszenierungen ging) hatte, der durchaus dazu angetan war, die Bevölkerung auf „notwendige Gegenmaßnahmen" einzustimmen – zumal im nächsten Jahr die Verhandlungen über den Nichtweiterverbreitungsvertrag beginnen und die BRD von niemandem mehr gezwungen werden kann, ihren Vertragsmitgliedschaft fortzusetzen.
13 Militärisch findet das u.a. auch seinen Ausdruck in der Forcierung des Baus eines *europäischen* Kampfflugzeugs, das als „Eurofighter 2000" die Planungen für den „Jäger 90" überholt hat und der „Europäischen Union" geradezu demonstrativ den Charakter einer europäischen Militärmacht geben soll.

mit bayrischer Boden- und Mittelständigkeit den Gedanken verbindet, dass es Deutschland vielleicht doch auch ohne Europa schaffen könnte – und wenn überhaupt, dann höchstens mit einem erstklassigen „Kerneuropa". Selbst die Verfasser der sogenannten „Friedensdenkschrift" der EKD haben sich offensichtlich hinreichend veranlasst gesehen, vor einer solchen Variante der Großmachtergreifung warnen zu sollen und unter Hinweis auf die „wichtigsten Lehren der deutschen Geschichte" eingeschärft, dass Alleingänge vermieden werden müssen[14].

Die Vereinigten Staaten von Europa werden den Weltfrieden nicht sicherer machen. Der ist zwar ohnehin gefährdeter als je zuvor, wenn man nur an die atomaren Arsenale der liquidierten Sowjetunion denkt, von denen heute niemand weiß, wer sie morgen befehligen wird – was im Grundsatz übrigens für alle Atomwaffen gilt. Doch mit der zunehmenden Konturierung der Triade USA-Japan-Europa wird sich jene Auseinandersetzung zuspitzen, die auf eine – notfalls auch militärisch herbeigeführte – Entscheidung der Frage drängt, wer in dieser Welt die „Hegemonialordnung" diktiert. Denn wir dürften nicht mehr von „Imperialismus" reden, wenn wir davon ausgehen könnten, dass die Option der Weltherrschaft, um die es ja bereits im Ersten und erst recht im Zweiten Weltkrieg ging, nicht zu seinem Wesen gehören würde. Es deutet jedenfalls nicht das geringste darauf hin, dass hier ein wesentlicher Paradigmenwechsel eingetreten und der Kapitalismus im Grunde gar friedensfähig geworden wäre. Die „grundlegenden Muster der früheren Eroberungszüge bestehen bis zum heutigen Tag fort", so Noam Chomsky in seinem 1993 im Lüneburger zu Klampen-Verlag erschienenen Buche: „Wirtschaft und Gewalt"[15]. Und man wird über diese Feststellung sogar noch hinausgehen müssen, denn die Doktrin der „Neuen Weltordnung" schreibt nicht nur alte Weltmachtpolitik fort. Das erste Mal in der Geschichte des Imperialismus wird in ihr die Kriegsdrohung gegenüber Staaten, die sich nicht system- und also weltmarktkompatibel verhalten, zum öffentlich-kapitalrechtlichen Prinzip erhoben.

Das ist das Ende des Völkerrechts, ein Rückfall ins Frühmittelalter, der uns erst noch belehren wird, dass mit dem Ende des sogenannten Kalten Krieges eigentlich die Zeit eines „kalten Friedens" abgelaufen ist, dem gerade kein

---

14 A.a.O., S. 30.
15 N. Chomsky, *Wirtschaft und Gewalt. Vom Kolonialismus zur Neuen Weltordnung*, Lüneburg 1993, S. 62.

ewiger Weltfrieden folgen wird. Das Ende des Ost-West-Konflikts – oder genauer gesagt: der West-Ost-Konfrontation – ist zum Anfang einer hemmungslosen Offensive gegen den Süden geworden und zum Beginn eines neuen innerimperialistischen Konkurrenzkampfes.

Als Friedensbewegung stehen wir diesen Entwicklungen gegenwärtig relativ machtlos gegenüber, und dafür gibt es vielfältige Gründe. Ich will vier wenigstens erwähnen.

Erstens sind wir mit einem internationalen und höchst interdependenten Prozess konfrontiert, der die Wirkung selbst der spektakulärsten Aktionen paralysiert, solange sie den nationalen oder eben gar nur einen lokalen Rahmen nicht überschreiten. Das unterscheidet die heutige Situation erheblich von der der ersten Hälfte der 80er Jahre, in der gerade auch der lokal organisierte Protest zur effektivsten Form des Widerstandes werden konnte, weil mit ihm eben auch die Gefahr lokalisierbar wurde. Ein Ort wie Mutlangen ist denn ja auch nachgerade zu einem Synonym geworden – für Raketenstationierung und für Friedensbewegung.

Zweitens: In einer Gesellschaft, in der die soziale Desolation noch schneller fortschreitet als die Durchsetzung der sie bedingenden und mit dem Knüppelwort von der „Standortsicherung" verklärten Großmachtpolitik, ist es nicht zu erwarten, dass die Friedensfrage eine der sozialen Frage auch nur annähernd vergleichbare Resonanz findet. Ganz im Gegenteil. Je bedrohter die ökonomische Existenz, desto größer die wahnwitzige Bereitschaft, dem Militärischen produktive Aspekte abzugewinnen. Selbst in Ostberlin, wo die PDS mit 34,7% bei der Erststimme zur stärksten Partei wurde, ist von Friedensengagement nicht sehr viel zu spüren. Und das ist nicht nur dem Faktum geschuldet, dass es in der DDR keine Friedensbewegung in dem bundesrepublikanischen Sinne des Wortes gab, sondern – neben relativ vereinzelten Gruppierungen, zu denen auch die CFK gehörte – eben einen Friedensrat auf der einen und eine sich als „unabhängige Friedensbewegung" firmierende Opposition auf der anderen Seite. Letztere gehört übrigens in der Gestalt ihres prominentesten Vertreters, des Erfurter Probstes Heino Falke, zu den Autoren der EKD-Kriegsdenkschrift. Sie hat den sogenannten konziliaren Prozess, etwa in der Person des Herrn Eppelmann, dorthin zurückgeführt, wo er – jedenfalls in seiner oppositionsspezifischen Instrumentalisierung – hergekommen war, nämlich aus den strategischen Stuben der CDU/CSU und angeschlossener Verbände.

Drittens: Das Bewusstsein, zu einer „Herrenrasse" zu gehören, war noch längst nicht ausgestorben, als in der Bundesrepublik bereits die ökonomische und politische Umerziehung zu einem „Erste-Welt-Klasse-Bewußtsein" begann, gegen das inzwischen – ich unterstelle einmal – auch seine selbstbewusstesten Kritiker nicht mehr völlig immun sind. Eine ideale Rahmenbedingung für die Akzeptanz des schlichten Arguments, dass angesichts der „neuen Unübersichtlichkeit" halt irgendjemand in der Welt für Ruhe und Ordnung zu sorgen habe. Und warum sollen das ausgerechnet oder gar ausschließlich die Amerikaner sein. Die letzte reichsdeutsche Kriegsmission liegt so weit zurück, dass man bei „Friedensmissionen" nicht mehr zurückhaltend zu sein braucht. „Friedensmission" klingt in deutschen Ohren zwar ungewohnt, aber an den „Kolonialwarenladen" musste man sich früher ja auch erst gewöhnen. Und überhaupt: „die belastete Vergangenheit rechtfertigt […] keine grundsätzliche Sonderrolle Deutschlands". Letzteres war noch einmal Originalton EKD-Denkschrift[16], in der nun aber gerade keine Kritik an der Deutschen Sonderrolle bei der diplomatischen Anerkennung des reichsdeutschen Verbündeten Kroatien geübt wird, die in hohem Maße zur Eskalation der jugoslawischen Diadochenkämpfe beigetragen hat und das Bild vom pyromanen Feuerwehrmann im Rahmen der „Neuen Weltordnung" zeigt.

Viertens: Die Arbeit der Friedensbewegung kann nicht abhängig gemacht werden von gesellschaftlichen und politischen Konditionen. Je friedensgefährdender sich diese entwickeln, desto größer die Verantwortung der Friedensbewegung. Und je kleiner deren Zahl an Aktivisten, um so größer die Verantwortung der Einzelnen in ihr. Doch das Engagement der Friedensbewegung stößt gegenwärtig nicht nur extern auf lähmendes Desinteresse, auf Häme auch und auf feindselige Ignoranz. Auch intern hat sich Lähmung breitgemacht, denn allerorts stoßen wir auf Diskussionen, in denen die „Krise der Friedensbewegung" zum beherrschenden Thema geworden ist. Extern jedenfalls müssen wir uns einiges bieten lassen mit dem Tonfall des Hämischen, der schon immer zu wissen vorgab, dass die Friedensbewegung eine höchst suspekte Angelegenheit sei, wenigstens aber doch gewesen sei – damals, als man noch Sowjetunion sagen musste und von „Fernsteuerung" reden konnte. Nachdem sich das nun alles erledigt habe bzw. erledigt

16 A.a.O., S. 31.

werden konnte, sei es doch nur logisch, wenn nun auch die „sogenannte" Friedensbewegung in eben jenen Abgrund falle, in dem sich das rote Moskau längst beisetzen ließ.

Streichen wir Schadenfreude und Unterstellung einmal weg, dann bleibt hier zweifellos ein Zusammenhang benannt, der sich gar nicht leugnen lässt und auch gar nicht abgeleugnet werden sollte. Denn unbestreitbar ist natürlich der Kontext, in dem sich die Friedensbewegung zu Beginn der 80er Jahre neu formierte und zu einem politischen Faktor entwickelte. Und zu diesem Kontext gehörte eben nicht nur das NATO-Langzeitprogramm mit dem sogenannten „Doppelbeschluss". Dazu gehörte auch die Existenz eines sozialistischen Lagers, das trotz SS-20 nicht in jener Perspektive gesehen wurde, die Pershing und Cruise Missiles gerechtfertigt hätten. Auch noch im Nachhinein ein bemerkenswerter Vorgang. Und der Hass der herrschenden Politik auf das Veto der Friedensbewegung richtete sich denn ja auch gar nicht in erster Linie gegen irgendein allgemeines Friedensengagement, sondern gegen die mit ihm direkt oder auch nur indirekt vollzogene Anerkennung sozialistischer Friedensbereitschaft. Gerade diese aber durfte um keinen Preis konzediert werden, wollte die NATO nicht ihre Standardlegitimierung verlieren. Über Jahre hatte die „Gefahr aus dem Osten" als psycho-ideologische Begründung des sogenannten Wettrüstens funktioniert. Jetzt auf einmal wurde sie nicht nur zunehmend außer Kraft gesetzt. Sie begann sich sogar in ihr Gegenteil zu verkehren: Nicht aus dem Osten, aus dem Westen drohte die Gefahr. Nicht gegen Moskau, gegen Washington musste demonstriert werden, denn dort sprach man vom „Enthauptungsschlag" und von dem „Schlachtfeld Europa", während man in Moskau einen Friedenskongress nach dem anderen organisierte – ganz sicher mit Vorsatz, aber eben nicht als reine Propaganda.

Es macht schon Sinn, von der „Krise der Friedensbewegung" zu reden, denn mit der Liquidierung der sozialistischen Staatsverfassungen ist nicht nur ein Bezugsrahmen verloren gegangen, die Weltfriedensfrage insgesamt ist seitdem wieder einer allgemeinen Krise ausgesetzt. Gerade aber auch der Bezugsrahmen von gestern macht heute vielen zu schaffen. Unter dem Druck der postumen Dämonisierung der sozialistischen Länder wächst der Leidensdruck, mit ihnen einst in einem Atemzug genannt worden zu sein oder gar auch einmal in Ostberlin vorgesprochen zu haben. Und so überbieten sich Dementis und Revokationen im verordneten Erklärungsnotstand, und bisweilen werden aus Helden sogar Schurken.

Dennoch sollten wir nicht von einer „Krise der Friedensbewegung" sprechen, denn der für heute angesetzte Begriff der Krise setzt voraus, dass sich
die Friedensbewegung gestern nicht in einer solchen befunden hätte. Das anzunehmen aber dürfte ein Irrtum sein. Ganz gewiss, wir haben schon bessere
Zeiten erlebt. Und wer einst an den großen Demonstrationen auf dem Hamburger Kirchentag oder in Bonn teilnahm, dürfte heute sehr bescheiden geworden sein. Doch eine Friedensbewegung steckt eigentlich immer in der Krise, solange es ihr nicht gelingt, Aufrüstung und Krieg wirklich zu verhindern.
Weil Friedensbewegung kein Selbstzweck ist, definiert sich die ihr eignende
Krise nicht an der Zahl ihrer Mitglieder, an Organisation und Mobilisation,
sondern tatsächlich am Erfolg – wiewohl es nicht der Erfolg ist, der unserer
Arbeit Sinn und Verstand verleiht. Erfolg aber ist selbst dem flächendecken-
den Engagement gegen die Raketenstationierung versagt geblieben. Wir sollten uns also durch das Wort von der Krise nicht noch zusätzlich irritieren
und paralysieren lassen, sondern einfach danach fragen, was wir unter den
heutigen Bedingungen leisten müssen und leisten können – selbst in der uns
zugedachten Nebenrolle der „ewig Gestrigen".

Vielleicht ist diese Rolle auch gar nicht so übel. „Ewig Gestrige" haben
immerhin ein funktionierendes Erinnerungsvermögen, das in der Bundesrepublik lediglich gefragt ist, wenn es um ostelbische Immobilien und Län-
dereien geht. Als die DDR von der BRD okkupiert und nicht nur de facto
zum Protektorat erklärt wurde, wollte sich jedenfalls in der bundesdeutschen
Politik und Wirtschaft niemand mehr an die in der KSZE-Schlussakte unter-
zeichnete Anerkennung der europäischen Grenzen erinnern. „Von deutschem
Boden darf nie wieder Krieg ausgehen." Aber alles spricht dafür, dass diese
Erklärung von gestern schon heute ebenso in Vergessenheit geraten ist wie
die einst von Adenauer aber auch noch von Brand gegebene Zusicherung
eines Friedensvertrages mit der Sowjetunion. Und hätte nicht der Historiker
Klaus Ehrler unermüdlich an diesen Wortbruch erinnert, wäre er selbst im
kollektiven Bewusstsein der Friedensbewegung untergegangen. Auch wenn
die Friedensbewegung gegenwärtig nur die Erinnerung an die Vertrags- und
Wortbrüche bundesdeutscher Politik wachhalten könnte, würde sie einen gewichtigen Friedensdienst in einem Lande leisten, in dem selbst der 8. Mai
1945 vergessen werden darf, wenn Deutschland der Welt den Sieg erklärt.

Dieter Kraft

Kirche im Kapitalismus

Alternative Ringvorlesung auf Einladung Berliner Studenten,
Humboldt-Universität, 11. Januar 1994, in: Weißenseer Blätter 1/1994,
S. 30–41

Das Thema meiner Vorlesung ist wenigstens doppeldeutig. Es soll sogar provokant klingen – wie ich kürzlich belehrt worden bin. Für letzteres lässt sich
Verständnis aufbringen, wenn man sich auf die dicken Abrechnungsbücher
einlässt, die nun in wissenschaftlicher Regelmäßigkeit erscheinen und mit
mäßiger Wissenschaftlichkeit den Leichnam der einst so genannten „Kirche
im Sozialismus" sezieren. Und wer die in Schwarz-Weiß vor schwarz-rot-gol-
denem Hintergrund diktierten Werke etwa eines Gerhard Besier gelesen hat,
der weiß sehr wohl, wie schrecklich allein schon eine rhetorische Parallelisie-
rung wirken muss. „Kirche im Sozialismus" ist schließlich weithin zu einem
Unwort geworden, das sich fast nur noch als „Abweg" übersetzen lässt. Ein
kirchengeschichtlicher Irrläufer, dessen Mitläufer im günstigsten Falle noch
das Recht haben, sich als Opfer einer beispiellosen Verführung vorführen zu
lassen – bei totalem Gunstentzug jedoch nichts weiter sind als eben Täter.

Wer von „Kirche im Kapitalismus" spricht, der provoziere mit Vorsatz,
zudem gleich zweifach. Zum einen versuche er zu suggerieren, dass es zwischen der Kirche im Kapitalismus und der Kirche im Sozialismus irgendwelche Analogien geben würde. Zum anderen beschädige er das Ansehen der
„sozialen Marktwirtschaft" und des „demokratischen Rechtsstaates", wenn
er – offenkundig unbelehrbar – das garstige Wort Kapitalismus ins Spiel bringe. Die Kirchen in der BRD verstünden sich nicht als Kirchen im Kapitalismus, sondern als Kirche in einer freiheitlich-demokratischen Grundordnung.
Und das sei eben etwas ganz anderes.

Ich stimme dieser Kritik teilweise sogar zu, denn auch ich bin der Überzeugung, dass die Kirche im Sozialismus in der Tat etwas ganz anderes gewesen ist als jene Kirche, die als Kirche in der FdGO[1] eben doch nichts anderes ist als Kirche im Kapitalismus. Dafür waren die Unterschiede viel zu
gravierend – vor allem in der entscheidenden Frage der partizipatorischen
Anerkennung des jeweiligen gesellschaftlichen Systems. Während sich die
evangelischen Kirchen in der BRD mit nur wenigen Einschränkungen als Kirchen für den Kapitalismus verstanden haben und auch weiterhin verstehen,
hat es in der DDR nie eine kirchenoffizielle Formulierung gegeben, die auch
nur in der Tendenz das Selbstverständnis einer „Kirche für den Sozialismus"
zum Ausdruck gebracht hätte.

Selbst in der offiziellen Formel von der „Kirche im Sozialismus" steckte
stets ein so hohes Maß an Distanz und Abstinenz, dass von einer Proexistenz
zu keinem Zeitpunkt die Rede sein konnte. Helmut Gollwitzers imperatives
Diktum „Christen müssen Sozialisten sein" wurde in West- und Ost-Berlin
gleichermaßen unter Verdikt gestellt. Und dabei dachte Gollwitzer nun wirklich nicht an eine christliche SED-Mitgliedschaft. Aber allein schon das bloße
Sozialismus-Wort hatte auch in den Kirchen der DDR nie einen guten Klang –
völlig unabhängig von der realpolitischen Sozialismus-Praxis.

Der spezifisch kirchliche Antikommunismus wurde nicht erst 1945 oder
1949 geboren, auch nicht 1917. Er gehörte auch in den DDR-Kirchen zu jenem überkommenen und stets latent gebliebenen Erbe, das sich bereits im 19.
Jahrhundert zu einer geradezu dogmatischen Kirchendoktrin ausgewachsen
hatte – vergleichbar dem kategorischen Veto gegen die 48er oder gegen die
Französische Revolution. Man könnte auch weiter zurückgehen und verallge-
meinernd sagen: gegenüber jeder geschichtlichen Entwicklung, die die gesellschaftlichen und politischen Konventionen durchbrach. Historisch geurteilt
gehört es geradezu zum Wesen der konstantinischen Kirche, konservativ sein
zu müssen. Und ich werde an anderer Stelle auf diesen Konservatismus noch
näher eingehen. Jetzt will ich eigentlich nur sagen: Es ist einfach ungerecht,
der evangelischen Kirche in der DDR postum nachzusagen, es hätte in ihr
keinen Antikommunismus gegeben. Und gemessen an der staatskirchlichen

---

1   FdGO = Freiheitlich demokratische Grundordnung, ein Begriff des Grundgesetzes der
     BRD.

Einbindung der evangelischen Kirchen in das politische und ökonomische System der BRD, ist der Vorwurf an die nunmehr ostdeutschen Kirchen, sich zu staatsnah bewegt zu haben, nachgerade lächerlich. Er bedarf nicht einmal der Widerlegung, auch wenn sich heutzutage nicht wenige Konsistoriale in dieser Frage gern und gegebenenfalls sogar feierlich exponieren. Ihre stereotype Beteuerung, schließlich nur mit dem Teufel paktiert zu haben, um einige Seelen zu retten, ist aber aufs Ganze gesehen überflüssig, zumal sich dahinter doch allein jenes schlechte Gewissen verschanzt, das die Lüge nur noch mit der Unwahrheit zu widerlegen vermag. Zudem ist es nutzlos, denn selbst die engagiertesten Staatsgegner von gestern werden heute höchstens als „zweite Sieger der Geschichte" anerkannt – eine Terminologie, die ich nicht in bösartiger Verkrampfung erfunden, sondern dem inoffiziellen Sprachgebrauch offizieller Kirchenleitungsvertreter entnommen habe.

Aber all dessen ungeachtet – wahr bleibt, dass die Kirche im Sozialismus eine andere Kirche gewesen ist als die Kirche im Kapitalismus. Eine Kirche nämlich, die nach gut eineinhalb Jahrtausenden konstantinischer Gefangenschaft in die großartige Situation versetzt worden war, nicht mehr als staatspolitische Kultinstitution gebraucht und also missbraucht zu werden. Die Kirchen in der DDR hatten tatsächlich die kirchengeschichtlich einzigartige Chance, ein genuin biblisches Kirchenverständnis wiedergewinnen zu können. Ob und inwieweit diese Chance angenommen wurde, ist eine andere Frage, denn was objektiv als Befreiung hätte wirksam werden können, das ist nicht selten als Unterdrückung verstanden worden – wie etwa, im Grundsätzlichen, der prinzipielle Ausschluss von der politischen Macht. Eine Kirche, die über eineinhalb Jahrtausende die Funktion hatte, politische Macht nicht nur zu sanktionieren, sondern auch zu repräsentieren und, wenn nötig, auch repressiv zu akkumulieren, so sie nicht gerade selber damit befasst war, den eigenen absolutistischen Machtanspruch mit allen, auch mit allen militärischen Mitteln durchzusetzen, eine solche Kirche musste sich natürlich schwertun, den Totalverlust politischer Macht und Machteinbindung als Befreiung zu feiern. Die Klage über diesen Verlust ist in den evangelischen Kirchen der DDR denn auch nie vollkommen verstummt, auch wenn sie zeitweise spürbar leiser wurde. Die zwangsweise Machtenteignung als Strafe und Gericht anzunehmen, war aber weit verbreiteter, als sie ausdrücklich als ekklesiologischen Gewinn zu betrachten. Das bestätigte zu schlechterletzt auch der Jubel der ostdeutschen Kirchenleitungen über den Untergang der DDR und ihre Vereinnahmung durch die BRD. Ein Jubel, der in Dankgottesdienste ausartete, die auch von der aufrichtigen Freude darüber getragen waren, dass des Gerichts und der Strafe endlich ein Ende sein sollte.

Wahr aber bleibt, dass sich in den evangelischen Kirchen der DDR – trotz und neben allem lauten und leisen Einspruch wider die unfreiwillige Machtlosigkeit – gerade in Voraussetzung eben dieser Machtlosigkeit ein theologisches und kirchliches Denken zu entwickeln begonnen hat, das den Charakter einer „zweiten Reformation" hätte annehmen können. Auch in dieser Hinsicht ist der 3. Oktober 1990 ein konterreformatorisches Datum.

„Kirche im Sozialismus" ist heute aber nicht mein Thema, obschon ich davon überzeugt bin, dass es Tragweiten hat, die auch für die Zukunft der Kirche von wachsender Bedeutung sein werden. Ich möchte die Aufmerksamkeit auf die Kirche im Kapitalismus lenken, und damit komme ich zunächst zu der eingangs erwähnten Doppeldeutigkeit dieser offenbar anstößigen Formel. Sie ist deshalb doppeldeutig, weil sie hinlänglich Bekanntes und weithin Unbekanntes zugleich enthält. Unbekannt ist natürlich nicht der Kapitalismus. Den haben wir in den zurückliegenden drei Jahren bestens kennengelernt. Und er ist tatsächlich so, wie man es in den verstaubenden oder gar auf Müllkippen verscharrten ML-Büchern lesen konnte und immer nicht so recht glauben wollte – wenn man nicht wollte oder nicht konnte, weil da die scheinbar falschen Leute das nunmehr offenkundig Richtige geschrieben hatten. Vorausgesetzt, sie hatten Richtiges geschrieben und waren nicht der Illusion aufgesessen, der Kapitalismus sei eine friedensfähige und reformfreudige Ordnung, die durchaus in der Lage wäre, die systemeigene Unordnung nicht nur systematisch zu steuern, sondern im strategischen Interesse eines internationalisierten Produktionstyps sogar aufzuheben.

Wirklich kennengelernt hat man den Kapitalismus allerdings erst dann, wenn man zu erkennen gelernt hat, dass es zu den regulären Bedingungen seiner Existenz gehört, möglichst unerkannt zu bleiben. Nicht in dem Sinne, dass er als undurchschaubar gelten möchte. Gerade das möchte er nicht. Weil er nicht durchschaut werden möchte, gibt er sich höchst öffentlich und firmiert unter dem alles verdeckenden Begriff der Demokratie. Sein Versteck ist nicht das demonstrative Geheimnis, sondern die Demonstration seines eigentlichen Gegenteils. Hier beginnt oder endet der Beruf des Politikers. Und auch der Journalist hat kaum eine andere Wahl. Politiker lügen nicht aus Leidenschaft, sondern aus hinreichendem Grunde. Und in einer Gesellschaft, in der alles auf die Interessen des Kapitals abgestimmt werden muss, gibt es unendlich viele hinreichende Gründe. Denn der tagtäglich von neuem erzeugte Widerspruch zwischen Wesen und veröffentlichter Erscheinung gehört zu den Reproduktionsbedingungen einer entwickelten kapitalisierten Gesellschaft, die nicht als Diktatur in Erscheinung treten kann oder muss. Dabei werden wir nachdrücklich und durchaus nicht nur durch das öffentliche Diktat der sogenannten „Treuhand" belehrt, dass sich die gerade noch ortbare Grenzziehung gegenwärtig aufzulösen beginnt. Die gesamte Diskussion über den sogenannten „Standort Deutschland" ist in ihrer Substanz identisch mit der bei weitem nicht mehr spekulativen Frage nach der politischen Möglichkeit und Notwendigkeit einer offenen Totalisierung deutscher Kapitalinteressen.

Aber selbst dieser Kapitalismus wäre uns nicht unbekannt – ebensowenig wie jene Kirche, die sich mit ihm schon einmal, 1933, verbündet hatte. Weithin unbekannt aber dürfte jener Inbegriff von Kirche sein, dessen authentische Definition nicht der geschichtlich etablierten Institution „Kirche" zu entnehmen ist, sondern ausschließlich an dem biblischen Verständnis von Kirche gewonnen werden kann. Und die Doppeldeutigkeit des Themas „Kirche im Kapitalismus" liegt dort, wo die Voraussetzung für eine Identifizierung der real existierenden Kirche mit dem biblischen Kirchenverständnis verlorengegangen ist. Die real existierende Kirche ist nicht identisch mit der urchristlichen Bewegung. Und nicht nur ein Dostojewski hat die ungeheuerliche Befürchtung ausgesprochen, dass die sich in der Geschichte durchsetzende Kirche geradezu das Gegenteil der biblischen Gemeinde sein könnte. Selbst wer wider den historischen Augenschein daran festzuhalten versucht, dass sich sogar in dieser Kirchengeschichte biblische Gemeinschaft ereignet, wird nicht ohne weiteres davon ausgehen können, dass die real existierende Kirche lediglich ein verzerrtes Abbild des biblischen Urbildes ist. Denn aufs Ganze gesehen bietet die Kirchengeschichte spätestens seit dem 4. Jahrhundert ein völlig anderes Bild, als es der urchristlichen Überlieferung zu entnehmen ist.

Von „Kirche im Kapitalismus" zu sprechen ist also insofern höchst zweideutig, als der Begriff Kirche als solcher noch nicht besagt, von welcher Kirche hier nun eigentlich die Rede ist. Von der weithin unbekannten Kirche biblischer Provenienz – oder von jener hinlänglich bekannten Kirche, die unter Konstantin dem Großen offiziell die Seiten wechselte und als blutig verfolgte Opposition das Angebot zur „großen Regierungskoalition" annahm, um

dann ihrerseits zu einer blutig verfolgenden Kirche zu werden. Kirche ist
nicht gleich Kirche. Und mir ist die Unterscheidung deshalb so wichtig, weil
der biblische Kirchenbegriff, der aus der Geschichte der konstantinischen
Kirche mehr und mehr herausgedrängt wurde, nicht fälschlicherweise verwechselt und mitsamt jener Kirche verachtet werden darf, die bereits für den
deutschen Pietismus Inbegriff einer Anti-Kirche gewesen ist.

Ich will einiges sagen zu dieser biblischen Kirche und wiederhole dabei
Sequenzen aus einer Vorlesung, die ich noch vor meiner sogenannten „Abwicklung" gehalten habe: Die biblische Kirche wäre als „Kirche im Kapitalismus" eine für den Kapitalismus höchst unbequeme, ja geradezu gefährliche
Kirche, die eigentlich auch mit einer „Abwicklung" zu rechnen hätte. Wie ja
die Bibel auch ein durchweg unbequemes und für den „alten Adam" ein sogar lebensgefährliches Buch ist und gerade keine besinnliche und erbauliche
Lektüre. Dafür ist der die Bibel bestimmende Realismus viel zu tiefgreifend.
Selbst dort, wo man formgeschichtlich von Mythen, Sagen und Legenden
sprechen kann, geht es um sehr reale Fragen, die nicht nur Lebensfragen
schlechthin berühren, sondern sich nachgerade zu Überlebensfragen verdichten. Gemessen an dem populären Religionsbegriff oder an der idealistischen
Religionsphilosophie ist die Bibel kein religiöses Buch. Sie ist eher religions-
kritisch – nämlich im Blick auf die real existierende Religiosität Israels und
der Gojim, der sogenannten Heidenvölker.

Für den alttestamentlichen Propheten Jeremia sind die Götter der Heiden
nur „Vogelscheuchen im Gurkenfeld" (Jer. 10,5), und ein Jesaja nennt Israels
Tempelkult einen „Greuel" für Jahwe (Jes. 1,10ff.). Der Propheten Anklage ist
unglaublich scharf: Von den beamteten Gottesmännern zu Jerusalem „geht die
Gottlosigkeit aus in das ganze Land" (Jes. 23,15). Die Kritik am herrschenden
Kult und seinen Dienern ist radikal und scheinbar schonungslos. Selbst ein
Abraham entgeht ihr nicht, über den die Genesis, das erste Buch Mose, die
kompromittierendsten Geschichten zu erzählen weiß. Der status quo der Geschichte Israels und der Völkerwelt wird im Alten wie im Neuen Testament in
einer außergewöhnlichen Klarheit diagnostiziert. Und am Ende fällt die Diagnose verheerend aus. Schon die Jesaja-Apokalypse spricht aus, was der spät-
jüdischen und frühchristlichen Apokalyptik zur Gewissheit wird: „Die Erde
welkt [...], die Welt zerfällt, sie verwelkt, Himmel und Erde zerfallen. Die Erde
ist entweiht durch ihre Bewohner [...]." (Jes. 24,4f.) Und das klingt nicht etwa
larmoyant und depressiv, sondern eher aggressiv, denn die Apokalyptik bäumt

sich auf gegen dieses Todesurteil und sehnt sich nach einem „neuen Äon", der erst später, unter dem Einfluss der Gnosis und in der konstantinischen Staatskirchendogmatik, zu einer rein jenseitigen Welt verblasst, um dann, viel später, als Vertröstungsreligion verständlicherweise auch bekämpft zu werden.

Doch vertrösten will das Wort von „dem neuen Himmel und der neuen Erde" aus Jes. 65,17 gerade nicht. Die eschatologische, die endzeitliche Perspektive einer geheilten Welt „am Ende der Tage" zielt nicht auf eine Entweltlichung der Geschichte, sondern auf Zukunftsfähigkeit. Zukunft hat die Geschichte nur, wenn sie einem radikalen Umbruch unterworfen wird, der den „alten Äon" überwindet und die Welt eine neue Gestalt annehmen lässt. Die alttestamentlichen Propheten sind keine Moralisten. Israel soll sich nicht bessern und etwas weniger verwerflich leben. Es soll sich völlig abkehren von den nichtsnutzigen Göttern und umkehren auf den Wegen des Verderbens. Die Alternativen sind Tod oder Leben, Zukunft oder Untergang. Die alttestamentlichen Propheten reden geradezu pragmatisch von der Umkehr als der conditio sine qua non für Israels Weiterexistenz. Und sie reden dabei nicht nur partiellen Reformen das Wort, sondern zielen auf das Ganze, auf die Erneuerung des ganzen Menschen und ganz Israels. Und ihre Rede geht über Israel hinaus, denn die Zukunftsfähigkeit Israels hängt nicht nur von seiner inneren Verfasstheit ab, sondern von der Verfassung der Welt insgesamt.

Die alttestamentliche Rede von der Erneuerung der Welt als Voraussetzung von Zukunftsfähigkeit ist verbunden mit der spektakulären Einsicht, dass es ohne Umkehr im Grundsätzlichen keine Zukunft geben wird. Ohne Umkehr und Abkehr wird das Ende zum Strafgericht.

Der alttestamentliche Ruf zur Umkehr findet seine neutestamentliche Entsprechung in der Metanoia. Für die apokalyptisch, also vom Endzeitgedanken geprägte urchristliche Gemeinde ist Metanoia beides: die Umkehr des „inneren" Menschen und die Umwandlung der „äußeren" Verhältnisse. Und beides steht im Zeichen jener Radikalität, die durch die Erwartung des apokalyptischen Dramas provoziert wird. Der erwartete Untergang dieser Welt ist für das Neue Testament aber kein fatalistisches Geschick, kein schicksalsmächtiges Ereignis, das so oder so eintreten würde. Der Tod ist vielmehr der Sünde Sold, wie Paulus Röm. 6,23 schreibt. Das Gericht erfolgt nach den Werken, wie es Matth. 16,27 heißt. Diese Welt ist zum Sterben verurteilt, weil „alle, Juden wie Griechen, unter der Herrschaft der Sünde stehen" (Röm. 3,9). Zukunft kann diese Welt unmöglich haben, jedenfalls nicht in ihrer jetzigen

Gestalt. Das Ende „dieses Äons" wird im Neuen Testament fast noch mehr herbeigesehnt als befürchtet. Aber die Sehnsucht geht nicht in das Jenseits einer platonischen Ideenwelt. Die Offenbarung des Johannes nimmt ausdrücklich Bezug auf die alttestamentliche Prophetie, wenn nun auch sie von dem „neuen Himmel und der neuen Erde" spricht (Offb. 21,1).

Was im Neuen Testament als „Reich Gottes" beschrieben wird, trägt in seiner eschatologischen Perspektive den erneuerten Begriff von Zukunft bei sich. Das Eschaton und also die Zukunft des „alten Äon" ist nicht die temporal offene Fortsetzung der bestehenden Verhältnisse, sondern ihre qualitative Erneuerung. Zukunft ist für das Neue Testament ein inhaltlicher Begriff und nicht eine bloße Zeitkategorie. Der Gedanke an eine reine Prolongation des Bestehenden ist eher schrecklich. Die Zukunft des „alten Äon" liegt in dem „neuen Äon". Der „alte Äon" ist hoffnungslos verloren, weil er hoffnungslos verdorben ist. Ein Tal der Tränen, ein Ort der Gewalt, eine Stätte des Unrechts und der Bosheit, die zum Himmel schreien. „Mein Gott, entreiße mich der Hand des Bösen, der Faust des Ungerechten und des Tyrannen" – betet Ps. 71,44 der Geknechtete und Geplagte, der in der Johannes-Offenbarung hineingenommen wird in eben jenen „neuen Äon", von dem es Offb. 7,14ff. heißt: die aus der „großen Drangsal kommen, sie werden keinen Hunger und keinen Durst mehr leiden, weder die Sonne noch irgendwelche Glut wird sie treffen", sie werden zu den „Wassern der Lebensquellen" geführt werden, „und Gott wird jede Träne abwischen von ihren Augen".

Was im Neuen Testament Zukunft, Eschaton, heißt, bricht nicht für alle Menschen gleichermaßen an. Es gibt kein Erbrecht auf das Reich Gottes (Gal. 5,21), wiewohl es Verheißung gibt für alle, die da umkehren. Umkehr, Metanoia, aber ist der Auszug aus dem Reich des sogenannte „alten Adam" dieses vom Tode entstellten „alten Äons" in den Herrschaftsbereich des Jesus von Nazareth. Und der Exodus in der Nachfolge Jesu verkehrt die Maximen dieser Welt geradezu in ihr Gegenteil. „Die Ersten werden die Letzten sein und die Letzten die Ersten." (Matth. 19,30) „Wer unter euch der Größte sein will, der soll euer Diener sein, und wer unter euch der Erste sein will, der soll der Diener aller sein." (Mk. 10,43f.) Auch: „Wer das Leben gewinnen will, der wird es verlieren; wer es aber um meinetwillen verliert", will heißen: wer in der Nachfolge Jesu nicht nach weltlichem Gewinn, sondern nach der Gerechtigkeit des Reiches Gottes trachtet, „der wird es gewinnen" (Matth. 10,39), denn: „eher kommt ein Kamel durch ein Nadelöhr hindurch als ein Reicher in das Reich Gottes hinein" (Matth. 19,24). Ein ganz ungeheuerlicher Spruch aus der Predigt Jesu, denn wer in Israel in Reichtum lebt, gilt höchst offiziell als von Gott gesegnet. Ein ärgerlicher Tor also, wer so redet. Und der Apostel Paulus bestätigt das sogar. Jawohl, das Evangelium ist „den Juden ein Ärgernis und den Heiden eine Torheit" (1.Kor. 1,18). Der Paradigmenwechsel ist total, auch bei Paulus. 1.Kor. 1,27f.: „Was die Welt für töricht hält, hat Gott auserwählt, um die Weisen zu beschämen; was die Welt für schwach hält, hat Gott auserwählt, um das Starke zu beschämen."

Die urchristliche Gemeinde versteht sich in ihrer prinzipiellen Antithetik durchaus als eine Gegengesellschaft, als eine Gemeinschaft, die im Kampf liegt mit den Mächten dieser Welt – und von den Mächtigen dieser Welt denn auch prompt bekämpft wird. Denn der neutestamentliche Ruf zur radikalen Umkehr beansprucht nicht nur den Einzelnen, er zielt auf alle und auf alles und ist politisch in des Wortes ursprünglichster Bedeutung. Das lukanische Magnificat (Luk. 1,46ff.) lässt denn auch der „Bekehrung der Herzen" die Umwandlung der Polis korrespondieren: „Gewaltige hat er vom Thron gestürzt und Niedrige erhöht. Hungrige hat er erfüllt mit Gütern und Reiche leer davongeschickt." Die soziale Dialektik der urchristlichen Metanoia nimmt provozierende Formen an: Den einen wird gegeben, den anderen wird genommen werden, und eben so wird Gerechtigkeit zu einem Ereignis, das Zukunft hat.

Ein Wunder, dass Jesus von Nazareth nicht schon als Baby umgebracht wurde. Um seiner habhaft zu werden, ließ Herodes in Bethlehem und Umgebung alle Kinder bis zu zwei Jahren ermorden – so überliefert es der Evangelist Matthäus (Matth. 2,16ff.) Auch wenn bei diesem Bericht unschwer die nachträgliche „Gemeindebildung" zu erkennen ist, so ist er doch insofern authentisch, als er Entscheidendes von den Existenzbedingungen der urchristlichen Gemeinde widerspiegelt: Wer zu ihr gehört, der lebt gefährlich und muss damit rechnen, wie Jesus ans Kreuz zu kommen oder wie Stephanus gesteinigt zu werden. Fast drei Jahrhunderte lang sind die christlichen Gemeinden denn auch blutig verfolgt worden, denn sie galten als „reichszersetzend". Und das wollten sie auf ihre Weise ursprünglich auch sein. Das Wort vom „Salz der Erde" (Matth. 5,13) hat durchaus einen subversiven Charakter.

Konspiration ließ sich allemal ausmachen, etwa durch die nichtöffentlichen Mahlfeiern, die anfangs ganz privat gehalten wurden und Anlass gaben zu den abenteuerlichsten Gerüchten. Und provozierend mutet vor allem die radikale Verweigerung an, sich den Mächten und den Mächtigen dieser Welt zu unterwerfen. Christen verweigern den Kaiserkult, sie verweigern selbstverständlich auch den Kriegsdienst, sie verweigern sich der Vergötzung von Besitz und Eigentum, sie anerkennen nicht einmal die weltliche Gerichtsbarkeit. Ihr Reich ist nicht von dieser Welt, in der bestenfalls Auge um Auge und Zahn um Zahn vergolten wird. Sie überwinden das Böse durch das Gute, und gerade so sammeln sie „feurige Kohlen" auf das Haupt ihrer Feinde (Röm. 12,20f.). Sie durchbrechen die ehernen Traditionen und Grundsätze dieser Welt, um jener Alternative Geltung zu verschaffen, von der allein her der Welt Zukunft zukommt.

„Kirche im Kapitalismus" wäre vor dem Hintergrund dieses genuin christlichen Selbstverständnisses ein atemberaubendes Thema, für das sich wahrscheinlich auch jeder Verfassungsschutz interessieren würde. Und auch im bundesdeutschen wurden ja Dossiers über Pfarrer und Pastorinnen und kirchliche Mitarbeiter angelegt, die im vergangenen Jahr merkwürdigerweise z.t. sogar die Gelegenheit erhielten, ihre Akte einzusehen und deren Vernichtung zu beantragen. Aber im Unterschied zu Lateinamerika besteht für die Schützer des „christlichen Abendlandes" aufs Ganze gesehen kein Handlungsbedarf. Und das hat etwas zu tun mit der unglaublichen Wende, die die zunehmend verfasster organisierte Christenheit zu Beginn des 4. Jahrhunderts erlebt hat und in deren Folge sie an dessen Ende sogar offiziell verstaatlicht werden konnte.

Aber noch heute sind sich Theologen und Historiker kaum einig über das damalige Geschehen: Was alles und was hat entscheidend dazu geführt, dass die sich zu einer ökumenischen Bewegung ausbreitende Christenheit, die die Grenzen des römischen Reiches sogar überschritt, ausgerechnet in die Kollaboration mit dem römischen Kolonialimperialismus trieb? Noch in den ersten Jahren des 4. Jahrhunderts erleidet sie unter Diokletian, unter Galerius und Maximianus schrecklichste Verfolgungen – aber vielleicht auch schon nicht mehr nur aufgrund der Bergpredigt, sondern auch schon als populär gewordener Träger religiöser, mithin also politischer Macht. Und dann kommt es zu jenem Datum, das in der Kirchengeschichtsschreibung von den einen überschwänglich als Sieg der Kirche gefeiert wird und höchstens von den sogenannten Irregulären als ihre entscheidende Niederlage begriffen wurde. Am 28. Oktober 312 treten die Truppen Konstantins an der Milvischen Brücke bei Rom gegen den Usurpator Maxentius an und siegen. Konstantins Soldaten tragen auf ihren Schildern das christliche Zeichen des Kreuzes. Ein perverser Vorgang, dessen konkrete Hintergründe nur noch schwer zu erhellen sind. Aber die Legende wurde geschichtsmächtig, die Konstantin als Visionär zeigt, dem im Traum das Kreuz erscheint und der da sagen hört: „In diesem Zeichen siege!"

Fortan werden Kriege im Namen Jesu Christi geführt. Und bereits 314 beschließt die Synode zu Arles, dass christliche Soldaten von der Kommunion auszuschließen sind, wenn sie in Friedenszeiten das Heer verlassen. Die Kirche bereitet die religiöse Machtübernahme vor. Und die Religion hat Macht im römischen Reich. Die heidnische Tempelpriesterschaft hat eine Aufgabe von staatspolitisch allererster Bedeutung, nämlich die Verantwortung für den „cultus publicus". In einer von diversen Göttern beherrschten Welt ist die Religion keine Privatsache. Sie ist Staatsangelegenheit, denn die Götter müssen motiviert werden, innen- und außenpolitisch auf die je gewünschte Weise einzugreifen. In den Kriegszügen sollen sie die Götter der Feinde besiegen, und im eigenen Lande wird ihre Macht zur Garantie für jenen Herrschaftsanspruch, der sich noch im 19. Jahrhundert von „Gottes Gnaden" versteht.

Der Altar des Tempelpriesters steht in seiner staatspolitischen Bedeutsamkeit dem Thron des göttergleichen Herrschers kaum nach, denn von der Gunst der Götter hängt das Wohl und Wehe des Landes ab. Und so muss man sie im öffentlichen Interesse pflegen und verehren. Man muss ihnen opfern und mit der Schärfe des Schwertes dafür sorgen, dass sich niemand ihrer Verehrung widersetzt. Die Kaiser kommen und gehen, die Götter aber bleiben bestehen. Und so ist denn die Religion das eigentliche Band, das die Gesellschaft und den Staat zusammenhält. Der römische Tempelpriester und die Tempelpriesterin sind politische Gestalten, gewissermaßen Gestalten des „öffentlichen Dienstes", wie natürlich auch ihre religionsgeschichtlichen Kolleginnen und Kollegen griechischer oder ägyptischer, aber auch israelitischer Provenienz. Und der islamische Mullah ist noch heute eine politische Institution. Wer im Imperium Romanum einem anerkannten Staatsgott dienen durfte, der hatte einen überaus gewichtigen Posten.

Die römische Tempelpriesterschaft aber sollte im Verlauf des 4. Jahrhunderts fast alle Posten verlieren. Auch sie wurde „abgewickelt" und an den sozialen und gesellschaftlichen Rand gedrängt, sofern sie überhaupt überlebte. Ihr Amt übernahm der Klerus der christlichen Kirche, deren universaler Monotheismus den adäquaten Überbau für den Bau eines monolithischen Universalreiches bot. Und nachdem das Christentum 380 auch offiziell zur Staatsreligion erklärt worden war, wurden auf den Grundmauern gestürmter

Tempel christliche Kirchen erbaut, sinnfälligerweise zumeist auch mit demselben Gestein.

1980 jährte sich das abendländische Staatskirchentum zum 1600. Male. Es hat Variationen durchlebt, bis dahin, dass in der Weltherrschaft des Papsttums Thron und Altar koinzidierten, dass Bischöfe als Landesherren residierten und Fürsten und Könige als Oberpriester fungierten. Für den Feudalismus ist die römische Kirche die umfassendste totalitäre Integrationskraft. Und auch die Reformation hat das Staatskirchentum nicht etwa aufgehoben. Im Gegenteil. Sie hat eher dafür gesorgt, dass die im 10. Jahrhundert anhebende Unterordnung des Staates unter die Kirche wieder abgelöst wurde von der ursprünglichen Zuordnung der Kirche auf den Staat. Der unselige Summepiskopat, der den Landesherren auch zum Herrn seiner Landeskirche machte, ist eine Folge der Reformation. Und dieses sogenannte „landesherrliche Kirchenregiment" endete erst 1918, nachdem Wilhelm II. das Weite gesucht hatte. Selbst die Weimarer Republik, die den Untergang der kaiserlichen Staatskirche staatsrechtlich ratifiziert hatte, räumte sich in einer sogenannten „politischen Klausel" ein Vetorecht ein, das ihr gestattete, im Blick auf die Wahl von Kirchenführern, wie es hieß, „Bedenken politischer Art" geltend machen zu können. Der Reichskanzler Adolf Hitler vereinfachte dann wieder die politische Einbindung der evangelischen Kirche, indem er einen Nazipfarrer einfach per Dekret zum „Reichsbischof" ernannte und darin auch noch von evangelischen Landesbischöfen unterstützt wurde.

Die Kirche im Kapitalismus beginnt natürlich nicht erst mit der Weimarer Republik. Sie beginnt mit dem Kapitalismus, der sich in den frühbürgerlichen Revolutionen Bahn zu brechen beginnt und dabei von der Reformation begleitet wird. In der mit der frühbürgerlichen Reformation anhebenden Emanzipation von der römisch-katholischen Papst-Kirche wird aber faktisch das vorfeudalistische Verhältnis von Staat und Kirche restituiert und durch den Summepiskopat sogar überboten. An die Stelle des Kirchenstaates tritt wieder die Staatskirche. Es ist nun nach wie vor Aufgabe dieser Kirche, Staat und Gesellschaft geistlich zu begleiten, religiös zu überhöhen und ideologisch zu untersetzen. Und wohlgemerkt: Was heute von der kritischen Kirchengeschichtsschreibung *gegen* diese Staatskirche vorgebracht wird, das gehört weithin zu ihrem Selbstverständnis. Selbstverständlich zählt dazu auch die Sanktionierung des Krieges. Nicht zufällig ist das Kreuz seit Konstantin ein militärisches Zeichen geblieben, mit dem Kreuzritter ihre Gesinnung ebenso

ausweisen wie Ritterkreuz-Träger. Der 1. Weltkrieg stand noch völlig ungebrochen im Zeichen des Kreuzes, dass von den Feldgeistlichen aller Seiten in
die Schlacht geführt wurde. Eine doppelt absurde Situation, denn unter Konstantins Oberbefehl ging man immerhin noch davon aus, dass unterschiedliche
Götter miteinander kämpfen. Jetzt aber wird der e i n e Gott – gleichsam als
Massenvernichtungsmittel – gegen die Heere des Feindes eingesetzt. Ein Irrtum zu glauben, erst das Hakenkreuz sei die eigentliche Perversion des Kreuzes auf Golgatha. Wenn es nicht so arg missverständlich wäre, müsste man
sogar sagen: das Hakenkreuz ist wenigstens schon äußerlich entstellt, und
die unter ihm versammelten sogenannten „Deutschen Christen" hatten schon
vom Namen her deutlich gemacht, dass sie keine Christen, sondern eben
„Deutsche Christen" sein wollten. Und das ist das antichristliche Gegenteil.

Kirche im Kapitalismus ist kein Thema für erbauliche Stunden. Karl Barth,
der große Schweizer Theologe, eine der eindrücklichsten Gestalten der Theologie und Kirchengeschichte überhaupt, Karl Barth hatte in seinem 1. Römer-
bief-Kommentar von 1919 sogar der Frage Raum geben müssen, ob diese Kirche nicht womöglich alle Verheißung verloren habe. Und Barth redete hier
nicht als Externer, sondern als Pfarrer einer ganz traditionellen Ortsgemeinde.
Und seine Frage war deshalb so eindringlich, weil er nicht nur die Kirche,
sondern eben auch den Kapitalismus kannte, mit dem die offizielle Kirche
verbündet blieb – auch nach 1918. Selbst die in der Weimarer Verfassung fi-
xierte Trennung von Staat und Kirche bedeutete keineswegs eine Überwindung des Konstantinismus, wiewohl die evangelische Kirche gegenüber der
Weimarer Republik spürbar auf Distanz ging. Für Sozialdemokraten betete
man damals noch nicht. Dafür saß die Kaisertreue viel zu tief – und der verlorene Krieg hatte sie eher noch mehr vertieft als in Frage gestellt.

Als im Juni 1919 der Versailler Vertrag unterzeichnet wurde, forderten die
preußischen Generalsuperintendenten die Gemeinden auf, „im Einklang mit
Millionen deutscher Männer und Frauen […] den Kaiser und die Kaiserin,
nebst unseren deutschen Führern und Helden, mit dem Wall unserer Fürbitte
zu umgeben". Erst als Friedrich Ebert 1925 als Reichspräsident von einem de-
zidierten Monarchisten und kaiserlichen Feldmarschall abgelöst wurde, begann sich ein Brückenschlag von der kaiserlichen Bürgergesellschaft zur bür-
gerlich-parlamentarischen Demokratie abzuzeichnen, befördert auch durch
die Vergewisserung, dass die eigentlichen Herrschaftsverhältnisse identisch
geblieben waren und die Privilegien der als Körperschaft des öffentlichen

Rechts geltenden Kirche größtenteils gesichert blieben. Die Kirchensteuer wurde durch die Reichsverfassung garantiert, und die Staatszuschüsse wurden – entgegen dem Verfassungsauftrag – niemals eingestellt. Und auch der Religionsunterricht in der Schule konnte schließlich beibehalten werden. Verinnerlicht aber hatte diese deutsch-nationale Kirche den ihr von Hause aus völlig fremden und in jeder Beziehung suspekten Demokratismus nicht. Hitler konnte sich auf diese Kirche weitgehend ebenso verlassen wie der Kaiser, in dessen Reich jeder Pfarrer vor seinem Amtsantritt seinem Landesherrn einen Gehorsamseid leistete. Der sogenannte „Führereid" des sogenannten „Dritten Reiches" war keine traditionslose Erfindung. Und die Hitler-Kirche unterscheidet sich von der Kaiser-Kirche – aufs Ganze gesehen – vielleicht doch nur dadurch, dass es mit der „Bekennenden Kirche" zu einer hoffnungsvollen Kirchenspaltung kam, wiewohl auch die „Bekennende Kirche" insgesamt durchaus deutschnational blieb. Nur wenige beteten in ihr – wie Dietrich Bonhoeffer – für die Niederlage Hitlerdeutschlands.

Und überaus bezeichnend: der Reorganisation des deutschen Kapitalismus nach 1945 korrespondiert die Restauration innerhalb der evangelischen Kirche, in der es zu einer allmählichen Ausschaltung jener bruderschaftlichen Kräfte der „Bekennenden Kirche" kam, für die der 8. Mai auch die Chance zu einer grundsätzlichen Neuorientierung kirchlichen Selbstverständnisses bedeutete. Ich habe bewusst wenig zitiert, aber an dieser Stelle will ich einen in dieser Frage durchweg glaubwürdigen Zeugen anführen, nämlich den für seinen aufrichtigen Antikommunismus bekannt gewordenen Superintendenten und Konsistorialrat Reinhard Steinlein. In seinem 1993 im Rowohlt-Berlin-Verlag erschienenen DDR-Rückblick mit dem bezeichnenden Titel „Die gottlosen Jahre" erinnert er sich wie folgt: „Als ich 1946 aus der Kriegsgefangenschaft heimkehrte und mich bei meinem Berliner Konsistorium zurückmeldete, begrüßte mich Oberkonsistorialrat Kegel mit den Worten: ,Hier herrscht nur noch Karl Barth. Alle Andersdenkenden gelten als Ketzer. Aber das dürfen Sie wissen: Die Füße derer, die ihn hinaustragen, stehen schon vor der Tür.'"[2] Um die Restaurationspolitik in der evangelischen Kirche der nachmaligen BRD belegen zu können, muss man sich natürlich nicht erst auf Steinlein berufen. Ich führe ihn aber deshalb an, weil bei ihm zugleich jene

---

2   Reinhard Steinlein, *Die gottlosen Jahre,* Berlin 1993, S. 28.

gesamtpolitische Wende zum Tragen kommt, nach der „Restauration" heute wieder ein Begriff geworden ist, der auf der Haben-Seite der deutschen Kirchengeschichte verhandelt wird.

Dem entspricht, dass die nun auch in den ostdeutschen Landeskirchen sich durchsetzende Restauration in den dortigen Konsistorien immer seltener als ein beispielloser Rückfall verstanden, sondern zunehmend als Gewinn ausgegeben wird. Zu diesem „Gewinn" gehört neben der staatlich eingetriebenen Kirchensteuer und dem in Berlin zum Beispiel zu 90 Prozent vom Staat finanzierten Religionsunterricht in der Schule auch die staatlich finanzierte und observierte Militärseelsorge. Die bleibt allerdings selbst in Synoden noch immer umstritten. Doch umstritten waren auch Kirchensteuer und Religionsunterricht, ohne dass das ihre Einführung verhindert hätte. Ich nenne diese Trias auch deshalb, weil in historischer Perspektive an ihr deutlich wird, dass die Kirche im Kapitalismus heute in einer Tradition steht, die bis zurück ins Kaiserreich führt. Die mit der Novemberrevolution anhebende prinzipielle Infragestellung der staatlich veranlagten Kirchensteuer ist in der Weimarer Republik nicht zum Tragen gekommen. Sie knüpfte in ihrer entsprechenden Gesetzgebung an das in Preußen seit 1905 gültige Gesetz über die Ortskirchensteuer an. Auch der anfängliche Widerstand gegen den Religionsunterricht in der Schule konnte sich nicht durchsetzen. Verlustig ging die Kirche nur der sogenannten geistlichen Schulaufsicht, nicht aber ihrer prinzipiellen Präsenz. Und auch ihre militärische Integration blieb geregelt, wenn auch länderweise unterschiedlich. Preußen hatte natürlich seine hauptamtlichen Wehrkreispfarrer.

Und nun wird auch für Ostberlin und Brandenburg wieder ein Militärbischof zuständig werden – entsprechend jenem sogenannten Militärseelsorge-Vertrag, der am 22. Februar 1957 zwischen der Bundesrepublik und der Evangelischen Kirche in Deutschland abgeschlossen wurde und sich am Artikel 27 des am 20. Juli 1933 abgeschlossenen Reichskonkordats orientieren konnte. Dabei kann der Staat nicht nur gegen den von der Kirche zu ernennenden Militärbischof Bedenken geltend machen, dessen umfangreiches Kirchenamt ist dem Bundesministerium für Verteidigung sogar „unmittelbar nachgeordnet". Dem Verteidigungsministerium untersteht auch der Militärgeneraldekan als Stellvertreters des Bischofs, „soweit er", wie es heißt, „mit der Militärseelsorge zusammenhängende staatliche Verwaltungsaufgaben wahrnimmt". Und die Militärgeistlichen sind denn auch keine Kirchen-, sondern vom Steuerzahler finanzierte Bundesbeamte auf Zeit. Das berühmt-berüchtigte Foto-Dokument von der Unterzeichnung dieses Staatsvertrages sagt vielleicht mehr als mancher Kommentar. Da sitzen und stehen vereint die vier Unterzeichner beieinander: Kanzler Adenauer, Verteidigungsminister Strauß, der Vorsitzende des Rates der EKiD, Bischof Dibelius, und sein Kirchenkanzleichef Brunotte – und im Hintergrund unter anderen der Generalinspekteur Heusinger, der nunmehrige Militärbischof Kunz, Herr Kisinger, Herr Schröder und der Staatssekretär und Chef des Bundeskanzleramtes Globke, der Kommentator der faschistischen Rassengesetzgebung, die auch in der deutschen Reichskirche mit Überzeugung durchgesetzt worden war.

Es ist falsch zu behaupten, der sogenannte Militärseelsorgevertrag gehöre zu den dunkelsten Kapiteln der evangelischen Nachkriegskirche in Westdeutschland. Denn zum einen wurde er auf einer zu dieser Zeit noch gesamtdeutschen EKD-Synode auch mit den Stimmen der meisten ostdeutschen Synodalen angenommen. Und zum anderen ist er nicht nur ein Kapitel neben anderen, sondern prägnantester Ausdruck eines von Staat und Kirche gleichermaßen geteilten und beförderten Staatskirchenverständnisses, das in nahezu ungebrochener Kontinuität an die unselige Tradition konstantinisch-theodosianischer Reichskirchlichkeit anschließt. Nicht zuletzt auch deshalb, weil es bei der sogenannten Militärseelsorge nur vordergründig um Seelsorge und schon gar nicht um Seelsorge in des Wortes christlicher Bedeutung geht, sondern letztlich darum, die Militärpolitik und das remilitarisierte Selbstverständnis des Staates religiös zu legitimieren.

Gegen christliche Seelsorge an Soldaten ist nichts einzuwenden, zumal sie unter den gegebenen Verhältnissen ohnehin nur zur Kriegsdienstverweigerung führen könnte. Die offizielle Militärseelsorge hat aber gerade die gegenteilige Aufgabe, nämlich die Truppe psychologisch, moralisch und ideologisch kampftüchtig zu machen – wie einst Konstantins Soldaten, die sich vor dem Heer des Maxentius womöglich gar beträchtlich fürchteten und mit dem Kreuz vielleicht ein Zeichen auf das Schild bekamen, das Hoffnung und auch Zuversicht bezeugen sollte. Es ist tatsächlich wahr, man konnte es im Fernsehen mit eigenen Augen sehen: Diese Militärseelsorge versteht sich sogar dazu, den Einsatz der Bundeswehr in Somalia zu sanktionieren. Und zwar mit der Erklärung von Verteidigungsminister Rühe als Hintergrund, dass die „Aufrechterhaltung des freien Welthandels und des ungehinderten Zugangs zu Märkten und Rohstoffen in aller Welt" zum „vitalen Sicherheitsinteresse" Deutschlands gehöre. Nachzulesen im Neuen Deutschland vom 28. Dezember 1993 auf Seite 10. Dann ein bühnenreif aufbereitetes Szenarium: ein Pfarrer in militärischem Ornat tauft in Belet Uen vor den Augen der Weltöffentlichkeit einen ostdeutschen Soldaten auf den Namen des dreieinigen Gottes. Und es fehlte eigentlich nur noch das römische Kreuz der Reichsfahne.

Kirche im Kapitalismus kann ein sehr deprimierendes Thema sein, wenn man fixiert bleibt auf die sogenannte „offizielle Kirche". Aber ich habe nicht vor, eine theologische Kriminalgeschichte des Christentums vorzutragen, auch wenn das womöglich in Ihrem Erwartungshorizont liegen sollte. Kirche im Kapitalismus ist für mich vielmehr insofern ein aufregendes Thema, als solche Demonstrationen wie diese Taufe in Belet Uen ungewollt zugleich ja noch etwas ganz anderes demonstrieren: Nämlich dass solche medienberechneten Auftritte offensichtlich notwendig geworden sind, um einen Beleg dafür zu erbringen, dass die Kirche auch in der entwickelten kapitalistischen Gesellschaft einen unverzichtbaren Beitrag zu leisten vermag, der es ihr erlaubt, eine politische und gesellschaftliche Perspektive zu reklamieren. Aber eben diese Perspektive ist längst schon nicht mehr selbstverständlich, auch wenn es vordergründig noch so aussehen mag, als würde niemand an der gesellschaftlichen und politischen Ortsbestimmung der Kirche ernsthaft zweifeln. Und es besteht auch kein Zweifel darüber, dass größte Anstrengungen unternommen werden, den konstantinischen status quo zu halten. Ich erinnere nur an bestimmte kirchliche Denkschriften, die von der sogenannte „Kammer für Öffentliche Verantwortung" verfasst worden sind – unter dem Vorsitz des Münchner CSU-Theologen Trutz Rendtorff, der vom Berliner Senator Erhard auch zum Oberevaluator für die Theologische Sektion der Humboldt-Universität bestellt wurde.

Mitten hinein in den eindrücklichen Widerstand der in der BRD gerade auch von sehr vielen Kirchengemeinden getragenen Friedensbewegung gegen das NATO-Langzeitprogramm und den sogenannten NATO-Doppelbeschluss bekräftigte die Kammer in der 1981 erschienenen Denkschrift „Frieden wahren, fördern und erneuern" die schon 1959 verkündete Zustimmung zur atomaren Abschreckung. Diese wurde als eine, wie es 1959 in den „Heidelberger Thesen" wörtlich hieß, „heute noch mögliche christliche Handlungsweise" bezeichnet und gleichzeitig versucht, das sich immer lauter artikulierende kategorische „Nein" gegen jede weitere Aufrüstung zu problematisieren und also zu eliminieren – unter Beifall des bundesdeutschen Verteidigungsministers.

Staatliche Anerkennung fand ebenfalls die 1985 veröffentlichte Denkschrift „Evangelische Kirche und freiheitliche Demokratie – Der Staat des
Grundgesetzes als Angebot und Aufgabe". Das war auch gar nicht anders zu
erwarten, denn der 22köpfigen Kammer gehörten schließlich acht Bundes-
und Staatsminister, Staatssekretäre und Staatsbeauftragte an, zudem ein Uni-
versitätspräsident, zwei Vizepräsidenten, auch der damalige Vizepräsident
des Bundesverfassungsgerichtes Roman Herzog und natürlich der Militärbischof a. D. Hermann Kunst sowie sein Kollege Prälat Heinz Georg Binder.
Allein schon die Zusammensetzung dieser Kammer ersetzt ein Referat über
Kirche im Kapitalismus. Und entsprechend waren denn auch Text und Tenor
dieses Grundsatzpapiers, in dem es programmatisch heißt: „Die hier vorge-
legte Denkschrift will die Zustimmung evangelischer Christen zur demokratischen Staatsform des Grundgesetzes begründen und ihre Konsequenzen für
das Leben als Bürger in unserem Staat erörtern." (S. 11)

1991 begründete die Kammer dann eine weitere Zustimmung, nämlich die
zur „Sozialen Marktwirtschaft" – unter dem Titel „Gemeinwohl und Eigen-
nutz. Wirtschaftliches Handeln in Verantwortung für die Zukunft". Auch hier
geht es darum, die immer kritischer werdenden Stimmen im Sinne in der kapi-
talbürgerlichen Gesellschaft zu domestizieren; wobei diese Denkschrift schon
nicht mehr daran vorbeikommt, die abgründigen Probleme und Widersprüche
des Kapitalismus zu benennen. Aber eben so, dass die eigentliche Botschaft
nicht überhört werden kann, die da lautet: „Christen können dem Weg der
Sozialen Marktwirtschaft grundsätzlich zustimmen, weil er zu der von ihrem
Glauben gewiesenen Richtung des Tuns nicht in Widerspruch tritt, vielmehr
Chancen eröffnet, den Impulsen der Nächstenliebe und der Gerechtigkeit zu
folgen (S. 117)." Und um der Kapitalismuskritik den eigentlichen Stachel zu
nehmen, vielleicht auch nur, um sich selber ein gutes Gewissen zu machen, fügt
die Denkschrift hinzu: „Das Stichwort ‚Kapitalismus' suggeriert in polemischer
Absicht eine wesensmäßige Gleichheit zwischen dem Frühkapitalismus des 19.
Jahrhunderts und gegenwärtigen marktwirtschaftlichen Wirtschaftsordnun-
gen (S. 120)." In Bischofferode ist dieser Satz auf helles Gelächter gestoßen[3].

---

3   Wikipedia: Überregional bekannt wurde die Gemeinde Bischofferode vor allem durch
    den Hungerstreik der Bergarbeiter des Kalibergwerks „Thomas Müntzer" gegen dessen
    beabsichtigte Schließung, die, obwohl das Werk zu diesem Zeitpunkt immer noch renta-
    bel war, gleichwohl zum 31. Dezember 1993 vollzogen wurde.

Solchen Denkschriften ergeht es heutzutage aber kaum anders als dem jüngst veröffentlichten Katechismus der römisch-katholischen Kirche. Wenn überhaupt, dann werden sie höchstens noch von bestimmten Insidern zur Kenntnis genommen. Das heißt: das Maß ihrer gesellschaftlichen Suffizienz ist eigentlich nicht mehr zu berechnen. In einer medial überfluteten Gesellschaft, in der die Massenmedien monopolisiert und in der Lage sind, flächendeckend Meinung zu erzeugen, wird die konstantinische Kirche zunehmend zu einer völlig marginalen Größe und damit außerstande, ihrem über Jahrhunderte gewachsenen Selbstverständnis soziologisch zu entsprechen. Das ist noch etwas anderes als das im 20. Jahrhundert so vielverhandelte Problem der allgemeinen Säkularisierung und also jene Entwicklung, die ja schon im Mittelalter anhebt, durch die Reformation beschleunigt wird und dann mit der Aufklärung zum Durchbruch kommt. Es wurzelt in der Erkenntnis, dass es ohne Religion genauso gut oder genauso schlecht geht wie mit dem Anspruch von Theologie und Kirche. Am Ende stünde womöglich die Einsicht, dass eine Emanzipation dazu beitragen könnte, dass es wenigstens dem Denken sogar besser geht, wenn nicht gar dem Leben überhaupt.

Bis in das 20. Jahrhundert hinein blieb die Kirche in ihrem Kampf gegen die Säkularisierung ein Massenmedium, ungeachtet der schließlich rapide anwachsenden Kirchenaustritte. Und solange sie das größte Massenmedium blieb, konnte sie auch die in sie gesetzten staatspolitischen Erwartungen prinzipiell einlösen. Davon aber kann heute gar nicht mehr die Rede sein. Im Zeitalter der elektronischen Unterwerfung menschlichen Denkens und Fühlens sind Kanzel und Enzyklika zu medialen Relikten degradiert. In den USA wurden daraus schon längst Konsequenzen gezogen und sogenannte electronic churches installiert, die nun wieder ein Millionenpublikum erreichen, das bis vor kurzem noch auf die Harmaggedon-Schlacht gegen das „Reich des Bösen" eingestimmt wurde und nun nach neuen Feinden Ausschau halten soll. Die sogenannte elektronische Kirche ist das massenwirksame Produkt auch der mediensoziologischen Einsicht, dass die Potenz zu gesellschaftlicher Integration ebenso wie zu ideologischer und politischer Gleichschaltung von der Kirche definitiv übergegangen ist auf die weltweite Institution des Bildschirms. Ihm vermag sich selbst der hartgesottenste Intellektuelle nur mit ebensolchem Erfolg zu entziehen wie der säkularisierte Kleinbürger dem heimlichen Wunsch nach einer kirchlichen Beerdigung.

Der konstantinische Kirche ist mit den elektronischen Medien eine Konkurrenz erwachsen, derer sie sich auf Dauer wohl auch kaum dadurch wird erwehren können, dass sie sich selber dieses Mediums bedient und Bischöfe sich von PR-Beratern auf Talk-Runden vorbereiten lassen. Denn die Meinungsbildungs-Industrie ist Teil eines Marktes, der inzwischen selber alle Funktionen übernommen hat, die vordem von der konstantinischen Kirche ausgefüllt wurden. Nicht mehr die Kirche, es ist nunmehr der Markt alleine, der die kapitalistische Welt im Innersten zusammenhält. Was einst die Kirche leistete, das leistet nun er in einer Suffizienz, die alle bisherigen Integrations- und Gleichschaltungsmechanismen überbietet, denn er bietet ökonomische Basis und ideologischen Überbau in einem. Gruppierten sich im Mittelalter die Marktbuden um das dominierende Kirchengebäude, so meint die Kirche heute, sie sei gezwungen, sich ihrerseits auf den alles dominierenden Markt einstellen zu müssen, um überhaupt noch Öffentlichkeit zu erreichen.

Das Amt des cultus publicus ist übergegangen auf die bestellten Priester der Marktwährung und der Programmgestaltung. Der gotische Dom steht buchstäblich im Schatten der alles überragenden Banken. Und der von Marx beschriebene Fetischcharakter der Ware und des Geldes sorgt dafür, dass dieser Markt nun seinerseits nachgerade religiöse Signaturen trägt, jedenfalls angebetet und verherrlicht wird. Und Menschenopfer bringt man ihm allemal dar, zu Millionen, wenn es denn sein muss. Der Markt als Götze einer Gesellschaft, in der exkommuniziert wird, wer nicht sein ganzes Leben, sein ganzes Trachten und Streben der Verehrung und Mehrung des Geldes unterwirft. Und Leben heißt: kaufen und kaufen lassen. In der Einkaufszone blitzt der Sinn des Lebens auf. Am Markt wird alles orientiert, er bietet auch für alles Orientierung. Er bedarf keiner externen Wertebegründung, er begründet sich selbst. Und Identität stellt sich ein, wenn man auf diesem Markt seinen Platz gefunden hat. Wer hier verfehlt, der gehört ohnehin nicht zu dieser Gesellschaft. Und selbst wer zu ihr gehört, hat keine letzte Sicherheit. Zum Schluss bleibt ihm dann doch nur die Göttin Fortuna, das große Los in der Fernseh-Lotterie. Die Glotze als Tabernakel einer Gesellschaft, deren Geist als Dividende selbst in den Köpfen der Arbeitslosen spukt. Auch die sind jederzeit einstimmbar, für das Allerheiligste jeden heiligen Krieg zu führen oder wenigstens vorbereiten zu lassen – siehe Rühe und den freien Zugang zu den heiligen Märkten und Rohstoffen in aller Welt.

Die Situation der konstantinischen Kirche auf dem kapitalistischen Weltmarkt ähnelt – aufs Entscheidende gesehen – durchaus der Tempelpriesterschaft im römischen Weltreich, wobei dieser Markt, auf dem man nun auch wieder Tempel bauen kann, sehr wohl auch noch für Kirchen einen Platz hat. Doch abkömmlich sind sie bereits geworden. Und diese Entwicklung der Kirche im Kapitalismus steckt voller Hoffnung. Denn einer Kirche, der das gesellschaftliche Fundament ihres Konstantinismus entzogen wird, sei es durch eine politische Revolution oder eben auch durch eine wissenschaftlich-technische Revolutionierung, einer solchen Kirche ist wenigstens die geschichtliche Chance eröffnet, das biblische Verständnis von Kirche wiederzuentdecken. Vor dem Hintergrund dieser Hoffnung nimmt das Thema „Kirche im Kapitalismus" eine überraschend neue Wendung, jedenfalls ist es nunmehr nicht nur zwei-, sondern sogar schon dreideutig.

Dieter Kraft

Über den Umgang mit deutschen Kommunisten

Beitrag zum Kolloquium anlässlich des 50. Jahrestages der Ermordung
Ernst Thälmanns, Berlin, 9. Juli 1994, zuerst in: Weißenseer Blätter 3/1994,
S. 23–29

Ein wenig scheue ich mich, zu diesem Thema auf einem Kolloquium zu reden,
bei dem es weit kompetentere Referenten und zudem wohl niemanden gibt,
der nicht um die ungeheuerlichen Dimensionen der sogenannten „Abwicklung" wüsste – und schließlich auch darum, wie die deutsche Bourgeoisie mit
Kommunisten umzugehen pflegt. Ich habe aber dennoch nicht gezögert, die
Einladung zu diesem Thälmann-Kolloquium anzunehmen. Schließlich wurde
Thälmann vor 50 Jahren in jenem KZ ermordet, in das auch der evangelische
Theologe Dietrich Bonhoeffer vor seiner Hinrichtung am 9. April 45 depor-
tiert worden war und in dem der evangelische Pfarrer Paul Schneider schon
am 18. Juli 39 zu Tode geprügelt wurde.

Bonhoeffer und Schneider sind Thälmann nie begegnet, aber Buchenwald
hat ihre Biographien in eine Gemeinsamkeit geführt, die über ihren Tod hinaus Verbindlichkeit schafft. In den faschistischen Konzentrationslagern, deren
Ziel die tödliche Isolation war, ereignete sich ja weithin das Gegenteil, nämlich jene objektive Gemeinschaft, die dann nach 1945 auch dazu führte, dass es
unter denen, die überlebten, Christen und Kommunisten gab, die, jedenfalls
im Blick auf ihre jüngste Vergangenheit, nun eine gemeinsame Herkunft hatten. Eine historisch einzigartige Situation, die freilich eine Ausnahme blieb,
denn die KZ waren nicht für Christen errichtet worden, die sich – aufs Ganze
gesehen – mehr oder weniger arrangiert, und sich als sogenannten „Deutsche
Christen" mit dem Faschismus sogar begeistert identifiziert hatten.

Um so einprägsamer wurden denn auch die Namen jener, denen man in den protestantischen Kirchen nach 1945 den Rang von Märtyrern zuerkannte – nicht selten allerdings auch bestimmt von dem kirchenpolitischen Motiv, sich nun nachträglich in dem Widerstand Einzelner repräsentiert zu geben. Auf die Idee, auch eines Ernst Thälmann kirchlich zu gedenken, kam in dieser Kirche offiziell natürlich niemand. Dabei wäre sie so abwegig gar nicht gewesen. Am Vorabend des Münchener Abkommens hatte der 1935 aus Deutschland vertriebene Schweizer Theologe Karl Barth seinem tschechischen Kollegen Josef Hromádka geschrieben, „dass jetzt jeder tschechische Soldat nicht nur für die Freiheit Europas, sondern auch für die christliche Kirche stehen und fallen wird" (Brief vom 19.9.38). Ein Satz, der einen Sturm der Entrüstung auf seinen Verfasser zog und die Leitung der Bekennenden Kirche in Deutschland gar zu einem „förmlichen Verweisbrief" veranlasste. Gleichermaßen entrüstet hätte man sich nach 1945 in den deutschen Kirchen über den Gedanken, dass der antifaschistische Widerstand deutscher Kommunisten im Sinne Barths letztlich auch „für die christliche Kirche" geleistet worden sei. Es darf dabei auch ganz davon abgesehen werden, dass gerade auch deutsche Kommunisten vor dem Hintergrund ihrer Erfahrungen mit der deutschen Kirchengeschichte einer solchen Vorstellung wohl höchst zwiespältig gegenübergestanden hätten. Für die offizielle Kirche aber wäre sie grundsätzlich indiskutabel gewesen, denn Thälmann war schließlich kein Christ, sondern Kommunist. Und wenn man schon nicht oder nicht hinreichend antifaschistisch gewesen war, antikommunistisch wollte man auch nach 1945 auf jeden Fall sein und bleiben.

Ich erwähne dieses eigentlich nur, um zum Ausdruck zu bringen, dass ich als evangelischer Theologe an diesem Kolloquium eben nicht nur teilnehme, weil es erklärtermaßen nicht nur um Thälmann geht. Mir persönlich geht es gerade auch um diesen deutschen Kommunisten – und nachdem ich zu sozialistischen DDR-Zeiten häufig Gelegenheit hatte, über den Theologen Dietrich Bonhoeffer zu sprechen, freut es mich nun zu kapitalistischen BRD-Zeiten ganz besonders, auf eine Veranstaltung zum Gedenken des Kommunisten Ernst Thälmann geladen worden zu sein. Wenn es auch in dem mir angetragenen Thema nicht vordergründig um Thälmann selbst geht, so geht es tatsächlich doch um durchaus Analoges, denn man wird den Totalitarismus, mit dem die DDR zerschlagen wurde und noch immer „abgewickelt" wird, kaum begreifen können, konzentriert man sich dabei ausschließlich auf kapitalökonomische Interessen.

Die allein sind zugegebenermaßen schon so massiv, dass sie eine aus-
reichende Erklärung für die verwüstende Tätigkeit der sogenannten „Treuhand" liefern könnten. Und die Logik, mit der hier gearbeitet wird, ist ja auch
durchaus stringent: die DDR muss um jeden Preis deindustrialisiert werden,
um dem westdeutschen Industriekapital mögliche Konkurrenz auszuräumen
und den Handelskonzernen jenen Alleinvertretungsanspruch einzulösen,
den das Finanzkapital bereits mit dem 3. Oktober 1990 endgültig erobert hatte. Entsprechend sieht denn auch die Rechnung aus, die von der sogenannten
„Treuhand" aufgemacht wurde: Von dem im Oktober 1990 auf ca. 650 Milliarden veranschlagten DDR-Vermögen ist nach nicht einmal vier Jahren nicht
nur keine einzige Mark übriggeblieben, die offizielle Bilanz weist heute sogar
ein Defizit von 275 Milliarden aus.

Eine auf den ersten Blick unglaubliche und nach den sakrosankten Maximen der Kapitalverwertung absurde Bilanz, die in der Geschichte des Kapitals ohne Beispiel ist. Kein Konzern der Welt wäre in der Lage, 650 Milliarden
in knapp vier Jahren selbst unter ungünstigsten Bedingungen nicht wenigstens auf 700 Milliarden zu akkumulieren. Wenn die sogenannten „Treuhand"
nunmehr sogar mit riesigen Schulden operiert, dann gibt es dafür nur eine
Erklärung: sie hat mindestens 275 Milliarden investiert, um aus dem zehnt-
stärksten Industrieland der Welt eine Industrieruine werden zu lassen. Dass
sich das Kapital weltweit und weithin zum Nulltarif aus dem Volksvermögen
der DDR bedienen konnte, ist nur die eine Seite – und zwar jene der Liquidationspolitik, die durchaus Tradition hat. Kriege werden geführt, um Beute
zu machen, und wer nach einem gewonnen „kalten" Krieg Millionenobjekte
für eine Mark „kaufen" kann, hat sogar den Vorzug, wählen zu dürfen, ob er
denn nun als einfacher Käufer oder einfach als Räuber zählen möchte. Und
heutzutage muss man ja auch gar nicht erst zum Kreis der Golfspieler gehören, um Sinn und Geschmack dafür zu bekommen, dass letzteres nur unter
bestimmten Bedingungen als ehrenrührig gilt.

Für die andere Seite dieser Liquidationspolitik lassen sich Traditionen hingegen weit schwieriger ausmachen, denn es ist historisch wohl beispiellos,
dass die herrschende Klasse eines Staates nach der siegreichen Eroberung eines Landes Hunderte von Milliarden ausgibt, um das besiegte Land industri-
ell, kulturell und sozial zu destruieren. Der Kolonialismus hatte ein vitales Interesse daran, das bestehende wirtschaftliche Potential der eroberten Länder
zu erhalten und zu entfalten. Schließlich ging es um die optimale Ausbeutung

der unterworfenen Gebiete. Auch wenn die Annexionspolitik der deutschen Bourgeoisie gegenüber der DDR mit der abstrafenden Rute des Kolonialherren durchgesetzt wird, gemessen an dem klassischen Kolonialinteresse dürfte es im wesentlichen nicht einmal korrekt sein, von Kolonialisierung zu sprechen. Viel eher bietet sich eine Erinnerung an den Morgenthau-Plan an, der die Vernichtung der deutschen Industrie ebenso vorsah wie die kollektive Bestrafung aller Deutschen und jene umfassende Depotenzierung Deutschlands zum Ziel hatte, von der heute – mutatis mutandis – Ostdeutschland betroffen ist. Dabei geht die herrschende Bonner Politik über die Vorstellungen des US-amerikanischen Finanzministers Morgenthau sogar noch hinaus. Dessen spektakulär gewordenes Memorandum sah immerhin noch vor, aus dem Deutschen Reich einen Agrarstaat zu machen. Im Unterschied dazu wurde seit dem 3. Oktober 1990 selbst die einst blühende Landwirtschaft der DDR verwüstet.

Von und mit der GBM, der Gesellschaft zum Schutz von Bürgerrecht und Menschenwürde, wurden seit 1992 drei „Weißbücher" herausgegeben[1], in denen authentisch dokumentiert ist, wie vielfältig die Analogien zum Morgenthau-Plan tatsächlich sind und wie ausgesucht zynisch sich demgegenüber die Wahlkampfdemagogie ausnimmt, die im März 1990 noch mit einem ostdeutschen Marshall-Plan auf Stimmenfang ging. Und dieses, wie wir wissen, mit einem Erfolg, der, wie man ja jetzt stereotyp zu sagen pflegt, aus heutiger Sicht die Frage zulässt, was in der DDR seit dem VIII. Parteitag wohl schnellere Fortschritte gemacht haben mag: das Wohnungsbauprogramm oder die politische Dummheit[2]. Die drei „Weißbücher", denen noch weitere folgen werden, haben in einem ersten Fazit eine Bilanz gezogen, die so dramatisch ausfällt, dass der Vorsitzende des Kuratoriums der GBM, Pastor Dr. Dieter Frielinghaus, bereits im Vorwort zum ersten Band resümieren musste: „Wir

---

1　WEISSBUCH I: *Unfrieden in Deutschland. Diskriminierung in den neuen Bundesländern*, hg. von Wolfgang Richter, im Auftrag der GBM, Berlin 1992, 489 S. – WEISSBUCH II: *Unfrieden in Deutschland. Wissenschaft und Kultur im Beitrittsgebiet*, hg. von Wolfgang Richter im Auftrag der GBM, Berlin 1993, 512 S. – WEISSBUCH III: *Unfrieden in Deutschland. Bildungswesen und Pädagogik im Beitrittsgebiet*, hg. von Gerd Buddin, Hans Dahlke, Adolf Kossakowski im Auftrag von GBM, Alternative Enquetekommission Deutsche Zeitgeschichte (Arbeitsgruppe Bildung), Initiative für die volle Verwirklichung der verfassungsrechtlichen Grundrechte und gegen Berufsverbot, Berlin 1994, 510 S.

2　Auf dem VIII. Parteitag der SED (Juni 1971) wurde Walter Ulbricht gestürzt und Erich Honecker 1. Sekretär des Zentralkomitees. Ulbrichts staatstragende Neue Ökonomische Politik musste der sog. „Einheit von Wirtschafts- und Sozialpolitik" weichen, mit der auch die DDR politisch aufzuweichen begann.

bezweifeln, dass jemals außerhalb von Kriegs- und Nachkriegszeiten das Leben so vieler Menschen in so kurzer Zeit in solche Ungewissheit, Ratlosigkeit
und Not gestürzt worden ist."[3]

Die systematische Demontage der DDR hat inzwischen alle Lebensberei-
che erreicht, alle Klassen und Schichten der Bevölkerung und auch alle Generationen. Bereits eineinhalb Jahre nach dem 3. Oktober 1990 waren 3.396.000
Millionen Menschen in unterschiedlicher Weise direkt von Arbeitslosigkeit
betroffen, mit den entsprechenden Familienangehörigen also über 60 Prozent
der Bevölkerung. Nachdem das Bauernland wieder in Junkerhand gefallen
ist, werden demnächst 75 Prozent der Beschäftigten im primären landwirt-
schaftlichen Sektor arbeitslos sein. Das sind 600.000 Bäuerinnen und Bauern,
mit ihren Familien weit über eine Million Menschen. Von den in Forschung
und Lehre tätigen 195.000 Wissenschaftlern waren schon im Dezember 1992
nur noch 12,1 Prozent in einer Vollzeitstelle. Von den ca. 300.000, die in der
Volksbildung der DDR tätig waren, sind heute bereits über 75.000 entlassen
worden. Und es ist noch gar nicht abzusehen, wie viele man künftig noch mit
Berufsverboten belegen wird.

Ich gehe davon aus, dass ich in dem Kreis dieses Kolloquiums keine umfassende Statistik vorzulegen brauche, um die Totalität der herrschenden
„Abwicklungs"-Praxis noch anschaulicher machen zu müssen. In eine solche
umfassende Statistik würden dann auch jene Hunderttausende aufgenommen werden müssen, die in den verschiedensten Funktionen im Dienst des
Staates gestanden haben, auch in dem der Gewerkschaften und anderer gesellschaftlicher Organisationen. Und aufgenommen werden müssten natürlich auch all jene, die die zur Ware degradierte Wohnung nicht mehr bezahlen
können, die als Rentner von Armut bedroht sind, die als Jugendliche keine
Lehrstelle finden und keine Lebensperspektive haben, all jene auch, die den
sogenannten „Alteigentümern" weichen müssen, für die medizinische Hilfe zu einer Geldfrage zu werden beginnt, für die Bildung ein unerreichbares
Privileg werden wird und für die soziale Sicherheit schon längst zu einem
Fremdwort mutiert ist – ganz zu schweigen von den Millionen Biographien,
die nunmehr als „abgebrochen" gelten, obwohl sie doch vorsätzlich zerbrochen worden sind.

---

3   WEISSBUCH I, a.a.O., S. 8.

Es wäre ein Irrtum, davon auszugehen, diese katastrophale Situation sei lediglich eine sogenannten „Begleiterscheinung" der Machtergreifung des Kapitals, zu dessen Herrschaft Arbeitslosigkeit und soziale Verelendung nun einmal ebenso konstitutiv gehören wie die rücksichtslose Privatisierung und der gnadenlose Konkurrenzkampf. Selbstverständlich ist die Situation im nunmehrigen „Ostdeutschland" auch eine Folge der ganz gewöhnlichen Systemmechanismen des Kapitalismus samt seiner gegenwärtigen Krise. Aber dieses ist eben nur die eine Seite der Kapitalisierung der DDR durch die deutsche Bourgeoisie. Die Totalabwicklung der DDR ist mehr als der von Verwüstung begleitete Prozess einer reinen Systemakkommodation. Sie ist zugleich und zudem eine umfassende Vergeltungsaktion dafür, dass deutsche Kommunisten vierzig Jahre lang dem deutschen Kapital den ungehinderten Zugriff auf einen bedeutenden Teil des deutschen Territoriums verwehren konnten. Dieses muss natürlich in den Augen der deutschen Bourgeoisie als ein Unrecht von unerhörtem Ausmaß gelten. Und wenn die DDR heute von ihnen und ihren Ideologen als „Unrechtsstaat" disqualifiziert wird, dann trifft dieses Urteil gerade auch in seiner Pauschalität einen politischen Sachverhalt, der geschichtlich ja durchaus gedeckt ist. Geht man davon aus, dass es keinen abstrakten Rechtsbegriff gibt und das herrschende Recht immer das Recht der herrschenden Klasse ist, dann lässt sich nach Maßgabe des heute nun auch wieder zwischen Elbe und Oder herrschenden Recht des Kapitals auf uneingeschränkte Akkumulation sagen: Mit der Existenz der DDR wurde der deutschen Bourgeoisie in der Tat ein Unrecht zugefügt, zudem noch vorsätzlich. Die Auseinandersetzung mit der „Unrechtsstaats"-These greift deshalb dort viel zu kurz, wo lediglich apologetisch beteuert wird, dass auch die DDR ein Rechtsstaat gewesen sei. Die eigentliche Auseinandersetzung beginnt nicht dort, wo die These vom „Unrechtsstaat" einfach bestritten wird, sondern in der Auseinandersetzung mit jenem Recht, von dem her das Kapital die „Unrechtsstaats"-These ableitet. Wobei das Rechtsmonopol des Bourgeois mit dem Rechtspostulat des Citoyens nicht einfach identifiziert, die Rechtsdoktrin des Bürgerlichen mit dem Rechtsanspruch des Bürgers nicht kurzschlüssig verwechselt werden darf.

Ähnliches gilt übrigens auch für die These von der „SED-Diktatur", die ja nicht deshalb demagogisch ist, weil es in der DDR keine Diktate gegeben hätte, sondern weil in und mit ihr unterstellt wird, dass die vom Kapital beherrschte Gesellschaft keine diktierte Gesellschaft sei. Gerade Thälmann hat den Begriff der „Diktatur des Proletariats" in strenger Korrelation zur real existierenden „Diktatur der Bourgeoisie" gebraucht, und damit zugleich zum Ausdruck gebracht, dass jede Klassengesellschaft dem Wesen nach eine Diktatur ist, die sozialistische gar nicht ausgenommen. Die Auseinandersetzung mit der demagogischen Formel von der „SED-Diktatur" kann also nicht damit einsetzen, die Diktatur des Proletariats nachträglich kaschieren zu wollen, wiewohl durchaus auch die eigene Frage beantwortet werden muss, inwieweit und wie lange die Diktate der SED die Diktatur des Proletariats gültig zum Ausdruck gebracht haben. Die eigentliche Auseinandersetzung aber muss vielmehr darin bestehen, transparent zu machen, dass der Begriff der Diktatur im wesentlichen nicht eine bestimmte politische Herrschaftspraxis zum Inhalt hat, sondern ein gesellschaftliches Herrschaftsverhältnis, das auch mit den Mitteln der parlamentarischen Demokratie aufrechterhalten werden kann. Die parlamentarische Demokratie schließt die Diktatur des Kapitals nicht aus, sie ist vielmehr eine ihrer politischen Gestalten. Und seit dem 3. Oktober 1990 ist das in Ostdeutschland auch für immer mehr Menschen zunehmend handgreiflich geworden.

Auch die Tatsache, dass es im sogenannten „Rechtsstaat" nicht etwa um soziale Gerechtigkeit geht, sondern um soziale Ungerechtigkeit auf rechtlicher Grundlage, hat dazu geführt, dass legislative Entscheidungen gewählter Politiker in wachsendem Maße nicht nur als Diktate erfahren, sondern als solche auch durchschaut werden, selbst wenn sie von parlamentarischen Mehrheiten sanktioniert worden sind. Was in den gleichgeschalteten Medien gern unter dem Stichwort „Politikverdrossenheit" verhandelt wird, ist im Grunde ja nichts anderes als die Verdrossenheit darüber, dass „die da oben eh machen, was sie wollen". Und selbst das unreflektierte Bewusstsein davon, dass „die da oben eh machen, was sie wollen", ist der erste Schritt zur Einsicht dessen, was eine Klassengesellschaft ausmacht. Gegenwärtig wäre mit einer solchen Einsicht politisch nicht sehr viel gewonnen, wenn sie davon absehen würde, dass es nun eben doch einen erheblichen Unterschied macht, ob das Kapital in der Gestalt einer „parlamentarischen Demokratie" oder in der des offenen Faschismus regiert. Denn die Gefahr eines erneuerten Faschismus beginnt inzwischen wieder so groß zu werden, dass die Verteidigung der „parlamentarischen Demokratie" zu einer aktuellen Aufgabe aller antikapitalistischen Kräfte wird.

Gemessen an Frankreich, aber sogar auch an Großbritannien gehört es zum Spezifischen der kapitalistischen Gesellschaft deutscher Provenienz, dass die politische Linke nicht zur Nation gerechnet wird, schon gar nicht, wenn sie sich als kommunistisch definiert. Dieses Verdikt hat Tradition und reicht bekanntlich zurück bis zu den sogenannten „Sozialistengesetzen" des Urgroßvaters des Grafen von Einsiedel, der, dessen ungeachtet, wenig Probleme mit dem Nationalen hat. Unter Kanzler Bismarck durften Sozialisten natürlich nicht nur keine Professuren innehaben, sie sollten letztlich überhaupt nichts mehr dürfen. Unter Kanzler Hitler durften sie nicht einmal mehr am Leben bleiben. Unter Kanzler Adenauer sorgten Hitlers Richter und Staatsanwälte dafür, dass Tausende Kommunisten und Linksdemokraten wieder in Gefängnissen verschwanden. Unter dem SPD-Kanzler Brandt wurden sie mit Berufsverboten belegt. Unter dem CDU-Kanzler Kohl geht es seit Oktober 90 schon gar nicht mehr ausschließlich um Kommunisten, sondern um den sogenannten „staatsnahen" DDR-Bürger schlechthin, der mit dazu beigetragen hat, dass der erste sozialistische Staat auf deutschem Boden immerhin 40 Jahre Bestand hatte. Und weil es sich eben um einen sozialistischen Staat handelte, geht es in der politischen Verfolgung und sozialen Diskriminierung des „staatsnahen" DDR-Bürgers letztlich eben doch wieder um den deutschen Kommunisten. Früher sollte er ausgegrenzt und eliminiert werden, weil er die Machtfrage stellte; heute soll er ausgegrenzt und isoliert werden, weil er die Macht hatte.

Letzteres wiegt doppelt schwer, zumal damit gerechnet wird, dass sich in diesen 40 Jahren ein Potential an antikapitalistischem Bewusstsein entwickelt hat, das nun eben nicht mehr nur von Kommunisten repräsentiert wird. Damit gerät vor allem auch der sogenannten „ostdeutsche Intellektuelle" als solcher unter Verdacht und Verdikt. Seine „Abwicklung" ist deshalb auch nicht eine Frage „fachlicher Qualifikation" oder „fehlenden Bedarfs", sondern eine Frage der „politischen Brauchbarkeit" im Sinne jener Kriterien, die durch eine möglichst ungestörte Kapitalakkumulation nun einmal diktiert werden. Nicht auszudenken, wenn sich dieses Potential in den sich permanent vertiefenden Krisen der kapitalistischen Gesellschaft entfalten würde und wieder nötig wäre, es in Lagern zu konzentrieren.

Wie wir wissen, hat man in der deutschen Bourgeoisie dafür schon längst ein Problembewusstsein entwickelt. Wolfgang Richter hat in dem von ihm 1993 herausgegebenen Zweiten Weißbuch den im Frühjahr 1991 in Wildbach Kreuth vor Zeugen geäußerten Satz eines westdeutschen CDU-Vertreters dokumentiert, in dem es im Blick auf den beabsichtigten Umgang mit den

Intellektuellen Ostdeutschlands wörtlich heißt: „Wir werden sie nicht in Lager sperren, das haben wir nicht nötig. Wir werden sie an den sozialen Rand drängen."[4] Schon heute aber hält man es für nötig, das antifaschistische Erbe der DDR möglichst restlos zu liquidieren. Wer seine politischen Ziele so offen in Analogie zum deutschen Faschismus formuliert, wird einen verordneten Antifaschismus unmöglich dulden können. In eben dieser Logik gründet auch jene große Rochade, die gegenwärtig mit Macht vollzogen wird. Während mit der Gründung der BRD unter Adenauer 1949 die faschistischen Beamten wieder in den „öffentlichen Dienst" aufgenommen wurden, sollen nach der nunmehr vollzogenen Begründung der „deutschen Einheit" unter Kohl die Antifaschisten sogar aus dem öffentlichen Bewusstsein entfernt werden. Aber wahrscheinlich stimmt das Bild von der Rochade auch gar nicht. Unbestritten ist jedenfalls, dass es im Staatsdienst der BRD nach deren Gründung prozentual mehr NSDAP-Mitglieder gab als zu Zeiten des „Deutschen Reiches" – und dass man sich in dessen Nachfolgestaat heute schon sehr anstrengen muss, um noch Straßen, Schulen und Plätze zu finden, die die Namen deutscher Antifaschisten und Kommunisten tragen, von Kasernen, die ohnehin eher für Hitlers Generale stehen, einmal völlig abgesehen.

„Hitlers zweimal getötete Opfer", so der Titel der von Monika Zorn in diesem Jahr herausgegebenen Publikation über die „Westdeutsche Endlösung des Antifaschismus auf dem Gebiet der DDR". Eine Lektüre, nach der man darüber doppelt irritiert ist, dass sich der Demontage des Kommunisten und Antifaschisten Ernst Thälmann selbst bestimmte Kreise innerhalb der PDS angeschlossen zu haben scheinen. Im sogenannten „Ingolstädter Manifest" kommt sein Name jedenfalls nicht mehr vor. Das wird ganz sicher all jene gefreut haben, die zielstrebig daran arbeiten, die Kommunisten innerhalb der PDS zu isolieren und möglichst zu eskamotieren, um diese Partei auf einen Weg zu schieben, der sie parteipolitisch kompatibel macht. Eine Strategie, die man nach den letzten Wahlerfolgen der PDS ganz sicher mit noch größerem Nachdruck verfolgen wird. Entsprechende Diskussionen in der SPD und bei den Grünen haben das bereits ebenso indiziert wie die vorletzte Ausgabe des „Spiegel", in der Rudolf Augstein die Sache auf den Punkt bringt, wenn er davon spricht, dass man die PDS „zu Recht (noch) nicht demokratisch nennen

---

4   WEISSBUCH II, a.a.O., S. 7.

kann" (Nr.27/ 4. 7. 94, S. 26), und in der man denn auch prompt wieder die „Kommunistische Plattform" gegen die sogenannten „Reformer" ausspielt. Und zwar indem letzteren schmackhaft gemacht wird, wie „seriös" und „integrierbar" die PDS doch eigentlich werden könnte, wenn sie sich von der KPF trennen würde; schließlich sei ja auch der Wahlerfolg eine Bestätigung der sogenannten „Reformpolitik" innerhalb der PDS.

Gerade dieses aber dürfte am wenigsten zutreffen, wenn unter „Reform" die Mutation der PDS in eine linksbürgerliche Partei rechts vom ganz linken Rand der SPD gemeint sein sollte. Eine solche „Reformpolitik" haben bei den letzten Wahlen ganz gewiss die wenigsten gewählt. Und man müsste sich schon sehr verrenken, wenn man behaupten wollte, die PDS habe so viele Stimmen bekommen, weil die SPD im Osten eben keinen linken Rand hat und nicht einmal zu sagen weiß, worin eigentlich ihre Mitte besteht. Sie hat so viele Stimmen bekommen, weil gerade auch durch die Totalabwicklung der DDR eine gesellschaftliche Situation entstanden ist, in der höchstens noch Opportunismus und Dummheit damit rechnen können, dass im real existierenden Kapitalismus die sozialen Insignien einer „zivilisierten Gesellschaft" zu finden seien. Die Abwicklung der DDR ist so total und umfassend, dass von ihr Menschen ganz unterschiedlicher politischer, sozialer und weltanschaulicher Prägung gleichermaßen betroffen sind. Selbst wenn sie sich im Blick auf ihre DDR-Vergangenheit keinerlei Gemeinsamkeit konzedieren würden, seit dem 3. Oktober 1990 wächst eben zusammen, was zusammengehört.

Für einen derart populistischen Satz müsste ich mich jetzt eigentlich entschuldigen. Aber warum sollten wir ihn eigentlich jenen überlassen, die mit ihm nicht einmal recht haben. Er ließe sich im Blick auf den Wahlerfolg der PDS freilich auch viel nüchterner übersetzen, denn die PDS ist von ihren Wählern nicht gewählt worden, obwohl Sarah Wagenknecht zum Parteivorstand gehört oder weil Andre Brie das Wahlbüro leitet, sondern weil ein Bewusstsein dafür gewachsen ist, dass die außergewöhnliche Situation ein außergewöhnliches Maß an Gemeinsamkeit abfordert, das selbst außergewöhnlich konträre Positionen überbietet. Dem Wähler der PDS war jedenfalls bewusst, wer seine Stimme dieser Partei gibt, der gibt sie auch den Kommunisten in dieser Partei, für die eben gerade auch ein Ernst Thälmann zur Traditionsgeschichte gehört. Insofern ist die Frage nach dem Umgang mit den deutschen Kommunisten seitens dieser Wähler bereits beantwortet worden. Und vielleicht ist das sogar das Spektakulärste an diesem Wahlergebnis, das ja damit zugleich bestätigt, dass die politisch gebotene Reaktion auf die Totalabwicklung der DDR nicht getrennt werden kann von dem heute gebotenen Umgang mit Kommunisten. In Bonn jedenfalls sieht man das seitenverkehrt genauso.

Constanze Kraft

Stark. Bekämpft. Weinend. Vergewaltigt. Tot.

Gesellschaftliche Frauengeschichte
im biblischen Richterbuch

Erweiterte Fassung eines Vortrags auf einem Ökumenischen Seminar
am 19. Oktober 2019 in Berlin

Mit dem biblischen Richterbuch liegt ein bemerkenswertes antikes Dokument vor. Frauen spielen in ihm eine auffallend häufige und entscheidende Rolle. In der theologischen Wissenschaft stößt dies vielfach auf Befrem-
dung und Unverständnis. „Kurioserweise"[1] kämen im Richterbuch Leute
ausgerechnet durch Frauen zu Fall, und es gäbe dort „seltsame, meist von
Frauen herbeigeführte Todesfälle"[2]. „Komisch" sei es, wie dort ein Mann das
Siegen zwei Frauen überlässt[3] oder wie ein „General auf die Keniterin herein-
fällt"[4]. Den Frauengeschichten wohne die „patriarchale Werteordnung"[5] inne.
Der Text verwehre den Frauen das „Subjekt"[6]-Sein.

Aus einer Vielzahl von Kommentaren zu den Frauengestalten im Richterbuch seien nur diese ausgewählt. Natürlich ist in ihnen immer auch ein
Körnchen Wahrheit enthalten. Doch werden sie der Komplexität der in diesem Buch geschilderten Frauengestalten wenig gerecht. Im Gegenteil: Es ist

1 Kratz 210 u.ö.
2 Ebd. 214.
3 Knauf, 66.
4 Ebd. 70.
5 Exum, 66.
6 Ebd. 66.

bemerkenswert, dass in verdienstvollen, sehr detail- und kenntnisreichen wissenschaftlichen Kommentaren zum Richterbuch die Rolle der Frauen oft fundamental verkannt wird.[7]

Frauen also nehmen im biblischen Richterbuch eine herausragende Stellung ein, mehr als in anderen biblischen Büchern. Warum ist das so?

Biblischer Befund

Das Richterbuch beinhaltet – unter anderem – eine Sammlung von Episoden um „Richter" und „Retter", die als Anführer ihrer Stammesangehörigen das *Böse* im Auftrag Gottes beseitigen. Sie werden als Richter oder Retter bezeichnet, um theologisch deutlich zu machen, dass sie das Volk Israel wieder auf den rechten Weg bringen, nachdem dieses getan hat, was unrecht war in den Augen Gottes. Die Qualität der Richter und Retter wird danach beurteilt, wie weit es ihnen gelungen ist, das Böse in Israel ausrotten und für wie viele Jahre sie dem Land, unter deren Regentschaft es steht, *Rast* verschafft haben. Die theologische Grundlinie des Buches gründet sich auf die Frage, inwieweit das Volk das Erste Gebot der Tora, also das Gebot, keine anderen Götter neben dem Gott JHWH zu verehren, einhält. Insofern das Erste Gebot Lebensgrundlage des Volkes bleibt, bleibt das Volk ein Gegenüber für seinen Gott. Das eine Gebot Gottes und das eine Volk „Israel" bedingen sich im Richterbuch theologisch gegenseitig.

Die Erzählungen sind an einen festen lokalen Umkreis gebunden, meistens im nördlichen Israel. Sie berichten von Ereignissen, die für die Ortsgeschichte von Bedeutung waren. Sie drehen sich um Heldengestalten und Heldentaten, die über lange Zeit mündlich weitergegeben wurden und sich dabei immer mehr verdichteten. Geschildert wird die Zeit der Richter und Retter als eine Epoche, die zwischen der Einwanderung, der Stammesbildung und der Königszeit gelegen hat, also dem Zeitraum zwischen der sogenannten Landnahme im kanaanäischen Gebiet durch die Einwanderung[8] „hebräischer" Stämme und dem entstehenden Königtum von Saul und David. Die Redak-

---

7   Das triff besonders auf Knauf zu. Renate Jost, Gender, Sexualität und Macht in der Anthropologie des Richterbuches, ist davon ausgenommen.
8   Knauf, 26.

tion weist dem Buch damit eine Brückenfunktion zwischen den biblischen Büchern Josua und Samuel-Könige zu. Grundlegende Absicht des Buches ist es zu zeigen, dass es eines Königtums, das die Stämme unter einer einzigen Führung vereint, als einer zukünftigen Organisationsform notwendig bedarf. Zu diesem Zweck stellen die Redaktoren eine vermeintliche Chronologie zwischen einem staatenlosen Stammesverband und dem entstehenden Königtum her. Kanongeschichtlich hat sich der Begriff „Das Buch Richter" bzw. „Richterbuch" durchgesetzt.

Historischer Befund

Historisch bildet das Richterbuch also die gesellschaftliche Entwicklung im 1. Jahrtausend v.u.Z. auf einem nahöstlichen Territorium ab, das unter dem Namen Israel bekannt ist. In religiöse Gestalt gekleidet, spiegeln sich in ihm deutlich staatenlose und staatsgetragene Entwicklungen wider. In den staatenlosen Strukturen sind es die Stämme – oder Gens, Familienverbände, Clans, Wilde -, die die gesellschaftlichen Vorgänge prägen. Es handelt sich um größere Gruppen sesshafter Menschen, die gemeinsam und selbstbestimmt leben, wirtschaften und handeln. Sie sprechen dieselbe Sprache, verfügen darüber hinaus über gemeinsame Traditionen, gleichartige religiöse, kulturelle und rechtliche Bräuche und betrachten sich gemäß dem ursprünglichen Wortsinn von Stamm vielfach als „Abstammungsgemeinschaften."[9] Ihre Organisationsstärke beruht auf Verwandtschaft, wobei die matrilineare Linie vorherrscht. Die Produktion erfolgt für den Eigenbedarf, der Stamm steht an der Schwelle zum Handel. Kriege dienen zur Verteidigung oder zur Gewinnung von eigenem Territorium, weniger zur Vernichtung des Feindes. Die Familie reproduziert sich durch die Gruppenehe, auf einer höheren Entwicklungsstufe ist es dann die freiwillige Paarung. Zusammengehalten werden die Stämme über Heiratsbeziehungen. Häuptlinge oder Heerführer[10] werden spontan

---

9   Demandt, 488.
10 Demandt, 497. Über das frühgermanische Heerkönigtum heißt es zum Beispiel: „Bei der Suche nach begünstigenden Umständen hat sich gezeigt, dass die Herrschaft aus der kriegerischen Aktion entsprang. Häufig steht am Anfang eine Wanderung, ein Beutezug, eine Landnahme oder ein Verteidigungskrieg, jeweils unter der Leitung einer bedeutenden Persönlichkeit.

bestellt, meistens um ein militärisches Problem zu lösen, danach ziehen sie sich in ihre Stammeseinheiten zurück. Es fehlt eine politische zentrale Herrschaftsform, die Stämme sind auf soziale Gleichheit hin orientiert.

Solche Familienverbände agieren in orientalischen Gesellschaften neben und unter dem Staatsgefüge seit Jahrtausenden. Bis heute existieren sie und haben teilweise erhebliche Macht. Für das 1. Jahrtausend v.u.Z. ist dieses Ineinander und Nebeneinander verschiedener gesellschaftlicher Organisationsformen, jedenfalls nicht ihr Nacheinander, charakteristisch.

Mit der Auslöschung zunächst des Königreiches Israel im Jahr 722 durch Assyrien, dann des Königreiches Juda durch Babylon im Jahr 586 und den sich daran anschließenden Verschleppungen große Bevölkerungsschichten, kommt es zu einschneidenden historischen Ereignissen. Im gesamten hebräischen Kanon lässt sich theologisch verfolgen, wie sehr diese beiden Begebenheiten die nationale und kulturelle Identität des Volkes beeinträchtigten und sein geschichtliches Bewusstsein beeinflussten. Man kann einen großen Teil der hebräischen Bibel als einen Versuch bezeichnen, gerade diese beiden historischen Ereignisse zu verarbeiten. Sie werden zu geistesgeschichtlichen Grunddaten.

Im 5. und 4. Jahrhundert kommt es zu einem „ungeheuren Zufall"[11]. Die aus dem babylonischen Exil um 538 zurückkehrende Bevölkerung kann unter persischer Herrschaft verhältnismäßig unbeeinflusst ihre eigenen Angelegenheiten regeln. Es herrscht ein „Machtvakuum"[12]: Die Perser lassen ihre neue Provinz ziemlich unbehelligt, der Hellenismus hat sie noch nicht unter politischer und wirtschaftlicher Kontrolle. So entsteht ein Raum für das gesellschaftliche Experiment „Torarepublik". Es handelt sich dabei um den Versuch, eine Republik zu errichten, die autonom konstituiert ist und in der mit und unter dem Gesetzeskorpus Tora egalitär gelebt werden kann. Hinter diesem Experiment steht die Erfahrung des gescheiterten Königtums. Eine Wiedererrichtung bietet offensichtlich keine verheißungsvolle Aussicht.

So wie das israelische Königtum auf Saul und David, das persische Achaimenidenreich auf Kyros und Darius, die attische Demokratie auf Solon und Kleisthenes, das römische Principat auf Caesar und Augustus zurückgeht, so stehen am Beginn der frühen Germanenstaaten einzelne Heerführer und Organisatoren. Hat auch das frühgermanische Heerkönigtum noch keine dauerhafte Staatlichkeit begründet, so hat es doch die Voraussetzungen dafür geschaffen."

11 Veerkamp, 298ff.
12 Ebd. 298.

Textentstehung

Das Richterbuch bildet eine geschichtliche Phase etwa zwischen 1200 und 1000 v.u.Z. ab, jedoch gibt es eine „Zeit der Richter" an sich gar nicht. Was es gab, war ein lang andauernder Prozess des Erzählens und der Reflexion der Geschichte der Stämme und der beiden Staaten Israel und Juda. Die Verschriftlichung dieser mündlichen Traditionen geschieht in einem komplizierten und langwährenden Prozess[13]. Man kann von einer über 1000jährigen Geschichte der Textentstehung ausgehen. Der größte Teil der Texte wird nach dem 6. Jahrhundert v.u.Z. zu einem Buch zusammengeschlossen und in den entstehenden Kanon der hebräischen Schriften eingefügt, wobei eine Vielzahl redaktioneller Bearbeitungen und Erweiterungen das Buch anwachsen lassen. Soziale, kulturelle, religiöse, militärische, ethnologische Begebenheiten und Erfahrungen aus den verschiedenen Jahrhunderten fließen in die Erzählungen der Autoren und in die Textbearbeitungen der Redaktoren des Buches ein. Elementare Interessen und Entwicklungen der erzählenden Zeit durchdringen die erzählte Zeit. Dazu gehört zum Beispiel die soziologische Frage nach der Zugehörigkeit zu einem Stamm oder Volk: Ist eine Mischehe legitim? Oder die Suche nach politischer Selbstbestimmung: Inwieweit ist eine Torarepublik durchsetzbar? Auch die religiöse Selbstdefinition gewinnt an Gewicht – in nachbabylonischer Zeit wird das „Judentum" geboren. Vor allem aber das in der Achsenzeit entstehende Geldsystem hinterlässt tiefe gesellschaftliche Spuren: Die in Subsistenzwirtschaft lebende sesshafte Bevölkerung gerät durch den entstehenden Großgrundbesitz zunehmend in landwirtschaftliche Abhängigkeit und Schuldknechtschaft. Das Produktionsgefälle verlagert sich spürbar, es vertiefen sich Klassengegensätze.

Mit diesen Problemen geht gerade die Vakuumszeit einher. Sie untermauern den Diskurs und bedingen ihn. Es ist nicht auszuschließen, dass gerade die Vakuumszeit die Frage verstärkt, welche Argumente für oder gegen das als gescheitert erlebte Königtum sprechen. Die Geschichte wird nun unter

---

13 Kratz, 198: „Die deuteronomistische Redaktion in Jos und Jdc ist das Bindemittel, das die ehemals separaten, vielleicht sogar schon in historischer Folge gelesenen Erzählwerke, die Volksgeschichte in (Gen)Ex-Jos und die Königtumsgeschichte in Sam-Reg, in den heilsgeschichtlichen Zusammenhang des Enneateuchs bringt".

dem Gesichtspunkt von gesellschaftlicher „Autonomie und Egalität" reflektiert. Denn ebenso lebendig wie die Zeiten der Staaten Israel und Juda und
der Verschleppungen in die Zwangsarbeit nach ihrem Ende ist das staatenlose freie Zusammenleben der Stämme in Erinnerung, das in den Erzählungen weitergegeben wird und seine Prägekraft besitzt. Die Suche nach gesellschaftlicher Egalität und Autonomie in diesem historischen Zeitraum ist kein
Zufall. Und in eben dieser Phase erfolgen richtungsweisende redaktionelle
Bearbeitungen des Buches.

Zudem schlägt sich im Richterbuch ein entscheidender antiker Vorgang
nieder: die Übertragung der Erbfolge von der Mutter weg auf den Vater.
In dem Moment, wo dies geschieht, ist das Patriarchat mit all seiner wirtschaftlichen und sozialen Macht geboren, und damit wird die Entstehung
zentraler Herrschaftshäuser und Königtümer möglich. Die Verdrängung der
Frau aus der historischen relativen Gleichheit der Gruppenstruktur eines
Stammes ist das entscheidende Moment, in der männliche Vorherrschaft
zur zentralisierten Staatsform und zur frühen Form der Klassengesellschaft
führt. Mit ihr geht die zukünftige Unterdrückung der Frau einher. „Der Umsturz des Mutterrechts war die *weltgeschichtliche Niederlage des weiblichen Geschlechts.*"[14]

An dieser historischen Nahtstelle bzw. an diesem historischen Nahtpro-
zess stehen die Erzählungen des biblischen Richterbuches. Sie widerspiegeln
diesen Prozess auf sehr greifbare Weise. Das Buch zeigt Frauenschicksale und
-situationen jeglicher Art dieser Epoche. Es zeigt Frauen stark, bekämpft, weinend, vergewaltigt, tot.

Die Frauen-Erzählungen

1. Als unumstritten „stärkste" der Frauen, von denen das Buch erzählt, gelten
Debora und Jaël (Kap. 4–5). Debora wird als einzige Frau – neben 11 Männern – als Richterin im juridischen Sinn bezeichnet. Zugleich heißt sie Pro-
phetin und Mutter in Israel. Zwar wird sie in den Übersetzungen gewöhnlich
Frau des (Mannes) Lappidot genannt, doch genauer übersetzt ist in 4,4 an eine

---

14 Engels, 61.

„Frau (aus dem Ort) Lappidot" zu denken, an eine freie „Herrin des Dorfes oder der Sippe Lappidot"[15]. Sie ist eine Anführerin, der Text schildert sie als Gestalt von unbestrittener Autorität. Es wird erzählt, dass ein Krieg gegen den kanaanäischen König Jabin und seinen General Sisera ansteht. In diesem Krieg kämpfen Gott und Volk gemeinsam (5,23) – darin unterscheidet sich diese Kriegsdarstellung von allen anderen im Richterbuch.[16] Debora fordert Barak auf, in diesen (theologisch) wichtigen Krieg zu ziehen. Barak jedoch erklärt ängstlich, nur mit Debora ins Feld gehen zu wollen, sie solle ihn begleiten. Debora macht ihn darauf aufmerksam, dass der Kriegsruhm nicht bei ihm, Barak, liegen wird, und dass Gott den General Sisera in die Hände einer Frau gegeben werde. Sie machen sich gemeinsam auf den Weg.

Nachdem Debora wiederum Barak auffordert, die Schlacht zu schlagen, besiegt Barak das feindliche Heer. Der unterlegene General Sisera flieht zu Fuß. Er findet Unterschlupf und Schutz im Zelt Jaëls, einer Angehörigen des befreundeten Nomaden-Stammes der Keniter. Auch sie bezeichnet der Text als „leitende Frau der Keniter-Gruppe"[17]. Auf seine Bitte hin gewährt sie Sisera Versteck, Stärkung und Schutz. Zugleich deutet der Text eine Vergewaltigung Jaëls an (5, 24–27). Als Sisera vom Schlaf überwältigt ist, bohrt Jaël ihm einen Pflock durch die Schläfe.

Erzählt wird also, dass Debora Israel zu einem (theologisch entscheidenden) Sieg verhilft, und Jaël es gelingt, sich vor einer Vergewaltigung zu schützen und den Feind Israels zu töten. Nach dem Sieg singen Debora und Barak (in dieser Reihenfolge) ein Lied, das möglicherweise zu den ältesten Textstücken der Bibel gehört. In dem Lied heißt es: *In den Tagen Jaëls stockten die Wanderzüge, die Straßengänger gingen krumme Wanderpfade, das Bauerntum, es stockte in Israel, stockte, bis du aufstandst, Debora, eine Mutter in Israel (5,6–7).* Mit beiden Frauen werden nicht nur der Siegesruhm, sondern auch Daten wirtschaftlicher Not verbunden.

Anders hingegen wird in derselben Erzählung von der Mutter des fliehenden Sisera gesprochen (5, 28–30). Sie wartet in ihrem Zelt auf die Heimkehr

---

15 Knauf, 68.
16 Andreas Scherer in: „Richter / Richterbuch, https://www.bibelwissenschaft.de/de/wibilex/dasbibellexikon/lexikon/sachwort/anzeigen/details/richter-richterbuch, 20.11.2019)
17 Knauf, 70.

des Sohnes und träumt von der Beute, die sie erhalten wird – sie sowohl als auch andere Frauen und Kriegsleute. Diese erhoffen sich jeweils 1 bis 2 Beutefrauen, jene bunte Brusttücher. Die Mutter des Generals wartet in dem ihr vom Patriarchat zugewiesenen Raum – dem Zelt –, auf Kriegsbeute, die das Ergebnis von Vergewaltigung anderer Frauen und Töchter sein wird. Sie steht nicht dagegen auf.

Der Text gewährt dem ungewöhnlichen Erfolg einer Frau breiten Raum, verteilt ihn aber zugleich auf zwei Personen: Zum Sieg Deboras über die Feinde gehört Jaël unabweislich dazu. Kann die patriarchal geprägte Redaktion des Buches den Sieg nur einer Frau allein nicht überlassen? Dennoch verbirgt der Text eben nicht die beiden starken Frauen hinter dem Kriegsmann Barak. Beide handeln selbstbestimmt und ohne männliche Einschränkungen außerhalb einer Besitz-Ehe. Dass der Text weitere patriarchale Schemata enthält – die der nährenden und tötenden Mutter zum Beispiel[18] – soll hier nicht näher ausgeführt werden.

Während Debora das Land zu 40 Jahren *Rast* führt und so in die Geschichte als bemerkenswerte Richterin eingeht und Jaël ob ihrer Tat gleich zweimal als vor allen Frauen *gesegnet (5,24) besungen* wird, bleibt die Mutter des Sisera im wirkungsträchtigen patriarchalen Gefüge, dem sie entspricht. Debora und Jaël tragen einen Namen. Die Mutter des Sisera ist namenlos.

Im Neuen Testament wird Barak als „Glaubenszeuge" gerühmt (Hebr 11,32–34). Debora und Jaël tauchen in beiden Testamenten nie wieder auf.

2. Der Erzählkreis des Richterbuches überhaupt, der Frauen zum Subjekt hat, beginnt mit der Geschichte von Achsa. Von ihr wird allerdings nur in vier Versen berichtet (1, 12–15), nicht in zwei Kapiteln wie bei Debora und Jaël. Achsa wird – gut patriarchal – von ihrem Vater dem Otniël zur Frau gegeben, der für diesen eine Stadt erobert hat. Daraufhin bittet Achsa ihren Vater, ihr als Segnung oder als Geschenk Wasserquellen zuteilwerden zu lassen, da er sie in einen trockenen Landstrich verheiratet. Sie steigt zu ihrer Bitte vom Esel herab, steht nun mit dem Vater auf Augenhöhe, und erhält die lebensnotwendigen Wasserquellen.

Die Erzählung zeigt eine Frau, die zwar in zwar untergeordneter Stellung ist, doch nicht ohne Macht. Sie erhält, was sie erbittet und kann dadurch ihr

---

18 Exum, 29, 34

Leben verbessern. Zudem ist sie die Frau des ersten Richters Otniël, von dem das Buch erzählt (3, 7–11), und sie wird in der Reihenfolge noch vor ihm erwähnt. Otniël verschafft dem Land vierzig Jahre *Rast*, nachdem er den König von Aram besiegt hatte. Das ist die zweithöchste Anzahl an Jahren, die das Buch an Richter positiv wertend vergibt. Als Frau dieses Richters wird Achsa als jemand dargestellt, die aktiv für sich selbst und ihre Versorgung eintritt – und für den Mann, der den Kreis der Richtererzählungen eröffnet. Sie sichert ihm mit der Beschaffung von Wasserquellen die Existenzgrundlage, die es ihm ermöglicht, in die Richtergeschichte einzutreten. Und sie trägt einen Namen.

3. Eine weitere Figur ist die Frau, die den Mühlstein wirft (9, 53f.). Der Text verliert nur zwei Verse über sie, doch ist diese Frau für die Aussagetendenz des Richterbuches von ausschlaggebender Bedeutung. In der Erzählung geht es um Abimelech, der sich, nachdem er seine 70 Brüder ermordet hatte, zum König machen lässt. Bei der Belagerung der Stadt Tebez nähert er sich einer Zitadelle, in die sich die Bewohner geflüchtet haben. Als er dicht an sie herangekommen ist, wirft eine Frau einen Mühlstein hinab, der Abimelech den Schädel zerschmettert. Abimelech kommt gerade noch dazu, seinen Waffenträger aufzufordern, ihn zu töten, damit es später nicht heiße, König Abimelech sei von einer Frau erschlagen worden.

Diese Erzählung ist deshalb richtungsweisend, weil der Text erstmalig im ganzen Buch die Entstehung des Königtums thematisiert – um es eindeutig abzulehnen. Der erste König der Geschichte des Volkes Israel wird von einer Frau erschlagen! Eine offensichtlich freie Frau ist es, die das Königtum – für einen historischen Moment jedenfalls – scheitern lässt. Eine Frau ist es, die die radikale Jotamsfabel (9, 7–21), nach der ein König in Israel nur einer nichtsnutzigen Dornenranke gleicht, bekräftigt. Eine Frau ist es, die mit einem typisch weiblichen Arbeitsgerät, dem Mühlstein zur Herstellung von Mehl, einen König zu Tode bringt, der eigentlich durch Macht und Kriegskunst in die Geschichte eingehen will. Eine freie Frau ist es, die in die Verteidigung der Stadt einbezogen ist, und also nicht unter patriarchaler Vormundschaft steht. Um keinen Preis will der König durch eine Frau umgebracht werden. Das würde ihn entehren. Die Aufforderung an den Waffenträger, ihn zu töten, ist eine Kampfansage par excellence an die freie Frau.

Der Text will das Königtum unzweifelhaft bloßstellen, er erweist sich als unerhört königskritisch. Die an die Erzählung von der Frau mit dem Mühlstein anschließende Jotamsfabel ist nach Martin Buber „die stärkste antimonarchische Dichtung der Weltliteratur"[19]. Unterlegt wird sie von einer Frauengestalt. Allerdings wird die Frau in keiner Weise belobigt oder besungen. Ihre Tat bleibt unkommentiert. Einen Namen billigt der Text dieser Frau nicht zu.

4. Etwa in der Mitte des Buches kehrt sich die redaktionelle Erzählabsicht des Buches um. Ging es bis hierher um Frauen, die offensichtlich aus Stammesgemeinschaften heraus aktiv handeln, soll nun herausgearbeitet werden, dass das Richtertum überwunden und durch das Königtum abgelöst werden müsse. Mit dieser Absicht fügt die Redaktion das Buch in den biblischen Kanon ein, in dem das Königtum eine zentrale Rolle spielt.

Am Anfang der „Abwärtsspirale" für das freie Richtertum steht die Erzählung von der Tochter des Richters Jiftach (12, 29–39). Jiftach will einen Kampf gegen die Ammoniter gewinnen und legt ein Gelübde ab. Das erste Lebewesen, das ihm nach seinem Sieg und der Rückkehr in sein Haus entgegenkomme, wolle er Gott zum Opfer bringen. Was ihm nach dem Sieg dann freudenvoll entgegentanzt, ist seine Tochter, die einzige, wie der Text ausdrücklich betont. Kunstvoll wird das Entsetzen des Vaters beschrieben. Doch er erhebt einen irrsinnigen Vorwurf an die Tochter: *Du stürzest, stürzest mich hin, wirst, du, mir zur Zerrüttung* (Ri 11,35). Er bindet sich starr an sein eigenes Gelübde, ohne daran zu denken, dass es laut Tor möglich wäre, sich davon zu lösen. *Ich kann nicht zurück*, ist seine Reaktion. Die Tochter sieht sich in der vollen Verfügungsgewalt des Vaters und widerspricht seinem Opfergelübde nicht. Sie erbittet sich nur zwei Monate, um in die Berge zu gehen und mit ihren Freundinnen ihre kinderlose Zukunft *(ihre Jungfrauenschaft)* zu beweinen.

Jiftach bringt ein Menschenopfer, lässt der Text wissen. Die hebräische Bibel lehnt jedoch jedes Menschenopfer – in der Antike durchaus üblich – in jeder Hinsicht entschieden ab. Der Text hätte natürlich – ähnlich wie bei der Geschichte von der Opferung Isaaks durch den Vater Abraham (1. Mose 22) – Gott eingreifen lassen und die Opferung verhindern können, doch er tut es nicht. Warum nicht?

Da sich der Erzählfaden des Buches dem Verfall des Richtertums zuzuwenden beginnt, möchte der Text bis auf die Spitze getrieben zu erkennen geben, dass die Richter, die spontan und nur nach existentieller Notwendigkeit von den Stammesverbänden zusammengerufen werden, keine Perspektive

---

19 Zitiert nach: Entstehung AT, S. 216.

hat. Die geschichtliche Waagschale der Vorgängerzeit – so die Redaktion – neige sich dem Königtum zu. Und so ist die zu opfernde Tochter ein unüberbietbares Moment für die Verurteilung des freien Richters Jiftach. Der Text verfemt Jiftach nahezu. Seine Richterzeit bemisst der Text mit 7 Jahren als zweitkürzeste nach dem gestürzten König Abimelech.

Dafür wird im Text ein hoher Preis bezahlt – nicht nur mit der Zukunftslosigkeit der Tochter, sondern auch mit der Zukunftslosigkeit des Vaters, der ohne Nachkommenschaft bleiben wird. Im tribalen Verband ist das eigentlich undenkbar.

Doch zugleich hält der Text die Frage nach dem Menschenopfer jedoch in eigentümlicher Weise offen. Er erzählt nicht direkt vom Vollzug des Opfers. Es heißt, der Vater *tat an ihr sein Gelübde, das er angelobt hatte. Sie hatte einen Mann nicht erkannt* (11, 39). Damit wird nicht ausdrücklich festgestellt, dass die Tochter geopfert wurde. Insofern lässt der Text mehrere von Interpretationen zu. Sie reichen von der Möglichkeit, dass eine Art Initiationsritus aus Anlass der ersten Menstruation eines Mädchens geschildert wird, über ein jährliches Frauenritual, mit dem einer zur Ehelosigkeit verurteilten Tochter gedacht werden soll[20] bis hin zur Opfererzählung, in der der Vater tatsächlich die Tochter einer Vatergottheit darbringt. In den Gesamtduktus des Richterbuches passt letztgenannte Möglichkeit am besten.

Indem der Text sodann von einer gelebten Solidarität der jungen Frauen mit der Tochter spricht, schreibt er auch den Freundinnen ein eigenes Handlungspotenzial zu und gewährt ihnen als Gestalten gegen die Wildnis ein Eigengewicht. Sie haben Handlungsfreiheit, jedoch nur unterhalb der Respektierung der männlichen Stammes- und Vater-Dominanz. Sie finden und nehmen sich Freiräume innerhalb des Patriarchats, und sie leben weibliche Gemeinschaft. Aber sie verbleiben in der patriarchalen Begrenzung.

Eine selbstbestimmte Lebensgestaltung im Rahmen der Wildnis für Frauen ist ab jetzt im Buch ohne Aussicht. Im biblischen Kanon gibt es auch keinerlei Rückbezug auf die Tochter Jiftachs und ihre Freundinnen. Sie verschwinden spurlos – im Gegensatz zum Vater, der in späteren Texten wieder auftaucht und im Neuen Testament wie andere Richter lobend erwähnt wird (Hebr. 11,32–34). Die Freundinnen und die Tochter bleiben namenlos.

---

20 Jost, 205.

5. Auch den darauffolgenden Simson-Zyklus (Kap. 13–16) prägen Frau-en-Figuren, an denen die nunmehrige Absicht des Buches vielfach festge-macht wird. Diese Frauen spielen im Leben des versagenden freien Stam-mes-Helden eine entscheidende Rolle – die Erzählung verfolgt das mit „starkem Interesse"[21]. Der „ineffizienteste aller Philisterbekämpfer der Bibel, die Karikatur eines ‚Retters'"[22], der „brachiale Tölpel" Simson wird von den Redaktoren wie in einer Tragikomödie vorgeführt, nur um das zum Versagen verurteilte Richtertum zu illustrieren. Und es sind eben die Frauen-Gestalten, an denen der Text dies deutlich werden lässt.

Einerseits wird Simson durch eine Geburtsgeschichte in die Welt gesetzt, die alle Voraussetzungen für eine gottgewirkte Mission enthält (Kap. 13). Ei-ner unfruchtbaren Frau wird durch den Boten Gottes die Geburt eines Sohnes verheißen. Damit knüpft der Text an das antike Motiv der kinderlosen Frau an, die durch das Eingreifen einer Macht von außen ihrer Unfruchtbarkeit enthoben wird. Der Text stellt Simson damit in einen großen Erwartungsrah-men. Das Kind wird ein Nasiräer sein, der sein Haupthaar nicht schert und in ganz besonderer Weise Gott geweiht ist. So wird Simson als jemand in die Geschichte gestellt, der *befreien* (13,5) und die jahrhundertelange Bedrohung Israels und Judas durch die Philister beseitigen soll. Der Text bringt starke zeitgeschichtliche Hoffnungen zum Ausdruck.

Die Mutter Simsons ist ausschließlich durch ihren Mann Manoach defi-niert, einen Namen trägt sie nicht.

Andererseits versagt der herkulesstarke Simson in dieser seiner Mission kläglich. Er kommt dabei zu Tode. Der Text nimmt wiederum Märchen- und Sagenmotive auf, die aus anderen antiken Zusammenhängen bekannt sind. Mit ihnen illustriert er das Misslingen der Taten dieses Richters, obwohl über ihn hin und wieder Gottes Geist kommt. Und während die Mutter dem in ihr heranwachsenden Kind eine „gottgeweihte" Zukunft eröffnet sieht (13,24) – aber eben nur in ihrer Mutterfunktion, dem Hauptlebensinhalt[23] von Frauen im Patriarchat – tragen die drei anderen Frauen zu seinem Scheitern bei[24]. Zwei

21 Exum, 44.
22 Knauf 135.
23 Exum, 48.
24 Dass in der Erzählung auch mehrere sexistische Elemente zum Tragen kommen und dass die Geschlechterverhältnisse in das Schema der Stammesverhältnisse untereinander ge-presst werden, hat Exum, 44–56, deutlich herausgearbeitet. Andererseits könnten in der

von ihnen liebt Simson ausdrücklich, wie der Text nicht verschweigt. Keine von den dreien wird Mutter genannt. Keine von ihnen wird Mutter werden.

Da ist zunächst die philistäische Frau aus Timna (Ri 14), die Simson zur Frau haben möchte[25] und um die er Vater und ausdrücklich auch die Mutter[26] bittet. Unter der Androhung, sie selbst und ihr Vaterhaus zu verbrennen, wird diese Frau von ihren eigenen Leuten gedrängt, dem Simson die Antwort auf ein Rätsel zu entreißen. Nachdem ihr dies gelungen ist, wird sie durch männliche Verfügungsgewalt einem anderen Mann gegeben, dem Brautführer Simsons, seinem Freund. Als Simson sie besuchen möchte, verweigert ihr Vater ihm den Zutritt zum Haus und bietet ihm statt der Ehefrau die jüngere Schwester an (das patriarchale Motiv der „Ersatzfrau" begegnet auch in Kapitel 19). Simson lässt sich zu einem Rachetakt hinreißen, der zur Folge hat, dass die Philister die Frau und deren Vater verbrennen.

Die Erzählung distanziert sich schon hier vom freien Richter Simson ausdrücklich. Sie stellt Simson als jemanden dar, der nicht in der Lage ist, ein Geheimnis für sich zu behalten und seine eigene Frau, die zu nehmen ihm Gott eingegeben hat (14,4), zu bewahren.

Sodann wird erzählt, wie sich Simson in Gaza zu einer freien Frau legt, was ihm eine Todesdrohung durch die Stadtbewohner einbringt. Diese Frau ist die Folie dafür, Simsons Stärke zu demonstrieren und die Todesdrohung durch Leute aus Gaza unwirksam sein zu lassen. Der Text gibt zu erkennen, dass Simson es zwar noch (!) fertigbringt, seine Feinde durch seine körperliche Stärke im Zaun zu halten und zu besiegen. Doch angefeindet bleibt er in steigendem Maß.

Der für das Richterbuch entscheidende Schlag gegen ihn gelingt hingegen, indem es erzählt, dass Simson liebt. Der freien Frau Delila offenbart Simson sein „ganzes Herz", gleich zweimal betont das der Text. Delila heißt „die Schwache", und der Text macht mit diesem Namen deutlich, dass der übermenschlich starke freie Richter Simson (übersetzt „die Sonne") ausgerechnet durch eine schwache Frau zu Fall und zu Tode kommt. Dass die

Erzählung auch die Frauen für die unterdrückenden Philister, Simson jedoch für die unterjochten Israeliten stehen.

25 Knauf hat die Geschichte die erste „Liebesheirat" der Weltliteratur genannt, 136.
26 Der Text „verlängert" die tragende Rolle der Mutter bedeutsam, indem er Simson mit beiden Elternteilen im 14. Kapitel noch mehrfach in Kontakt bringt.

legendäre Stärke des Simson in seinem ungeschorenen Haupthaar liegt, erfährt das Auditorium jedoch erstmalig überhaupt durch die Frau Delila – ein Schlüsselmoment der Erzählung! Weil es auch ihr gelingt, ihm mit Hilfe des Vorwurfs, er liebe sie nicht, das Geheimnis seiner Stärke zu entlocken (wofür ihr ein Übermaß an Geld geboten wird[27]), verliert er nun seine Unangreifbarkeit. Ihr verrät er, dass seine Kraft in seinem ungeschorenen Haar liegt. Im Schlaf schneidet Delila nun Simson dessen *sieben Strähnen* ab und beginnt *seine Überwältigung* (16,19). So gelingt es den feindlichen Philistern, Simson gefangen zu nehmen, zu blenden, zu demütigen, zu erniedrigen und zu Tode zu bringen. Durch sein nachwachsendes Haar kommt Simson zwar noch einmal zu Kräften, doch nur, um sich selbst und eine Vielzahl anderer Menschen mit sich in den Tod zu reißen.

Simsons Scheitern als Richter wird vom Text in dramatischer Stärke und unter breiter Anleihe außerbiblischer antiker Motive festgehalten. Was bleibt, ist der triumphalistische Texteindruck, dass durch die Taten der beim Namen genannten Frau Delila endlich der Richter verschwindet, der das Richteramt ad absurdum führt. Im Neuen Testament wird Simson, wie andere neben ihm, lobend erwähnt (Hebr 11,32–34). Von Delila fehlt jegliche weitere Spur im biblischen Kanon.

Delila ist die vierte Frau im Richterbuch, die einen Namen trägt – neben Achsa, Debora und Jaël. Doch ihre gesellschaftliche Rolle ist der ihren entgegengesetzt.

6. Aus wieder einem anderen Erzählgut stammen die Kapitel 17–21 des Richterbuches, die an den Simson-Zyklus anschließen. Sie wurden redaktionell dem inneren Erzählkreis 3–16 angefügt, um die Aussagetendenz des Buches als Brückenfunktion zu den Königsbüchern zu verstärken. Sie sind geprägt vom königsfreundlichen Leitmotiv des Buches: *In jenen Tagen gab es keinen König in Israel, jedermann tat, was in seinen Augen gerad war.* (17,6 u.a.)

In den Kapitel 17 und 18 wird ausführlich dargestellt, wie der Stamm (oder die Sippe) Dan zu einem eigenen Kultbild kommt. An der Spitze dieser Erzählung steht eine Mutter. Ihr wird – die bereits von Delila bekannte – Summe von 1.100 Schekel Silber gestohlen, sie ist also eine reiche Frau. Nachdem

---

27 3.300 bis 5.500 bis Schekel, tausend Schekel Silber hatten um das Jahr 400 eine Kaufkraft von etwa 2 Millionen Schweizer Franken; nach Knauf, 142.

sie den Dieb verflucht hat, gesteht ihr der eigene Sohn Micha, das Geld genommen zu haben. Jedoch will er es ihr wieder zurückgeben. Daraufhin segnet die Mutter den Sohn und bekundet die Absicht, *aus meiner Hand für meinen Sohn ein Schnitz- und Gussbild zu machen* (17,3). Sie nimmt 200 Schekel und lässt daraus ein Götterbild, einen Efod, herstellen. Sodann erzählt der Text ausführlich, wie im Gebirge Ephraim, dem Wohnort Michas, Angehörige des Stammes Dan Siedlungsgebiet erobern, den Priester Michas anwerben, ihm das Gottesbild sowie weitere Kultgegenstände entwenden, um sie in ihrem Heiligtum in Schilo aufzustellen, und die Stadt Lachisch niederbrennen.

Das entwendete Götterbild bringt die Redaktion des Richterbuches am Ende der Erzählung (18, 27–30) mit der Kultgeschichte Königs Jerobeams II. in Beziehung (2. Kön 14, 23–29). Diesem König wird zwar – theologisch – vorgeworfen, an den Kulthöhen in Bet-El und Dan festgehalten und damit andere Götter verehrt zu haben. Dennoch erfährt der König eine insgesamt positive Bewertung in der kanonischen Redaktion. Auf der Erzählebene des Buches leistet diese Mutter durch die Finanzierung des Götterbildes also einen wesentlichen Beitrag für den Bestand des Königtums. Sie sichert dem danaitischen Kultort den entscheidenden religiösen Gegenstand, der das Heiligtum zu dem macht, was es sein soll. Dass das Götterbild nicht – wie der Text selbst sowie einige Kommentatoren[28] fälschlich behaupten –, das Bild des Sohnes Michas ist, sondern dass es ausdrücklich auf die Mutter zurückgeht (17,3), wird oftmals einfach übersehen oder übergangen. Einen Namen trägt die Mutter nicht.

7. In die tiefsten Abgründe des Richterbuches führen die Kapitel 19 bis 21. Wiederum unter dem Leitmotiv *In jenen Tagen gab es keinen König in Israel, jedermann tat, was in seinen Augen gerad war*, wird von einer Schreckenstat erzählt, die nur deshalb zustande kommen konnte, so der Subtext, weil die freien Stämme sich untereinander befehden, die Tora nicht mehr gilt, eine staatliche Zentralmacht nicht existiert, und eine solche also erforderlich ist.

Die namenlose Nebenfrau eines Leviten verlässt ihren Mann und begibt sich wieder in ihr Vaterhaus. Der Levit will sie zurückholen und verweilt ganze fünf Tage im Haus des Schwiegervaters, um mit ihm reichlich zu essen und zu zechen. Schließlich bricht er auf und gerät zur Nacht in die benjaminitische Stadt Gibea, in der er und sein Knecht sowie die Nebenfrau Herberge finden.

28 Entstehung AT, 228.

Einige Bewohner der Stadt – *ruchlose Buben, die Männer* (19,22) – gehen zu dem
Haus und fordern mit der erklärten Absicht, ihn homosexuell vergewaltigen
zu wollen, das Erscheinen des Leviten. Der gastgebende Hausherr will das
Gastrecht nicht verletzen und bietet den Männern seine eigene jungfräuliche
Tochter anstelle des Gastes an. Als die Männer darauf nicht eingehen, nimmt
der Levit unaufgefordert seine Nebenfrau und bringt sie hinaus auf die Straße. Dort wird sie die ganze Nacht über vergewaltigt. Mit der beginnenden
Morgendämmerung schleppt sie sich zur Haustür, wo sie stirbt. Als der Levit
am Morgen aufbrechen will, fordert er die Nebenfrau auf, aufzustehen und
loszugehen. Da sie nicht antwortet, legt er sie auf seinen Esel und kehrt nach
Hause zurück. Dort zerteilt er die Frau in 12 Stücke und sendet sie in das ganze Gebiet Israels, die fiktiven 12 Stämme.

Die Tat löst Entsetzen aus: *Nicht ist geschehen, nicht war ersehn wie dieses von
dem Tag an, da die Söhne Israels heraufzogen vom Land Ägypten* (19,30). Sie führt zu
einer ausführlich beschriebenen Schlacht, in der die sich unter „Israel" zusam-
menfindenden Stämme den Stamm Benjamin, der für die Tat verantwortlich
gemacht wird, nahezu ausrotten. Die Angehörigen der Stämme Israel schwö-
ren sich, dem Stamm Benjamin niemals wieder eigene Töchter zu Frauen zu
geben. Doch löst das Ende des Stammes Benjamin ein Weinen, *ein sehr großes
Weinen* (21,2) in Israel aus. Damit der Stamm Benjamin wiederhergestellt werden kann, werden aus dem Ort Jabes jungfräuliche Mädchen geraubt und den
übriggebliebenen Benjaminitern gegeben, alle Männer und alle verheirateten
Frauen (!) von dort jedoch werden getötet. Weil die Anzahl der Beute-Jung-
frauen noch immer nicht ausreichend ist, schlagen die Stämme vor, Frauen aus
der Gegend um Schilo zu rauben und damit die fehlenden weiblichen Reihen
bei den Benjaminitern aufzufüllen. Sie wollen sie sogar geschenkt haben, weil
sie in der Schlacht selbst keine (weibliche) Kriegsbräute gewonnen hätten.

Mahnend wird die Erzählung mit *In jenen Tagen gab es keinen König in Israel, jedermann tat, was in seinen Augen gerad war* (21,25) beschlossen.

Diese maßlose Gewaltgeschichte[29] spricht im Blick auf die Konzeption des
Buches eine klare Sprache. Ein Angehöriger eines – den Tempel und damit
das Königtum stützenden – Priesterstammes rächt auf vermeintlich helden-

---

29 Knauf, 162, hat (sarkastisch) ausgerechnet, mit welchen Zahlen das Richterbuch aufwar-
    tet: „Bis zum Ende von Kapitel 18 hat das Auditorium des Buches 189.515 gezählten
    Fällen von Mord und Totschlag beigewohnt, am Ende von 19 sind es 189.516, am Ende

hafte Weise das Leben seiner zu Tode geschundenen Frau und ist doch nur ein ehrloser und lügnerischer (20,5) Halunke. Israels Stämme bekriegen sich in einem Bruderkrieg, der fast zum Ende des ganzes Stammes Benjamin führt, und nur noch ein abgrundtiefes Weinen zur Folge hat. Eine Vielzahl geraubter Frauen fremder Herkunft soll ein Übermaß an Kriegstoten wieder gutmachen, was durch das Vergewaltigungsgeschehen an einer einzigen Frau jedoch völlig abwegig wirkt.

Das theologische Richterbuch ist an einem Tiefpunkt angelangt. Das historische Richterbuch hat sein Ziel erreicht.

Stark. Bekämpft. Weinend. Vergewaltigt. Tot.

Mit dem Richterbuch liegt ein Dokument einer etwa tausendjährigen Epoche vor. Das Buch – und seine Redaktion – spiegeln Staatenlosigkeit und Staat gleichermaßen. Es ist es ein Werk, in dem sich der Diskurs darüber mit allem Für und Wider wiederfindet. Die verschiedenen redaktionellen Bearbeitungen, die der Text aufweist, verraten diese streitenden Standpunkte.

Seine entscheidende Aussagekraft erhält das Buch durch die historische Revolution, die das Mutterrecht umstürzte – „eine der einschneidendsten, die die Menschen erlebt haben"[30]. Aufgrund dieses Umsturzes wurden Frauen ihrer Stimme, ihrer Stellung, ihrer Freiheit, ihrer Rechte, ihres Person-Seins beraubt. Das entstehende Patriarchat muss die Wirkungsmächtigkeit und den Widerstand von Frauen allmählich brechen und überwinden. Insofern spielen Frauen im Richterbuch oftmals eine Schlüsselrolle. Der Übergang von der Wildheit zur Staatlichkeit kann nicht anders als an ihnen festgemacht werden. Doch dieser Übergang währt Jahrhunderte, und nur allmählich und auch nicht vollständig lässt sich die Geschichte von Frauen mit den dazugehörigen Erzähltraditionen zum Verschwinden bringen. Und so führt der Erzählfaden von Frauen, die selbstbewusst handeln und unbedroht sind, hin zu Frauen,

---

dann 236.646 … Um den fast ausgerotteten Stamm Benjamin wiederherzustellen, werden am Ende 400 Frauen zwangsverheiratet und 200 weitere gekidnappt, wird also die Banden-Vergewaltigung einer Frau in 19 durch die Massenvergewaltigung von 600 Frauen in 21 ‚kompensiert'".
30 Engels, 60.

die Opfer männlicher Vorherrschaft und hierarchischer Macht werden. Wie in einem Brennglas fasst das Buch einen jahrhundertelangen Prozess zusammen und lässt Hörende und Lesende an einer menschheitlichen Entwicklungsepoche teilnehmen. Dabei spielen Namen eine erhebliche Rolle.

Die Frauen Debora, Jaël, Achsa und die Frau mit dem Mühlstein sind Frauen, deren Leben in der Erinnerung der Stämme wachgehalten worden ist. Das wird dadurch belegt, dass sie Namen tragen und dass das Wissen um ihre Taten nicht verschüttet ist. Die Texte lassen die Frauen gesellschaftliche Persönlichkeiten sein. Sie nehmen ihnen nicht ihre Stellung, zu einer freien Assoziation von Menschen zu gehören, die ihr Schicksal mitbestimmen. Sie sind als Frauen der Wildnis gezeichnet und damit ungebunden und selbst entscheidend, wenn es um gesellschaftliche Weichenstellungen geht. Sie sind Favoritinnen der freien Stämmeverbände. Die redaktionellen Stimmen, die ihre Texte bearbeiten, nutzen diese Frauengestalten für ihre eigene gesellschaftliche antimonarchische, königskritische, „republikanische" Haltung.

Die anderen Redaktorenstimmen kommen in den königsfreundlichen, richterkritischen Reaktionsschichten zu Wort. Sie sind vermutlich am Tempel angesiedelt. Ihnen ist es darum zu tun, aus den geschichtlichen Überlieferungen die Unabdingbarkeit des Königtums abzuleiten trotz des Scheiterns Israels 722 und Judas 586. Sie suchen dabei den Vergleich mit anderen Staaten und bearbeiten die Texte in einem Sinne, der ihrer Auffassung nach der Aufstellung des hebräischen Kanons und seiner Theologie dient.

Bis auf Delila tragen alle Frauen in den Erzählungen, die für das Königtum plädieren, keine Namen. Ihre Anzahl überwiegt die der namentlich genannten Frauen, die freien Stämmen angehörigen, außerdem bei weitem. Die Tochter Jiftachs, ihre Freundinnen, die Mutter und die Frauen Simsons, die Mutter Michas, die zu Tode vergewaltigte Nebenfrau sowie die Beutefrauen des Krieges gegen die Benjaminiter bleiben als Personen allermeist unbekannt. Zudem werden sie zu Instrumenten für eine Haltung gemacht, die mit dem Königtum eine Gesellschaftsstruktur vorantreiben, die ihren eigenen Lebensinteressen grundsätzlich zuwiderläuft – das Patriarchal, das zentralistisch und hierarchisch strukturiert sein wird und Frauen den häuslichen Hintergrund zuweist und oftmals männlicher Gewalt ausliefert.

Warum trägt einzig Delila einen Namen? Sie wird von den monarchistischen Stimmen der Redaktion als Negativfolie gebraucht. An ihr soll – exponiert durch ihren Namen, ihre Tat und ihre Verbindung mit dem „Anti"-Richter Simson – die Unhaltbarkeit des Richtertums besonders drastisch dargelegt werden.

Zudem durchzieht das Richterbuch das Motiv des Weinens. Nicht nur die Tochter Jiftachs weint. Das Buch beginnt und endet mit dem Weinen. Da alle Erzählungen des Buches seiner theologischen Grundtendenz dienen, das Gebot der ausschließlichen Ehrung des einen und einzigen Gottes JHWH herauszustellen, der die Einheit des Volkes als sein Gegenüber benötigt[31], ist das Motiv des Weinens besonders aussagestark. Das Weinen setzt der Text immer dann ein, wenn das 1. Gebot der Tora verletzt und ausgehebelt wird: Das Volk weint über seine eigene tora-ungemäße Haltung, da es die Altäre anderer Völker nicht abreißt (2,1-5), Jiftachs Tochter und ihre Gefährtinnen weinen über die tora-ungemäße Handlung des Vaters, die ihn nicht sein Gelübde widerrufen lässt, obwohl dies nach der Tora möglich wäre (11,38), die Stämme weinen *ein großes Weinen* über die tora-ungemäße Gewalttat des Stammes Benjamin (21,2), die „Israel" fast nicht mehr als Ganzes bestehen sein lässt.

Neben diesem theologischen Aspekt geben die Erzählungen Antwort auf die gesellschaftlichen Turbulenzen des 1. Jahrtausends v.u.Z.: Achsa kämpft gegen die Konzentrierung des Großgrundbesitzes und gegen die sich durchsetzende Land-Akkumulation zuungunsten einer wasserlosen armen Bevölkerung; Debora und Jaël erringen einen militärischen Sieg angesichts einer sich anbahnenden gesellschaftlichen Hierarchisierung; Delila und die namenlosen Frauen im Simson-Zyklus kämpfen indirekt gegen das Mischehen-Verbot des entstehenden Judentums; die namenlose Mühlsteinwerferin tritt gegen das Königtum an.

Doch die getötete Frau Simsons, die Mutter Michas, die namenlose Ehefrau des Leviten, die zahllosen für den Stamm Benjamin geraubten jungen Frauen kämpfen nicht mehr. Sie sind zum Schweigen gebracht und der Gewalt ausgeliefert worden.

Insofern es im Richterbuch um Königskritik und Richterkritik geht, geht es in ihm um Gesellschaft. Darum müsste die Frage nicht lauten: „Was sagt das Richterbuch den Frauen?", wie die Autorin Cheryl Exum meint, sondern eher: Was sagt das Richterbuch über die Frauen? Und insofern hat es seine

---

31 Kratz, 197.

bleibende Bedeutung. Nach der verlorenen Epoche des ungeheuer mühsamen Versuches, gesellschaftliche Strukturen zu errichten, die nicht Barbarei mit sich bringen, sondern Sozialität, Humanität und Gleichberechtigung, ähnelt die Wirklichkeit für die Mehrheit von Frauen weltweit heute wieder der des Richterbuches: Sie sind stark, bekämpft, weinend, vergewaltigt, tot. Indem das antike Richterbuch solche Realität widerspiegelt und benennt, bleibt es für Menschen, die für ein menschheitliches Zusammenleben in politischer Autonomie, sozialer Gerechtigkeit und (Geschlechter-)Egalität plädieren, ein aktuelles, ein lesenswertes, ein lehrreiches, ein aufklärerisches Dokument.

Literatur

Alexander Demandt: Antike Staatsformen, Berlin 1995

Walter Dietrich, Hans-Peter Mathys, Thomas Römer, Rudolf Smend: Die Entstehung des Alten Testaments, Stuttgart 2014 [Entstehung AT]

Friedrich Engels: Der Ursprung der Familie, des Privateigentums und des Staats, MEW 21, Berlin 1984, S. 30-173

Cheryl Exum: Was sagt das Richterbuch den Frauen?, Stuttgart 1997

Renate Jost: Gender, Sexualität und Macht in der Anthropologie des Richterbuches, Stuttgart 2006

Ernst Axel Knauf: Richter, Zürich 2016

Reinhardt G. Kratz: Die Kompositionen der erzählenden Bücher des Alten Testaments, Göttingen 2000

Andreas Scherer in: „Richter/ Richterbuch", https://www.bibelwissenschaft.de/de/wibilex/dasbibellexikon/lexikon/sachwort/anzeigen/details/richter-richterbuch, 20.11.2019

Ton Veerkamp: Autonomie und Egalität, Berlin 1993

Der Vortrag befasst sich mit dem biblischen Text, wie er gewachsen ist und heute vorliegt. Biblische Zitate sind kursiv gesetzt und folgen der Verdeutschung der Hebräischen Bibel durch Martin Buber und Franz Rosenzweig. Eine allgemeine Kenntnis der Geschichte des biblischen Altertums ist vorausgesetzt.

Ich widme diesen Vortrag meinem theologischen Lehrer Ton Veerkamp.

Dieter Kraft

Macht und Sprache

Diskussionsbeitrag für die Konferenz des Marxistischen Forums
„Die Sozialisten und die Macht heute", 5./6. Oktober 1996, in:
Marxistisches Forum Heft 11/12, Januar 1997, S. 25–30

Ich bin angefragt worden, etwas über den Zusammenhang von Macht und Sprache vorzutragen. Und leichtsinnigerweise habe ich zugesagt, ohne den hohen Anspruch zu bedenken, der sich bei einem solchen Thema aus sprachwissenschaftlicher Sicht einstellt. Nun bin ich aber gar kein Philologe und muss deshalb zu der Hilfskonstruktion greifen, dass das bei der angezeigten Problematik nicht nur ein Nachteil sein muss. Jedenfalls werde ich sprachphilosophische, semantische, strukturanalytische oder metalinguistische Fragestellungen nicht in den Mittelpunkt stellen – obwohl auch das seinen ganz eigenen Reiz hätte, wenn man nur bedenkt, wie alt die Reflexion des Verhältnisses von Macht und Sprache ist.

Natürlich nicht so alt wie dieses Verhältnis selbst, das ja durchaus als ein soziologisches Grundphänomen angesehen werden kann und in seiner permanenten Reproduktion gerade auch für die Pädagogik eine anhaltende Herausforderung darstellt. Kein Kind erlernt seine Muttersprache jenseits der Erfahrung von Macht und Ohnmacht. Dabei geht es nicht nur um die sich sprachlich vermittelnden Machtverhältnisse in Familie und Gesellschaft. Es geht zugleich auch um die unmittelbare Erfahrung von Sprache als Macht und um die Erfahrung von Macht als Sprache. Das lässt sich psychologisch ausleuchten, und es lässt sich vor allem auch sprachgeschichtlich untersetzen. Letzteres vorzüglich dort, wo der Zusammenhang von Macht und Sprache bewusst reflektiert wird. Und das ist in der Antike in all jenen religionsphi-

losophischen Systemen der Fall, die von einem Logos konstituiert und beherrscht werden.

Im Deutschen übersetzen wir das griechische „logos" mit „Wort". Und
in der Regel fällt dann auch einem guten Marxisten gleich der Prolog des
Johannes-Evangeliums ein, in dem es in Luthers Übersetzung heißt (1,1-3):
„Im anfang war das Wort, Und das Wort war bey Gott, und Gott war das
Wort. Das selbige war im anfang bey Gott. Alle ding sind durch dasselbige
gemacht, und on dasselbige ist nichts gemacht, was gemacht ist." Bekanntlich
wollte Goethes Faust am Anfang lieber eine Tat sehen, weil er „das Wort so
hoch unmöglich schätzen" konnte. Aber wie schon der in griechischer Lo-
gos-Terminologie interpretierende Johannes-Prolog zu erkennen gibt: für antikes Denken ist „logos" weit mehr als nur das „Wort". Es ist eine Macht, in
der das Wort „tatsächlich" wird.

Und nun verkürze ich noch mehr und sage: Hier widerspiegelt sich
kollektive Erfahrung, die um den Zusammenhang von Sprache und Macht
weiß – und auch darum, wie umfassend und bestimmend dieser Konnex sein
kann. Die Antike hat ja denn auch nicht zufällig ein umfassendes Regelwerk
der Sprache geschaffen und sich in Grammatik, Poetik und Rhetorik geübt.
Nicht nur aus reinem Hedonismus und also aus purer Lust an der Ästhetik
des Wortes, sondern sehr wohl auch mit dem Ziel, über dieses Regelwerk an
der Macht des Wortes teilhaben zu können. Cicero begann seine politische
Karriere als Rhetoriker. Und das griechische Theater wollte nicht Zeitvertreib
bieten, sondern Macht über die Menschen gewinnen, um sie in die Katharsis,
in die seelische Reinigung führen zu können.

Ich belasse es bei diesen Andeutungen, die mir aber wichtig sind, weil
sie belegen, dass das Thema Sprache und Macht eine sehr lange Tradition
hat und eigentlich ein Menschheitsthema ist. Und als solches sehr wohl auch
kompatibel mit der Engelsschen Einordnung der Genese von Sprache. Engels
stellte sie in Zusammenhang mit der Arbeit und deren Anteil an der Menschwerdung des Affen, wobei er den Machtcharakter der Sprache in diesem Kontext nur in seiner Beziehung auf die Entwicklung kollektiver Naturbeherrschung hervorhebt.[1]

---

1   Friedrich Engels, *Dialektik der Natur*, MEW Bd. 20, S. 446ff., Berlin 1962.

Doch genau hier lässt sich anknüpfen und feststellen: Wäre es bei der einfachen Konstellation Mensch-contra-Natur geblieben, dann würden wir uns wohl auch heute noch in Ellipsen unterhalten. Eine Kommunikationsform, die ja nicht ausgestorben ist, sondern in weiten Bereichen der Arbeitswelt ihren Sitz im Leben hat – zumeist dort, wo Verständigung ausschließlich der Naturbeherrschung dient, wie etwa im Cockpit des Piloten oder auf der multikulturellen Baustelle, ganz zu schweigen von der digitalisierten Computersprache, die inzwischen auch schon die Syntax unsere Alltagssprache zu unterlaufen beginnt.

Wie die Genese der Sprache mit der Naturbeherrschung verbunden ist, so ist ihre Entwicklung zu einem komplexen System differenzierter Kommunikation verbunden mit der durch Arbeitsteilung eröffneten Differenzierung sozialer Verhältnisse, in deren Folge neben die Beherrschung der Natur durch den Menschen die Beherrschung des Menschen durch den Menschen tritt. Und hier nun schlägt die eigentliche Geburtsstunde des Themas „Sprache und Macht". Fortan nämlich ist Sprache immer auch ein Instrument der Eroberung und Verteidigung – nicht ausschließlich, aber in besonderer Weise gerade auch der politischen Macht.

Das galt natürlich auch für den Sozialismus, der den Zusammenhang von Macht und Sprache ja keineswegs kaschierte, sondern öffentlich exerzierte – und das nicht nur im Blick auf die Uniformierung politisch-ideologischer Sprachregelungen. Wer in dieser Hinsicht die Uniform auszog, der konnte sich allerdings sehr rasch in den Verdacht bringen, die Machtfrage stellen zu wollen. Und zweifelsohne sind in dieser Hinsicht sozialistische Ideale verkommen. Aber – und ich spitze zu und frage volkstümlich: was bedeutet für die Sprache schon das Verkommen von Idealen gemessen an der Sprache verkommener Ideale. Und die wurde im Sozialismus in der Tat öffentlich entmachtet und hatte, um mit Thomas Mann zu reden, „das Maul zu halten".

Erheblich irrt, wer da glaubt, die politisch-ideologische Uniformität sei etwas typisch Realsozialistisches gewesen. Sie ist für den real existierenden Kapitalismus nicht minder typisch. Und wenn das womöglich doch anders empfunden wird, dann dürfte dieses bereits ein Produkt einer Herrschaftssprache sein, die sich nicht weniger flächendeckend, wohl aber weit differenzierter und somit auch weit effizienter zu artikulieren weiß.

Ich möchte im Folgenden drei Formen dieser Herrschaftssprache herausstellen, ohne sie strikt voneinander abgrenzen zu wollen. Denn natürlich sind

hier die Grenzen oft fließend und Übergänge geschmeidig. Gerade darin liegt
ja auch ein Teil ihrer Wirkung. Aber typologisch gesehen, lassen sich durchaus
Charakteristika erkennen, die beachtet sein wollen, will man ihnen gegenüber
Resistenz aufbauen. Das ist umso wichtiger, desto aussichtsloser der Versuch
wird, sich dieser Herrschaftssprache entziehen zu wollen.

Wir alle sind viel zu fest im Griff der Medien, als dass wir behaupten dürften, ihrer Wirkung in keiner Weise zu unterliegen. Selbstverständlich, wer
lässt sich schon vom „Stern" beeinflussen. Aber was passiert, wenn der mit
Herrn Andre Brie ein Interview macht, das zum Charakter dieser Zeitschrift
besser passt als zum Parteiprogramm der PDS? Man führt hernach stunden-
lange Diskussionen zu einem Thema, von dem man eigentlich genau weiß,
dass es einem aufgezwungen wurde und womöglich auch nur von anderen
Themen ablenken sollte! Und zu solchen Debatten gibt es nicht einmal eine
vernünftige Alternative.

Es gehört zur Signatur der sogenannten „Mediengesellschaft", dass man
dem Totalitarismus ihrer kapitalen Macht offensichtlich nicht entrinnen kann.
Und wenn demnächst dann auch noch das „Neue Deutschland" in der Bundesrepublik endgültig „angekommen" sein sollte, wird selbst die Illusion
einer alternativen Medieninsel immer blasser. Die einzige Folge von Heinrich
Bölls Demaskierung der „öffentlichen" als einer „veröffentlichten Meinung"
bestand einst darin, dass in den Redaktionen von Zeitung, Rundfunk und
Fernsehen Sektkorken knallten und Gehälter erhöht wurden. Was Böll denunziert wissen wollte, konnten die Medien als einen Triumph feiern, den ihnen
heute – als sprichwörtlich gewordene dritte politische Kraft – ohnehin keiner
mehr nehmen kann, zumal sie nicht mehr nur Meinungen, sondern auch immer mehr den Markt beherrschen.

Da wirkt es eigentlich schon wie Donquichotterie, sich gegen Herrschaftssprache immunisieren zu wollen. Aber wenn wir uns schon nicht der Macht
der Medien entziehen können, sollten wir uns wenigstens darum bemühen,
die Sprache der Macht transparent zu machen.

Zu dieser Herrschaftssprache zähle ich unter anderem:

1. die instrumentalisierte Sprache des Herrschaftswissens.

2. die Sprache der politischen Camouflage.

3. die Sprache der offenen Demagogie.

Herrschaftssprache erschöpft sich aber in diesen drei Formen nicht, denn
sie verfügt über ein breites Repertoire, zu dem nicht zuletzt auch die Zerstö-

rung des Denkens durch gezielte Vernichtung der Sprache in Bild-Zeitungen oder Computercomics gehört.

Die instrumentalisierte Sprache des Herrschaftswissens

Sie trägt in vielem die Züge einer Arkansprache. Die Arkansprache ist, kulturhistorisch gesehen, ein Kind alter Kulte, deren religiöse Geheimnisse sorgfältig gehütet wurden. So partizipierte lediglich ein Kreis von Auserwählten an einem Herrschaftswissen, das in der Kenntnis ganz bestimmter Formeln und Riten bestand und dem Eingeweihten eine Macht verlieh, die er nur mit seinesgleichen teilen musste. Dies galt etwa für den römischen Legionär, dem der Mithras-Kult ewige Siege über seinen Gegner verhieß – und nach einer tödlichen Niederlage wenigstens himmlische Genugtuung. Diese Arkan-Typologie ist aber nicht auf die Welt der Religionen beschränkt. Sie entwickelte sich in ganz unterschiedlichen sozialen Beziehungen und ist natürlich auch heute überall dort zu Hause, wo es in der Sphäre der Sozialität um Machtfragen geht.

Die haben bekanntlich sehr unterschiedliches Gewicht. Doch ihnen gemeinsam ist die Funktion eines Herrschaftswissens, das sich mit Geheimnis umgibt und sich dementsprechend artikuliert. Ein ebenso gängiges wie in der Regel auch harmloses Paradigma: die sogenannten „Götter in Weiß", die ihre Kittel wie Gewänder tragen, ihre Visiten wie Messen zelebrieren und die vor allem in einer Sprache reden, die die unmittelbar Betroffenen zu Analphabeten degradiert – und die im übrigen recht nützliche Glieder der Gesellschaft sind.

Weniger harmlos dagegen bestimmte Herren in Schwarz, denen zwar auch nachgesagt wird, sehr nützlich zu sein, die ihre Existenzberechtigung jedoch nur einem Rechtssystem verdanken, das – aufs Ganze gesehen – für den Uneingeweihten unüberschaubar ist und dessen Undurchschaubarkeit vorsätzlich kultiviert wurde durch ein Gefüge von Sprachregelungen, hinter deren Gebrauchssinn nur der Eingeweihte kommt. Den wiederum muss man kennen, und kraft seiner Amtsrobe auch anerkennen.

Nach solchen sekundären Herrschaftsinsignien griffen übrigens auch Professoren der Humboldt-Universität bei der Semestereröffnung im Herbst 1990, um mit ihnen sehr feierlich ins Audimax zu schreiten und dabei ganz

entschlossen nicht an ihre künftigen Nachfolger von Rhein und Ruhr zu denken. Die aber waren schon längst aufgebrochen, das Wissen der neuen Herrschaft anzupassen. Wozu sie sich auch berufen fühlten, kamen sie doch in die
einzigartige Lage, ihre sogenannten Kollegen nicht nur „bewerten" zu dürfen,
sondern gar „evaluieren" zu können. „Hier offenbart die [...] Terminologie
nicht bloß Angeberei, sondern die Entscheidung – auch sprachlich – für ein
angebliches Herrschaftswissen", so Hans Mayer in seinem Essay „Sprechen
in der Wende", Bestandteil seines 1993 erschienenen Bandes „Wendezeiten".[2]
Mayer schreibt dann übrigens weiter: „Bei Molière vergewissert sich der falsche Arzt zunächst darüber, dass der Patient kein Latein versteht. Dann legt
er los mit „bonus, bona, bonum [...]." Evaluierung! – Die mit der sogenannten
Wende über die DDR-Deutschen buchstäblich hereingebrochene Herrschaftssprache bedient sich eines vielfältigen Vokabulars. Es muss ja nicht immer Latein sein. Ein „Sachenrechtbereinigungsgesetz" tut's für manche auch schon.

Selbst wenn ich mir dieses noch erklären lassen kann, wer aber erklärt
mir die Geldsprache der Herren in Nadelstreifen? Die wissen, wie ihre Börse
funktioniert, ihr Banksystem und ihr Aktien- und Kapitalmarkt, von dem ich
immer nur die Folgen zu spüren bekomme. Ansonsten werde ich an irgendwelche Vermittler verwiesen, die mich höchstens wissen lassen, dass ich ihnen glauben soll. Und wer erklärt mir, warum ich im Fernsehen irgend etwas
über einen DAX erfahren muss, dessen wirkliche Bedeutung mir aber keiner
der Sender erklärt – und denen ja auch nicht zu erklären braucht, die die Informationen über den Wert ihrer Gelder ohnehin nicht über den Fernseher
beziehen?!

Seit die Banken die Türme selbst der gotischen Dome überragen, hat
das Bankgeheimnis die Geheimnisse der alten Religionen gesellschaftlich
außer Kraft gesetzt. Wer heute über Macht verfügen will, der muss zu jenem auserwählten Kreis von Eingeweihten gehören, die ein entsprechend
großes Bankgeheimnis zu hüten haben – die entscheidende Voraussetzung
dafür, durch politische Formeln und soziale Riten die Strukturen einer vom
Geld- und Warenfetischismus durchdrungenen Gesellschaft beherrschen zu
könne. In dieser Ordnung kommt der instrumentalisierten Sprache des Herrschaftswissens eine sehr präzise Rolle zu. Sie soll Macht suggerieren und ge-

2   H. Mayer, *Wendezeiten. Über Deutsche und Deutschland*, Frankfurt a.M. 1993, S. 290.

zielt demonstrieren, ohne dabei die Machtmechanismen und ihre möglichen Bruchstellen zu erkennen zu geben. Und sie kommt überall dort zu ihren massenpsychologischen Erfolgen, wo sie auf die volkstümliche Bereitschaft trifft, Herrschaftsverhältnisse als elementare soziale Gegebenheit anzuerkennen. Ihr größter Erfolg besteht denn auch darin, diese Bereitschaft permanent reproduziert zu haben.

Die Sprache der politischen Camouflage

Diese gibt sich, im Gegensatz zur Arkansprache, weder autoritär noch geheimnisvoll. Im Gegenteil. Sie setzt auf Allgemeinverständlichkeit und Plausibilität, stets darum bemüht, keine Irritationen zu schaffen und so zu reden, dass bei möglichst vielen der Eindruck entsteht, durchaus mitreden zu können. Das weckt Vertrauen und sichert Wahlergebnisse. Doch geht es bei ihr durchaus nicht so harmlos zu, wie sie gern wirken möchte, denn ihre Wirkung ist noch verheerender als die den Faktor Macht psychologisch instrumentalisierende Arkansprache. Was für diese das Fremdwort, das ist für jene das Schlagwort. Und das Spezifische dieser sich zu einem Assoziationssystem verbindenden Schlagworte besteht darin, dass sie miteinander die Funktion haben, die politische Gedankenwelt auf den Kopf zu stellen und also ein buchstäblich verkehrtes Bewusstsein von den tatsächlich existierenden Verhältnissen und Motiven zu erzeugen.

Die Methodik dieser Manipulation ist ebenso simpel wie effektiv. Sie bedient sich nicht des Argumentes, der Interpretation oder der Analyse. Auf das alles kann sie völlig verzichten, denn sie lebt wesentlich von einer ganz gewöhnlichen Perversion, nämlich von der reinen Verkehrung des Wortsinnes. Die aber wird spätestens dann nicht mehr oder kaum noch wahrgenommen, wenn das verkehrte Wort durch die Medien zum Schlagwort gemacht worden ist und als „Zeitgeist" ein sprachliches Eigenleben führt.

Bei sehr vielen solcher Schlagworte ist das schon lange der Fall, schließlich ist die Bundesrepublik mit ihnen groß geworden. Und wer redet heutzutage nicht vom „Arbeitnehmer", wenn er doch eigentlich einen seine Arbeit Gebenden meint – und vom „Arbeitgeber", wenn es um den diese Arbeit Nehmenden geht. Das hässliche Wort vom „Arbeitsmarkt" geht immerhin davon aus, dass die Arbeitskraft als Ware auf den Markt gegeben werden muss, um für einen bestimmten Preis genommen zu werden. Aber selbst in den sogenannten Neuen Bundesländern hat diese die realen Verhältnisse auf den Kopf stellende Sprachregelung in bedauerlich kurzer Zeit gegriffen. Das Interesse, beide Schlagworte beschleunigt durchzusetzen, war nun aber auch besonders groß. Denn sie eignen sich zugleich ganz trefflich dazu, dem Ostdeutschen ein Kernstück seiner neuen gesellschaftlichen Über- und Unterordnung klarzumachen, ohne auf die Terminologie von „Herr und Knecht" zurückgreifen zu müssen.

Die Sprache der versteckten Absicht vereinnahmt durchaus nicht jedes Wort. Sie lässt Spielräume, die gegebenenfalls zum Beweis für Presse- und Meinungsfreiheit erhoben werden können. Die politische Camouflage besetzt und uniformiert ideologische und sprachstrategische Schlüsselbegriffe – und sie verfügt darin über erhebliche Erfahrung. Nicht zufällig firmierten die beiden großen bürgerlichen Nachkriegsparteien unter einem großen „C", obgleich CDU/CSU als Parteien genau so „christlich" sind wie die Republikaner „republikanisch". Doch wer solchen Sprachgebrauch über Jahrzehnte erst einmal verinnerlicht hat und den Widersinn gar nicht mehr spürt, der nimmt schließlich auch nicht mehr wahr, dass Schlagworte wie „Freiheit", „Einheit" oder „Selbstbestimmung" nicht erst zu Klischees verkommen sind, sondern bereits bei ihrer Einführung die Funktion hatten, politisches Denken zu paralysieren.

Bis auf wenige Ausnahmen – und einmal abgesehen von den 68er Protesten – ist das den Schlagworten auch durchaus geglückt. Die „Nachrüstung" hatte es Anfang der 80er Jahre etwas schwerer angesichts einer Friedensbewegung, die wieder politisch zu denken anfing, weil die Vorrüstung der NATO allzu offensichtlich war und das Schlagwort von der „Gefahr aus dem Osten" sich umzukehren begann. Doch diese Friedensbewegung gibt es nicht mehr, und so hat es heute das Schlagwort von der „Friedensmission" viel leichter, nicht als Tarnname für neue deutsche Kriegsübungen aufgedeckt zu werden.

Auch andere Schlagworte können sich einer nahezu unangefochtenen Verbreitung erfreuen, wie etwa der „Standort Deutschland", der auf breiteste Zustimmung trifft und von dem kein Kommentator sagen würde, dass er identisch ist mit der Zurücknahme des politisch und also auch als Schlagwort überflüssig gewordenen Sozialstaates, der ja offiziell nicht abgebaut, sondern lediglich „umgebaut" wird, mit Hilfe eines „Sparpaketes", das „Reformen" durchsetzen und den Staat durch „Modernisierung" und „Privatisierung" „verschlanken" soll.

Wie Werbeplakate hängen solche Schlagworte in der Medienlandschaft herum, und die Beihilfe der Werbepsychologen ist ja auch unübersehbar: die Worte sind bestens ausgewählt, sie setzen in ihrem eigentlichen Sinn keine negativen Emotionen, keine Ängste frei, sondern knüpfen an Positives an, an Erstrebenswertes. Und sie können darauf bauen, dass der von der gigantischen Werbeindustrie auf Schlagworte planmäßig dressierte und also vorsätzlich deformierte Intellekt geradezu erwartet, nun auch von der Politik und ihren Multiplikatoren in dieser Form bedient zu werden.

Glücklicherweise hat die Werbung ihr Klassenziel noch nicht vollständig erreicht. Und so gab es bei dem sogenannten „Sparpaket" sogar aus der Spitze sozialdemokratischer Gewerkschaftsführung nicht nur die Frage, ob es sich hierbei nicht womöglich um eine „Mogelpackung" handeln würde – übrigens auch eine schlagwortartige Standardformulierung für eine ebenso verschämte wie unausweichliche Kritik –, es gab tatsächlich die überraschend klare Aussage, dieses „Paket" sei ein Pakt zwischen „Kabinett und Kapital" und ein Kapitel „Klassenkampf". Ein Wort, das ich aus der Spitze der PDS-Führung schon lange nicht mehr, vielleicht auch noch gar nicht gehört habe.

Um so mehr fällt mir auf, dass sich auch in der PDS eine bestimmte Schlagwort-Unkultur eingenistet hat. Jedenfalls funktioniert das Schlagwort „Stalinismus" nach dem angezeigten Schema, nur das es natürlich negativ besetzt ist, weil es ja Kritiker politisch ausschalten soll. Etwa jene, die den Versuch, den „Gesellschaftsvertrag" als PDS-Schlagwort einführen zu wollen, politisch für naiv, historisch für abwegig und so manche Äußerung der sogenannten „Reformer" für einigermaßen fragwürdig halten.

Mehr Format als der „Gesellschaftsvertrag" hat da schon Andre Bries durchdachte Formulierung von dem „in der Bundesrepublik Angekommensein" bzw. „Nichtangekommensein". Während man nämlich noch betroffen darüber nachdenkt und streitet, ob man oder ob man nicht oder ob man nur noch nicht angekommen ist, hat man Bries Prämisse bereits geteilt. Die aber besteht darin, dass man sich ja irgendwann einmal auf den Weg gemacht haben müsste. Und das unterstelle ich den wenigsten Mitgliedern und Wählern der PDS, wie ich auch Andre Brie nicht unterstelle, dass er bei seinem Marsch in die BRD keine Weggefährten hatte.

Doch das ist ja gar nicht mein Thema, auch wenn das Thema Macht in der PDS eine erhebliche Rolle spielt – und das nicht nur im Streben nach irgendeiner Regierungsverantwortung, die ja mit der wirklichen Machtfrage in dieser Gesellschaft nur vermittelt und also abgeleitet zu tun hat, weil selbst das kleinste Bundesland nicht gegen die fundamentalen Interessen der Banken und Konzerne regiert werden kann, was übrigens vor vielen Jahren sogar ein Björn Engholm öffentlich einzugestehen wusste.

Die Sprache der offenen Demagogie

Die ist ja in der deutschen Geschichte mehrfach so laut geworden, dass anschließend die ganze Welt erzitterte. Und gegenwärtig erleben wir, nicht nur, aber gerade auch in der BRD, dass Politiker, Militärs, Wirtschaftsbosse und auch Intellektuelle wieder zu einer Sprache zurückfinden, die der Camouflage nicht mehr bedarf. Das war auch vorauszusehen, denn es liegt nicht im Wesen des Kapitalismus, das Kapital und seine wirtschaftliche und politische Herrschaft zu verstecken. Dazu muss er sich schon gezwungen wissen. Und dazu war er ja denn auch wenigstens teilweise gezwungen. Seit aber der europäische Sozialismus nicht mehr existiert, muss sich das Kapital jedenfalls seinetwegen keinerlei Zwang mehr antun. Und wie jetzt die politischen Gründe für den sogenannten Sozialstaat entfallen, so entfällt auch die Notwendigkeit, in einer Sprache zu reden, die sich populistisch geben und hinter Masken verstecken muss. Jetzt kann endlich wieder Fraktur und Klartext geredet werden. Das geschieht inzwischen immer häufiger – in Entsprechung zu einer immer hemmungsloser werdenden Politik und Praxis der puren Kapitalverwertung.

Die Wende zu der rekonstruierten Sprache der reinen Machtpolitik findet bereits im sogenannten „Einigungsvertrag" statt, der in Artikel 2 ganz programmatisch nur noch von „Deutschland" redet und damit schon rhetorisch jenes nationale Pathos rekonstruiert, das dann nicht nur in Rostock und Hoyerswerda prompt seine Interpreten fand. Nur zwei Jahre nach der sogenannten „deutschen Einheit" legte auch die deutsche Generalität mit ihren „Verteidigungspolitischen Richtlinien" eine Interpretation vor, in der das Schlagwort von der „gewachsenen Verantwortung des größer gewordenen Deutschland" abgelöst wurde vom nunmehr offen militaristischen Reklamieren „vitaler" deutscher „Sicherheitsinteressen" an der „Aufrechterhaltung des freien Welthandels und des ungehinderten Zugangs zu Märkten und Rohstoffen in aller Welt".

Wer die Herkunft dieses Zitates nicht kennt, könnte es durchaus für eine Kriegszielbestimmung von 1939 oder 1941 halten und an ukrainischen Weizen und russisches Erdöl denken. Selbst ein so neutral wirkender Begriff wie der der „Wende" verliert ja seine semantische Unschuld, wenn man sich durch Victor Klemperers LTI daran erinnern lässt, welche Rolle er gegen Ende des Zweiten Weltkrieges gespielt hat und in welchem Wahnsinn diese „Wende" noch im April 45 zu „des Führers Geburtstag" erwartet wurde.

Die Sprache dichtet und denkt nicht nur für uns, wie Schiller sagt, sie verrät uns auch, wie wir aus der Biographie des Petrus wissen. Es gibt eben nicht nur ideomatische, es gibt auch ideologische Dialekte. Und der Begriff der „Wende" gehört zweifellos zu einem solchen Dialekt. Jedenfalls beinhaltet er jene Dialektik, die der erzkonservative Berliner Bischof Otto Dibelius einmal auf die Formel brachte: Es muss etwas Neues kommen, und das Neue muss irgendwie das Alte sein.

Inzwischen artikuliert sich das Alte tatsächlich wieder ganz neu, etwa in dem Begriff der „Nation", der nicht mehr einem rechten Rand vorbehalten ist, sondern die Mitte der Gesellschaft zu erobern beginnt, nachdem er von Herrn Schäuble öffentlich rehabilitiert wurde. Nicht wenige Publizisten und Journalisten haben diese Wende begeistert aufgenommen und den Katalog der zu rehabilitierenden Begriffe rasch erweitert. So fordert Jochen Thies, Ressortleiter für Außenpolitik in der Tageszeitung „Die Welt", endlich doch wieder dem Begriff der „Elite" und der Tugend des „Dienens" Geltung zu verschaffen[3]. Ansgar Graw, Redakteur beim „Sender Freies Berlin" will in einer, wie er sagt, „wehrhaften Demokratie" die „Dekadenz" des Pazifismus mit der Wurzel ausgerissen sehen und neben „Opferbereitschaft", „Staatsbewusstsein" und „Nationalbewusstsein" auch eine „Kampfbereitschaft" etabliert wissen, die der „ewigen Notwendigkeit" des „Sichwehrens" Rechnung zu tragen habe[4]. Ähnlich Peter Meier-Bergfeld, Korrespondent der Wochenzeitung „Rheinischer Merkur" und ideologischer Wegbereiter eines endgültigen Anschlusses Österreichs an Deutschland: es sei hohe Zeit, end-

---

3   J. Thies, *Masse und Mitte. Über die Herausbildung einer nationalen Elite*, in: H. Schwilk/U. Schacht (Hg.), *Die Selbstbewusste Nation. „Anschwellender Bocksgesang" und weitere Beiträge zu einer deutschen Debatte*, Frankfurt a.M. 1994, S. S. 227ff.
4   A. Graw, *Dekadenz und Kampf. Über den Irrtum der Gewaltlosigkeit*, in: ebd., S. 285ff.

lich von der Behauptung des „Nonsens" zu lassen, „Gewalt sei kein Mittel der Politik" und „soldatische Ehrbegriffe" gehörten nicht in die Gesellschaft[5].

Das alles und noch sehr viel mehr über alte und neue deutsche „Heimat-
liebe", über „Patriotismus" und „Treue", „Mut" und „Ehre" ist nachzulesen
in dem im Ullsteinverlag 1994 von Heimo Schwilk und Ulrich Schacht herausgegebenen Sammelband „Die selbstbewußte Nation". Schwilk und Schacht
arbeiten beide für die „Welt am Sonntag", und natürlich haben sie auch Autoren der FAZ und der „Jungen Freiheit" aufzubieten.

Aus diesem also erschreckend repräsentativen Band ein letztes Zitat zur
Demokratie eines „Deutschland", dessen „Vereinigung", wie es an anderer
Stelle heißt, „Auschwitz" als Datum deutscher Geschichte endlich relativiert
hab[6]. Rainer Zitelmann, der für Zeitgeschichte zuständige Ressortleiterkolle-
ge von Herrn Graw, schreibt: „Wer […] eine Demokratie will, die rechte Positionen von vornherein aus dem Verfassungskonsens ausgrenzt, setzt sich dem
Verdacht aus, die pluralistische Demokratie durch eine antifaschistisch-de-
mokratische Ordnung ersetzen zu wollen. Der Widerstand gegen solche
Bestrebungen ist eine der zentralen Aufgaben für Demokraten in Deutschland – und rechte Demokraten sollten hier die Unterstützung von linken Demokraten suchen."[7]

Ich will jetzt am Ende meines Beitrages nicht auch noch einen kurzen,
scharfen Seitenblick nach Dresden werfen, auch will ich nicht auf Zitelmanns
Verwirrspiel eingehen, als gebe es in der BRD so etwas wie eine „antifaschis-
tisch-demokratische Ordnung". Ich möchte vielmehr abschließen mit einer
durchaus nicht rhetorisch gestellten Frage: Welche Konsequenzen hätte es
wohl für eine regierungsbeteiligte PDS, wenn sich das hehre Wort von der
„Demokratie" über kurz oder lang nicht nur als eine für Zitelmanns Demo-
kratieverständnis passfähige Sprachhülse erweist, sondern gar als eines jener
Schlagworte politischer Camouflage, die auf dem – auch von linken Sozialdemokraten mit großer Sorge verfolgten – Marsch in eine „andere deutsche

---

5   P. Meier-Bergfeld, *Deutschland und Österreich. Über das Hissen der schwarz-rot-goldenen
    Flagge in Wien*, in: ebd., S.203f.
6   Roland Bubik, *Herrschaft und Medien. Über den Kampf gegen die linke Meinungsdominanz*, in:
    ebd., S.185.
7   R. Zitelmann, *Position und Begriff. Über eine neue demokratische Rechte*, in: ebd., S. 165.

Republik" nicht mehr mitgenommen zu werden brauchen. Womöglich noch mit dem Argument, Demokratie heiße auf Griechisch „Volksherrschaft", und die habe es in der Bundesrepublik ja ohnehin nie gegeben. Herrn Schäubles Vorstoß, „weniger Demokratie wagen" zu wollen (FAZ vom 13.9.96), gibt uns jedenfalls schon einen gehörigen Vorgeschmack auf eine solche „andere deutsche Republik". Und wenn es dem sogenannten Neoliberalismus innerhalb sehr kurzer Zeit gelungen ist, das glatte Gegenteil von Liberalismus zum Programm zu erheben, sollten wir damit rechnen, dass es auch einem sogenannten Neodemokratismus gelingen könnte, einen programmatischen Antidemokratismus zur neuen Staatsdoktrin zu machen.

Dieter Kraft

Nach-Denken über den Sozialismus

Beitrag zur wissenschaftlich-politischen Konferenz „Nachdenken
über Sozialismus", Berlin 23./24. Oktober 1999; in: Klaus Höpcke/
Hans-Joachim Krusch/Hans Modrow/Harald Neubert/Wolfgang Richter/
Robert Steigerwald (Hgg.), Nachdenken über den Sozialismus,
GNN Verlag, Schkeuditz 2000, S. 310–314

Meine sehr verehrten Damen und Herren, ich bin noch nicht ganz in dem
Alter, in dem man sich am liebsten nur noch selber zitiert. Aber ich wiederhole mich durchaus, wenn ich auch heute wieder feststellen muss, dass
ich mich als Theologe unter Gesellschaftswissenschaftlern immer wie ein
Homöopath unter Schulmedizinern fühle. Dabei hält sich meine Neigung
zur Homöopathie durchaus in Grenzen – wohl auch deshalb, weil ich zu-
reichend beobachten musste, wie oft und wie innig die Schulmedizin auf
die wundersame Kraft des Placebos setzt. Vor so vielen Gesellschaftswissenschaftlern werde ich mich aber hüten, diese Metapher jetzt ausführlich zu
interpretieren.

Als Präliminarium erlaube ich mir lediglich noch die Bemerkung, dass
bei dem Thema dieser Veranstaltung ein Theologe gar nicht so deplatziert ist,
wenn man davon ausgeht, dass sich ein Nach-Denken über den Sozialismus,
will es denn seriös und angemessen sein, der den Theologen von Hause aus
recht vertrauten Gattung des Nekrologs kaum entziehen kann.

Damit bin ich auch schon bei meiner ersten von zwei Thesen, die ich hier
zur Diskussion stellen möchte.

These eins: Wer heute über den Sozialismus nachdenkt, der kommt nicht
an der quälenden Frage vorbei, ob nicht mit dem Untergang des sozialisti-

schen Lagers womöglich auch der Sozialismus in der Weltgeschichte definitiv untergegangen ist.

Ich weiß sehr wohl, dass ich nicht nur in Bayern allein schon für diese Fragestellung heftigen Beifall einstecken müsste und das fragwürdige Kompliment auszuhalten hätte, mit diesem Ansatz auf dem allerbesten Wege zu sein, im Kapitalismus endlich ankommen zu können.

Natürlich weiß ich auch um den linken Protest, den eine solche Fragestellung provozieren muss. Und dieser Protest ist mir nicht nur verständlich, er ist mir ja eigentlich auch sehr sympathisch. Doch Vorsicht ist geboten, denn meine Sympathie gilt nicht jenen, die vor zehn Jahren mit dem ebenso dreisten wie dummen Argument jonglierten: der „Staatssozialismus" müsse beseitigt werden, damit sich endlich der wahre und also „demokratische Sozialismus" entwickeln könne. Ich würde ja gern meinem Kirchenlehrer Karl Barth folgen wollen, der in einem theologischen Exkurs über die Dämonen dazu geraten hat, ihnen höchstens einen kurzen, scharfen Seitenblick zukommen zu lassen. Aber der Untergang des Sozialismus und also auch das Ende der DDR wurde von so vielen Dämonien getragen und begleitet, dass man selbst heute noch nicht ganz genau weiß, wohin und wohin man besser nicht blicken sollte.

Der wirklich linke Protest gegen die in der Tat fürchterliche Arbeitshypothese vom definitiven Ende des Sozialismus artikuliert sich seit zehn Jahren rhetorisch auf unterschiedliche, der Sache nach aber sehr einstimmige Weise. Ob da – in vorausgesetzter historischer Analogie zur „frühbürgerlichen Revolution" – vom „Frühsozialismus" die Rede ist oder, wiederum analog, vom „frühsozialistischen Absolutismus", die Intention dieses Vokabulars koinzidiert durchaus mit jenen Wendungen, in denen ebenfalls auf Vorläufigkeit abgehoben und dementsprechend etwa vom „Sozialismusversuch" oder vom „Experiment" gesprochen wird.

Als frohe Botschaft klingt das ja auch gar nicht schlecht: Nicht der Sozialismus ist liquidiert worden, sondern lediglich der erste „Versuch", ihn zu errichten. Das „Experiment" ist zwar nicht geglückt, aber welcher Laborant experimentiert nur einmal. Die Bourgeoisie hat schließlich auch mehrere Anläufe nehmen müssen, bis sie den Adel endlich domestizieren konnte. Und das hat Jahrhunderte gedauert. Seid also nicht ungeduldig, und resigniert nicht. Schließlich gibt es ja auch noch China. Und selbst wenn das ein Irrtum werden sollte und auch mit Kuba, Vietnam oder Nordkorea kein Indizienbeweis mehr geführt werden kann, dann bleibt aber immerhin noch die uralte sozialistische Idee – und die kann uns niemand kaputt machen.

Unter Theologen würde man den Tenor einer solchen Botschaft *Paraklese* nennen: Beistand, Ermunterung, Tröstung. Und ich wage schon gar nicht mehr zu sagen: Vertröstung. Statt dessen meine aufrichtige Bitte an Sie, mich nicht misszuverstehen. Ich wäre gern der erste, der das alles auch so sagen würde und, ich gestehe, als erziehungsverpflichteter Vater von vier Kindern in meiner Not manchmal sogar sage. Mit einem irgendwie schlechten Gewissen, denn mit Marx hat das alles gar nichts zu tun.

Nun bin ich zwar kein bekennender Marxist, aber auch als Theologe folge ich natürlich programmatischen gesellschaftswissenschaftlichen Erkenntnissen mindestens so konsequent wie ein Homöopath den programmierten Gesetzen seines Personalcomputers.

Durch Marx haben wir einen Einblick in das real existierende Betriebssystem der Gesellschaft erhalten. Was wir aber in diesem Betriebssystem nicht finden werden, das ist jene durchaus faszinierende Vorstellung von Entwicklung, die uns Hegel als der große Systematiker des Virtuellen hinterlassen hat: die universale Synopse einer sich im dialektischen Dreivierteltakt bewegenden Menschheitsgeschichte auf dem unaufhaltsamen Wege zu ihrem endgültigen Ziel. Mit rhythmischer Notwendigkeit schält sich da die eine Epoche aus der anderen heraus, ohne ihrer Aufhebung in die nächste entgehen zu können, bis endlich das große Finale gespielt werden kann – und nun wird selbst Hegel trivial und Schopenhauers Verdikt, dass über ihn denn doch wohl die Götter gelacht hätten, lässt sich jedenfalls für dieses dicke Ende kaum bestreiten, denn es spielt, wie wir wissen, ausgerechnet in Preußen.

Ich kann in der gebotenen Abbreviatur weniger begründen als behaupten, aber ich behaupte dafür sehr dezidiert, dass dieser Hegel nicht nur im Popularmarxismus eine erhebliche und damit auch eine verheerende Rolle gespielt hat. Natürlich haben wir Preußen ausgetauscht und das Finale in den Kommunismus verlegt, von dem im Sozialismus schon ein gewaltiges Präludium erklingen sollte. Wirklich gravierend aber war, dass wir diesen Mythos der Apotheose nun auch noch mit Hegels dialektisch aufsteigender Selbstbewegung der Geschichte verbanden, zwar niemals von „Selbstbewegung" sprachen, ihr aber immer dort das Wort redeten, wo wir über die „objektive Gesetzmäßigkeit" des Übergangs vom Kapitalismus zum Sozialismus dozierten, über die „Unaufhaltsamkeit" des „revolutionären Weltprozesses", vor dem, wir haben das ja noch im Ohr, selbst „Ochs und Esel" kapitulieren müssten.

Ich bestreite gar nicht, dass man sich mit „objektiven Gesetzmäßigkeiten" auch Mut machen, und dass es unter Umständen sogar geboten sein kann, auf diese Weise Pathos zu vermitteln. Und ich bestreite vor allem auch nicht die Existenz objektiver Gesetzmäßigkeiten. Die entscheidende Frage aber war und ist die nach dem historischen und gesellschaftlichen Ort ihrer Gültigkeit.

Wenn es richtig ist, dass die Entwicklung der Produktivkräfte zum ökonomischen Fundament gesellschaftlicher Revolutionen gehört, dann muss auch die Umkehrung gelten, die den Begriff der Revolution wesentlich mit dieser Entwicklung der Produktivkräfte verbindet. Der Prozess der bürgerlichen Revolution ist dafür ein hervorragendes Paradigma. An ihm lässt sich exemplarisch zeigen, wie die Entwicklung der Produktivkräfte die bestehenden Produktionsverhältnisse sprengt und so zur objektiven Triebkraft der Revolutionierung aller gesellschaftlichen Verhältnisse wird. Ihren Sieg also verdankt die Bourgeoisie „in letzter Instanz" den revolutionierenden Produktivkräften. Und sie konnte es sich dann sogar leisten, dem alten Adel in ihrer neuen Gesellschaft komfortable Nischen einzuräumen.

Das konnte, mutatis mutandis, die sozialistische Gesellschaft natürlich nicht, auch wenn es in ihr genügend Nischen gab, in die sich Bürger- und Kleinbürgerliches zurückziehen konnte.

Der entscheidende Unterschied zur bürgerlichen Revolution besteht jedoch nicht darin, sondern in dem Fehlen einer der neuen Klasse des Proletariats genuinen Produktivkraftentwicklung. Die Bourgeoisie ist, sehr verkürzt gesagt, ein Kind der wissenschaftlichen und technischen Revolutionierung des mittelalterlichen Handwerks, und diese Revolutionierung ist ein Kind der Bourgeoisie. Wiewohl nun auch das Proletariat als Klasse an sich in dieser die Industrialisierung hervorbringenden Entwicklung seine Genese hat, im Gefüge kapitalistischer Verhältnisse bleibt es ein dominiertes und ausgebeutetes Objekt, das zum dominierenden Subjekt einer Klasse an und für sich nur durch den Umsturz dieser Verhältnisse wird. Hier schlägt die Stunde des „Kommunistischen Manifests", und seit 1917 bekommt das erbauliche Bild vom Totengräber der Bourgeoisie reale Konturen.

Aber auch nach der ersten erfolgreichen Grablegung bleibt es dabei, dass die nunmehr den Sozialismus errichtende neue Klasse des Proletariats keine neuen Produktivkräfte hervorbringt. Es weiß zwar zunächst zunehmend effektiver mit den übernommenen umzugehen und kann dabei teilweise auch die Vorzüge sozialistischer Produktionsverhältnisse nutzen, muss aber am Ende doch irritiert zusehen, wie ausgerechnet von der alten Bourgeoisie eine neue Runde der wissenschaftlich-technischen Revolution eingeläutet wird, die zudem nun auch noch zur Folge hat, dass der Begriff der „Arbeiterklasse" und erst recht der des „revolutionären Proletariats" seine alte Konsistenz zu verlieren beginnt.

Ich beschließe die fragmentarische Erläuterung meiner ersten These mit der Feststellung, dass es mir vor dem Hintergrund dieses Prozesses sehr schwer fällt, ernsthaft von „Frühsozialismus" und also in einer Diktion zu reden, die die Illusion erzeugt, es würde gute Gründe für die Annahme geben, dass die Geschichte nach dem Ende des real existiert habenden Sozialismus einen neuen Anfang bereithalten müsse.

These zwei: Das Maß der Verantwortung für den Untergang des Sozialismus wächst proportional zur Wahrscheinlichkeit seines irreversiblen Endes.

Ich rede mit Vorsatz so distanziert formelhaft, weil ich Vokabeln vermeiden möchte, von denen her auf meine Emotionen geschlossen werden könnte, die sich in den letzten Jahren immer stärker werdenden Turbulenzen ausgesetzt sehen. Vor zehn Jahren war ich immerhin noch so naiv, Gorbatschow zum Trotz, glauben zu wollen, dass der Sozialismus den sogenannten Kalten Krieg letztlich verloren habe. Heute ist es nun schon kein Geheimnis mehr, dass Gorbatschow nur ein Name unter sehr vielen war – und dass da nicht nur *verloren* wurde, sondern vor allem auch *aufgegeben* und nicht zuletzt auch *verraten*.

Wie schwer diese Preisgabe und dieser Verrat wiegen, das lässt sich mit sehr unterschiedlichen Maßen verrechnen, und wer seine kommerzielle oder politische Karriere erst nach dem 9. November 1989 beginnen oder erfolgreich adaptieren konnte, der wird womöglich ein anderes Verrechnungssystem zugrunde legen als jene, die nun den entfesselten Kapitalismus auszuhalten haben.

Doch während für die einen wie für die anderen die Wechselkurse schwanken, könnte für die Menschheitsgeschichte feststehen, dass der historische Kairos für eine fundamentale gesellschaftliche Alternative unwiederbringlich vorüber ist. Es ist ein Gebot der intellektuellen Redlichkeit, diese Dimension der sogenannten „Wende" wenigstens zu reflektieren, bevor man eilfertig die nachgerade liturgisch gewordene Wendung repetiert: „Auch wir wollen die DDR nicht wiederhaben, jedenfalls nicht so, wie sie am Ende war." Abgesehen davon, dass es doch einen erheblichen Unterschied geben dürfte zwischen einer Gesellschaft, der die Ideale verkommen, und einer Gesellschaft, die verkommene Ideale hat – selbst an ihrem, in vielem in der Tat schwer erträglichen, Ende war die DDR jedenfalls kein kapitalistisches Land. Und in menschheitsgeschichtlicher Perspektive dürfte dieses mehr zählen als alle DDR-Gravamina zwischen 1949 und 1989 zusammengenommen.

Ich habe zwar immer noch keinen Stellenbeleg für die Marxsche Alternative „Sozialismus oder Barbarei", doch selbst wenn sie gar nicht von Marx, sondern höchstens marxistisch ist, bereits zehn Jahre nach dem Untergang des europäischen Sozialismus beginnen sich die ersten Konturen abzuzeichnen, innerhalb derer diese Alternative ihre Verifikation finden könnte.

Dabei sind Zwischenphasen überhaupt nicht ausgeschlossen, wie ja auch überhaupt nicht auszuschließen ist, dass die klassische Bourgeoisie nicht das letzte Wort in der Geschichte haben wird, sondern ihren Totengräber in einer neuen Klasse findet, auch wenn über deren ökonomische und gesellschaftliche Konstituierung gegenwärtig höchstens spekuliert werden kann. Voraussagen aber ließe sich immerhin, dass eine neue Klasse, sollte sie denn in die Geschichte eintreten, keineswegs den antagonistischen Klassencharakter der Gesellschaft aufheben muss.

Die wahrscheinlich einmalige historische Chance dafür hatte lediglich die Arbeiterklasse. Und ich komme noch einmal – nun allerdings aus ganz anderer Perspektive und gewissermaßen in dialektischer Umkehrung – auf die Rolle der Produktivkräfte zurück, wenn ich behaupte: die Chance bestand wesentlich auch deshalb, weil das Proletariat außer seinen Fesseln nichts zu verlieren hatte, also auch keine eigentümliche Bindung an eine klassenspezifische Produktivkraftentwicklung.

Eine an revolutionierende Produktivkräfte gebundene revolutionäre Klasse kann ihr Klassenziel nicht in der Aufhebung der Klassenunterschiede sehen, weil ihr erstes Interesse immer in der Aufhebung überkommener Produktionsverhältnisse bestehen wird.

Und so kommt denn dem großen Wort von der „historischen Mission der Arbeiterklasse" auch heute noch und heute erst recht eine einzigartige, aber eben auch eine einmalige Bedeutung zu. Diese Mission wurde nicht erfüllt. Dennoch kann ich sagen: Ich habe auf das richtige Pferd gesetzt, auch wenn das falsche gewonnen hat.

Dieter Kraft

Anpassung und Verweigerung

Typologische Aspekte zweier antiker Ideologien im Zeitalter der griechisch-römischen Globalisierung

In: TOPOS 15, Internationale Beiträge zur dialektischen Theorie, herausgegeben von Hans Heinz Holz und Domenico Losurdo, Neapel 2000, S. 11–32

Globalisation is not only an imperialistic term of the present time. We know the process of globalisation in history. Two periods are well-known: Hellenism and the Roman Empire. Both epochs are accompanied by philosophies and religions which try to give a special answer to the global challenges of existence and society. Two types are significant for different ideological arguments: Stoicism and Gnosticism. Stoicism affirms the new development and gives a universal philosophic platform for adaptation. Gnosticism refuses recognising new conditions and condemns the world with its divine rulers. Stoicism is looking for harmony, Gnosticism is searching a radical conflict. Two types of ideology interesting in history and the present.

Von der Polis zur Oikoumene

Als sich Zenon aus Kition um 300 ante Christum natum in einer mit Gemälden geschmückten Halle am Markt von Athen niederlässt und seine neue Philosophie vorträgt, findet er in dieser *stoa poikile* schnell großen Zulauf. Die Athener warten auf neue Lebenslehren. Seit die griechische *polis* aufgehört hat

ein Stadtstaat zu sein, eine in sich geschlossene und weitgehend *autokephale*
Stände- und Klassengesellschaft, deren Beziehungen zu anderen griechischen
Stadtstaaten vornehmlich von Kriegern und Kaufleuten gestaltet wurden, hat
das ursprünglich im Gerichtshof gesprochene Wort von der *krisis* einen ganz
neuen und übergreifenden Klang bekommen. Mehr oder weniger sind nun
alle Athener dazu verurteilt, sich befragen lassen zu müssen nach ihrem neu-
en Bürgertum in einer Welt, die nicht mehr an ihren Stadtstaatstoren endet,
sondern in Asien und Afrika.

In seiner politischen Bedeutung muss sich Athen ohnehin und schon lange bescheiden, und mit der Niederlage von 338 gegen den makedonischen
König Phillip II. in der Schlacht von Chaironeia verblasst der alte Ruhm endgültig. Bei Chaironeia unterliegen die Athener Militärs mit dem die siegent-
scheidende Reiterei anführenden Alexander einem Mann, der in der Folgezeit
nicht nur die griechischen Städte in eine ebenso umwälzende wie verheerende Entwicklung treibt. Als Alexander III. setzt der Sohn Philipps nach seiner
336 erfolgten Inthronisation die makedonische Hegemonial- und Expansions-
politik in rasantem Tempo und in einem Ausmaß fort, das alle vorangegangenen hellenischen Kriegszüge nachgerade maßlos überbietet.

Als erste bekommen das die Nachbarn im Norden zu spüren, die Sky-
then und Illyrier, und 335 auch das einflussreiche Theben, das fast vollständig
zerstört wird. Schon 334 zieht Alexander gegen Persien und schlägt ein Jahr
später den Großkönig Dareios III.. 332 kapituliert die Phönizierstadt Tyros.
331 wird Sparta besiegt, Syrien erobert, Ägypten besetzt. Im selben Jahr fallen
Babylon und Susa. 330 geht Persepolis in Flammen auf. 329 werden Baktrien
und Sogdianien mit Samarkant unterworfen. Und schließlich zieht Alexander
auch noch gegen Indien. Als er 323 stirbt, hinterlässt er ein Weltreich, das im
Wortsinn der griechischen *oikoumene* enspricht.

Während Zenon in Athen seine neue Lebensphilosophie vorträgt, toben
noch immer die Diadochenkämpfe um dieses Weltreich. Zwar wird es nun in
neuen Kriegen herrschaftspolitisch aufgeteilt, doch es sind griechische Herrschaften, die diese *oikoumene* regieren und prägen. Und so wird Griechisch
in der dialektreichen Gestalt der Koine zu einer Weltsprache, verbreitet sich
hellenische Kultur und Religion, um wiederum mit Asiatischem, Arabischem,
Nordafrikanischem zu jenem Konglomerat zu verschmelzen, das seit Johann
Gustav Droysen *Hellenismus* genannt wird. Eine historische Abbreviatur, die
der griechischen Überfremdung der eroberten Gebiete ebenso Rechnung trägt

wie der multikulturellen Synthese, die für das hellenisierte Großreich nicht minder charakteristisch ist und von Alexander sogar planvoll befördert wird, wie die spektakuläre Massenhochzeit zu Susa 324 zeigt, bei der sich Tausende seiner Krieger mit Perserinnen vermählen müssen und Alexander selber eine Tochter des Dareios zur Frau nimmt. Der ethnische, religiöse, kulturelle Synkretismus gehört als sozio-kulturelle Signatur zum Hellenismus ebenso wie seine griechische Prägung.

Auch der aus dem zyprischen Kition stammende Zenon ist kein gebürtiger Grieche, sondern phönikischer Herkunft. In Athen findet man ihn bezeichnenderweise zunächst im Kreise der Kyniker. Deren demonstrative Bedürfnislosigkeit ist auch eine Form der Solidarität mit den Stadtarmen und nicht nur Ausdruck einer Stadtbürgerlichkeit, die sich angesichts des Niedergangs der Polis und den bereits Einzug haltenden oikoumenischen Turbulenzen in einen originellen Individualismus zu retten versucht. Diogenes Laertius berichtet in seinem antiken Philosophenkompendium von dem berühmten Kyniker Diogenes aus Sinope: „Auf die Frage, welchen Gewinn ihm die Philosophie gebracht hätte, sagte er, wenn sonst auch nichts, so doch jedenfalls dies, auf jede Schicksalswendung gefasst zu sein."[1] Wer nichts hat, dem kann auch nichts genommen werden; wer sich selbst genug ist, den müssen keine *politischen* Verwerfungen beunruhigen; wer ein *Weltbürger* ist, der kümmert sich nicht um die Meinung der *agora*. Schon für die Kyniker ist der Kosmopolitismus eine ideologisch und natürlich auch eine sozialpsychologisch tragende Kategorie. Gefragt nach seinem Heimatort, antwortete Diogenes: „Ich bin ein Weltbürger."[2]

Die Stoiker verstehen sich auch als Weltbürger. Doch ihr Kosmopolitismus hat, wie auch ihr Schicksalsverständnis, eine ganz andere Färbung. Überhaupt kommt ihrer Philosophie insgesamt eine ganz andere Funktion zu. Die Kyniker verweigern sich. Sie stellen sich jenseits aller Konvention und bloßen Tradition. Und so bergen die Provokationen ihres exzentrischen Individualismus letztlich immer auch Gesellschaftskritik, die zwar kaum damit rechnen darf, Veränderungen auslösen zu können, die dessen ungeachtet aber durchaus als eine Form des Protestes verstanden – und nur selten angenommen

---

1 Diogenes Laertius VI 63, in der Übersetzung von O. Apelt, *Leben und Meinungen berühmter Philosophen*, Leipzig 1921.
2 Diogenes Laertius VI 63.

wird. Diogenes Laertius ruft dem Antisthenes noch sechs Jahrhunderte später nach: „Eine Hundenatur, Antisthenes, warst du im Leben. Mit deinem bissigen Wort trafst Du die Menschen ins Herz."[3]

Ins Herz treffen wollen die Stoiker ihre Zeitgenossen nicht. Im Gegenteil. Sie sind keine Provokateure. Sie sind nicht einmal Kritiker, obwohl sie um das Leiden wissen – das Leiden an einer Welt, in der die Schrecken des Krieges zur Normalität gehören und unterschiedslos jeder von diesem Gräuel heimgesucht werden kann, wie etwa in Theben, bei dessen Zerstörung Alexander tausende Einwohner töten und den Rest als Sklaven verkaufen lässt. Sie wissen um das Leiden an einer Welt, die so groß und unübersichtlich geworden ist, dass der einzelne in ständiger Gefahr steht, in diesem Meer der Völkerverschmelzung unterzugehen. Sie wissen um die Inflation eines alten Wertesystems, das der neuen Welt des Alexander und seiner Diadochen nicht kompatibel ist. Und sie wissen, dass viele ihrer Zeitgenossen darauf warten, eine Orientierung zu finden, die es ihnen erlaubt, diese prekäre Lage bewältigen zu können.

Epikur wird eine solche Orientierung – aber nur für einzelne. Seine Empfehlung, doch einfach *im Verborgenen zu leben*, um zu überleben, ein paar gute Freunde zu suchen und möglichst jeder Unlust und also auch allem Politischen aus dem Wege zu gehen, ist kein Programm, das in einer Weltenkrise Massen mobilisiert. Die Stoiker aber bieten ein solches Programm, mit einem Erfolg, der über Jahrhunderte anhält und sich nicht zufällig auch im römischen Imperium fortsetzt.[4]

Zu den Leitern der Athener Schule gehören nach Zenon aus Kition (~262 v. Chr.): Kleanthes aus Assos (bis ~232 v. Chr.), Chrysipp aus Soloi (bis ~206 v. Chr.), Zenon aus Tarsos (bis ?), Diogenes aus Seleukeia (bis ~150 v. Chr.), Antipatros aus Tarsos (bis ~129 v. Chr.). Dessen Nachfolger, Panaitios aus Rhodos (~†110 v. Chr.), der Begründer der sogenannten „mittleren Stoa", trägt die stoische Philosophie auch in römische Kreise. In der Schulleitung folgen ihm die Athener Dardanos und Mnesarchos nach, und dann lässt sich die Sukzession in Athen nicht weiter verfolgen. Der Syrer Poseidonios aus Apameia (~†51 v.

---

3 Diogenes Laertius VI 19.
4 Seit A. Schmekel, *Die Philosophie der mittleren Stoa*, Berlin 1892, hat sich allgemein durchgesetzt, von der „frühen", „mittleren" und „späten" Stoa zu sprechen, wobei dann zur „späten" im wesentlichen nur noch die „römische Stoa" gerechnet wird.

Chr.) zählt schon nicht mehr zu den eigentlichen Schuloberhäuptern, obwohl er der letzte große Vertreter der griechischen Stoa ist, die in der römischen aufgeht und sich hier mit den Namen Seneca (†65 n. Chr.), Epiktet (~†130 n. Chr.) und Mark Aurel (†180 n. Chr.) und zum Teil auch schon mit Cicero (†43 v. Chr.) verbindet.[5]

Die ursprünglich sehr zahlreichen, doch nur fragmentarisch überlieferten Schriften[6] verdichten sich zu einem Bild, das in seiner relativen Homogenität zugleich die Geschlossenheit einer ideologisch affirmativen Weltanschauung zeigt. Die Kyniker wollen sich ostentativ verweigern, die Epikureer wollen sich stillschweigend aus allem heraushalten, die Stoiker aber sind entschlossen, sich den ungeheuren weltpolitischen Umwälzungen um jeden Preis *anzupassen*. Diese weltanschauliche Assimilation verläuft auf verschiedenen Ebenen, die im einzelnen ein unterschiedliches Gewicht erhalten, aber, weil letztlich derselben Problemlage verpflichtet, miteinander auch dort verbunden sind, wo sie zueinander im Widerspruch stehen.

Von der oikoumenischen zur kosmologischen Totalität

Die Akkommodation der Stoiker an die durch den Hellenismus bestimmte welt- und gesellschaftspolitische Entwicklung beginnt, biographisch gesehen, mit einer Wende; jedenfalls damit, dass sich Zenon von Kition von seinem alten Athener Lehrer Krates abwendet und den Kreis der Kyniker verlässt. Es ist nicht überliefert, ob er diesen Bruch seinen Zeitgenossen als notwendigen Schritt einer programmatischen „Reform" zu erklären versucht, wohl aber wird alsbald deutlich, dass die dem Zenon folgende Bewegung der Stoa nicht reformieren, sondern weltanschaulich *affirmieren* und ideologisch *legitimieren* will. Und sie unternimmt dieses philosophisch in einer abstrakten Universali-

---

5   Eine vorzügliche und sehr detaillierte Übersicht – auch zur Literatur – bietet: P. Steinmetz, *Die Stoa*, in: H. Flachar (Hg.), *Grundriß der Geschichte der Philosophie*. Die Philosophie der Antike, Bd. 4,2: Die Hellenische Philosophie, Basel 1994, S. 495–716.

6   Noch immer eine der wichtigsten Sammlungen: *Stoicorum Veterum Fragmenta* I–III, hg. von J. Arnim, Stuttgart 1903-1905, IV (*Indices*), hg. von M. Adler, Stuttgart 1924, ²1964 (= SVF). Vgl. auch: K. Hülser, *Die Fragmente zur Dialektik der Stoiker*. Neue Sammlung der Texte mit deutscher Übersetzung und Kommentaren, 4 Bde., Stuttgart 1987f. Für die „römische Stoa" ist die Quellenlage zwar kompakter, doch dafür sind die Texte nicht mehr ganz so interessant, denn das Interesse der Römer zielt fast nur noch auf die Ethik.

tät, die für die griechische Antike beispiellos ist, doch in den makedonischen Eroberungen ihre konkrete politische Entsprechung findet.

Die Affirmationsphilosophie der Stoa setzt mit einer dubiosen These ein. Während sich ganz Griechenland in einem politischen und kulturellen Umbruch befindet und die unterworfenen Länder und Völker um ihre nationale Identität ringen, während der explodierende Hellenismus für tiefgreifende gesellschaftliche Turbulenzen sorgt und allenthalben Krieg befohlen wird, behaupten die Stoiker kategorisch: In dieser Welt geht alles mit rechten Dingen zu, in ihr ist alles logisch und vernünftig. Denn nicht nur diese Welt, sondern der gesamte Kosmos ist durchdrungen und wird getragen und geordnet und auf schönste Weise erhalten und gelenkt von einem göttlichen *logos* und also von einer alles regierenden und dirigierenden göttlichen Vernunft. Dieser Logos gibt aller Wirklichkeit Maß und Gesetzmäßigkeit, Sinn und Ziel. Die Natur, die Geschichte und selbst die Gestirne folgen seiner göttlichen „Logik". Er ist die „Seele" und der „Geist" des Ganzen – und das Ganze ist *eines*, denn auch die Gottheit ist *eine*, und nichts ist außerhalb der Gottheit.

Hegels Diktum von der Identität des Wirklichen mit dem Vernünftigen hätte eigentlich durch die Stoa berühmt werden müssen. Jedenfalls vermitteln auch die Stoiker mit dieser Identität eine weltanschaulich-philosophische Grundstimmung, die erhaben macht und nicht verweilen lässt beim Widrigen des Widerspruchs und der Verwerfung in Gesellschaft und Geschichte. Natürlich denken sie das Leid nicht einfach weg. Im Gegenteil. In ihrer „Physik" erhält es sogar den Rang einer *arche*, eines ontologischen Grundprinzips:

„Das All, das Ganze (τὸ ὅλον) besteht aus zwei Prinzipien (δύο ἀρχὰς), dem wirkenden und dem leidenden (τὸ ποιοῦν καὶ τὸ πάσχον). Das leidende ist die qualitätslose Wesenheit, die Materie (ἡ ὕλη), das in ihr wirkende ist der Logos (ὁ λόγος), die Gottheit (ὁ θεός). Diese geht in ihrer Ewigkeit ganz durch sie hindurch und gestaltet (δημιουργεῖν) so die Einzeldinge."[7]

Wie das Feuer sich mit den Dingen vermischt und sie durchdringt, so vermischt sich der Logos mit der ganzen Materie und durchdringt sie gestaltend. In einem solchen Vorgang hat *das Leidende* gar keine Wahl. Aber selbst noch im Leiden darf es sich rühmen (lassen), vom Göttlichen gestaltet zu werden. Hinter Aristoteles und die subtile entelechisch vermittelte Dialektik von Stoff

---

7 *Stoicorum Veterum Fragmenta* (SVF) I 85.

und Form fällt diese stoizistische Zuordnung von *hyle* und *logos* – rein philosophisch geurteilt – erstaunlich weit zurück. Ideologisch gesehen aber ist diese Vereinfachung plausibel. Denn in ihr lässt sich nicht nur der griechische Gestaltungsanspruch gegenüber den eroberten und besetzten Ländern und Völkern entdecken. Sie enthält auch für den im Hellenismus noch nicht angekommenen und unter den neuen Verhältnissen und Entwicklungen leidenden Griechen die Botschaft, sich *mit Überzeugung* fügen zu können.

Es ist keine *metabasis eis allo genos*, die Philosophie der Stoa nach ihrem Ideologiegehalt zu befragen und ihren philosophischen Monismus und Pantheismus mit dem politischen Panhellenismus in Verbindung zu bringen – und erst recht auch ihren philosophisch begründeten Kosmopolitismus mit dem politischen Oikoumenismus.[8] Die Stoiker selber geben mit der durch Generationen repetierten Maxime vom ὁμολογουμένως τῇ φύσει ζῆν[9] einen Kosmologie, Naturphilosophie, Ethik und Politik verbindenden Interpretationszusammenhang vor. *homologoumenos te physei zen, in Übereinstimmung mit der Natur leben, convenienter naturae vivere*,[10] wie dann die römischen Stoiker schon nicht mehr ganz so beziehungsreich sagen, denn bereits in *homologoumenos* geht es etymologisch um den *logos* im *legein*, um den *einen (homo)* und alles, Natur und Geschichte, durchdringenden und bestimmenden göttlichen *Logos*. Nicht mit der *Natur* schlechthin ist nach Übereinstimmung zu trachten, sondern mit dem ihr innewohnenden *Logos*. Als *logosgemäßes* ist das *naturgemäße* Leben ein *vernünftiges* und als solches ein *tugendhaftes* und damit ein *glückseliges* Leben.

Auch für die Stoa ist die *eudaimonia* natürlich ein zentrales Thema. Und für die Stoiker charakteristisch ist Zenons ebenso schlichte wie prägnante Definition dieser mit „Glückseligkeit" eigentlich gar nicht adäquat wiedergegebenen *eudaimonia*: εὐδαιμονία δ› ἐστὶν εὔροια βίου,[11] *Glückseligkeit ist ein gut verlaufendes Leben* – besser noch: *ein gutes Leben fließt ungehindert dahin.* Das klingt bescheiden und unspektakulär, aber gemessen an den äußeren Bedingungen, unter denen die Stoiker dieses *gute Leben* propagieren, ist der

---

8   Selbst Autoren, die sich vorwiegend einer systemimmanenten Interpretation verpflichtet
    wissen, kommen an solchen Zusammenhängen nicht vorbei; vgl.: E. Katsigiannopoulos,
    Die Grundlagen des Kosmopolitismus in der Stoa, Mainz 1979, S. 153ff.
9   SVF III 5 u.ö.
10 SVF III 13 (Cicero, *de finibus* IV 14).
11 SVF III 16.

Anspruch sehr hoch. Wo schon kann Leben ungehindert dahinfließen – und nun gar in Zeiten sozialer und geschichtlicher Umbrüche und Umwälzungen, die vor niemandem halt machen und jeden erfassen und aus der Lebensbahn werfen können. Und um genau diese Frage gruppiert sich das lebensphilosophische System der Stoa: Wie muss sich der Einzelne verhalten, um in dieser kritischen Situation nicht aus der Bahn geworfen zu werden?

Die Antwort der Stoa ist einfach und umfassend zugleich und in dem Postulat eines *naturgemäßen* Lebens in jeder Hinsicht enthalten, denn *kata physin* zielt nicht nur auf die Welt der Natur, sondern auf die Natur der Welt, mithin also auf die Natur der Dinge ebenso wie auf die Natur des Menschen, der Polis, der Oikoumene. *Denn alle unsere Naturen sind Teil des Ganzen*, μέρη γάρ εἰσιν αἱ ἡμέτεραι φύσεις τῆς τοῦ ὅλου.[12] Hermeneutisch freilich kommt der Welt der Natur eine besondere Bedeutung zu, denn was ihr gegenüber *gemäß* heißt, das lässt sich plausibel vermitteln. Die „physikalische" Welt der Natur gestattet dem Menschen – aufs Ganze gesehen – keinen willkürlichen Handlungsspielraum. Niemand verstößt ungestraft gegen die Ordnung der Natur, niemand kann ihren *nomos,* ihre Gesetzmäßigkeit aufheben. Wer die Naturordnung nicht akzeptiert, wer sich ihr nicht anpasst und unterwirft, der bezahlt gegebenenfalls sogar mit dem Leben. Auf jeden Fall aber bringt er in sein Leben Unordnung und mit ihr Schmerz und Leid. Es ist also vernünftig, die Ordnung der Natur zu respektieren und sich ihr zu akkommodieren – und dieses um so mehr, so nun die besondere Betonung der Stoiker, als sich in dieser Ordnung nichts anderes als der göttliche Logos manifestiert. Der aber waltet nicht nur im Naturgeschehen, sondern gleichermaßen auch in der Geschichte. Und so gilt auch für die Geschichte, was für die Natur gilt: Wer sich ihr nicht anpasst und unterwirft, der bringt sich um seine *eudaimonia.*

Die über Jahrhunderte anhaltende Popularität der Stoa verdankt sich nicht zuletzt auch der Tatsache, dass die Stoiker diese *Anpassung* nicht vordergründig dekretieren, sondern hintergründig für sie werben. Niemand *muss,* aber alle *dürfen* sich „logosgemäß" verhalten – und das aus guten Gründen. Diese guten Gründe heißen *pronoia* und *heimarmene.* Man könnte beide mit *Vorsehung* übersetzen, denn *pronoia* und *heimarmene* überschneiden und vermi

---

12 SVF III 4.

schen sich, bis hin zur Austauschbarkeit, die dadurch gegeben ist, dass beide letztlich wiederum mit dem *logos*[13] identisch sind.[14] So kommt in der sprachlichen Differenzierung eher eine Unterscheidung der Beziehungsebenen zum Ausdruck. Während sich die Vorsehung als *pronoia* auf das Verhältnis des Menschen zum Naturgeschehen bezieht, bezieht sie sich als *heimarmene*, als *Schicksal*, auf seine Geschichte. Und in beidem darf der Mensch nun davon ausgehen, dass in allem nicht nur Ordnung schlechthin herrscht, sondern eine menschenfreundliche, weil alles in allem zweckmäßige und nützliche und auch schöne Ordnung.

μηδὲν ὑπὸ τῆς φύσεως γίνεσθαι μάτην,[15]sagt der Athener Chrysipp: *Nichts geschieht in der Natur umsonst. Omnia aliorum causa esse generata,*[16] zitiert ihn später der Römer Cicero: *Alles ist um eines anderen willen geschaffen* – und er schwärmt von den Pflanzen, die für die Tiere, und von den Tieren, die für die Menschen, von den Pferden, die zum Reiten, von den Ochsen, die zum Pflügen, von den Hunden, die zum Jagen, von den Schweinen, die zum Schlachten da sind. Alles ist miteinander sinnvoll verbunden und aufeinander bezogen. Das eine ist die Voraussetzung des anderen, und alles hat eine Bestimmung und ein Telos.

Bevor Leibniz von der „prästabilierten Harmonie" sprechen wird, haben die Stoiker diesen Topos längst besetzt und dabei das harte Wort vom *Widerspruch* rhetorisch weitgehend ausgeräumt: Natürlich ist die Harmonie im einzelnen nicht immer ganz vollkommen, aber aufs Ganze gesehen[17] steht *ho kosmos* für *Ordnung* und *Schmuck*.

In dieser „besten aller möglichen Welten" sorgt die Vorsehung aber nicht nur für ein planvolles Mit- und Füreinander der Natur, die *heimarmene* nimmt sich auch des Menschenschicksals an und lässt ein logosgemäßes Leben gut verlaufen, denn letztlich hat die *pronoia vorzugsweise* (προηγούμενος) *um der vernünftigen Wesen willen alles hervorgebracht* und *sorgt (pronoei) vorzugsweise für diese.*[18] Der Zeus-Hymnus des Kleanthes weiß denn auch zu rühmen:

---

13 SVF I 176, II 580.
14 SVF II 913.
15 SVF II 1140.
16 SVF II 1153.
17 SVF II 1170: Die Natur hat so vieles und so viel Herrliches und Großes hervorgebracht, da ist unvermeidbar (κατὰ παρακολούθησιν) manches halt nicht so ganz gelungen.
18 SVF II 1157.

„Nichts gibt es auf Erden, was deiner Gottheit entzogen, nichts in dem Reiche des Äthers noch drunten in Fluten des Meeres. Nur was Böses die Menschen vollbringen, das tut ihre Torheit. Aber du weißt auch das Krumme zum Graden zu richten. Was häßlich, schön wird's in deiner Hand, was feindlich, ergibt sich in Liebe; Gutes und Böses, sie werden vereint zu einem Verbande; eine Vernunft herrscht ewig, faßt alles harmonisch zusammen."[19]

Auch Kleanthes beherrscht die Kunst, das offensichtlich doch nicht ganz zu übergehende Üble und Böse *(kakos)* rhetorisch zu relativieren. Völlig ausräumen aber können es die Stoiker natürlich alle nicht. Jedenfalls nicht *objektiv*. Und so konzentriert sich denn ihre Ethik fast ausschließlich auf die Frage, wie das Übel *subjektiv* zum Verschwinden gebracht werden kann. Und ihre Antwort lautet: indem wir unsere Einstellung zum Übel korrigieren und, wenn auch das nicht hilft, das Üble einfach ignorieren. Der *Weise* beherrscht das eine wie das andere. Und Weisheit ist eine Tugend, die erlernbar ist.

Das von der Stoa entwickelte Exerzitium ist nicht umfangreich, dafür aber sehr kompakt. Zu der Hauptübung gehört es, sich der sogenannten *Affekte*, der *pathe,* zu entledigen und *Trauer, Furcht, Begierde* und *Lust*[20] zu überwinden, um *apathisch, leidenschaftslos* werden und den erstrebenswerten Zustand der *Ataraxie* und *Autarkie* erreichen zu können, die *Selbstgenügsamkeit* und *Unabhängigkeit* von allen inneren Erregungen und äußeren Bewegungen. Für den Leidenschaftslosen kommen viele Übel erst gar nicht in Betracht. Nicht einmal das Leid des Nächsten geht ihn etwas an, denn Mitleid ist nur eine Form der Trauer und als solche eine *unvernünftige und naturwidrige Bewegung der Seele.*[21] Die römischen Stoiker bekräftigen solche Grundsätze später mit Nachdruck: *misericordia est aegritudo animi,*[22] *Mitleid ist eine Krankheit der Seele.* Die „vernünftige" und „gesunde" Seele des „Weisen" lässt sich durch nichts aus der Ruhe bringen. Er weiß, dass alles nur eine Frage der richtigen Einstellung ist, die die nichtige Meinung *(doxa)* hinter sich lässt.

„Alles ist Meinung, und diese hängt ganz von dir ab. Räume also, wenn du willst, die Meinung aus dem Wege, und gleich dem Seefahrer, der eine

19 SVF I 537; Übersetzung nach: M. Pohlenz, *Stoa und Stoiker. Die Gründer – Panaitios – Poseidonios*, Zürich/Stuttgart 1950, S. 104.
20 SVF I 211.
21 SVF III 412.
22 SVF III 452 (Seneca, *De clementia* II 5).

Klippe umschifft hat, wirst du unter Windstille auf ruhiger See in den siche-
ren Hafen einfahren."[23]

Es kommt nicht darauf an, die Verhältnisse zu verändern, sondern sie zu
interpretieren – und zwar so, dass möglichst alles Üble von ihnen abfällt. „Darum muss man nicht die Armut vertreiben, sondern die falsche Ansicht von
ihr; so werden wir glücklich sein."[24]

Was für die Armut gilt, das gilt letztlich für alle prekären sozialen Verhältnisse und natürlich auch für die Sklaverei. Bis heute wird die Stoa oft dafür
gerühmt, auch dem Sklaven konzediert zu haben, ein *Mensch* zu sein.[25] Und
tatsächlich touchieren die Stoiker damit eine Herrschaftsideologie, der auch
ein Aristoteles geradezu selbstverständlich verpflichtet ist. Doch die soziale
Konsequenz und also die Forderung nach Abschaffung der Sklaverei folgt
daraus mitnichten, obgleich eine solche Forderung nun erst recht erhoben
werden müsste. Den Stoikern aber liegt nichts an gesellschaftlichen Veränderungen. Sie verändern lediglich die Perspektive und können so die Sklaverei
verschwinden lassen. Denn nur der ist ein Sklave, der sich zum Knecht seiner
Affekte macht; die wahre Freiheit besteht in der inneren Unabhängigkeit.[26]

Als der makedonische König Antigonos den achtzigjährigen Zenon als Er-
zieher an seinen Hof beruft, beweist er ein sicheres Gespür für staatstragende
Ideologien. Zenon schlägt den Ruf aus Altersgründen zwar aus, doch schickt
er zwei seiner Schüler[27] und kommt so jener kosmopolitischen Staatsbürger-
pflicht nach, die für die Stoa insgesamt zum unbedingt Gebotenen gehört.[28]
To kathekon nennen seit Zenon[29] die griechischen Stoiker jenes unbedingt Gebotene, das dann in der römischen Stoa als *officium*[30] einen geradezu amtli-
chen Charakter erhält. Im Zentrum dieser sogenannten *Pflichtenlehre* steht die
Entfaltung einer Gesinnungsethik, die auf die unbedingte Übereinstimmung

23   Mark Aurel, *Selbstbetrachtungen* XII 22, in der Übersetzung von A. Wittstock, Leipzig
     1969, S. 173.
24   Epiktet, *Diatriben* III 17, zitiert nach: W. Weinkauf, *Die Stoa. Kommentierte Werkausgabe*,
     Augsburg 1994, S. 146.
25   SVF III 352.
26   SVF III 355f.
27   Diogenes Laertius VII 7f.
28   P. Steinmetz, a.a.O., hat auch die politischen Aktivitäten der einzelnen Stoiker zusam-
     mengetragen, und der Befund ist eindrücklich.
29   SVF I 230.
30   Cicero, *De officiis*.

mit dem vom Logos bestimmten Grundgesetz des Naturgemäßen abzielt.[31] Das *kathekon* wird so zu dem kategorischen Imperativ, sich unter allen Umständen und also rücksichtslos[32] der von der *pronoia* getragenen Wirklichkeit zu akkommodieren. Und natürlich heißt das für die Stoiker auch: sich der Staatspolitik zur Verfügung zu stellen[33] und unnachsichtig für die Einhaltung und Durchsetzung der Staatsgesetze einzutreten.[34]

Es ist kein Zufall, dass die „Lebensphilosophie" der griechischen Stoa in dem die Diadochenreiche nach und nach und 30 ante Christum natum schließlich endgültig erobernden Imperium Romanum weiterlebt. Dafür sind die gesellschaftlichen Konsequenzen der griechischen und der römischen Globalisierung viel zu ähnlich.[35] Wer in dem nun noch größeren Römischen Weltreich möglichst unbeschadet überleben will, der muss sich auch diesem neuen Imperialismus anpassen und nach jener *conciliatio* trachten, die die griechischen Stoiker bezeichnenderweise *oikeiosis*[36] nennen. οἰκειόω: sich jemanden zum Freund und zum Vertrauten machen, sich etwas zueignen – und im eigentlichen Wortsinne (*oikos*, das Haus): sich häuslich einrichten, heimisch werden. In kaum einem anderen Begriff widerspiegelt sich das Grundanliegen der Stoa so sinnfällig und so präzis wie in dem der *oikeiosis*. Und in keiner anderen antiken Philosophie als der der Stoa wird eine weltanschaulich und ideologisch so umfassende und präzise Antwort auf die existentiell und politisch gleichermaßen hochbrisante Frage gegeben, wie man sich in einer feindlich werdenden Welt und Geschichte intellektuell einzurichten hat, um ein Teil dieser Welt und dieser Geschichte werden und also einen Paradigmenwechsel vollziehen zu können, der aus dem Ort der Bedrohung ein Zuhause macht. Und dabei wird von den Stoikern selbst noch das Scheitern dieser *oikeiosis* vorsorglich bedacht und mit der Empfehlung verbunden, ganz gelassen den Freitod zu wählen, wenn das Leid denn doch zu mächtig wird.[37]

31 SVF III 493.
32 Mark Aurel, *Selbstbetrachtungen*, VI 2: „Bei der Erfüllung deiner Pflicht soll dir nichts darauf ankommen, ob du vor Kälte starrst oder vor Hitze glühst, ob du schläfrig bist oder genug geschlafen hast, ob man dich tadelt oder lobt, ob du darüber dem Tode nahekommst oder etwa anderes der Art zu leiden hast."
33 SVF III 697.
34 SVF III 641.
35 Vgl.: G. Alföldy, *Römische Sozialgeschichte*, Wiesbaden 1975, S. 25.
36 SVF II 724.
37 SVF III 757.

Dass die griechische Stoa im römischen Weltreich ihre Fortsetzung finden kann, verdankt sie aber nicht nur analogen historischen Prozessen. Sie
verdankt diese Prolongation vor allem auch der Tatsache, dass sie in ihrer
Funktion als populare Überlebensphilosophie zugleich und in herausragender Weise die Kriterien einer hegemonialen Herrschaftsideologie erfüllt,
denn der Stoiker ist für jeden Herrscher ein idealer Staatsbürger. Von ihm
sind keine Revolten zu befürchten. Veränderung ist nicht sein Thema. Sollte
sich dennoch alles verändern, wird er sich als erster anzupassen wissen. Er
ist konstruktiv und konstruiert selbst für den eklatanten Widerspruch Sinn
und Harmonie. Er fügt sich ein und ordnet sich unter, bedürfnislos und an-
spruchsfrei, bereit, fürs Vaterland zu sterben. Und in allem ist er zudem noch
glücklich und zufrieden und sorgt stets ganz allein dafür, dass das so bleibt.

Bezeichnenderweise sind die ersten Römer, die sich für die Stoa interessieren, Aristokraten und Vertreter der politischen Herrschaftselite.[38] Jedenfalls unterhält der Begründer der sogenannten „mittleren Stoa", Panaitios
aus Rhodos, beste Beziehungen zu diesen römischen Kreisen; und er schreibt
sogar für sie. Und ein Cicero wird dann später vieles wörtlich von ihm ab-
schreiben.[39] Am sinnfälligsten jedoch verbindet sich der ideologische Doppel-
charakter der Stoa in ihrer späten Phase mit den Namen Epiktet und Mark
Aurel. Der Sklave und der göttliche Kaiser – zwei Wortführer *einer* Lebensphilosophie. Das ist kein Irrtum, das ist die Stoa.

Das Ende der Harmonie

Eine solche Eintracht ist in der Gnosis nicht denkbar. Unter Gnostikern ist von
dem, was die Stoa ausmacht, überhaupt nichts denkbar, es sei denn als Gegenstand einer radikalen und grundsätzlichen Kritik. Diese wird zu einem Zeitpunkt laut, der sich ähnlich genau bestimmen lässt wie die Geburtsstunde der

---

38 G. Alföldy, a.a.O., S. 54: Diese „griechische Philosophie erschien den aufgeschlossenen
    Aristokraten durchaus nicht als eine ideologische Gefahr, sondern als eine Möglichkeit,
    den Anspruch auf die Weltherrschaft und auf die eigene soziale Führungsposition durch
    ein ideologisches System zu legitimieren, das den neuen Zeiten adäquat war."
39 Vgl.: M. Pohlenz, *Die Stoa. Geschichte einer geistigen Bewegung*, Göttingen 1948, S. 191ff.

Stoa. Mit der jüngeren Forschung[40] wird man davon auszugehen haben, dass „die Bewegung der Gnosis in der neutestamentlichen Zeit wuchs und sich entwickelte, Seite an Seite mit dem Christentum und in gewissem Maße im Austausch mit ihm."[41] Damit aber bekommt für die Bewegung der Gnosis ein historisches Datum Bedeutung, das für das Römische Reich insgesamt von großer und nachhaltiger Wirkung ist und auch in Schriften des Neuen Testaments seinen Niederschlag findet: der Untergang der römischen Republik und die Errichtung einer kaiserlichen Militärdiktatur unter Oktavian. 31 ante Christum natum reichsrömischer Alleinherrscher, lässt er sich bereits vier Jahre später als der „göttliche Kaiser Augustus" verehren und verfügt schließlich über eine Macht, die selbst die des „göttlichen Alexander" weit überbietet.

Folgenreich ist diese Entwicklung für das Imperium Romanum nicht nur darin, dass die soziale Hierarchie des Weltreiches durch das Kaiserhaus nun eine absolute Klimax erhält, die „die Positionen und Funktionen einzelner sozialer Schichten teilweise neu definiert".[42] Folgenreich ist vor allem auch, dass „das als „römisch" zu bezeichnende soziale Modell praktisch im ganzen Weltreich" durchgesetzt und „auch auf die Bevölkerung der Provinzen übertragen" wird.[43] Damit aber verschärfen sich die Widersprüche zwischen dem nunmehr allmächtigen Rom und seinen weitgehend gleichgeschalteten Kolonien. Sie führen in letzteren zu einer Radikalisierung widerständiger Bewegungen.

Dieser Widerstand bricht nicht nur in bewaffneten Aufständen aus wie dem Jüdischen Krieg, der 70 n. Chr. mit der Zerstörung des Jerusalemer Tempels endet. Er findet seinen Ausdruck auch in einer spezifischen Wider-

---

40 Hans Jonas geht in seinem epochemachenden Werk von 1934 davon aus, dass die Wurzeln der Gnosis weit in die Zeit der Diadochenreiche hineinreichen; H. Jonas, *Gnosis und spätantiker Geist*, Göttingen ³1964, S. 66. Wenn zwischen den Wurzeln und der historisch fassbaren Bewegung der Gnosis unterschieden wird, muss dieser These auch gar nicht widersprochen werden.

41 R. M. Wilson, Artikel: *Gnosis/Gnostizismus II*, in: Theologische Realenzyklopädie, Bd. XIII, Berlin 1984, S. 536. Im Unterschied zur Stoa-Forschung haben sich der Gnosis denn auch vorwiegend Theologen und unter ihnen vor allem Exegeten des Neuen Testaments angenommen. Das hat inzwischen zwar zu einer sehr umfangreichen Literatur und zu wichtigen Editionen wie *The Coptic Gnostic Library*, aber weithin auch dazu geführt, dass das für H. Jonas noch entscheidende Interesse an einer geistesgeschichtlichen Systematik von exegetischen und bisweilen auch apologetischen Spezialinteressen verdrängt worden ist.

42 G. Alföldy, a.a.O., S.83.

43 Ebd.

standsliteratur: So wird in der neutestamentlichen Johannes-Apokalypse eine *dezidiert* antirömische Auseinandersetzung geführt.[44] Und der Widerstand bringt sich in einer Weltanschauung zur Sprache, in der die Verwerfung der römischen Welt definitiv vollzogen wird in einer grundsätzlichen Verwerfung der Welt überhaupt – wie eben bei den Gnostikern, deren Weltverständnis so radikal negativ ist, dass die Welt und mit ihr also auch das römische Weltreich nur noch als „Reich der Finsternis" gesehen wird.

Die sich im ersten nachchristlichen Jahrhundert etablierende und alsbald im gesamten Imperium Romanum ausbreitende gnostische Bewegung umfasst eine Vielzahl von kleineren und größeren Gemeinschaften, deren Begründer bzw. Wortführer aus Texten ihrer frühchristlichen Gegner zum Teil auch namentlich bekannt sind – wie etwa Simon (Magus), Satornil, Basilides, Karpokrates, Kerinth und Kerdon.[45] Dabei sind die Grenzen zwischen Christen und Gnostikern, zwischen der sogenannten „christlichen" und der sogenannten „paganen" Gnosis fließend, und noch heute gibt ihre genaue Verhältnisbestimmung zahlreiche Probleme auf,[46] zumal gnostisches Denken ebenso wie die Auseinandersetzung mit der Gnosis bereits im Neuen Testament nachweisbar ist. Jedenfalls ist der Kampf der „antignostischen Väter" Irenäus, Tertullian und Hippolyt gegen die „gnostischen Häretiker" eine rein „innerkirchliche" Auseinandersetzung, die schon früher zu Exkommunikationen, wie die des einflussreichen Gnostikers Valentinus,[47] führt und sogar zur Gründung einer eigenen christlichen „Gegenkirche" durch den Gnostiker Marcion, die im Osten immerhin bis ins 6. Jahrhundert Bestand hat.[48] Ein synkretistisches Christentum findet sich schließlich auch in den koptisch-gnostischen *Nag-Hamadi-Schriften*, unter denen wiederum und vielleicht auch bezeichnenderweise

---

44 Vgl.: J. Ebach, *Apokalypse. Zum Ursprung einer Stimmung*, in: Einwürfe 2, 1985, S. 5ff.; K. Füssel; *Im Zeichen des Monstrums. Zur Staatskritik der Johannes-Apokalypse*, Freiburg 1986.

45 Vgl.: Irenaeus, *adversus haereses* I 23ff. Die Verfasserschaft der koptisch-gnostischen Nag-Hamadi-Texte und der gnostischen Teile der hermetischen Schriften bleibt demgegenüber weithin anonym.

46 Vgl.: C. Colpe, Artikel: *Gnosis II (Gnostizismus)* in: Reallexikon für Antike und Christentum, Bd. XI, Stuttgart 1981, Sp. 540ff.

47 Um 140 durch die Gemeinde in Rom (Irenäus, *adv. haer.* III 4,3).

48 Sogar bis in die Gegenwart hinein haben sich im Irak die *Mandäer*, vermutlich eine jüdisch-gnostische Sekte des ersten Jahrhunderts, erhalten. Und die synkretistisch-gnostischen *Manichäer* des dritten Jahrhunderts sind in ihrer tausendjährigen Geschichte sogar eine Weltreligion geworden, deren gnostische Spuren sich noch in den mittelalterlichen Bewegungen der Bogomilen, Katharer und Albigenser zeigen.

relativ viele Apokalypsen sind. Demgegenüber findet sich in den gnostischen Teilen des *Corpus Hermeticum* aus dem 2. bzw. 3. Jahrhundert so gut wie kein Einfluss christlicher Traditionen, was auch insofern von Bedeutung ist, als es belegt, „dass Gnosis minus Christentum nichtsdestoweniger Gnosis ist und bleibt".[49] Die gnostische Mythologie der *Mandäer* ist sogar dezidiert antichristlich und lässt den „falschen Propheten" Jesus zum Sohn einer Dämonin werden,[50] während Jesus im *Manichäismus* wiederum göttliche Hoheitstitel erhält.

Entscheidend ist für das Verständnis der Gnosis aber nicht die Frage nach ihrer komplizierten Beziehung zu dem sich entwickelnden Christentum, entscheidend ist hier vielmehr die Frage nach der sich in den gnostischen Systemen artikulierenden Ideologie. Und diese Systeme sind erstaunlicherweise so homogen, dass sie auf die sie bestimmende Ideologie durchaus auch Rückschlüsse zulassen. Keine „Religion wirkt verwirrender in ihren Erscheinungsformen, keine Religion aber auch ist einfacher und monotoner in ihren Hauptmomenten als gerade die Gnosis".[51]

Das gnostische Drama

Der Stoa ist alles Dramatische fremd; denn der Stoiker hält sich von jeglicher Aufregung fern. Und wo er ihr nicht ausweichen kann, da sieht er von ihr ab oder umhüllt sie mit dem Mantel der Harmonie. Die sich mit der hellenistischen Globalisierung dramatisch zuspitzenden sozialen, politischen und kulturellen und auch ethnischen Widersprüche und Konflikte werden in der Stoa kategorisch ignoriert oder harmonisch interpretiert. In der Gnosis hingegen ist alles dramatisch, denn Harmonie kennen die Gnostiker nur in einer eschatologischen Perspektive. Und die geht auf ein *Jenseits* in dieser Welt. Sie muss auch auf ein Jenseits gehen, weil *diese* Welt gegenwärtig ein dämonischer Ort des Elends ist. Und dafür gibt es Gründe, die *erkannt* werden müssen, wie eben auch in jener eschatologischen Perspektive *erkannt* werden muss, wo für den Menschen die allein mögliche Rettung zu finden ist.

49 G. Quispel, *Gnosis als Weltreligion. Die Bedeutung der Gnosis in der Antike*, Bern ³1995, S. 52.
50 K. Rudolph, *Das Christentum in der Sicht der mandäischen Religion*, in: Wissenschaftliche Zeitschrift Leipzig 7, 1957/58, S. 651ff.
51 G. Quispel, a.a.O., S. 52.

Erkenntnis, gnosis – das ist für die Gnostiker der alles entscheidende Existenzvorgang, in dem die Erlösung von und aus dieser Welt beschlossen liegt. Sie selbst nennen sich denn auch bewusst γνωστικοί, *Erkennende,* auch um ihrer Gewissheit Ausdruck zu geben, zu den Erlösten gehören zu dürfen. Diese Erlösung vollzieht sich im Rahmen eines gigantischen Weltendramas, das zu erkennen zur Erlösung selbst gehört.

Dieses Drama findet bei den einzelnen Gnostikern sehr unterschiedliche Entfaltungen. Anzahl, Namen und Rollen der in ihm (mit)wirkenden göttlichen und widergöttlichen Mächte und Gestalten ändern sich vielfach,[52] doch das Sujet bleibt bei allen dasselbe und provoziert mit der blasphemischen These, dass diese Welt unmöglich die Schöpfung eines guten Gottes sei; dass der Mensch, das heißt seine unkörperliche und also unweltliche Seele, in dieser Welt nicht nur keine Heimat habe, sondern eigentlich auch gar nicht in dieses Reich der Finsternis, sondern in ein Reich des Lichtes gehöre; und dass ein wirklich guter Gott den Menschen aus diesem seinem Gefängnis durch einen Erlöser nur befreien könne.

Natürlich sind die Gnostiker dabei nun auch mit der hintergründigen Frage befasst, wie es denn überhaupt zu einer solchen für den Menschen unwürdigen Situation kommen konnte. Simon (Magus), der schon in der Apostelgeschichte (8,9ff.) Erwähnung findet, trägt nach dem Bericht des Irenäus,[53] der ihm nachsagt, der „Initiator" der Bewegung zu sein, folgende *Gnosis* vor:

Der (gute) Vater des Alls, die „höchste Kraft", erzeugte „die Erste Ennoia (Gedanke) seines Geistes, die Mutter von allen, durch die er am Anfang in seinem Geiste den Plan gefasst hatte, Engel und Erzengel zu erschaffen. Denn diese Ennoia trat aus ihm hervor, und da sie erkannte, was ihr Vater wollte, stieg sie zu den untersten Gegenden (ad inferiora) hinab und erzeugte Engel und Mächte, von denen [...] auch diese Welt gemacht wurde. Nachdem sie aber diese erzeugt hatte, wurde sie von ihnen festgehalten aus Neid, weil sie

52 Leicht zugänglich sind entsprechende Texte in den Übersetzungen von: W. Foerster/A. Böhling (Hg.), *Die Gnosis,* Bd.1: *Zeugnisse der Kirchenväter,* Zürich 1969; Bd. 2: *Koptische und mandäische Quellen,* Zürich 1971; Bd. 3: *Der Manichäismus,* Zürich 1980; R. Haardt, *Die Gnosis. Wesen und Zeugnisse,* Salzburg 1967; J.M. Robinson, *The Nag Hammadi Library in English,* New York 1977; E. Hennecke/W. Schneemelcher (Hg.), *Neutestamentliche Apokryphen in deutscher Übersetzung,* Bd. 1: *Evangelien,* Bd. 2: *Apostolisches, Apokalypsen und Verwandtes,* Tübingen 1959/1964.
53 Irenäus, *adv. haer.* I 23,1–4.

ja nicht für die Nachkommen irgend jemandes gelten wollten." Sie „fügten ihr jegliche Schmach zu, damit sie nicht hinauf zu ihrem Vater zurückeile, und dies ging so weit, dass sie sogar in einen menschlichen Körper eingeschlossen wurde und durch Jahrhunderte, gleichsam von Gefäß zu Gefäß, in immer andere weibliche Körper wanderte." Sie „ging von einem Körper in den anderen über und erlitt dadurch immer Schmach. Zuletzt gelangte sie sogar in ein Bordell (in fornice prostitisse)". „Deshalb kam auch er (scil. der Vatergott) selbst, um sie [...] von den Fesseln zu befreien, aber auch um den Menschen das Heil zu bringen (salutem praestaret), dadurch, dass sie ihn (scil. in dem Simon) erkennen. Die Engel regierten die Welt schlecht, weil jeder von ihnen die Vorherrschaft begehrte." „Darum sollen jene, die auf ihn [...] ihre Hoffnung gründen, fürderhin sich nicht um jene (Engel) kümmern, sondern als freie Menschen" leben. „Deshalb, so versprach er, werde auch die Welt aufgelöst, und jene, die ihm zugehören, würden von der Gewalt der Weltschöpfer befreit."[54]

So ähnlich spielt sich das Weltendrama auch in den anderen gnostischen „Systemen" ab, zum Teil mit noch stärkerer Betonung des Dualistischen und Antagonistischen – wie bei Marcion, dessen böser Weltschöpfer als *Demiurg* nicht einmal eine *Emanation* des guten *unbekannten Gottes* ist, sondern ein „Gegengott", womit auch der vom *Demiurgen* geschaffene Mensch von Hause aus nun nicht einmal mit seiner *Seele* dem Reich des ihn dennoch vom *Demiurgen* befreienden *fremden* guten Gottes angehört.[55]

Auch wenn andere „Systeme" eine noch weit verwickeltere Mythologie und Emanationstheorie entfalten, keinem der Gnostiker geht es lediglich um mythische Spekulation. Dafür sind die sich metaphorisch spiegelnden Konkretionen und Adversionen viel zu deutlich, und Simon (Magus) macht die *Ennoia* ja auch ganz bewusst zu einem Prototyp für jene Frau, der die Welt zur Hölle geworden ist. Der Gnosis geht es im Mythischen um den Menschen – und zwar um den unglücklichen, den erniedrigten und beleidigten. „Wer hat mich in das Leid der Welt geworfen, wer mich in die böse Finsternis ver-

---

54 In der Übersetzung von R. Haardt, a.a.O., S. 34f. Vgl.: W. Völker, *Quellen zur Geschichte der christlichen Gnosis*, Tübingen 1932, S. 2f.
55 A. Harnack, *Marcion. Das Evangelium vom fremden Gott*, Leipzig 1921, S. 31: Marcion redet „von dem fremden und guten Gotte, dem Vater Jesu Christi, der die ihm völlig fremden, elenden Menschen aus schwersten Banden zu ewigem Leben erlöst".

setzt?"[56] Das ist die eigentliche Frage der Gnosis, und ihr eigentliches Gewicht erhält diese Frage dadurch, dass sie gestellt und dann auch beantwortet wird in einem Zusammenhang, der nicht mythisch abstrakt und abstrakt existential bleibt, sondern einen konkret geschichtlichen, mithin also auch einen politischen und sozialen Horizont hat.

In diesen Zusammenhang gehört ganz unmittelbar die hartnäckige und nur vordergründig verstiegen wirkende Suche der Gnostiker nach einer Antwort auf die entscheidende Vor-Frage, warum denn nun diese Welt überhaupt mehr einer Hölle als einem Himmel gleicht. *Unde malum* – den Stoikern ist das kein Problem. Für sie ist das Böse nur eine Frage der Einstellung. Im Grunde ist für sie alles gut. Den Gnostikern hingegen ist im Grunde alles ein Übel. Und in dieser Generalisierung des Negativen steckt die eigentliche Antithese, mit der die Gnosis bewusst und ausdrücklich gerade auch die Stoa bekämpft.

Schon Hans Jonas weist auf diese Frontstellung hin[57], doch erst von Takashi Onuki wird sie an einem Text detailliert dargestellt.[58]

Der Befund seiner Untersuchung zum koptisch-gnostischen *Apokryphon des Johannes* (AJ) ist eindrücklich, denn er belegt vor allem auch, wie umfassend sich die Gnosis mit der Stoa auseinandersetzt. Onuki zeigt das an einer mehrfachen Polemik: 1. gegen den stoischen Erkenntnisakt, der für den (die) Gnostiker des AJ nicht durch den „göttlichen Teil seiner Seele, sondern durch dämonische Kräfte beherrscht wird";[59] 2. gegen die auf Aristoteles zurückgehende Lehre von den verschiedenen Qualitäten und Mischungsverhältnissen der Materie (Feuer, Luft, Wasser, Erde; warm, kalt, feucht, trocken etc.), die für die Stoa mit dem gestaltenden Wirken des göttlichen Logos, für den Gnostiker aber mit der unheilvollen Macht von Dämonen verbunden sind;[60] 3. in der Auseinandersetzung mit dem stoischen Verständnis der Affekte, die für den Gnostiker nicht nur Defizite sind, sondern dämonische Laster;[61] 4. gegen die stoische Kosmologie, in der die Gestirne mit dem *theos* letztlich identische Gottheiten sind, was der Gnostiker zurückweist, weil die Gestirne zwar das Feuer, nicht aber den

---

56 *Ginza. Der Schatz oder das Große Buch der Mandäer*, hg. und übersetzt von M. Lidzbarski, Göttingen 1925, S. 457f.
57 H. Jonas, a.a.O., u.a. S. 141ff.
58 T. Onuki, *Gnosis und Stoa. Eine Untersuchung zum Apokryphon des Johannes*, Freiburg 1989.
59 Ebd., S. 19.
60 Ebd., S. 27.
61 Ebd., S. 52.

Funken des göttlichen Lichtes haben;[62] 5. gegen die stoische Psychologie, der der Gnostiker bestreitet, dass die Planeten(götter) dem Menschen mehr als nur niedrige Fähigkeiten vermitteln können;[63] 6. gegen die stoische Anthropologie, in der die Seele als das den Körper des Menschen Bewegende letztlich weltimmanent gedacht wird, wogegen der Gnostiker einwendet, dass das Bewegende transzendenter Natur sei;[64] 7. schließlich und vornehmlich auch gegen die stoische Vorsehungslehre, und zwar dergestalt, dass der Gnostiker die Einheit von *Pronoia* und *Heimarmene* zerbricht und in einen prinzipiellen Dualismus führt, der die *Heimarmene* dämonisch degradiert und zur Folge hat, dass sie nunmehr „die Unbeständigkeit der materiellen Welt schlechthin vertritt".[65]

Es ist insbesondere die stoischen Vorsehungslehre, die für die Gnosis völlig inakzeptabel ist. Und mit der dualistischen Trennung von *Pronoia* und *Heimarmene*[66] kehrt sie die Anschauung der Stoa auch insofern in ihr Gegenteil, als sie den absolut positiven nunmehr mit einem absolut negativen Determinismus konfrontiert. Mit demselben Recht, mit dem da behauptet wird, *alles sei gut*, lässt sich auch sagen: *alles ist schlecht*. Aber es geht der Gnosis nicht nur um eine kontradiktorische These, es geht ihr, wie ja auch der Stoa, um die Implikationen und Tragweiten ihrer These, die also als solche, wie in der Stoa auch, nicht Ziel, sondern weltanschauliche Voraussetzung für ein Denken ist, das sich in einer Krise ideologisch zu bewähren versucht.

Bezeichnenderweise geschieht dies in der Stoa ebenso wie in der Gnosis im Rahmen einer universalen Perspektive, die jeweils Ausdruck einer globalen Herausforderung ist. Doch während die Stoa auf die griechische Globalisierung mit einem umfassenden und radikalen Akkommodationsprogramm reagiert, das seine Funktionsfähigkeit auch noch im Imperium Romanum zeigt, antwortet die Gnosis auf die imperialistische Globalisierung des Römischen Reiches mit einer ebenso umfassenden und radikalen Verweigerungtheorie, die schon als solche den Charakter des Widerständigen trägt.

---

62 Ebd., S. 70.
63 Ebd., S. 90.
64 Ebd., S. 93.
65 Ebd., S. 139; vgl.: Jonas, a.a.O., S. 172f.
66 Die *Pronoia* steht nun für das überweltliche göttliche Walten, das die Erlösung des Menschen aus dieser Welt und von diesem Weltschöpfer zum Ziel hat, während die dem *Demiurgen* beigeordnete *Heimarmene* zum Inbegriff des Weltlichen und also des Negativen wird.

Gnostiker sind keine guten Staatsbürger. Viele weigern sich, Kinder in diese Welt zu setzen. Weil sie das Elend nicht noch vermehren wollen, leben sie asketisch oder treiben ab.[67] Manche propagieren und leben sogar den Kommunismus, den sie mit dem Prinzip der *Gerechtigkeit* (δικαιοσύνη) in *Gemeinschaft* und *Gleichheit* (κοινωνία μεθ᾽ ἡσότητος) begründen.[68] Andere rühmen sich, an keine von Menschen gemachten Gesetz gebunden zu sein, und halten auch religiöse Vorschriften für problematisch.[69] Allen gemeinsam aber ist, dass ihre Verneinung dieser Welt nicht in einem bloßen Pessimismus steckenbleibt, sondern zum Angriff auf eine Welt wird, die sie für hoffnungslos verdorben halten. „Wer die Welt erkannt hat, hat einen Leichnam gefunden".[70]

Jonas spricht denn auch zu Recht von der „revolutionären" Gnosis,[71] auch wenn er dabei nun seinerseits den Begriff des Revolutionären betont akosmisch zu fassen versucht. Doch die „Revolution" der Gnostiker ist so akosmisch gar nicht, denn mit ihrer Entzauberung der Welt, mit dem Sturz der „bekannten Götter" stürzen sie zugleich einen der bekanntesten und nun wirklich auch mächtigsten Gottheiten ihrer Zeit: den römischen Kaiser.

Seitdem der sich in die Nachfolge seines griechisch-makedonischen Vorgängers Alexander begeben und sich gleich ihm zum „Gottessohn" hat erklären lassen, ist ein Widerspruch gegen Rom ein Sakrileg. Doch die Gnostiker begehen ständig Sakrilege und scheuen keine Blasphemie. Und indem sie die gesamte herrschende Götterwelt abschaffen und zu Archonten und Demiurgen degradieren, delegitimieren sie die Herrschaft des Imperium Romanum in einer nicht mehr zu überbietenden Radikalität.

Verständlich wird diese Radikalität vor dem Hintergrund des reichsrömischen Kaiserkultes, der die politische Herrschaftsfunktion hat, das Weltreich religiös-ideologisch zu einen, und deshalb auch ständig ausgebaut und mit

---

67 Letzteres nimmt die Ketzerpolemik dann zum Anlaß, wahre Horrorgeschichten zu verbreiten, – wie Epiphanius, Ende des 4. Jh.s Metropolit von Konstantia auf Zypern, in seinem »Panarion« (*Arzneikasten*), mit dem er gleich 80 Häresien kurieren will; *Panarion haereses* 26; 5,2ff.

68 Clemens von Alexandrien, *Stromata* III 8,1 – aus der dem Epiphanes zugeschriebenen Schrift *Über die Gerechtigkeit*; Gerechtigkeit fehle dort, wo geschieden werde in »reich und arm, Volk und Herrscher, dumm und klug, weiblich und männlich, Freien und Sklaven« (III 6,1); vgl.: W. Völker, a.a.O., S.34f.; R. Haardt, a.a.O., S.58f.

69 *Brief des Ptolemaios an Flora* bei Epiphanius, *Panarion haereses*. 33; 3ff.

70 *Thomasevangelium*, NHCod II,2, Spr. 56; W. Schneemelcher (Hg.), a.a.O., Bd. 1, S.108.

71 H. Jonas, a.a.O., S. 214ff. u.ö.

Tempeln und Priestern in den letzten Winkel der „Provinzen" getragen wird. Seit „Augustus", amtlich bestätigt, in den Himmel aufgefahren ist, ist die Cäsarenapotheose eine Institution – *dominus et deus noster.* Ein solches *dominium* aber stellt man nicht mit Kritik in Frage. Es lässt sich nur in seinen Fundamenten erschüttern, und die Gnostiker erschüttern diese religiösen Fundamente nicht nur, sie zerstören sie in ihrer religiösen Substanz.

Es ist schon erstaunlich, dass Hans Jonas diese Dimension der gnostischen „Auflehnung" und „Rebellion"[72] nicht einmal in Erwägung zieht, sondern fest entschlossen ist, den religionsgeschichtlichen Rahmen nicht zu verlassen. Damit aber geht auch eine zweite Dimension der gnostischen Umwertung verloren. Es trifft ja zu: In der Gnosis vollzieht sich „die weltgeschichtliche Ablösung der alten und mächtigen Vaterreligionen durch die Sohnesreligionen", „der „Mensch" oder der „Sohn des Menschen" wird über die alten Götter erhoben und selber zum höchsten Gott oder zum Zentrum der Heilsreligion".[73] Doch genau dieses bedeutet nun auch und gleichermaßen nicht nur eine radikale Emanzipierung, sondern auch eine „religiöse Demokratisierung", deren polemische Spitze politisch durchaus erkennbar ist. Wenn es zum Privileg römischer Cäsarenherrschaft gehört, in den Götterhimmel aufsteigen zu dürfen, dann wird dieses Privileg und mit ihm die Herrschaft der Cäsaren wiederum radikal in Frage gestellt, wenn die Gnosis nun diese besondere Herrscher-Apotheose mit ihrer allgemeinen Menschen-Vergöttlichung konfrontiert. Auch wenn nicht ausnahmslos jeder ein *Gnostiker* sein oder werden kann, für die Gnosis ist *Vergöttlichung* jedenfalls kein Privileg römischer Kaiser. Im Gegenteil. Der Kaiser schafft es ohnehin nur bis zu Zeus, und der ist gar kein richtiger Gott und schon gar nicht ein guter. Und das heißt zugleich: Wenn alles Elend dieser Welt der Unfähigkeit und Bosheit schlechter Götter geschuldet ist, dann trägt im Prinzip Verantwortung dafür auch der „göttlichen Kaiser".

Es gibt wohl kaum eine größere ideologischen Kluft als die zwischen dem Herrschaftsanspruch des Imperium Romanum und dem Widerspruch der Gnosis gegen eine Welt, die die Gnostiker gerade unter dieser Herrschaft für verloren halten. Gemessen an dem Gewicht dieser globalen Konfrontation

72   H. Jonas, a.a.O., S. 218.
73   Ebd., S. 219.

und fundamentalen Opposition kann die Frage nach der sozialen Einordnung der Gnostiker durchaus in den Hintergrund treten, zumal es die Quellenlage ohnehin schwer macht, hier gesicherte Aussagen zu treffen.[74] Um so
spannender ist dafür nun aber eine ganz andere Frage, nämlich die nach den
ideologischen Hintergründen für die Bekämpfung der Gnosis durch die sich
dezidiert antignostisch verstehenden Theologen und (Amts-)Träger der frühen christlichen Kirche, die sich in ihrer Entwicklung immer mehr der Stoa
annähert und schließlich dort zu finden ist, wo sie neben Stoa und Gnosis,
gleichwohl mit beiden auf unterschiedliche Weise bleibend verbunden, einen
Weg beschreitet, der in seinen reformistischen Konturen den Charakter eines
„Dritten Weges" trägt. Doch das ist ein Thema für einen anderen Aufsatz.

---

74 Vgl.: C. Colpe, a.a.O., Sp. 600.

Dieter Kraft

Was erwarten wir vom 21. Jahrhundert?

Der Vortrag wurde im Rahmen eines Symposions anläßlich
des 75. Geburtstages von Prof. Dr. Uwe-Jens Heuer am 11. Juli 2002
in der Berlin Rosa-Luxemburg-Stiftung gehalten. Das Symposion stand
unter dem Thema „Was erwarten wir vom 21. Jahrhundert? Wissenschaft –
Hoffnung – Traum"; in: Topos 22, Neapel 2003, S. 141–151

Meine sehr verehrten Damen und Herren, lieber Uwe-Jens Heuer,
ein Beitrag auf einem Jubiläums-Symposium darf mit einer eigenen biogra-
phischen Reminiszenz beginnen. Es ist noch keine 75 Jahre her, da nahm mich
mein Staatsbürgerkundelehrer – ausnahmsweise einmal diskret – zur Seite,
um mir, wieder einmal, in mein politisches Gewissen zu reden. Dieses hatte
zu jener Zeit zwar schon eine gewisse Form, aber, wie er – und wohl auch
zu Recht – meinte, einen völlig verkorksten katholischen Inhalt, was ich nun
schon wieder einmal unter Beweis gestellt hätte, nämlich im Fach „Literatur".
Alle anderen hätten sich in dem Vortrag über ihren deutschen Lieblings-Dich-
ter und -Denker auf *progressive*, auf *fortschrittliche* Traditionen eingelassen, nur
ich hätte von diesem Rilke geschwärmt und völlig unkritisch ein völlig ver-
staubtes Diktum zum Thema gemacht. „Wer spricht von Siegen? Überstehn
ist alles."

So endet Rilkes 1908 geschriebenes „Requiem" für den Grafen Wolf von
Kalckreuth, einen Selbstmörder (†1906). Gelesen 1965, in der deutschen Ar-
beiter- und Bauern-Republik, klang dieser Satz tatsächlich *höchst ambivalent,*
um hier auch noch das mildere Urteil meines Sportlehrers anzuführen, von
dem ich allerdings wusste, dass er mich für seinen Prestigeachter als Steuer-
mann brauchte.

Wie meistens, so hatte auch diese Ansprache meines Staatsbürgerkundelehrers Folgen für mich. Doch in diesem Falle waren sie positiv, jedenfalls die
erste und unmittelbare, die darin bestand, dass ich mich jetzt genötigt sah, für
Rilke einen Bonus zu finden, der ihn – etwa neben einem Thomas Mann – bestehen ließ. Das wurde mein Zugang zur Literatur, mit der ich alsbald auch
auf die Wolke der Zeugen stieß, die zu berichten wussten, dass ihr Thomas
Mann noch ein reaktionärer Monarchist war, als sich mein Rilke bereits für die
Ziele der Novemberrevolution begeisterte. Und die wurden nicht erst 1918
formuliert.

Eine zweite und ganz andere Folge stellte sich erst viele Jahre später ein,
als im November 1989 nun schon längst nicht mehr die Revolution, sondern
die Konterrevolution ihre Ziele erreichte.

„Wer spricht von Siegen? Überstehn ist alles." Die subkutane Langzeitwirkung dieses Diktums, ins Politische konvertiert, setzte auf einmal eine
unheimliche Dialektik frei: Alles Zuverlässige konnte nun nur noch in Negationen gedacht werden, ohne dass sich die Negation dieser neuen Negation
zuverlässig denken ließ. Solange wir vom Siegen gesprochen hatten, um das
Überstehen zu erlernen, und solange allein schon das bloße Überstehen ein
glänzender Sieg war, solange war auf die Dialektik Verlass. Jetzt aber wurde
sie durchlässig, denn abhanden gekommen war ihr die Vorläufigkeit des *nunmehr* letzten Wortes. Während wir höchstens noch *letzte Worte* stammelten,
wurde das *letzte* Wort von den anderen gesprochen. Diesem Dilemma entgeht man selbst nach mehr als einem Jahrzehnt nicht, weder durch historische
Konstrukte noch durch tapfere Hoffnungen oder mutige Träume. Wir haben
nicht nur nicht gesiegt, wir haben nicht einmal überstanden.

Nun wäre das ja so dramatisch gar nicht, wenn wir uns gelassen auf den
Gang der Geschichte mit dem Prinzip Hoffnung und also darauf einstellen
dürften, dass uns zu gegebener Zeit die Möglichkeit zu einem neuen Auf-
bruch bereitgehalten werde. Aber diesem Prinzip Hoffnung ist kaum noch
zu trauen, es dürfte höchstens noch als linderndes Therapeutikum gegen un-
heilbare politische Depressionen zu empfehlen sein. Nicht zufällig versandet
ja auch in Michael Hardts und Antonio Negris „Empire"[1] die Analytik just an
jener Stelle, an der die Frage nach den Akteuren eines neuen Aufbruchs auf-

---

1   M. Hardt u. A. Negri, *Empire. Die neue Weltordnung*, Frankfurt a. M. 2002.

geworfen wird. Seitdem sind wir zwar um den Begriff der „autonomen Multitude" bereichert, doch mit ihm wird die Skepsis eher größer als geringer. Dabei ist die Frage nach der Alternative tatsächlich, um bewusst einmal mit dem konfessorischen Pathos der Reformation zu reden, eine quaestio stantis et cadentis, nun nicht ecclesiae, wie zu Luthers Zeiten, sondern societatis et humanitatis. Denn es geht um nicht weniger als um die Frage nach den Überlebenschancen von Sozialität und Humanität. Zwei Begriffe, die den Rückzug ins Wörterbuch bereits angetreten haben und schon der Erklärung bedürfen, weil sie sich längst nicht mehr von selbst verstehen.

Und hier wird es nun doch dramatisch und die Niederlage des europäischen Sozialismus zur *Ingredienz* einer Entwicklung, die bereits in ihrer gegenwärtigen Phase die unheimlichen Konturen künftiger Verwerfungen erkennen lässt. Die aber scheinen nicht zufällig auf, denn natürlich ist die Dialektik nicht wirklich außer Kraft. Auch hat sie sich nicht transformiert in Adornos *negative*, wiewohl so manches dafür sprechen könnte. Was wir gegenwärtig tatsächlich erleben, das ist jene Negativität, die sich in der Dialektik historischer Prozesse einstellt, wenn der Antithese die These abhanden kommt und der Widerspruch nicht aufgehoben, sondern abgeschafft wird.

In eben dieser Situation befinden wir uns heute; und in Europa fällt es uns besonders schwer, mit ihr zurechtzukommen, denn das grandiose Schrittmaß der europäischen Geschichte hat uns reichlich verwöhnt. Vom Feudalismus über die frühbürgerlichen Revolutionen hinein in den alles revolutionierenden Kapitalismus, die Aufklärung als Zivilisierung des Denkens im Gefolge, demokratische Bewegung allerorten, Aufbrüche zu neuen Freiheiten und ganz neuen Lebensläufen. Selbst die Krise dieses Systems, nicht einmal seine Kriege, schafften es, den historischen Optimismus zu dämpfen, denn schon hatten neue *Lokomotiven der Geschichte* angezogen, eine neue Klasse erschien an und dann sogar auch für sich, mit Sozialismus, real existierend, verstaatlicht, samt Weltmachtoptionen. So hätte es eigentlich immer weiter gehen können. Überzeugung gab es jedenfalls genug, zunächst. Und nun das Desaster, der historische Interruptus, das Ende einer Entwicklung, die auch als Zivilisationsgeschichte beschrieben werden könnte – Tendenz aufsteigend, scheinbar unaufhaltsam und unumkehrbar.

Hinter uns aber liegt gar keine Geschichte der Zivilisation, sondern eine Geschichte von Klassenkämpfen, in deren Folge, von Sieg zu Sieg, Zivilisation *errungen* werden konnte und musste. Der lexikalische Eintrag in Langen-

scheidts Fremdwörterbuch ist noch immer korrekt: Zivilisation ist eine „Er-
rungenschaft". Natürlich steht da nichts vom Klassenkampf, aber immerhin,
die Fährte ist schon richtig, auch wenn sie heutzutage, selbst unter Linken,
immer seltener aufgenommen und verfolgt wird.

Doch die europäische Zivilisation ist ohne die erfolgreichen Klassen-
kämpfe des Bürgertums und des Proletariats undenkbar. Dabei geht es
durchaus nicht nur um die datierbaren Revolutionen, sondern auch um die
historische Kette permanenter Kollisionen zwischen Bürgertum und Adel,
zwischen Proletariat und Bourgeoisie, zwischen Sozialismus und Kapitalismus – getragen von den spezifischen Widersprüchen zwischen Produktivkraftentwicklung und Produktionsverhältnissen, zwischen Kapital und
Arbeit, um es in der vertrauten Diktion meines Staatsbürgerkundelehrers
zu sagen.

Dabei ist es gar nicht so einfach, immer auszumachen, *wer* hier *wem was*
zu verdanken hat, denn nicht selten überlagern einander die Kollisionen,
was zu neuen Widersprüchen führt – exemplarisch in der 48er Revolution,
einer bürgerlichen, die ohne das Proletariat so jedenfalls nicht stattgefunden hätte. Und hundert Jahre später hätte es keinen Marshall-Plan gegeben,
wenn er im nunmehr globalisierten Klassenkampf nicht von allergrößter
Bedeutung gewesen wäre. Und natürlich hätten wir keine Bismarcksche
Sozialgesetzgebung ohne die organisierte deutsche Arbeiterklasse. Ich will
aber gar nicht aufrechnen, sondern nur ganz sparsam illustrieren, dass die
europäische Zivilisation das Produkt permanenter Klassenauseinanderset-
zungen ist und gerade kein sich selbst entwickelndes, evolutionäres Projekt
der Geschichte.

Aber streng genommen ist selbst diese Feststellung höchst problematisch,
denn die Rede von *der* europäischen Zivilisation nivelliert und negiert – un-
freiwillig oder auch mit Vorsatz – die zum Teil ungeheuerlichen Unterschiede
in der Partizipation an Zivilisation. Wer unter Brücken schlafen muss, lebt
nicht in einem zivilisierten Land, auch wenn er von Banken umstellt ist.
Selbstverständlich, in einer Klassengesellschaft unterliegt auch die Zivilisation der Klassifikation.

Ich rede in Abbreviationen; es ist mir aber wichtig, an diese fundamentalen Zusammenhänge wenigstens zu erinnern, weil anders gar nicht durchschaut werden kann, was sich gegenwärtig – und nicht nur in Europa – vollzieht, genauer: was vollzogen wird. Eric Hobsbawm hat das 20. Jahrhundert

ja durchaus lehrreich als „Das Zeitalter der Extreme" beschrieben[2]. Und zu diesen Extremen gehört nun ganz sicher auch die für das Kapital seit Ende dieses Jahrhunderts einzigartige Situation, nahezu weltweit ohne ernstzunehmenden Klassenwiderspruch agieren zu können. Der Adel ist schon lange domestiziert, und nunmehr konnte auch die riskante Herausforderung durch den europäischen Sozialismus überwunden werden. Eine historisch extrem neue Situation, die es dem Kapital gestattet, seine bisher geltenden allgemeinen gesellschaftlichen Geschäftsbedingungen außer Kraft zu setzen und, wie es in der kryptischen Sprache seiner Politiker heißt, „alles auf den Prüfstand zu stellen".

Die Bedrohlichkeit solcher Wendungen nimmt zu mit der steten Beschleunigung ihrer Umsetzung, die inzwischen nur noch lustlos als „Reform" deklariert wird, als „Standortsicherung" oder „Umbau". Schon hat in den gleichgeschalteten Kommentaren das Wort vom „Rückbau" Einzug gehalten, und selbst das klare Bekenntnis zum „Abbau" ist kaum noch gewöhnungsbedürftig.

Bei alledem geht es nicht um sogenannte konjunkturbedingte Korrekturen, sondern um die vorsätzliche und planmäßige Vernichtung sozialer Standards und bürgerlich-demokratischer Rechte und also um nicht weniger als um die sukzessive Zerstörung zivilisatorischer Errungenschaften. Die nunmehr uneingeschränkte Herrschaft des Marktes erlaubt die Option auf eine uneingeschränkte Profitmaximierung, die kaum noch gesamtgesellschaftliche Rücksichten zu nehmen braucht – auch nicht auf den bleibenden Widerspruch zwischen Kapital und Arbeit. Ihn tradeunionistisch zu versöhnen war nur solange erforderlich, wie eine sozialistische Alternative gefürchtet werden musste.

Der über Jahrzehnte erzeugte Mangel an politischer Bildung hat dazu geführt, dass sich nur eine aufgeklärte Minorität dem Aberglauben verweigert, die *„Segnungen"* der *„freien Marktwirtschaft"* seien *„Segnungen"* der *„freien Marktwirtschaft"*. Wiewohl der zivilisatorische Fortschritt in Europa mit dem Sieg des Bürgertums verbunden ist, er ist keine Gabe der Bourgeoisie, auf die ein Erbrecht besteht.

2   E. Hobsbawm, *Das Zeitalter der Extreme. Weltgeschichte des 20. Jahrhunderts*, München 1999.

Das gilt für Soziales und Politisches gleichermaßen, wie am europäischen Alt-Faschismus gezeigt werden könnte. Die bürgerliche Demokratie mit all ihren wirklichen und scheinbaren Attraktionen ist die reguläre nationalstaatliche Existenzform des Kapitalismus in seiner *bürgerlichen* und *spätbürgerlichen* Ära. Und eben diese Ära geht gegenwärtig zu Ende. Der *spätbürgerliche* Kapitalismus geht über, wie ich sagen würde, in einen *nachbürgerlichen*, mit allen nur denkbaren gesellschaftlichen Konsequenzen.

Vorbereitet durch die klassische Transnationalisierung des Kapitals, angetrieben von einer permanent revolutionierenden Entwicklung der Produktivkräfte, befreit von allen regulativen Prinzipien einer Systemauseinandersetzung und so auch befähigt zu einer globalen und *alles* dominierenden Kapitalverwertung, drängt ein alter Widerspruch erneut zur Aufhebung: der Widerspruch zwischen Produktivkraftentwicklung und Produktionsverhältnissen. Doch auch dieser Widerspruch ist heute nur ein Segment innerhalb eines zunehmend übergreifenden Widerspruchs, nämlich dem zwischen der uneingeschränkt globalen Bewegungsform des Kapitals und den nationalen Existenzbedingungen der bürgerlichen Demokratie.

Es ist sicher kein Zufall, dass die Anti-Globalisierungs-Bewegung deshalb gerade auch von gutbürgerlich Engagierten geprägt wird und dass sich Protagonisten wie eine Vivian Forester dabei in der Deskription gesellschaftlicher Zustände erstaunlich radikalisieren. Aber die hinreichenden Gründe dafür sind radikal genug, wenn man nur an das sogenannte „Multilaterale Investitionsabkommen" denkt, in dem sich ja auch nur ein Vorschein auf das Künftige spiegelt – wie ja auch in der Rede vom „Ende des Nationalstaates". Diese könnte mit Gelassenheit vorgetragen werden, wenn es lediglich um Nationales ginge, und sogar mit Emphase, wenn sie auf Nationalistisches zielen würde. Doch im Fokus dieser Perspektive steht nicht die nationale Staatsmacht, sondern die spätbürgerlich-demokratische Ordnung des Kapitalismus. Sie zu überwinden und den politischen und gesellschaftlichen Erfordernissen der globalen Kapitalverwertung zu adaptieren, das ist gegenwärtig das Tagesgeschäft der europäischen Staatsmächte. Und wer sich heute, mit welchen Absichten auch immer, staats- und regierungspolitisch engagiert, der nimmt billigend in Kauf, dass er dazu einen Beitrag zu leisten hat. Und der wird ja denn auch geleistet.

Die Situation ist einigermaßen grotesk und unerhört widersprüchlich. Da feierten manche den Untergang des Sozialismus und machten sich auf, in jenem Kapitalismus anzukommen, den sie als Alternative meinten privilegieren zu müssen. Und nun gibt es den einen gar nicht mehr und den anderen jedenfalls nicht mehr so, wie man ihn eigentlich haben wollte. Das ist tragisch. Doch alles Tragische ist auch durchwoben vom Naiven. Wie sollte man denn den einen ohne den anderen bekommen?! In compensationem ist dafür inzwischen aber die Fähigkeit gewachsen, sich *überall* irgendwie einrichten und Grundsätze *beliebig* für obsolet erklären zu können. Eine Fähigkeit, die Politiker heute vermutlich schon in ihren Bewerbungsunterlagen ausweisen müssen.

Grotesk und unerhört widersprüchlich wird es nun aber wirklich für all jene, die einst vom Untergang der spätbürgerlichen Gesellschaft geträumt hatten und heute vor die Frage gestellt sind, ob und wie sie deren zivilisatorische Elemente vor dem globalen Laissez faire des nachbürgerlichen Kapitalismus retten sollen und wollen. Für manche dürfte allein schon eine solche Frage kaum zumutbar sein, zumal sie einigermaßen angewidert erleben müssen, wie andere darum kämpfen, sich in diesem Spätkapitalismus in letzter Minute noch häuslich einzurichten und dabei fast jede nur denkbare Peinlichkeit in Kauf nehmen.

Die Frage aber steht, so oder so. Und wahr bleibt auch, dass man nicht erst ein Hund zu werden braucht, um für den Erhalt des Tierschutzes eintreten zu können. Das Bild ist schief, aber der Grat, auf dem in dieser Frage gewandelt werden muss, ist auch unheimlich scharf. Der Absturz, der ideologische, moralische, politische, lässt sich nur vermeiden, wenn Zivilisation nicht als Entwicklung einer Idee a priori, sondern als das a posteriori einer klassengesellschaftlichen Auseinandersetzung begriffen wird. So wenig wie es eine „Zivilgesellschaft" *an sich* gibt, so wenig wird es eine gelungene Apologie zivilisierter Gesellschaftlichkeit geben ohne ein programmatisches Insistieren auf dem Klassencharakter aller Aktionen und Reaktionen. Denn wem heute nicht bewusst wird, dass er nicht einer fiktiven „Moderne" mit ihren modernen „Sachzwängen", „Strukturanpassungen" und „Globalisierungskompatibilitäten" ausgesetzt ist, sondern, auf Gedeih und Verderb, den wohlorganisierten und staatspolitisch flankierten Interessen einer weltweit und gnadenlos operierenden Shareholder-society, dem wird es nicht gelingen, diesen *Diktatoren des Profits* organisiert gegenüberzutreten. Wer nicht die Systemfrage stellt, hat sich der notwendigen Systematik eines bündnisbreiten Widerstandes bereits entledigt.

Und zu dieser Systematik gehört es nun auch, nicht nur gegen das Laissez faire des sogenannten „Neoliberalismus" zu protestieren, sondern dabei
zugleich auch zu deklarieren, dass es der Moder der spätbürgerlichen Gesellschaft ist, der hier zum Humus des nachbürgerlichen Kapitalismus wird.

Die Einsicht in diesen konstitutiven Zusammenhang hat sich unter den
bürgerlichen Globalisierungsgegnern noch längst nicht durchgesetzt. Aber es
bleibt abzuwarten, wann auch ihr Blick mit wachsender Kritikfähigkeit nicht
nur an den manifest werdenden globalen Deformationen, sondern auch an
deren eigentlicher Genese haften wird. Auf jeden Fall aber konstituiert dieser Zusammenhang die politische Plattform, auf der der Widerstand der alten und uralten Linken mit dem Protest der neuen und jungen Antagonisten
sachlich koinzidiert. Wer weiß, was sich daraus noch entwickelt. Ganz sicher
gar nichts, wenn die einen nach den ersten europäischen Großdemonstrati-
onen von der „Weltrevolution" munkeln würden. Und sicher auch solange
nichts, solange die anderen nicht wenigstens stutzig werden, wenn vermeintliche Koalitionäre vor laufenden Kameras erklären, man solle doch den Kapitalismus nicht *so* schlecht reden.

Ganz ernsthaft muss nun aber auch damit gerechnet werden, dass sich
weder so noch so irgend etwas entwickelt. „Wo aber Gefahr ist, wächst das
Rettende auch", konnte noch Hölderlin in sanfter Dialektik fabulieren. Doch
solch schöne Gewissheiten tragen heute nicht mehr. Schon längst haben sich
Entwicklungen verdichtet, die im Gefüge der kapitalistischen Gesellschaft
mit den quantitativen Sprüngen auch qualitative Umkehrungen anzeigen.

Mit Sprüngen haben wir ja schon zu leben gelernt, auch wenn wir wissen,
dass Hegels „Herr-Knecht-Verhältnis" eben kein prästabilierter Indikativ eines
imperativen Naturverhältnisses ist, wiewohl sich *reich und arm* und *oben und unten und Macht und Ohnmacht und Glanz und Elend und Paläste und Hütten* natürlich immer reziprok verhalten, weil das eine sich vom andern nährt, wenn man
die Welt als Ganze nimmt. Doch den Exzess der neuen superlativen Sprünge
werden viele nicht einmal überleben, jedenfalls nicht in kommoder Situierung.

In ihrem 1996 erschienenen Band „Die Globalisierungsfalle"[3] hatten die
beiden „Spiegel"-Redakteure Hans-Peter Martin und Harald Schumann nicht

---

3   H. P. Martin u. H. Schumann, *Die Globalisierungsfalle. Der Angriff auf Demokratie und Wohlstand*, Reinbek 1997.

nur die soziale Dramatik der Absenkung einer Zwei-Drittel- auf eine Ein-Fünf-
tel-Gesellschaft thematisiert, sondern mit ihrer Recherche auch dokumentiert,
dass diesen Verwerfungen eine konzertierte Regie zugrunde liegt. Ihr Bericht
über die elitäre Fairmont-Konferenz in San Francisco vom September 1995
hatte denn auch nicht unwesentlich dazu beigetragen, dass die Bewegung der
Globalisierungsgegner sich auch in der BRD zu formieren begann. Ein „Wim-
pernzucken in der Geschichte der Ökonomie"[4] nannte John Naisbitt in San
Francisco die Zeit der sogenannten „Wohlstandgesellschaft". Und mit ihm
überlegten 500 führende Manager, Politiker und hochdotierte Wirtschaftler
aus aller Welt, wie man künftig mit jenen Vier-Fünfteln verfahren müsse, um
dieses Heer von Tagelöhnern und Arbeitslosen nicht außer Kontrolle geraten
zu lassen. An bewährte altrömische Praxis knüpfte im Fairmont-Hotel Zbig-
niew Brzezinski an, und seine Formel für panem et circenses, für Brot und
Spiele lautete: „tittytainment"[5]. Das Volk muss gestillt und bespaßt werden.
Ein durchaus komplementärer Ansatz zu dem von Wolfgang Schäuble, der ja
schon 1993 und erst kürzlich wieder laut darüber nachdachte, wie man die
Armee, wenn es denn sein muss, auch nach innen einsetzen kann.

Zwei-Drittel werden zu Vier-Fünftel, gemacht; die Differenz zwischen
Zähler und Nenner ist progressiv, und das Wort von der *„Bruchrechnung"*
verliert auf einmal seine mathematische Unschuld.

Aber ginge es nur um Zahlen, ein George Soros hätte niemals ein Buch
über „Die Krise des globalen Kapitalismus"[6] geschrieben und uns dadurch
an seinen Ängsten teilhaben lassen. Die gipfeln darin, an den eigenen
Milliarden in einer kapitalistischen Welt, die sich *qualitativ* verändert, am
Ende gar keine rechte Freude mehr haben zu können. Und Soros ist nun
wirklich kein Populist und auch kein ungarischer Dramatiker. Seine Analyse gründet nicht auf externen Beobachtungen, sondern auf ureigensten
Erfahrungen, mit denen er sich an Börse und Kapitalmarkt ein Vermögen
erspekulierte. Und dieser Soros, der 1992 das britische Pfund zum Wanken
brachte, und allein dabei eine Milliarde Dollar kassierte, sagt heute: „das

---

4   Zitiert nach: ebd., S. 14.
5   Zitiert nach: ebd., S. 13
6   G. Soros, *Die Krise des globalen Kapitalismus. Offene Gesellschaft in Gefahr*, Frankfurt a. M.
     2000.

kapitalistische Weltsystem" ist „krank und brüchig".[7] An anderer Stelle meint er, der zunehmend alles beherrschende „Marktfundamentalismus" zerstört die sozialen, moralischen, politischen, kulturellen und also die gesellschaftlichen Werte der bürgerlichen Zivilisation und selbst die persönlichsten Beziehungen.[8]

Natürlich, Soros ist ein Bourgeois, der durch eben jene Mechanismen reich wurde, die ihn nun daran hindern, diesen Reichtum unbesorgt vermehren zu können. Aber er ist eben noch ein Bourgeois und nicht ein nachbürgerlicher Profiteur. Mutatis mutandis würde Thomas Mann ihn gar für literaturwürdig halten, wie einst den alten Buddenbrook, den er, viel weitsichtiger als ein Rilke, schon ahnen ließ, dass es mit seinem Bürgertum so fein und vornehm nicht bleiben würde. Und jetzt verfault es wirklich und mit ihm eine Gesellschaft, die im Markttotalitarismus die Umwertung aller bürgerlichen Werte zu erleben beginnt. Nietzsche könnte zufrieden sein, wiewohl auch er nicht damit gerechnet haben dürfte, dass die Umwertung auf dem *Marktplatz* getrieben wird und nicht bloß als *Wille* zur Macht.

Aber auf dem *Marktplatz* funktioniert sie total und nahezu perfekt, denn hier steht alles bereit, nun auch in sein Gegenteil verkehrt zu werden.

Allem voran die mächtige Maschinerie der Medien, die mit Gutenberg einst so verheißungsvoll anlief und Kultur begründete, Hochzivilisation, Massenbildung. Heute steht sie im Dienst der Verblödung und ist dabei so effektiv wie nie zuvor – und unanfechtbar! Insider, die – wie ein Frédéric Beigbeder – ihre Betriebsgeheimnisse verraten, dürfen daraus sogar Bestseller machen, denn Appelle ändern heute nichts. Wenn es passt, werden auch sie vermarktet.[9]

Und dem Markt passt eigentlich alles. Warum nicht zugeben, dass heute jede Form von Rücksichtslosigkeit, Schamlosigkeit und Skrupellosigkeit zu den allgemeinen Geschäftsbedingungen gehört – und gelungene Korruption zum Befähigungsnachweis avanciert. Warum nicht zugeben, dass alles *wirklich* so ist, wie es wirklich *ist*. Und wenn es noch irgendwelche Probleme geben sollte, dann ändert man halt die Gesetze und versetzt die unbequemen Staatsanwälte. Oder man schert sich auch darum nicht, auch nicht um Völker-

---

7   Ebd., S. 9
8   Ebd., S. 257
9   F. Beigbeder, *Neununddreißigneunzig*, Reinbek 2001.

recht oder die UNO. Das Recht des Stärkeren diktiert die Welt, national und international, in der Wirtschaft und in der Politik. Tertium non datur.

Als spätberufener Protestant dürfte ich eigentlich nicht mehr unter Verdacht geraten, ein heimlicher Ministrant des Vatikans zu sein, wenn ich mir ein Papstwort zu eigen mache, das Johannes Paul II. in seiner im März 1995 gegebenen Enzyklika „Evangelium vitae" geprägt und unter dem Titel „Über den Wert und die Unantastbarkeit des menschlichen Lebens" auch entfaltet hat. Zwölfmal ist in dieser Enzyklika die Rede von einer heute umsichgreifenden „Kultur des Todes". Bezeichnenderweise wurde die Bedeutung dieses Wortes in den Medien eklatant verkürzt und reduziert auf die *Bewahrung ungeborenen Lebens*. In Wirklichkeit aber geht es viel weiter und zielt auf eine Gesellschaft, die der natürlich konservative Papst mit seiner natürlich konservativen Kurie in verhängnisvoller Auflösung begriffen sieht.

Ich zitiere nur wenige Sätze. In Kapitel 12 heißt es: „Mögen auch viele und ernste Aspekte der heutigen sozialen Problematik das Klima verbreiteter moralischer Unsicherheit irgendwie erklären und manchmal bei den einzelnen die subjektive Verantwortung schwächen, so trifft es tatsächlich nicht weniger zu, dass wir einer viel weiter reichenden Wirklichkeit gegenüberstehen, die man als wahre und ausgesprochene *Struktur der Sünde* betrachten kann, gekennzeichnet von der Durchsetzung einer Anti-Solidaritätskultur, die sich in vielen Fällen als wahre ‚Kultur des Todes' herausstellt. Sie wird aktiv gefördert von starken kulturellen, wirtschaftlichen und politischen Strömungen, die eine leistungsorientierte Auffassung der Gesellschaft vertreten."

Und aus Kapitel 19 noch den Satz: Man kann „nicht bestreiten, dass eine solche Kultur des Todes in ihrer Gesamtheit eine ganz individualistische Freiheitsauffassung enthüllt, die schließlich die Freiheit der ‚Stärkeren' gegen die zum Unterliegen bestimmten Schwachen ist."

Das klingt fast *radikal*, jedenfalls ist es *ex radice* gesprochen, und mit der „Kultur des Todes" ist prägnant beschrieben, was andere als „Moderne" feiern, ohne wahrnehmen zu können oder zu wollen, dass uns diese „Moderne" selbst hinter die Aufklärung zurückwerfen wird und weithin auch schon geworfen hat. Wie weit, das lässt sich kaum absehen. Aber es spricht wenig dafür, dass der globalisierten „Kultur des Todes" Grenzen gesetzt werden können, abgesehen von jenen, die sie in sich trägt und die sie nicht überwinden kann. Denn auch der nachbürgerliche Kapitalismus unterliegt dem Gesetz der Anarchie und dem Gesetz der Konkurrenz.

Gianfranco Pala, auch ein Italiener, aber ein richtiger, hat in seinen Studien zur Globalisierung gerade diese bleibende Ingredienz des nachbürgerlichen Kapitalismus besonders hervorgehoben. Ich verweise diesbezüglich nur auf seinen Beitrag in Heft 16 der Zeitschrift TOPOS.[10] Weil Anarchie und Konkurrenz auch angesichts transnationaler Produktionsnetze und Kontrollketten nicht außer Kraft gesetzt sind, potenziert sich nun sogar das dem Kapitalismus geburtseigene bellum omnium contra omnes.

Es ist keine erbauliche Vorstellung, dass aus diesem nunmehr global vernetzten und verketteten Konflikt Rettendes erwachsen könnte. Aber wo Anarchie herrscht, da herrscht das Unberechenbare auch. Daraus leite ich für mich als Handlungsanweisung ab, bereit zu bleiben, mit allem rechnen zu können. Mag sein, dass die Enkelinnen wieder begründete Träume und Hoffnungen haben dürfen. Für unsere Generationen aber gilt: „Wer spricht von Siegen? Überstehn ist alles."

---

10 G. Pala, *Hundert Jahre Imperialismus. Produktionsnetze und Kontrollketten in der transnationalen Phase*, in: TOPOS 16 (Imperialismus), Napoli 2000, S. 11–39.

Dieter Kraft

Der entkettete Knecht

Philosophische Perspektiven
auf Brecht und Hacks und Hegel

Vortrag auf der Zweiten Wissenschaftlichen Tagung der Peter-Hacks-
Gesellschaft am 6./7. November 2009 unter dem Thema „Gute Leute sind
überall gut. Hacks und Brecht"; u. a. in: Gute Leute sind überall gut. Hacks
und Brecht, hg. von Kai Köhler im Auftrag der Peter-Hacks-Gesellschaft,
Aurora Verlag, Berlin 2010, S. 21–35 / Peter Bäß zum 70. Geburtstag

Mein Beitrag hat mehrere Probleme. Das erste davon bin ich selber: denn, warum ich als Theologe eingeladen wurde, über die philosophischen Beziehungen von Brecht und Hacks zu Hegel zu referieren, kann ich mir nur mit der
Assoziation „Götterolymp" erklären. Hilfsweise vielleicht noch mit Brechts
und Hacks' ungewöhnlich konsistenter Bibelhaftung.

Und schon meine erste Frage, die noch relativ harmlos ist und eher historischer als systematischer Natur, kann ich nicht genau beantworten. Nämlich
die Frage: Welchen Hegel lesen die, Brecht und Hacks? Natürlich den ganzen Hegel – wiewohl Hanns Eisler der hohen Meinung war, Brecht habe über
einen solchen Scharfsinn verfügt, dass es ihm gegeben war, stets nur das zu
lesen, was er für seine Arbeit brauchte.[1]

Und irgendwann brauchte er Hegels „Phänomenologie" und die „Ästhetik" und auch die „Philosophie der Geschichte", dieses für ihn so „unheim-

---

1   Hanns Eisler, *Gespräche mit Hans Bunge. Fragen sie mehr über Brecht*, Leipzig 1975, S. 132.

liche Werk"[2]. Und spätestens im „Fatzer" (1926 ff.) ist Hegel ja auch präsent – mit Marx und Lenin und nicht nur mit dem Stichwort „dialektische Tragik"[3]. Aber man kann sich auch irren. Als Ernst Schumacher an seiner Dissertation über Brechts frühe Stücke arbeitete und über Brecht begeistert vortrug, dass dieser in „Dickicht" (1921/22 ff.) die „idealistische dialektik hegels" „nachgeholt" hätte[4], notierte Brecht in sein Arbeitsjournal: „dabei kannte ich [...] keine zeile von hegel"[5]. Also irgendwann zwischen 1923 und 1926 dürfen wir den Hegel bei Brecht als Arbeitslektüre ansetzen. Und wie das bei Hacks aussieht, werden wir bald von André Thiele erfahren.

Ganz unwesentlich sind solche Datierungen ja nicht, denn sie spielen hinein in die übergreifende Frage, wie die beiden den Hegel lesen. Vermittelt oder unvermittelt? Prima vista oder mit Präjudiz, von Marx – und auch von Engels, was ja noch etwas anderes wäre. Auch Lenin müsste bedacht sein, auch mit seiner Überzeugung: nur wer den Hegel verstanden hat, kann auch den Marx richtig verstehen[6].

Aber nun könnte es auch schon kompliziert werden. Sich Hegel von Marx erklären zu lassen, Marx aber ohne Hegel nicht richtig verstehen zu können – da scheint schon ein handfester Widerspruch auf. Und Hegel wär's zufrieden. Denn ohne Widerspruch geht bei ihm bekanntlich gar nichts. Er könnte sich auch nicht vorstellen, so gänzlich unvermittelt gelesen zu werden. Es würde sein System verletzen, zu dem die Kategorie der Vermittlung schon im Ansatz gehört. Und so bleibt die Frage: Wer wem?

Für Hegel ist ja Vermittlung ein Gedankenkonstrukt, das zwar auf die Wirklichkeit zielt und aus ihr erwächst, aber als systematische Kategorie notwendigerweise abstrakt bleiben muss. Auf Vermittlungen lässt sich nicht mit dem Finger zeigen. Ebensowenig, wie sich Widersprüche einfach lösen lassen. Die müssen schon aufgehoben werden. Und selbst dann sind sie nicht einfach weg.

Vermittlung, Widerspruch, Aufhebung – wir stecken schon mitten in der Hegelschen Philosophie, obwohl von der eigentlich noch gar nicht die Rede

---

2   Bertolt Brecht, *Werke*, Große kommentierte Berliner und Frankfurter Ausgabe, 1988-1998
    (30 Bände), Bd. 26, S. 330 (Arbeitsjournal, 26.02.1939).
3   Brecht, *Werke* 10.1, S. 468.
4   Brecht, *Werke* 27, S. 339 (Arbeitsjournal, 6.12.1952).
5   Ebd.
6   Lenin, *Werke* 38, S. 170.

war. Jetzt fehlt nur noch der Geist, und wir könnten das erste Kapitel schon abschließen. Aber vielleicht ist doch eine Nachbetrachtung vonnöten, Hegel betreffend im Ensemble einer Philosophiegeschichte, die sich über die Jahrtausende formiert hat und längst noch nicht kulminiert. Das wird sie erst am Ende aller Tage. Aber bis dahin werden Vergewisserungen nachgefragt sein. Schließlich geht es in der Philosophie um das Leben selbst – von oben betrachtet.

Das jedenfalls meinten jene, für die man später das Etikett „Idealismus" drucken ließ. Großartige Leute, wie man schon an Platon überprüfen kann. Wir sitzen in einer Höhle und staunen, dass wir nicht nur staunen können, sondern schattenhaft sogar die Welt erkennen in ihrem großen Ganzen. Ein unglaublich eindrucksvolles Geschehen, nur erklärbar dadurch, dass uns Erkenntnisideen irgendwie angeboten werden, von wem auch immer – oder eingeboren, wie auch immer. Oder im Kopf einfach hergestellt. Ich spreche im Zeitraffer und nenne keine Namen zwischen Platon und Kant.

Nun gab es aber schon immer auch Leute, die es in Höhlen nicht aushielten und denen bloße Schatten- oder Transzendentalerkenntnis nicht ausreichte. Die schauten sich die Welt erst einmal von unten an. Und dann sahen sie, dass alles irgendwie fließt und immer in Streit und Bewegung ist, und dass man nicht weiß, wie man den Vogel im Fluge zeichnen soll, und dass die Erde ziemlich hart ist und wohl aus kleinen Teilchen besteht. Und nachdem der Materialismus geboren ward, zog sich der Widerstreit durch die Geschichte. Ich kürze wieder ab und sage: Bis Hegel kam. Der nämlich lässt diese Alternativität nicht gelten.

Auch bei Hegel spielt sich alles oben im Kopf ab. Wo denn auch sonst. Wenn wir auf einen empirisch nicht verifizierbaren Gesamtzusammenhang, also auf Totalität aus sind, dann kann man sich nicht vom Kopf auf die Füße stellen. Man kann Totalität nur denken, als Begriff, als Kategorie, als System. Aber jetzt kommt das für Hegel Besondere. Er fragt nämlich nicht „Was kann ich wissen?", sondern Hegel fragt danach, wie Wissen wird. Das „Werden" ist sein großes Thema – und in ihm verbindet sich nun der Blick von oben mit dem Gewordensein von unten. Die „Phänomenologie des Geistes" hat es mit der Natur und mit der Geschichte und überhaupt mit allem zu tun. Denn das Denken entwickelt sich, durch alles hindurch. Und es entwickelt sich im Algorithmus des Widerspruchs, in steter Bewegung der Aufhebung von These und Antithese; und Synthese darf sich nur nennen, was bereits den nächsten

Widerspruch gebiert. Und zu alledem und dieses noch ganz prinzipiell: Alles ist zugleich und überhaupt in seinem Gegenteil. Das alles ist bekannt, und doch lässt man sich immer wieder faszinieren von der unglaublichen Kraft dieser Systematik, die selbst den Kern der Subjekt-Objekt-Spaltung überwindet, weil das Wahre eben das Ganze ist.

Auch Marx und Engels waren fasziniert, und dann auch Lenin. Wiewohl eingeschränkt. Doch diese Einschränkung hat es in sich – und sie hatte zur Folge die wiederum folgenreiche Vorstellung, dass sich bei Hegel System und Methode separat beerben ließen. Selbst Lukács und Bloch kamen an dieser Dichotomie nicht vorbei, die von Marx postuliert wird, weil er die brillante Hegelsche Dialektik von dem vermeintlich konservativsten philosophischen System[7] entbunden wissen will. Das muss er auch, jedenfalls nach Maßgabe *seines* Hegelverständnisses. Und das kommt zu sehr harten Urteilen: Hegel wolle in seiner „Phänomenologie" „beweisen, dass *das Selbstbewusstsein die einzige* und *alle Realität"* sei.[8]

Liest man Hegel nicht mit Marx, dann kommt man womöglich zu dem umgekehrten Urteil. Denn Hegel will doch gerade zeigen, dass im Selbstbewusstsein „alle Realität" versammelt ist, dass es Selbstbewusstsein gar nicht gäbe ohne die vorlaufende Entwicklung in Natur und Geschichte. Selbstbewusstsein ist nicht einfach *da,* es *kommt her,* und es hat keinen anderen Logos als den, der ihm *voraus* ist. Und keineswegs ist bei Hegel „der Denkprozeß […] der Demiurg des Wirklichen"[9] Im Gegenteil. Der Denkprozess findet in der Wirklichkeit seinen Demiurgen, die Dialektik des Seins konstituiert das Bewusstsein des Dialektischen.

Engels war in seiner „Dialektik der Natur"[10] ganz nahe dran, diese genuin Hegelsche Erkenntnis aufzunehmen, um Hegel letztlich aber doch vorzuhalten, er habe die „Denkgesetze der Natur und Geschichte aufoktroyiert"[11], und „die Dinge und ihre Entwicklung" seien bei ihm nur „die verwirklichten Abbilder der irgendwie schon vor der Welt existierenden ‚Idee'"[12]. Das kann man von Platon, aber doch nicht von Hegel behaupten.

---

7   Vgl. MEW 2, S. 203f.
8   MEW 2, S. 203f.
9   MEW 23, S. 27.
10   MEW 20, S. 305 ff.
11   MEW 20, S. 348.
12   MEW 19, S. 206.

Für Hegel ist der sogenannte „Geist" ja keine von der objektiven Realität losgelöste, sondern eine sie bestimmende Kategorie. Eine Kategorie, die die allgemeingültigen Prinzipien des Seins in seiner dialektischen Bewegung und also in seiner Struktur und Organisationsform repräsentiert. Und so gesehen ließe sich sogar sagen: Für Hegel ist der Geist das Organisationsprinzip der Materie. Dass dieses Betriebssystem des Seins schließlich auch das Bewusstsein und also die Struktur und Organisationsform des Denkens bestimmt und dass mit der dadurch gewordenen Identität von Sein und Denken nun vom Denken auf das Sein Rekurs genommen werden kann, genauer gesagt: auf das übergreifende Organisationsprinzip des Seins – das ist nun tatsächlich eine grandiose Erkenntnis, die sich durchaus den Satz leisten darf, in dieser erkannten Identität sei der absolute Geist zu sich selbst gekommen.

Hegels Philosophie ist eine Retrospektive des Denkens, das sich in seinem Gewordensein erkennt und sein Werden als Geschichte entdeckt, die mit der Natur anhebt. Höher lässt sich vom Denken und also vom Menschen nicht reden – aber wohl auch nicht bescheidener. Denn alle Intelligibilität muss nun auf die stolze Behauptung einer autonomen Subjektivität verzichten. Dass das gesellschaftliche Sein das Bewusstsein bestimmt, ist lediglich ein Derivat der Hegelschen Erkenntnis, dass es kein entbundenes Bewusstsein gibt.

Das nun ist freilich ein unglaublich hoher Standpunkt, der eine Weltsicht bietet, in der sich Freiheit völlig neu bestimmt, auch weil der Widerspruch von Hause aus ein Wohnrecht hält, das von oben eingesehen werden kann. Dieser Perspektive haben sich Brecht und Hacks bemerkbar unterschiedlich akkommodiert. Vielleicht nicht gegensätzlich, wohl aber unterschieden in der Wahl des Kontrapunkts und auch des Cantus Firmus. Geschuldet ist das nicht allein der Differenz der Zeit und ihrer Zustände. Brecht und Hacks lesen Hegel auf je ihre Weise. Natürlich auch aufgrund der Differenz der Zeit und ihrer Zustände.

Das widerspiegelt sich bereits im Zugriff auf das Angebot der Dialektik. Der ist bei Brecht geradezu spektakulär, und wir können postum begeistert miterleben, welche Faszination die Entdeckung des Dialektischen auf ihn ausübte. Aber es ist von Anfang an eine „materialistische Dialektik", der Brechts Lob gilt. Und weil für ihn Materialismus gar nicht materialistisch genug sein kann, da man ihn, bekanntlich, muss fühlen und schmecken können[13], hält

---

13 Brecht, *Werke* 26, S. 317 (Arbeitsjournal, 12.8.1938).

sich Brecht die Hegelsche Einbindung der Dialektik in den Weltlauf des Geistigen auf Distanz. Brecht liest Hegel mit Marx. In einer seiner Notizen aus den Jahren 32/33 heißt es denn auch: „Marx, der die Hegelsche Technik übernimmt, jene geistreiche Methode, die zu so falschen Resultaten geführt hat. Während die andern, trostloses Schicksal, die Gedanken übernahmen und fortan vergeblich sich selbst zu begreifen suchten, schon deshalb vergeblich, weil sie nichts *taten*."[14]

Über dieses *Tun*, über Brechts „eingreifendes Denken" ist vielerorts schon alles gesagt worden. Er selbst hat es in seinem Verständnis von Philosophie und in Transformation des Hegelschen „begreifenden Denkens"[15] auf die bündige Formel gebracht: „Die Philosophie lehrt richtiges Verhalten."[16] Auch wenn es durchaus eine „erlaubte Tätigkeit" sei, „mit dem Denken gewisse Proben anzustellen, die den Materialproben in der Technik gleichen, wo man Stahl zerreißt, um seine äußerste Festigkeitsgrenze zu erforschen."[17] Aber letztlich seien Begriffe lediglich – aber immerhin – „die Griffe, mit denen man die Dinge bewegen kann"[18].

Dass Dinge noch bewegt werden müssen, hat Hegel freilich nie bestritten, auch wenn ihm gern unterstellt wird, in seiner „Wissenschaft der Logik" habe er das Telos der Weltgeschichte verkündet. Die „Wissenschaft der Logik" schließt aber ganz anders, nämlich mit der Feststellung: „Es sind noch die zwei Welten im Gegensatze, die eine ein Reich der Subjektivität in den reinen Räumen des durchsichtigen Gedankens, die andere ein Reich der Objektivität in dem Elemente einer äußerlich mannigfaltigen Wirklichkeit, die ein unaufgeschlossenes Reich der Finsternis ist."[19]

Brechts Transformation des „begreifenden Denkens" steht nicht eigentlich in Opposition zu Hegel, auch wenn er die „Räume des durchsichtigen Gedankens" so hoch unmöglich schätzen kann. Metaphysik ist Brechts Sache nicht. Und Hegel denkt natürlich metaphysisch – allerdings in des Wortes präziser Bedeutung, nämlich jenseits jener Kategorien, in denen Empirisches gedanklich verwaltet wird – und die deshalb niemals auf das Ganze gehen können.

14 Brecht, *Werke* 21, S. 566.
15 Hegel, *Werke*, Suhrkamp Verlag, Frankfurt a.M. 1971 (20 Bände), Bd. 3, S. 56f.
16 Brecht, *Werke* 21, S. 562 (Notizen „Kurzer Umriß einer Philosophie" [1932/33]).
17 Ebd., S. 563.
18 Brecht, *Werke* 18, S. 263 (Flüchtlingsgespräche).
19 Hegel, *Werke* 6, S. 544.

Für Hegel aber ist der Begriff der Wahrheit erst eingelöst, wenn es um den „Gesamtzusammenhang" geht, um ein Wort zu benutzen, das für Engels so maßgebliche Bedeutung hat[20] Ein „Gesamtzusammenhang" aber ist niemals konkret. Selbst als Wort ist es eine reine Abstraktion. Und obwohl Marx an dem schönen Begriff „Gedankentotalität" ein Copyright hat[21], Abstraktionen sind ihm eigentlich suspekt[22]. Und Brecht nicht minder. Die Wahrheit muss konkret sein, sinnlich und geistig erfahrbar, denn nur in der Konkretion lässt sich der Widerspruch begreifen, der den Prozess treibt und die Dialektik in ihrer Bewegung zeigt.

Aber nun wird es schon wieder kompliziert. Denn selbstverständlich übernimmt Brecht mit Marx die Hegelsche Unterscheidung von Wesen und Erscheinung, die schließlich zum Kern der Dialektik gehört. Damit aber müssen sich beide nun doch in jenes Reich der Abstraktion begeben, außerhalb dessen vom „Wesen" gar nicht gesprochen werden kann. Wesen ist immer ein Abstrahiertes, auch wenn es sich konkret definieren und also auf den Begriff bringen lässt.

Brecht hat diese Problematik gesehen. Und er hat sie theatralisch aufbereitet. Seine Verfremdungen dienen ja nicht nur einer aufklärerischen Bühnenpädagogik, er versucht mit ihnen auch jene Herausforderung zu bewältigen, die ihm die Dialektik selbst stellt, nämlich das abstrakte Wesen der Erscheinung zur konkreten Darstellung zu bringen, ohne dass die Darstellung selbst wieder zur bloßen Erscheinung wird. Wunderbar gestaltet in der Doppelrolle der Shen Te in „Der gute Menschen von Sezuan" (1939–41), ein Paradestück, das das Wesen der Kapital-Gesellschaft in der Gestalt des fiktiven Vetters (Shui Ta) buchstäblich in Erscheinung treten lässt, ohne dass der seine Hintergründigkeit verliert.

Brecht hat uns das große Vergnügen bereitet, an seiner Entdeckung der Dialektik teilhaben zu lassen. Von Hacks wissen wir da bisher weit weniger. Aber man hat ohnehin immer den Eindruck, dass beide eigentlich als Dialektiker geboren wurden. Denn sie präsentieren die „Große Methode" in einer Genuinität, die fast vergessen macht, dass doch Hegel ihr spiritus rector ist.

---

20 MEW 20, S. 20.
21 MEW 13, S. 632.
22 Auf den 20 Seiten „Kritik der Hegelschen Dialektik und Philosophie überhaupt" in Marx'
     „Ökonomisch-philosophische Manuskripte" (MEW, Ergänzungsband, Teil 1, S. 568-588)
     fallen 102 Mal die Worte „Abstraktion", „abstrakt" – dezidiert pejorativ.

Aber es ist schon so: An Hegel wird niemand zum Dialektiker, dem der Witz der Dialektik nicht zu Gebote steht, von Hause aus. Denn Dialektik ist ausgesprochen komisch, weil der „gesunde Menschenverstand" mit Schlüssen konfrontiert wird, die er nicht erwartet hat. Brecht hat das in den „Flüchtlingsgesprächen" auf die Formel gebracht: „Ich habe [...] noch keinen Menschen ohne Humor getroffen, der die Dialektik des Hegel verstanden hat."[23] Und kurz vor dieser Stelle lässt er seinen Ziffel von der „Wissenschaft der Logik" sagen: „Es ist eines der größten humoristischen Werke der Weltliteratur"[24]. „Den Witz einer Sache hat" Hegel „die Dialektik genannt. Wie alle großen Humoristen hat er alles mit todernstem Gesicht vorgebracht".[25]

So listig hat Hacks wohl nie über Hegel gesprochen, und eine „Methode" war ihm die Dialektik auch nicht. Jedenfalls kein Instrument, mit dem er umzugehen gedachte, das ihm einsetzbar erschien. Entdeckerfreude lässt sich bei Hacks auch nicht ausmachen. Irgendwie ist er ohne Hegel gar nicht zu denken. Brecht ohne Goethe schon, wenn auch nicht ohne Schiller, vielleicht auch nicht ohne Luther. An Hegel lässt sich zielgenau anknüpfen, und Hegel lässt sich auch ordentlich expropriieren, unter Umständen und teilweise sogar okulieren. Hacks aber knüpft nicht an Hegel an, er gründet in ihm. Und wo er sich auf ihn beruft, da klingt das meistens so, als würde er sich auf sich selbst berufen.

Hegel hat gesagt: Erst kommt das Genre, dann die Gesellschaft. Punkt. Und von der Akademie-Prominenz der Arbeitsgruppe Dramatik[26] ringt sich vor 27 Jahren niemand zu einem ordentlichen Widerspruch durch und fragt: Warum eigentlich? Im Ohr haben alle Hacks' theophanes Proömium: „So wie bei einem [...] Drama die Hauptschönheit bereits in seiner Vorgeschichte liegen muss, so liegt die Hauptschönheit dieser Sitzung bereits in ihrer Vorgeschichte. Wir alle haben wieder einmal im Hegel gelesen. Ich glaube, jeder von uns hat sich gewundert, wieviel mehr der Hegel doch wusste, als wir erinnert haben, dass er wusste. Wir haben den Donner dieses Gottes der Dramatik – nicht nur der Dramatik – vernommen [...]"[27]

---

23   Brecht, *Werke* 18, S. 264.
24   Brecht, *Werke* 18, S. 263.
25   Ebd.
26   18. 12. 1972.
27   http://www.jungewelt.de/2008/07-05/021.php.

Das nun ist freilich ein ganz anderer Ton, als wir ihn von Brecht zu hören bekommen. Schon gar kein Oberton im Flageolett, eher ein Grundton, dem sich alles zuzuordnen hat. Und dieser Grundton ruht auf einem Fundament, das mit einem Hegelschen Zentralbegriff ausgelegt ist. Und der heißt: „System". Und Hacks sagt: „Wir haben ein System: Wir haben ein System, das vom Drama nicht weniger verlangt als alles. Wir haben ein System, das kaum etwas vergessen hat. Ich meine, es eignet sich, um uns zu ermöglichen, dass wir unsere Begriffe klären, unsere Standorte bestimmen und Vokabeln definieren [...]."[28]

Bei einem Rhetoriker minderen Formats würde man bei so viel „System" von Redundanz sprechen. Bei Hacks aber klingt das geradezu triadisch. Im Kontext geht es um die Systematik des Dramas, die für Hegel darin bestimmt sein muss, „zur Kollision hinzustreben"[29]. Aber wie für Hegel, so ist auch für Hacks „System" eine Schlüsselkategorie seiner Ästhetik und des Denkens überhaupt. System heißt Zusammenhang, und weil, wie Hegel sagt, „die wahre Gestalt"[30] der Wahrheit allein im begriffenen Zusammenhang existiert, trägt allein der Begriff ihre Existenz. Und also deshalb: „Begriffe klären", „Vokabeln definieren".

Für Hacks sind Begriffe nicht nur „Griffe, mit denen man die Dinge bewegen kann". Es sind Zugänge zur Wahrheit in ihrer Geschichte, mithin also Zugänge auch zur Geschichte selbst, in der die Dinge, was denn sonst, bewegt werden müssen. Hier hat Hacks' penibler Umgang mit dem Wort und mit der Wahrheit seinen Sitz im Leben. Und er kritisiert rücksichtslos. Auch Brecht. Weil der „Umfall des Galilei" in Brechts dritter Fassung eben nicht die Ursache dafür sei, „dass der Renaissance eine Periode der Refeudalisierung folgte", lautet sein Urteil denn auch sehr harsch: „diese rein wissenschaftliche Unstimmigkeit reicht aus, um mir die Freude an einem so glänzend gemachten Stück ganz zu verleiden."[31]

Hacks Insistieren auf der *ganzen Wahrheit* des *Begriffs* und auf dem Begriff der ganzen Wahrheit ist von einer Ästhetik getragen, die in nicht weniger als im System der Weltgeschichte selbst verortet ist. Ein kleinerer Rahmen hält

28 Ebd.
29 Ebd.
30 Hegel, *Werke* 3, S.14.
31 Peter Hacks, *Werke*, Eulenspiegel Verlag, Berlin 2003 (15 Bände), Bd. 13, S. 18.

seinen Anspruch auch nicht aus. Aber dieser gebietet das Bewusstsein einer Gleichzeitigkeit, in der die Maßstäbe über die Jahrtausende kommunizieren.

Bezeichnend auch hier die unterschiedliche Hegellektüre von Brecht und Hacks: Warum soll man nicht mit Galilei einen moralischen Imperativ verbinden, der historisch zwar nicht gedeckt ist, dem eingreifenden Denken aber Verbindlichkeit abfordert und Verantwortung, die allergrößte Dimensionen trägt? Weil die Weltgeschichte der einzige Zusammenhang ist, in dem sich der Anspruch der Ästhetik legitimieren kann! Die Maßgaben der Kunst erwachsen aus der Geschichte und schicken sich nicht in die Erfordernisse der Zeit. Es sei denn, einer Zeit, die sich ihrerseits anschickt, Geschichte im allerbesten Sinne aufzuheben.

Hegel wäre begeistert. Und genau hier setzt auch Hacks' Verständnis von „Klassik" an, die nicht auf Weimar fixiert ist, sondern von der Maßgabe des Übergreifenden, die er freilich, wie bei keinem anderen, bei Goethe findet. „Goethe beweist, dass Kühnheit des Vorgriffs unlösbar verbunden ist mit der Kühnheit zu Rückgriffen."[32] Hacks geht sogar noch weiter, denn nicht allein Kühnheit bestimmt den Rückgriff, sondern Notwendigkeit. Und ohne Adam und Eva wäre selbst diese nicht gegeben.

Dass Hacks der jungen DDR die alten Griechen einlädt, verdankt sich nicht einem Mangel an neuen Einfällen und auch nicht dem Parteiprotest gegen „Die Sorgen und die Macht" (1959–62, drei Fassungen) und „Tassow" (1961), sondern eben jener übergreifenden Ästhetik, die er mit Vorsatz in die neue Gesellschaft hineinholt. Und dafür hätte er eigentlich einen Hegel-Preis für sozialistische Kulturpolitik verdient.

Während Brecht einen Galilei aus der Geschichte holt, um an ihm die Notwendigkeiten der Gegenwart zu zeigen, stellt Hacks seine Stücke in die Geschichte, um in ihr diese Gegenwart ausrichten zu können, nach hinten und nach vorn. Geschichte bietet mehr als nur Motive. Zitat: „Die Neuzeit [...] muss einerseits an den Griechen, andererseits am Kommunismus gemessen werden."[33]

Es ist diese umfassende Perspektive, die sich mit jener „Gipfelpunktästhetik" verbindet, die Heidi Urbahn de Jauregui bei Hacks so anmutig zu rüh-

---

32 Hacks, *Werke* 13, S. 231.
33 Ebd., S. 228.

men weiß. Und Mut gehört durchaus dazu, in diesem „unaufgeschlossenen Reich der Finsternis" einen Begriff von „Schönheit" zu behaupten, der sich nur sehr hohen Ganges präsentiert. Hacks hat Brechts Bedenken nicht ignoriert. Sehr wohl gibt es Zeiten, „wo ein Gespräch über Bäume fast ein Verbrechen ist".[34] Aber nach Maßgabe der Kunst darf sich die Schönheit durch nichts ramponieren lassen. Nichts gegen „Gewerkschaftsstücke"[35], aber die Kunst darf sich nicht mit dem Ändern *begnügen*[36]. Ihr Anspruch ist nicht minder als der der Philosophie, die ihre Warte auch nicht verlassen darf, wenn sie die Mühen der Ebene bedenkt.

Diese Spannung zwischen Brecht und Hacks darf man ruhig aushalten. Ihr eignet sogar eine gewisse Schönheit, die sich einstellt, wenn sich auf gemeinsamem Boden Aufhebendes ereignet. Von Brecht wird gern gesagt, er sei ein „Philosoph neuen Typs". Und der Me-ti versteht sich wohl auch selbst als Weiser. „Weise", in dieser Bedeutung, ist Hacks nicht, genausowenig wie Hegel, der den Begriff der Philosophie als „Weisheitsliebe" ja gerade überbieten will mit jenem Anspruch, der Philosophie zur Wissenschaft macht[37]. Und Wissenschaft ist rücksichtslos. Wäre Hegel ein Weiser gewesen, er hätte seine „Philosophie der Geschichte" nicht zu Ende gebracht. Brecht hat schon Recht: ein unheimliches Werk, das ganz gelassen zeigt, wie aus Bösem Gutes wird und aus Gutem Böses. Das also zeigt, wie die Geschichte dialektisch prozessiert. Um sie ertragen zu können, bedarf es einer Perspektive, die auf der Geschichte Ganzes geht. Und Hacks Ästhetik richtet sich an diesem Ganzen auf.

Das hat auch zu Irritationen geführt, zumal im Reiche des real Politischen. Und zuletzt hat wieder einmal Stalin den Disput bestimmt[38]. Brechts Rede vom „verdienten Mörder des Volkes"[39], Hacks Erinnerung an die Stadt, die er „gerettet hat"[40]. Ich weiß, es gibt verbindlichere Themen, in der Philosophie allemal, allerdings nicht in Hegels. Bei Hegel ist nichts verbindlich, alles wird gebrochen. Und jeder Fortschritt muss auf Harmonie verzichten. Die ist so

---

34 (An die Nachgeborenen).
35 Hacks, *Werke* 13, S. 162.
36 Hacks, *Werke* 13, S. 166.
37 Hegel, *Werke* 3, S. 14 (Phänomenologie des Geistes, Vorrede).
38 Vgl. das Nachwort von Kurt Gossweiler zu: Peter Hacks, *Am Ende verstehen sie es. Politische Schriften 1988 bis 2003. Nebst dem Briefwechsel mit Kurt Gossweiler1996 bis 2003*, hg. von André Thiele und Johannes Oehme, Eulenspiegel Verlag, Berlin 2005, S. 202 ff.
39 Brecht, *Werke* 15, S. 300.
40 Hacks, *Werke* 1, S. 305.

grimmig wie bei Jacob Böhme. Die „Philosophie der Geschichte" verrechnet
nicht mit Schuld und Sühne. Wer Napoleon für „die Weltseele zu Pferde" hält,
der folgt der Spur der Entwicklung allein im Großen und im Ganzen. Das
kann umschlagen, doch selbst in seinen Negationen bleibt die Welt hernach
nicht unverändert.

Auch Hacks wusste, dass ganz große Projekte scheitern können und dennoch nicht erledigt sind. In „Omphale" (1969) geht es schließlich um nicht
weniger als um die Emanzipation des Mannes und der Frau von ihrer eigenen
Natur, der ihnen gesellschaftlich zugewiesenen. Der Rollentausch ist gar kein
Ulk – Herakles, Wolle spinnend in Frauenkleidern, Omphale mit Keule in Lö-
wenfell. Die Römer haben damit vernichtende Spiele getrieben. Und später
lachten dann auch die Germanen. Hacks aber lässt aufspielen, weil er diese
Zuweisung nicht akzeptiert und als Entfremdung denunzieren will. Das ist
nun wirklich ein starkes Stück. Und es scheitert. Nicht wie bei den Alten, die
Herakles von seiner Verblendung befreien. Es scheitert an den Verhältnissen,
mit Gebrüll, aber nicht vor Lachen. Des Lityerses Todesschrei verschmilzt
mit Herakles' Siegesschrei, der seine Mannesrolle bestätigt und damit die
vernichtende Erkenntnis: „Eh ichs weiß, / Bin ich besiegt von dem besiegten
Feind".[41] Und Omphale muss schreien, weil sie gebiert. So viele Rollenzuwei-
sungen und so viele Widersprüche – und unter diesen Verhältnissen lassen
sie sich nicht aufheben. Also muss man die Verhältnisse aufheben, die nicht
danach sind. Wie hatte Hacks gesagt: die Kunst darf sich nicht mit dem Ändern begnügen.

Und wer wollte in Abrede stellen, dass Hacks sehr wohl ein Eingreifender
ist. Doch seine Eingriffe sehen ganz anders aus als Brechts. Hacks setzt keine
Aktionen frei, er setzt Maßstäbe. Und die sind unglaublich hoch. Gemessen
an der Ebene wirken sie nachgerade verstiegen.

Ein bestimmter „Begriff von der Schönheit" ist „vollständig unabsetzt-
bar"[42], heißt es in „Die Musen" (1979). Und dann kündigt Goethe seiner Haus-
hälterin (Charlotte Hoyer), der nur an einer sauberen Treppe gelegen ist. Da
hätte Brecht die Gewerkschaft eingeschaltet. Aber Hacks besteht darauf: eine
neue Gesellschaft bedarf, um wirklich neu und nicht nur renoviert zu sein,

---

41 Hacks, *Werke* 4, S. 302.
42 Hacks, *Werke* 6, S. 138.

eines ganz neuen Anspruchs. Wo der fehlt, da kommt sie nicht zu sich selbst. Emanzipation heißt für Hacks, sich von der Herrschaft veralteter Beanspruchungen kategorisch zu trennen.

Brecht hat mit den Herrschaften ganz andere Probleme. Wer spricht denn von Schönheit, wenn die Gesellschaft verdreckt ist. Erst einmal muss sich der Knecht Matti über diesen Dreck erheben. Dann ist er seinen Herrn Puntila zwar immer noch nicht los, aber befreit ist immerhin schon sein Selbstbewusstsein.

In „Herr Puntila und sein Knecht Matti" (1940) hat Brecht den Hegel programmatisch auf die Bühne geholt. Schon der Titel konnotiert das berühmte Kapitel aus der „Phänomenologie": Herr und Knecht. Bei Hegel stehen die beiden unter der Rubrik „Selbstbewusstsein". Und da stehen bekanntlich Sachen drin, die noch heute vom sogenannten Radikalenerlass erfasst werden müssten. Dass die Knechte nur selbständig werden, wenn sie ihre Ketten verlieren[43], und dass es dabei um Leben oder Tod geht, stammt nicht vom Sozialisten Marx, sondern eben vom Bürger Hegel.

Brecht entkettet den Knecht schon einmal, wenigstens intellektuell, indem er darauf abhebt, dass „die geistige Überlegenheit bei ihm liegt"[44]. Und tatsächlich ist der Knecht Matti Herr der Situation. Dabei hilft ihm eine bestimmte Flüssigkeit, die immer wieder jene Transformation hervorruft, die den Herrn als Knecht und den Knecht als Herrn erscheinen lässt. Brecht schenkt Schnaps aus. Und der bewirkt, dass Hegels Kategorie des Selbstbewusstseins ins Schwanken gerät. Der Gutsherr Puntila ist ein selbstbewusstes Ekel, solange er nüchtern ist. Betrunken aber nimmt er das Bewusstsein seines Knechtes an und sagt Wahrheiten, die ihn selbst vernichten müssten.

Das ist nicht nur der spektakuläre V-Effekt, mit dem Brecht hier arbeitet. Brecht arbeitet sich auch hochvergnügt an Hegel ab. Während er Hegels Herr-und-Knecht-Dialektik theatralisch umsetzt und zeigt, dass Herr und Knecht tatsächlich Bedingungskategorien sind, die sich gegenseitig, nicht nur logisch, sondern gesellschaftlich, zur Voraussetzung haben, fällt ihm zu Hegel gleich noch eine Überbietung ein. Er lässt den Herrn und den Knecht in einer Person koinzidieren. Zwar nur im Zustand des Rausches, aber so kann

---

43 Hegel, *Werke* 3, S. 151 (Phänomenologie).
44 Bertolt Brecht, *Werke in 5 Bänden*, hg. von Werner Mittenzwei, Aufbau-Verlag, Berlin/ Weimar 1975 (2. Aufl.), Bd. 2, S. 341.

er Hegel mit der wieder listigen Frage kommen, ob sich Selbstbewusstsein
tatsächlich nur in der Vermittlung durch ein Fremdbewusstsein konstituie-
re – oder ob Bewusstseinsvermittlung nicht auch eine Flasche Schnaps leisten
könne. Und Brecht tut gerade so, als würde er den Begriff der „Flüssigkeit",
der bei Hegel an dieser Stelle mehrfach vorkommt und auf Prozessualität
zielt, ganz wörtlich nehmen wollen, geradezu todernst. Doch das alles ist
mehr als nur Amüsement. Es ist vor allem eine Botschaft, die ermutigen will:
Die Verhältnisse sind zwar dreckig, aber eigentlich kann man sie schon mit
Kutscherschnaps wegspülen.

Hacks hat einmal ein ähnliches Medium benutzt. In „Der Müller von Sans-
souci" (1957) erleben wir den Großen Friedrich weinend im Musikzimmer, als
ihm im Stile des italienischen Barock vorgesungen wird: „Besser noch, der
ärmste Sklave / Als durch Schrecken König sein."[45]. Gerührt geht Friedrich
dem Kastraten an den Rock – und ersinnt zugleich einen Plan, wie er seinen
Rechtsruhm erhöhen und den Müller dabei benutzen und also erniedrigen
kann. Und Hacks schreitet nicht ein. Er lässt ihn gewähren. Und am Ende
ist der Müller der Dumme, und der Zuschauer findet das völlig in Ordnung.
Dabei klapperte doch nur die Mühle zu laut, was einen König natürlich stört.

Brecht, der dieses Stück noch angestoßen hat[46], hätte sich mit ihm womöglich schwergetan. Natürlich geht es hier auch um die Deutsche Misere, um
Untertanengeist und Klassenwiderspruch. Sonst wäre es 1959 wahrscheinlich gar nicht auf die Bühne gekommen. Aber Hacks arbeitet weit subtiler.
Es ist nicht nur die Draufsicht auf einen preußischen Konflikt, der friderizia-
nisch gelöst wird. Das Stück ist eine Propädeutik des guten Geschmacks und
der notwendigen Haltung. Geradezu ein Stück Politikberatung: Wir messen
uns in der DDR nicht mit einem Bürger Müller, sondern mit Friedrich dem
Großen. Und tatsächlich werden in diesem „bürgerlichen Lustspiel" alle verlacht – nur Friedrich nicht. Selbst dort, wo er sich, gleich Puntila, berauscht,
geht es immerhin um italienischen Barock. Vielleicht war der nicht gerade
Ulbrichts Sache.

Brecht will die alten Verhältnisse aufbrechen. Hacks will neue Verhältnisse
begründet sehen und stellt das Neue auf den gemeinsamen Boden der alten

---

45 Hacks, *Werke* 2, S. 216.
46 Vgl. Werner Mittenzwei, *Das Leben des Bertolt Brecht oder Der Umgang mit den Welträtseln*,
    Bd. 2, Berlin/Weimar 1989 (4. Aufl.), S. 601 ff.

Geschichte. Da ist ein Hegel am Werk, der ohne Geschichte gar nicht auskommt. Doch diese wird gnadenlos evaluiert. Und beerbt wird allein, was
Schönheit und was Größe zeigt, die aufgehoben werden kann und muss in
neuer Schönheit und ganz neuer Größe. Auch Hacks entkettet, nun die erho-
benen Knechte: von jener Vorläufigkeit, die keine Zukunft haben darf, wenn
man Zukunft am Kommunismus misst.

Nur einmal hat Hacks Hegel widersprochen – doch was sag ich: auf den
Stand der neuen Zeit gebracht. Nicht Napoleon hält er für den „Weltgeist zu
Pferde", sondern – Lenin[47]! Und dass die Kunst könnt absterben, wie bei Marx
der Staat, das sieht der Künstler dem Philosophen nach und wünscht es, mit
Goethe, der „Lazarett-Kunst" von Herzen48.

Dass Brecht und Hacks den Hegel so unterschiedlich gelesen haben, ist
ein Glücksfall. Einer von beiden wäre uns womöglich abhanden gekommen.
Dass Brecht den Lukács nicht mag und Hacks ihn für einen „normengeben-
den Anführer des Geistes"[49] hält, hat auch etwas mit dieser Lektüre zu tun.
Doch nun sind sie alle tot. Und irgendwo las ich: Brecht liegt neben Hegel,
Hacks ruht französisch. Und wenn man die richtige Einstellung hat, deucht
einem, Versailles ist eigentlich hier.

47 Hacks, *Werke* 13, S. 18.
48 Hacks, *Werke* 15, S. 97.
49 Jens Mehrle, *Zur Lehre vom Gemeinsamen Boden*, in: Topos 23 (2005), S. 47.

Dieter Kraft

Mythos und Ideologie

Zum politischen und theoretischen Umgang mit einer griechischen Vokabel

In: TOPOS 31, Napoli 2009, S. 13–48 / Hartmut Drewes zum 70. Geburtstag

In der Politik werden Skandale vollends unerträglich, wenn sie gar nicht als solche wahrgenommen werden. Herfried Münkler hat für sein Buch „Die Deutschen und ihre Mythen" obendrein den Preis der Leipziger Buchmesse 2009 erhalten. Ein dreifacher Skandal, der einen tiefen Einblick in die politische und kulturelle Verfasstheit der Bundesrepublik Deutschland gewährt. Es ist ein Blick in den Abgrund, denn was den Juroren als „Sachbuch" preiswürdig erschien, das ist der Sache nach eine ausführlich vorgetragene Abdankung gesellschaftlicher Vernunft und politischer Rationalität. Neu ist solche Abdikation nicht. Sie gehört essentiell zu einer Gesellschaft, deren Marktanarchie schließlich auch den Algorithmus des Denkens bestimmt und in Zeiten der Krise zu den abenteuerlichsten Herrschaftsstrategien greift. Prämiert wird, wer solche anzubieten weiß.

Wer in Münklers „Sachbuch" die Einleitung überschlägt, bis zu den Schlusskapiteln nicht mehr vordringt und noch nie etwas über deutsche Mythen gehört hat, der könnte zunächst Gewinn machen. Denn es wird übersichtlich zusammengetragen, was in der Geschichte der Deutschen so alles sein mythisches Un/Wesen getrieben hat: Barbarossa, die Nibelungen, Doktor Faustus, die Schlacht im Teutoburger Wald – und irgendwie auch Luther sowie Friedrich und Luise und natürlich Preußen und auch Weimar und dann Nürnberg und dann der Rest. Geschichten und Wirkungsgeschichten, die bekannt sein und auch werden sollten – um kritisches Bewusstsein zu entwickeln und auch Widerständigkeit. Eigentlich eine passable Vorlage, um das politische Immunsystem zu stärken. Doch Münkler ist kein Mediziner. Er ist ein deutscher Professor für Politikwissenschaft – und, wie die *Süddeutsche Zeitung* (10.3.2009) verrät, ein „gefragter Politikberater".

Dann aber wird die Einleitung doch wichtig, und erst recht das Schlusskapitel, das mit seinem programmatischen Achtergewicht Missverständnisse gar nicht erst aufkomme lässt. Und ganz unmissverständlich will Münkler einfach dieses sagen: Die Frage nach den Mythen der Deutschen ist von neuer Dringlichkeit, weil die Deutschen ganz dringend neue Mythen brauchen: „Mythen [...] schaffen Orientierung und Zuversicht und sind damit kognitive wie emotionale Ressourcen der Politik" (S. 11).[1] „Mythen sind Ansammlungen symbolischen Kapitals, von denen man gut leben kann, solange man sie hegt und pflegt (ebd.)." Oder: „In politischen Mythen wird das Selbstbewusstsein eines politischen Verbandes zum Ausdruck gebracht, beziehungsweise dieses Selbstbewusstsein speist sich aus ihnen." (S. 15) „Vermutlich ist das einer der wichtigsten Beiträge, den politische Mythen zur Stabilität von Staaten und Nationen leisten: dass sie Selbstvertrauen und Selbstsicherheit schaffen, die nicht auf spektakuläre Aktionen oder große Reden angewiesen sind, sondern den festen und zuverlässigen Untergrund für den Umgang mit alltäglichen wie außergewöhnlichen Herausforderungen bilden."[2] (S. 483)

Es ist kaum zu glauben, dass solche deutschen Texte zweitausend Jahre nach der von Cicero hochgeschätzten Mythenkritik des Römers Lucretius noch möglich sind. Lucretius empfahl seinen Römern, der drohenden Staats-

---

1   Die Seitenzahlen im Text beziehen sich auf Herfried Münkler, *Die Deutschen und ihre Mythen*, Berlin, 2009, 606. Seiten.

2   Und Münkler meint nun ausgiebig beklagen zu müssen, dass es in der Bundesrepublik Deutschland leider viel zu wenige politikwirksame Mythen geben würde, höchstens „professionell geplante und durchgeführte Werbekampagne(n)" (wie etwa die einen Tag nach der Bundestagswahl 2005 gestartete Kampagne „Du bist Deutschland"), die zwar „in mancher Hinsicht ein Funktionsäquivalent" darstellten und „gefühlten Aufschwung in Gang gesetzt" hätten, einen handfesten Mythos aber aus Mangel an Effektivität nicht ersetzen könnten (S. 489). „Das Defizit politischer Mythen in Deutschland hat also einen Preis, und der besteht im Fehlen von Großerzählungen, die Zutrauen und Mut erzeugen und politische Reformen begleiten und absichern können." (S. 12) So hätte z. B. auch die Einführung der sogenannten Agenda 2010 „ohne narrativ-symbolische Rückendeckung auskommen" müssen (S. 11). Würde die Politik sie in einer fabelhaften Geschichte verpackt haben, dann gäbe es heute die „Linkspartei" nicht und die „Abwanderung größerer Wählerschichten von der Sozialdemokratie." (S. 12)

anarchie mit Mythenverzicht zu begegnen und dem politischen Chaos mit gesellschaftlicher Vernunft. Gehört hat man auf ihn nicht. Und es folgte die kaiserliche Militärdiktatur. Münkler empfiehlt der deutschen Politik, massenwirksame Mythen zur Geltung zu bringen, wenn Staat und Gesellschaft in die Krise kommen. Was aber folgen dürfte, wenn die Deutschen zum Mythos greifen, kann man bei ihm recht ausführlich nachlesen. Ein eigenartiger Widerspruch.

Verwirrend ist nun aber auch, dass ein Ansinnen dieser Art, das man gewöhnlich doch als geheime Verschlusssache behandelt, in aller Öffentlichkeit präsentiert wird: „Die verbreitete Klage über die schlechte Stimmungslage der Deutschen, über ihre Verzagtheit und Ängstlichkeit, Technikskepsis und das stark entwickelte Sicherheitsbedürfnis, kurzum: die sprichwörtlich gewordene *German Angst*, dürfte auch mit dem Defizit an politischen Mythen zu tun haben. Ohne Großerzählungen von schwierigen Situationen, in denen die Altvorderen in vorbildlicher Weise gehandelt und die Herausforderungen bewältigt hatten, fehlt es an Beispielen, auf die man verweisen und aus denen man Vertrauen und Zuversicht schöpfen könnte." (S. 482f.)

Unter Zauberkünstlern gibt es ein ehernes Gesetz: Niemals und unter keinen Umständen verraten, wie der Trick funktioniert! Sonst wird man arbeitslos. Aber der Frage, ob Münkler nach der Preisgabe der Mytheninstrumentalisierung und damit eigentlich eines Staatsgeheimnisses noch als „gefragter Politikberater" gelten darf, müssen wir nicht nachgehen. Jedenfalls könnte sein Buch erfreulich kontraproduktiv wirken. Wer noch immer nicht gemerkt haben sollte, welch große Rolle Märchen in der Politik spielen, dem wird das jetzt von einem wirklichen Fachmann genauestens erklärt.

Dass Münkler zwischen politikwirksamer Mythisierung und politischer Tradition zu unterscheiden weiß, wird niemand ernsthaft erwartet haben. Schließlich ließe sich dann der Antifaschismus der DDR nicht als „Gründungsmythos" desavouieren.[3] Aber wirklich böse wird es, wenn er erzählt, warum nach dem Anschluss der DDR ein Holocaust-Mahnmal aufgestellt wurde:

---

3   Gemessen an Münklers Maßstäben darf sich die DDR postum sogar gewürdigt sehen, der BRD weit überlegen gewesen zu sein. Der Bundesrepublik nämlich ermangelte es einer „gründungsmythischen Fundierung" (S. 483). Die DDR hingegen habe nicht unter einer „gründungsmythisch spärlichen Ausstattung" (ebd.) leiden müssen, denn sie hatte ja den Antifaschismus und konnte sich auf die Bauernkriege und die frühbürgerliche Revolution berufen (S. 421ff.). Diese politischen Traditionen konnte die Bundesrepublik

„Mythenpolitisch betrachtet, ging es darum, die Funktion, die der Mythos des antifaschistischen Widerstands für die DDR hatte, an die das wiedervereinigte Deutschland jedoch nicht anknüpfen konnte und wollte, neu und überzeugend zu besetzen. [...] All diese Aufgaben übernahm das Holocaust-Mahnmal am Brandenburger Tor, und dementsprechend groß und unüberschaubar musste es angelegt werden. Einmal mehr hat der damalige Bundeskanzler Kohl hier ein symbolpolitisches Gespür bewiesen [...]." (S. 481)

Soviel Klartext ist nur schwer zu ertragen: Das Holocaust-Mahnmal soll, „mythenpolitisch betrachtet", nicht der jüdischen Opfer des Faschismus gedenken, sondern den vorgeblichen Gründungsmythos der DDR kompensieren! Wenn die Erregung etwas nachgelassen hat, stellt sich bei dieser Abgründigkeit allerdings auch die Erkenntnis ein, dass die bundesdeutsche Politik den Antifaschismus in der DDR durchaus nicht als „verordnet" ansah, sondern ihn für so authentisch hielt, dass sie ihre Legitimation meinte mit ihm verknüpfen zu müssen. Nach Münklers Mahnmal-Enthüllung müsste jetzt nur noch recherchiert werden, welche Dienste damit beauftragt waren, Szenarien zu entwickeln, mit denen sich der Neofaschismus ausgerechnet auf dem Boden der angeschlossenen DDR vorführen ließ.

Naheliegend ist aber auch zu fragen, warum der Sachbuchautor den eigentlichen und fatal wirksam gewordenen bundesrepublikanischen Gründungsmythos einfach unterschlägt. Der Mythos „Markt" kommt bei Münkler jedenfalls nicht vor. Das ist um so merkwürdiger, als doch gerade dieser „Markt" mit einer „Großerzählung" ausgestattet wurde, die nun wirklich das Zeug für einen ausgewachsenen Göttermythos hergibt: Ein freier Markt, der alles richtet und lenkt, die Fleißigen belohnt und selbst die Faulen noch ernährt, unüberwindbar, unabschaffbar, alles ordnend mit seiner freiheitlich-demokratischen Grundordnung, alles bestimmend, niemanden von seinen Gesetzen verschonend, doch ganz viel Wohl und Freiheit versprechend all jenen, die sich seinen Zwängen unterwerfen. Und wer sich weigert, vor ihm in die Knie zu gehen, dem ist das Anathema sicher. Zeus & Co. lassen

tatsächlich nicht für sich geltend machen. Sie konnte es nicht einmal wollen, ohne ihren Altnazis die neuen Karrieren zu verbauen. Rechtfertigen lässt sich das selbst heute noch nicht so richtig. Aber es lässt sich wenigstens relativieren: Wenn man die bundesrepublikanischen Altnazis tatsächlich nicht für Antifaschismus reklamieren kann, dann darf der Antifaschismus in der DDR lediglich die Funktion eines Staats-Gründungsmythos gehabt haben.

grüßen. Aber gemessen an den unendlich vielen Menschenopfern, die dieser „Markt" tagtäglich, Jahr für Jahr und weltweit fordert, nehmen sich die archaischen Götter geradezu harmlos aus.

Es kann nicht sein, dass Münkler dieser Mythos von dem sich selbst und auch alles andere regulierenden „Markt" entgangen sein sollte. Schließlich kennt auch er die berühmt gewordene Studie „Mythen des Alltags", in der der Franzose Roland Barthes den charakteristischen Zusammenhang von Mythos und bürgerlicher Gesellschaft und die große Erzählung von eben jener „bürgerlichen Gesellschaft" als Mythos enthüllt hat.[4] Aber nicht nur diese fundamentale Erkenntnis wird von Münkler einfach eskamotiert.

Dafür muss es triftige Gründe geben. Und die werden gegenwärtig immer transparenter in einer Situation, in der der „Markt" seinen Mythos zu verlieren beginnt und seine Hoheitstitel ablegen muss. Der König zieht sich aus, und der Götze wackelt. Da darf man als Politikberater nicht nachtreten. Offenbar rechnet auch Münkler damit, dass der Mythos „Markt" nicht mehr zu halten ist. Also redet er nicht weiter darüber, sondern fordert die Politik auf, nach mythischen Versatzstücken zu suchen, bevor andere die Erzählung vom Paradies wiederentdecken. „Die politische Zukunft eines Gemeinwesens hängt in hohem Maße davon ab, wer über diese Großerzählungen verfügt. Das demonstrative Desinteresse, das man in Deutschland zuletzt gegenüber dieser Frage bekundet hat, wird man sich in Zukunft schwerlich leisten können." (S. 490)

So der Textschluss des „Sachbuches", und irgendwie klingt er bedrohlich. Allein schon die Vorstellung, dass die Politik in der Mythengeschichte der Deutschen nun noch gründlicher stöbern wird, um einen Ersatz für den Mythos „Markt" zu erfinden, ist furchterregend. Fündig ist sie ja bereits geworden – und der Teutoburger Wald zum Hindukusch. Was Roland Barthes als toxisch diagnostizierte, führt mit einer neuen Mythotherapie zum Tod durch geistige Vergiftung. Das Sterben danach ist dann nur noch eine Frage der Zeit.

*

„Mythos" ist wieder ein politisch attraktiver Begriff geworden. „Kein Zweifel: Mythos ist nach wie vor ,in', erfreut sich einer ungebrochenen Konjunktur.

---

4   Roland Barthes, *Mythen des Alltags*, Frankfurt am Main 1964, S. 130 ff.

Selbst von der ‚Wende zum Mythos' oder der ‚neomythischen Kehre' ist zu lesen."[5] Fast scheint es, als sollte sich die „negative Dialektik" doch noch ins Recht setzten können und das Horkheimer/Adorno-Manifest zur „Dialektik der Aufklärung" seine späte Bestätigung finden: Die Menschheit brach mit dem Mythos auf, und sie wird in ihm wieder zusammenbrechen.

Einst nannte Thomas Mann das mythologische Wissen ein „lächelndes Wissen vom Ewigen"[6]. Wer heute Politik durch neue Mythen ersetzen muss, dem ist das Lächeln bereits vergangen. Die alten Mythen waren niemals zynisch.[7]

Ob verordnet oder aus vorauseilendem Gehorsam, Herfried Münkler propagiert mit seiner Neomythie einen Paradigmenwechsel, der vor dem Untergang des sozialistischen Abendlandes so kaum denkbar gewesen wäre. Mit dem Wegfall des Politik und Staatsraison begründenden Feindbildes aber ist zudem ein ideologisches Vakuum entstanden, das sich nicht ewig mit dem neuen Feindbild „Terror" kompensieren lässt. Wenn neue gesellschaftliche (nationale?) „Identitätsstiftung" angesagt ist, auch weil die sogenannte Globalisierung zunehmend als Prekarisierung erlebt und begriffen wird, dann müssen tatsächlich „Großerzählungen" von einem Format her, das die alten Mythen der Deutschen noch überbietet. Und nicht nur der Politologe Münkler arbeitet daran. Sogar die deutschen Romanisten, die schon 2005 ihre Jahrestagung unter das Thema stellten: „Unausweichlichkeit des Mythos".[8] Mit dem

---

5   Walter Burkert, *Mythos – Begriff, Struktur, Funktion*, in: Fritz Graf (Hg.), *Mythos in my-thenloser Gesellschaft: Das Paradigma Roms*, Stuttgart/Leipzig 1993, S. 9. Vgl.: Evangelische Akademie Baden (Hg.), *Wende zum Mythos. Wieviel Mythos braucht der Mensch*, Karlsruhe 1988 (Herrenalber Protokolle 48); Hermann Schrödter (Hg.), *Die neomythische Kehre. Aktuelle Zugänge zum Mythischen in Wissenschaft und Kunst*, Würzburger 1991. Dezidiert kritisch merkt Schrödter an: „Dieses neomythische Ersetzen oder Überbieten von ‚Wissenschaft' steht im Dienst der Sehnsucht nach unmittelbarer Befreiung vom Verhängnis ohnmachtserzeugender Desorientiertheit. Dies bildet die spezifisch in den Neomythen ausgedrückten Qualität der Beziehung von Symbol und Lebenserfahrung und formuliert zugleich ihren Anspruch auf unvertretbare Leistung." (H. Schrödter, *Neomythen. Überlegungen zu Begriff und Problem einer ‚mythischen Kehre'*, in: ebd., S. 15.)
6   Thomas Mann, *Freud und die Zukunft*, Gesammelte Werke in 13 Bänden, Frankfurt am Main 1974, Bd. 9, S. 493.
7   Zum genaueren Verständnis vgl. Thomas Wagners Besprechung des Buches von Herfried Münkler, *Imperien. Die Logik der Weltherrschaft – vom Alten Rom bis zu den Vereinigten Staaten*, Berlin 2005, in: junge Welt, 3. Februar 2006, S. 10, und Arnold Schölzel in: junge Welt, 2. Februar 2008, Beilage, S. 3.
8   Claudia Jünke/Michael Schwarze (Hg.), *Unausweichlichkeit des Mythos. Mythopoiesis in der europäischen Romania nach 1945*, München 2007 (Deutscher Romanistentag, 25.-29. September 2005 in Saarbrücken).

Fazit: „Auch nach dem ‚Abschied vom Nationalstaat' bleibt das Thema der Gründungsmythen aktuell, denn es stellt sich zunehmend die Frage nach der Notwendigkeit neuer kollektive Identität stiftender Erzählungen."[9] Es „könnten die Literatur- und Kunstwissenschaften einen Beitrag dazu leisten, diese Mythen nicht nur zu erforschen, sondern überhaupt erst zu entwerfen."[10]

Noch steht im Duden für „Mythologe": Wissenschaftler, Forscher auf dem Gebiet der Mythologie. Das könnte sich bald ändern. In den USA ist das „mythmaking" schon längst ein ehrenwertes Gewerbe.[11]

Der bedeutende Mythostheoretiker Ernst Cassirer hat in seinem 1945 im Exil beendeten Werk „Der Mythos des Staates" den konstitutiven Zusammenhang von gesellschaftlicher Krise und politischer Mythenbildung im Blick auf die ideologische Entwicklung nach dem ersten Weltkrieg sehr genau beschrieben: „In den Zeiten der Inflation und der Arbeitslosigkeit war das ganze soziale und ökonomische System Deutschlands von vollständigem Zusammenbruch bedroht. Die normalen Hilfsquellen schienen erschöpft. Dies war der natürliche Boden, in welchem die politischen Mythen wachsen konnten und in welchem sie reiche Nahrung fanden."[12]

Ein geradezu primitiver Mechanismus, den Cassirer denn auch in Analogie zu den anthropologischen Feldforschungen Bronisław Malinowskis[13] illustriert: Solange die Ureinwohner keine Probleme haben, irgendetwas herzustellen oder zu verwirklichen, bedienen sie sich auch keiner magischen Formeln. Die Magie wird erst auf den Plan gerufen, wenn ihre Kenntnisse und Erfahrungen nicht mehr ausreichen.[14] „Diese Beschreibung der Rolle von Magie und Mythologie in der primitiven Gesellschaft gilt ebensowohl für weit vorgeschrit-

---

9   Claudia Jünke/Michael Schwarze, *Mythopoiesis in der europäischen Romania der Gegenwart. Theoretische Perspektiven und kulturelle Praxis*, in: C. Jünke/M. Schwarze (Hg.), *Unausweichlichkeit des Mythos*, a.a.O., S. 15.

10   Ebd., S. 16.

11   Vgl. Christopher G. Flood, *Political Myth. A Theoretical Introduction*, New York/London 1996. Joseph Camphell hat in diesem Zusammenhang den verquasten Begriff „Creative Mythology" eingeführt (*The Masks of God: Creative Mythology*, New York 1968 – dt.: *Die Masken Gottes*, Bd. 4: Schöpferische Mythologie, München 1996) und den Aufstieg und Niedergang von Kulturen tatsächlich von der Qualität ihres Mythenkanons abhängig gemacht.

12   Ernst Cassirer, *Der Mythus des Staates. Philosophische Grundlagen politischen Verhaltens*, Frankfurt am Main 1994, S. 361.

13   Bronisław Malinowski, *The Foundations of Faith and Morals*, London 1936, p. 32 f.

14   E. Cassirer, *Der Mythus des Staates*, a.a.O., S. 361 ff.

tene Stadien des politischen Lebens des Menschen. In verzweifelten Lagen will der Mensch immer Zuflucht zu verzweifelten Mitteln nehmen – und die politischen Mythen unserer Tage sind solche verzweifelten Mittel gewesen."[15]

Und die Analogie geht noch weiter: Was in schlichten Kulturen der Magier ist, das ist im 20. Jahrhundert der „moderne Politiker", der „gleichzeitig sowohl als homo magus, als auch als homo faber handeln" muss. „Er ist der Priester einer neuen, vollständig irrationalen und mysteriösen Religion. Aber wenn er diese Religion verteidigen und propagieren muss, geht er sehr methodisch vor. Nichts bleibt dem Zufall überlassen; jeder Schritt ist wohlvorbereitet und vorbedacht. Es ist diese seltsame Kombination, die einer der überraschendsten Züge unserer politischen Mythen ist. Mythus ist immer als das Ergebnis einer unbewussten Tätigkeit und als ein freies Produkt der Einbildungskraft bezeichnet worden. Aber hier finden wir Mythus planmäßig erzeugt. Die neuen politischen Mythen wachsen nicht frei auf; sie sind keine wilden Früchte einer üppigen Einbildungskraft. Sie sind künstliche Dinge, von sehr geschickten und schlauen Handwerkern erzeugt. Es blieb dem zwanzigsten Jahrhundert, unserem eigenen großen technischen Zeitalter, vorbehalten, eine neue Technik des Mythus zu entwickeln. Künftig können Mythen im selben Sinne und nach denselben Methoden erzeugt werden, wie jede andere moderne Waffe – wie Maschinengewehre oder Aeroplan."[16] „Mythmaking" – bei Herfried Münkler heißt das: „Großerzählungen" auf den Plan rufen. Ernst Cassierer wusste, was das bedeutet: Krieg beginnt „mit der Entstehung der politischen Mythen"[17].

*

Mit einem Heer von Gründungsnazis im Erbe, ließ sich in der Bundesrepublik Deutschland mit dem Topos „Mythos" zunächst kein Staat machen. Dafür war die Erinnerung an einen Alfred Ernst Rosenberg und sein faschistisches Machwerk „Der Mythos des 20. Jahrhunderts" bei den Alliierten noch zu lebendig – und die kollektive Nacharbeit am „Mythos Hitler" noch zu peinlich

---

15 Ebd., S. 363.
16 Ebd., S. 367 f.
17 Ebd., S. 368.

virulent.[18] Selbst die Auseinandersetzung mit Sigmund Freud und seiner psy-
choanalytischen Mythos-Interpretation blieb bis zu den 60er Jahren unspektakulär. Dabei hätten sich die Mythosverfallenen ausgerechnet bei Freud eine
Generalamnestie abholen können.[19] Sein 1912/13 in Wien erschienenes Werk
„Totem und Tabu" trägt den aufschließenden Untertitel „Einige Übereinstim-
mungen im Seelenleben der Wilden und der Neurotiker" und diagnostiziert
Mythos letztlich als ein „pathologisches"[20] Phänomen, das er mit der Religion
„auf eine universale anthropologische Grundlage"[21] zu stellen versuchte. Da-
mit hätte die Generation der Mythoskontaminierten wenigstens mildernde
Umstände einfordern können. Doch selbst in dieser Hinsicht waltete zunächst
Mythosabstinenz. Entmythologisierung stand auf dem Programm.

Als 1964 das vier Jahre zuvor gegründete Frankfurter Institut für Psycho-
analyse und Psychosomatik in „Sigmund-Freud-Institut" umbenannt wurde,
bestand das wiedereröffnete Frankfurter Institut für Sozialforschung bereits
13 Jahre. Heutzutage würden Horkheimer und Adorno in der Bundesrepublik
keine akademische Karriere mehr machen. Aber 1951 war ihre „kritische Theorie" hochwillkommen, insbesondere ihre „Dialektik der Aufklärung". 1944
zunächst in den USA, 1947 dann auch in der Schweiz herausgegeben, erfüllten
diese „Philosophischen Fragmente" (nolens volens) in geradezu idealer Weise
alle ideologischen Anforderungen der Adenauer-Republik. Die Autoren waren aus dem Exil zurückgekehrt und frei von dem Verdacht, Kollaborateure
des Konservatismus zu sein. Sie konnten für Marxisten gehalten und auch bekämpft werden. Aber ihre Thesen fanden Beifall auf fast allen Seiten.

Der Grundgedanke der „Dialektik der Aufklärung" ist frappierend – und
konstruiert. Er gipfelt in der geschichtsphilosophischen These: Die vorgeblich
entmythologisierende Aufklärung sei aufgrund der instrumentellen Vernunft
ihres Denkens wieder in den Mythos zurückgefallen. Und „die Ursache des
Rückfalls von Aufklärung in Mythologie" sei „nicht so sehr bei den eigens
zum Zweck des Rückfalls ersonnenen nationalistischen, heidnischen und
sonstigen modernen Mythologien zu suchen [...], sondern bei der in Furcht

18 Vgl. Marcel Atze, „Unser Hitler". Der Hitler-Mythos im Spiegel der deutschsprachigen Litera-
    tur nach 1945, Göttingen 2003.
19 Allerdings auch bei C. G. Jung, in dessen Theorie des kollektiven Unbewussten der My-
    thos geradezu zur archetypischen Ausstattung des Menschen gehört.
20 Vgl.: E. Cassirer, Der Mythus des Staates, a.a.O., S. 42.
21 Jan Assmann, Religion und kulturelles Gedächtnis. Zehn Studien, München 2007, S. 78.

vor der Wahrheit erstarrenden Aufklärung selbst."[22] Die „Wahrheit" aber sei diese: Mit der Aufklärung vollendet sich der im Mythos wurzelnde und anhaltende Versuch des Menschen, sich die Natur zu unterwerfen und ihr alles Unheimliche zu nehmen. Aber gerade das Gelingen führt zu einem gigantischen Anwachsen der Vergesellschaftung des Menschen, und so schlägt die Aufklärung in ihr Gegenteil um – denn die Befreiung von der Naturabhängigkeit wird erkauft um den Preis totaler Abhängigkeit von der Gesellschaft, die zu einem Räderwerk wird, aus dem es kein Entrinnen gibt. Die Gesellschaft wird zur neuen Naturgewalt – noch unheimlicher und noch gnadenloser. Und schließlich gebiert diese totale Vergesellschaftung den Menschen der totalitären Gesellschaft. Im Faschismus wird es offenkundig: „Aufklärung ist totalitär."[23] Und manifest wird die „Dialektik" der Aufklärung: Zivilisation schlägt in Barbarei um.

Mit dieser Konstruktion ließ sich (viel besser als mit Freud) erklären, dass der Faschismus eigentlich nur Folge eines genetischen Defekts menschheitsgeschichtlicher Entwicklung war, ein Geburtsfehler der gesamten Zivilisationsgeschichte, angelegt schon in den archaischen Mythen und Homerischen Epen, deren Kontaminat exponentielle Langzeitwirkung zeitigt: „Herrschaft und Ausbeutung".[24] Weiter heißt es dann: „Schon der originale Mythos enthält das Moment der Lüge, das im Schwindelhaften des Faschismus triumphiert."[25]

Es entbehrt nicht einer gewissen Tragik, dass sich die antifaschistisch angelegte „Dialektik der Aufklärung" wie eine geschichtsontologische Apologie des Faschismus lesen lässt. Jedenfalls kann die Frage nach Schuld und Sühne komfortabel delegiert werden: „Ich bin's nicht, Adolf Hitler ist es gewesen."[26] „Nicht Hitler war's, es war Homer."

Die „negative Dialektik" führt sich selbst ad absurdum. Das wäre zu ertragen, wenn man nicht die geschichtsmetaphysische Misshandlung der Aufklärung hinnehmen müsste.[27] Die aber gehört zur Konstitution des gesamten

---

22 Max Horkheimer/Theodor W. Adorno, *Dialektik der Aufklärung. Philosophische Fragmente*, Leipzig 1989, S. 11 f.
23 Ebd., S. 19.
24 Ebd., S. 60.
25 Ebd.
26 So der Titel der 12 Folgen (1984 ff.) einer Theaterreihe von Hermann von Harten.
27 Besonders schmerzhaft wird diese, wenn ausgerechnet Nietzsche, der „Begründer des Irrationalismus der imperialistischen Periode" (Georg Lukács) zu den „unerbittlichen Vollendern der Aufklärung" gezählt wird (ebd. S. 14).

Konstrukts. In der aufklärungsfeindlichen Bundesrepublik ist das außerordentlich goutiert worden. Vor einer denunzierten Aufklärung muss sich der
Irrationalismus nicht mehr verstecken. Und der Konservatismus weiß den
schrecklichen Begriff der Entwicklung domestiziert und den Weg von der
Aufklärung zum Marxismus und vom Marxismus zum Sozialismus einigermaßen verstellt.

Horkheimer und Adorno hätten eigentlich ein Programm entwickeln
müssen, mit dem garantiert werden könnte, dass jedweder Mythos aus dem
Gedächtnis der Menschheit getilgt wird. Denn solange Mythen virulent bleiben, bleibt auch Faschismus eine Option. So die zu ziehende Konsequenz
ihrer Theorie. Platon übrigens hat so etwas gemacht; und bei ihm wirkt es
durchaus nicht absurd, wenn er dekretiert: In einem ordentlich gegründeten
Staat haben Mythenerzähler nichts zu suchen, denn ihre Göttergeschichten
verdummen die Leute.[28] Noch eine Konsequenz: Herfried Münkler wäre bei
Platon kein Politikberater geworden.

*

Karl Heinz Bohrer hat in dem von ihm herausgegebenen Band „Mythos und
Moderne" ganz dezidiert von einem „politisch motivierte(n) Mythos-Verbot
nach dem Zeiten Weltkrieg"[29] gesprochen. Das klingt zugespitzt, aber plausibel, auch wenn dieses „Verbot" Autoren wie Ernst Jünger oder Erhard Käst-
ner offenbar nicht erreichte und eine Mythosprolongation nicht justiziabel
war. Nach 1945 war politisch in der Tat erst einmal Entmythisierung angesagt,
aus triftigen Gründen. Bezeichnenderweise wurde diese in breiten Kreisen
der evangelischen Theologie und Kirche nicht geteilt, sondern massiv zurück-
gewiesen: in der heftig und anhaltend geführten Debatte um das Entmythologisierungsprogramm Rudolf Bultmanns.

Der Marburger Theologe hatte bereits 1941 – also zu einer Zeit, in der

---

28   Platon, *Politeia*, II, 379a. Luc Brisson hat zudem auf einen mehr formalistischen Aspekt
     hingewiesen: „Für Platon weist der Mythos im Grunde zwei Mängel auf: Er ist erstens
     nicht überprüfbar und oft einem unwahren Diskurs gleichzustellen, und zweitens eine
     Erzählung, deren Elemente in kontingenter Weise aufeinanderfolgen; den inneren Auf-
     bau des argumentativen Diskurses hingegen kennzeichnet sein Zwangsläufigkeit." (*Ein-
     führung in die Philosophie des Mythos*, Bd. 1: Antike, Mittelalter und Renaissance, Darm-
     stadt 1996, S. 35.)
29   Karl Heinz Bohrer (Hg.), *Mythos und Moderne. Begriff und Bild einer Rekonstruktion*, Frank-
     furt am Main 1983, S. 10.

„Mythos" im Reich in voller Blüte stand – eine Schrift herausgegeben, die den programmatischen Titel trug „Neues Testament und Mythologie. Das Problem der Entmythologisierung der neutestamentlichen Verkündigung."[30]. Darin konstatierte Bultmann zunächst eigentlich nur, was unter ernsthaften Neutestamentlern längst unbestritten war: „Das Weltbild des Neuen Testaments ist ein mythisches."[31] Aber schon die nachfolgende Feststellung erfolgte bei weitem nicht mehr so einvernehmlich: Das „mythische Weltbild ist als solches gar nichts spezifisch christliches, sondern es ist einfach das Weltbild einer vergangenen Zeit, das noch nicht durch wissenschaftliches Denken geformt ist."[32] Fast allein aber stand Bultmann mit seiner Überlegung: „Die heutige christliche Verkündigung steht also vor der Frage, ob sie, wenn sie vom Menschen Glauben fordert, ihm zumutet, das vergangene mythische Weltbild anzuerkennen."[33] Und kaum noch jemand konnte oder wollte zunächst die eigentlich ganz selbstverständlichen Schlussfolgerung teilen: „Wenn das unmöglich ist, so entsteht für sie die Frage, ob die Verkündigung des Neuen Testaments eine Wahrheit hat, die vom mythischen Weltbild unabhängig ist; und es wäre dann die Aufgabe der Theologie, die christliche Verkündigung zu entmythologisieren."[34] Und schließlich war die Provokation perfekt, denn Bultmann fragte und sagte: „Kann die christliche Verkündigung dem Menschen heute zumuten, das mythische Weltbild als wahr anzuerkennen? Das ist sinnlos und unmöglich."[35]

Bultmanns Aufsatz ist, von der theologischen Problematik einmal abgesehen, ein außerordentlich aufschlussreiches Zeitdokument. Wenn ein Theologe noch in der Mitte des 20. Jahrhundert die Berücksichtigung eines wissenschaftlichen Weltbildes einfordern muss, dann hat er es offensichtlich mit einer Kirche und mit einer Gesellschaft zu tun, in der Irrationalität zur ideologischen Verfasstheit gehört. Und natürlich wurde 1941 im Deutschen Reich weltanschaulich nicht rational gedacht, nicht einmal von den den Endsieg vorbereitenden Atomphysikern, die lediglich auf ihre Laborrationalität fixiert

---

30 In: Hans-Werner Bartsch (Hg.), *Kerygma und Mythos. Ein theologisches Gespräch* [1948], Hamburg 1960, S. 15-48, (Theologische Forschung 1).
31 Ebd., S. 15.
32 Ebd., S. 16.
33 Ebd.
34 Ebd.
35 Ebd.

waren. Eigentlich gab es, mehrheitlich gesehen und im umfassenden Sinne, den von Bultmann apostrophierten „modernen Menschen" gar nicht. Umso bedeutsamer wird Bultmanns Engagement für diesen „Menschen heute", das auch als ein Engagement für ihn und also gegen seinen Irrationalismus gesehen werden kann.

Eine der ersten Reaktionen auf Bultmanns Entmythologisierungsprogramm kam ausgerechnet aus Kreisen der Bekennenden Kirche. Auf Veranlassung der kurhessischen Bekennenden Kirche (BK) legte Hermann Sauter ein Gutachten vor, das gegenüber Bultmann zu einem geschichtstheologischen Argument greift, das geradezu paradigmatisch die intellektuelle Hilflosigkeit einer Zeit enthüllt, die um jeden Preis am Mythischen festzuhalten gewillt ist. Sauter argumentiert: Nicht nur das wissenschaftliche Denken ist eine Denkform. Auch das Mythologische ist eine „Denkform, aber doch diejenige, in der Übersinnliches allein ausgesprochen und die Innenseite der Dinge allein zum Ausdruck gebracht werden kann [...]. Aber es wäre dann von tiefer geistesgeschichtlicher Bedeutung, dass die Menschheit zunächst die Denkform entwickelt hat, in der eine Symbolsprache für Unaussprechbares geschaffen wurde, und dass, als die Zeit erfüllt war, für die Erscheinung Jesu Christi auf Erden, zugleich die mythologische Sprache bereit war, um seine Erscheinung zu erfassen."[36]

Es wäre eine eigene Untersuchung wert, der Frage nachzugehen, welche geistesgeschichtlichen und also auch politischen Konnotationen Bultmann in seiner Schrift zum Schwingen gebracht wissen wollte. 1941 „Entmythologisierung" zu fordern, auch wenn es sich dabei „nur" um das Neue Testament handelte[37], war alles andere als dem Zeitgeist geschuldet und eben nicht nur für die weitgehend faschistisch gleichgeschaltete evangelische Kirche undenkbar. In der trieben ihr Unwesen Theologen wie Walter Grundmann[38], dem es da-

36 Hermann Sauter, *Für und wider die Entmythologisierung des Neuen Testaments*, in: *Kerygma und Mythos*, Bd. II, hg. von Hans-Werner Bartsch, Hamburg-Volksdorf 1954, S. 42, (Theologische Forschung 2).
37 Schon der Titel ist wohlgesetzt, und es fällt natürlich auf – 1941 zählt jedes Wort und auch der Satzbau –, dass Bultmann von „Mythologie" zunächst ganz allgemein spricht und erst dann von der Entmythologisierung des Neuen Testaments.
38 Seit 1930 Mitglied der NSDAP, 1934 förderndes Mitglied der SS, Herausgeber des Monatsjournals „Christenkreuz und Hakenkreuz", Professor für „Völkische Theologie und Neues Testament", Direktor des „Instituts zur Erforschung jüdischen Einflusses auf das deutsche kirchliche Leben.

rum ging, an der Historizität der neutestamentlichen Jesusüberlieferung unbedingt festzuhalten, weil aus dem Juden Jesus ein historischer Arier gemacht werden sollte. In dieser Kirche musste Bultmanns „Kerygma"-Theologie geradezu subversiv wirken.[39]

In der kirchlichen und theologischen Debatte nach 1945 nahm die Entmythologisierungsfrage einen unheimlich breiten Raum ein. Unheimlich auch deshalb, weil sich hier auch wieder Theologen zu Worte meldeten, die, wie Ethelbert Stauffer[40], vom Hackenkreuz-Mythos fasziniert waren[41]. Ein kleiner Teil dieser Debatte wurde in der von Hans-Werner Bartsch herausgegebenen Reihe „Kerygma und Mythos"[42] veröffentlicht, die erste und weithin einzige in der Nachkriegszeit erschienene Publikation, die mit einem „Mythos" im Titel wieder Schlagzeilen machte. Was äußerlich zunächst als „Theologische Forschung" wahrgenommen werden konnte, war alles andere als eine friedfertige Akademikerdiskussion. Die Rede war von „Fronten im beweglichen Kampf", gar – „von örtlichen Geplänkeln abgesehen" – vom „Stellungskrieg".[43]

Während sich die Reihe „Kerygma und Mythos" um Information bemühte und das Bultmannsche Anliegen eher beförderte, brach in den evangelischen Kirchen und ihren Gemeinden geradezu ein neuer „Kirchenkampf" aus – mit unzähligen hektographierten Pamphleten, mit Schmähbriefen und eigens einberufenen Gemeindeveranstaltungen, die nicht selten damit geschlossen wurden, für den „Irrlehrer" Bultmann und gegen seine „Irrlehre"

---

39 Dieser Kirche aber gehörte Bultmann schon nicht mehr an. Er war Mitglied der Bekennenden Kirche und gehörte nicht zu jenen BK-Mitgliedern, die trotz alledem zum Reich und seinem Führer standen. Schon 1933 im Pfarrernotbund, widersprach er entschieden der „Verfälschungen des Glaubens durch eine völkische Religiosität" (*Die Aufgabe der Theologie in der gegenwärtigen Situation*, in: ThBl 12/1933, S. 165), was zu dieser Zeit natürlich auch ein politisch wirkendes Votum war. (Die sog. „Kerygma"-Theologie fragt nicht zuvörderst nach dem „historischen" Jesus, sondern nach dem in der Gemeinde „gepredigten" und „verkündeten".)

40 Ethelberg Stauffer, *Entmythologisierung oder Realtheologie*, in: Kerygma und Mythos, Bd. II, a.a.O., S. 13-28.

41 Ethelbert Stauffer, *Unser Glaube und unsere Geschichte. Zur Begegnung zwischen Kreuz und Hakenkreuz*, Berlin 1933.

42 7 Bände, Hamburg 1948-1979, in der Reihe „Theologische Forschung".

43 Gerhard Steege, *Mythos – Differenzierung – Selbstinterpretation, Hamburg 1953*, Vorwort, (Theologische Forschung 3).

zu beten.[44] In dem von Konfessionalisten und Evangelikalen aller Couleur veranstalteten Tumult um die als Skandal empfundene Forderung nach Entmythologisierung gingen die theologischen Einwendungen Karl Barths und seiner Schüler zunächst fast unter.[45] Zunächst dominierte das lautstarke Veto einer konservativ bis reaktionär wirkenden Theologen- und Pfarrerschaft, die den Ausgang des 2. Weltkrieges kaum verwunden hatte. Und es kam höchst synodal von der Vereinigten Evangelisch-Lutherischen Kirche Deutschlands (VELKD), zu der mehrheitlich Landeskirchen gehörten, die zuvor von Nazis regiert worden waren. Auf ihrer Flensburger Synode 1952 verabschiedete diese VELKD eine bischöfliche Erklärung, in der sie sich von Bultmanns Entmythologisierung kirchenoffiziell distanzierte.

Bezeichnenderweise war es in erster Linie nicht Bultmanns Nähe zum Existentialismus Heideggers, der seine Gegner protestieren ließ. Während man Bultmann verurteilte, konnte man getrost auch für Heidegger schwärmen. Aber es ist natürlich der Vorkriegsexistentialismus, der seine Programmatik tatsächlich höchst ambivalent macht, nicht die Entmythologisierung als solche, wohl aber die für Bultmann spezifische Dechiffrierung des Mythologischen. Die nämlich unterliegt mit ihrer „existentialen Interpretation" einer Engführung, in der die Polis gänzlich verlorenzugehen droht. Das Neue Testament aber spricht nicht von des Menschen „Eigentlichkeit", ohne nicht zugleich und vor allem von der „Eigentlichkeit" der menschlichen Polis zu reden. Adressat des Kerygmas, der Verkündigung ist niemals der Mensch jenseits seiner Kommunität.[46] Ein solches Jenseits kennt weder das Alte noch das Neue Testament. Wo von der Erneuerung des Menschen die Rede ist, da geht es immer auch um die Erneuerung seiner Gemeinschaft.

---

44 Gemessen an den jeweiligen intellektuellen Voraussetzungen, war die Kritik von Karl Jaspers aber die peinlichste. Denn Jaspers, dessen Philosophie ohne den Mythos natürlich gar nicht auskommt, entblödete sich nicht, von Bultmann ein Psychogramm seiner „geistigen Persönlichkeit" zu erstellen, in dem er ihm einen „verschlossenen Grundcharakter" attestierte (K. Jaspers, *Wahrheit und Unheil der Bultmannschen Entmythologisierung*, in: Kerygma und Mythos, Bd. III: Das Gespräch mit der Philosophie, hg. von Hans-Werner Bartsch, Hamburg-Bergstedt 1957, S. 44 ff.).
45 Vgl. Karl Barth, *Die Kirchliche Dogmatik*, Bd. III/2 [1948], Zollikon-Zürich 1959, S. 531-537.
46 Karl Barth hat dieses konstitutive Verhältnis mit der prägnanten Sentenz umschrieben: „Der Gott gegenüber vereinzelte Mensch ist als solcher von Gott verworfen." (K. Barth, *Die Kirchliche Dogmatik*, Bd. II/2 [1942], Zollikon-Zürich 1946 (2. Aufl.), S. 336.)

Es ist eigentlich kaum nachvollziehbar, dass ein Exeget wie Bultmann über diesen biblischen Sachverhalt einfach hinweggehen konnte. Verständlich wird es nur dann, wenn die sogenannte „existentiale Interpretation" zunächst begriffen werden sollte als eine Aufforderung zur „inneren Emigration" und also zum geistigen Rückzug aus einem Staat, der in seiner abgrundtiefen Verdorbenheit nicht mehr erneuerbar war und nur noch untergehen konnte. So gesehen, hätte Bultmann 1941 immerhin den welterobernden „Deutschen Mythos" mit einem weltlosen „Existenzmythos" konfrontiert.[47] Unter der Hand aber hat Bultmann mit der „existentialen Interpretation" geradezu einen neuen Mythos geschaffen: einen Existenzmythos, der von des Menschen „Eigentlichkeit" redet, als wäre diese ohne Sozialität zu haben.

Schon Dietrich Bonhoeffer hat in seiner Kritik an Bultmann dieses Gefälle gesehen und ihm vorgehalten, mit seiner Entmythologisierung „zu wenig weit" gegangen zu sein. „Nicht nur ‚mythologische' Begriffe wie Wunder, Himmelfahrt etc. [...], sondern die ‚religiösen' Begriffe schlechthin sind problematisch" und müssen „nicht-religiös" (also auch nicht existential, sondern „weltlich") interpretiert werden. [48]

Eine eigenartige Verkehrung: Nominell entsprach Bultmanns Entmythologisierungsforderung geradezu programmatisch dem „Mythos-Verbot" der westdeutschen Nachkriegszeit. Bestimmt aber wurde die bald umsichgreifende Bultmann-Rezeption nicht von der Problematisierung des Mythischen, sondern von jenem mythischen Existentialismus, der vor 1945 singulär sogar ideologiekritisch wirksam werden konnte, nach 1945 aber höchstens noch therapeutisch wirkte – mit den bekannten Nebenwirkungen für den poli-

---

47 Genau hier liegt der entscheidende Unterschied zu Heidegger. Während Bultmanns Verständnis des Existentialen gerade zu einer Immunisierung gegenüber dem faschistischen Mythos führen sollte, führte „Sein und Zeit" (1927) den Autor in die NSDAP. In einem berühmt gewordenen Brief an Karl Kerényi schrieb Thomas Mann im November 1941: „Man muss dem intellectuellen Fascismus den Mythos wegnehmen und ihn ins Humane umfunktionieren. Ich tue längst nichts anderes mehr." (Zitiert nach Manfred Frank, *Der kommende Gott. Vorlesungen über die Neue Mythologie*, Teil 1, Frankfurt am Main 1982, S. 32.) Dieses ließe sich – mutatis mutandis – auch für Bultmann geltend machen, der den faschistischen Mythos faktisch mit dem weltverachtenden Existenzmythos der Gnosis konfrontierte und im (gnostisch gestimmten) Johannes-Evangelium seine authentische Vorlage gefunden zu haben meinte.

48 Dietrich Bonhoeffer, *Widerstand und Ergebung. Briefe und Aufzeichnungen aus der Haft*, hg. von Eberhard Bethge, Berlin 1972 (3. Aufl.) S. 311.

tischen Verstand.[49] Ohne groß erkannt zu werden, hatte „Mythos" wieder Wurzeln gefasst.

*

Lange währte es nicht, bis der Topos „Mythos" auch wieder öffentlich werden konnte. Zunächst allerdings im Kontext einer Gesellschafts- und Ideologiekritik, die dann in der sogenannten 68er-Bewegung einen zwar diffusen, aber öffentlichkeitswirksamen Ausdruck fand. 1964 erschien die deutsche Ausgabe der 1957 in Paris aufgelegten Publikation von Roland Barthes „Mythologies", dt.: „Mythen des Alltags". Obwohl die deutsche Ausgabe lediglich ein schmales Taschenbuch mit 150 Seiten ist, hatte sie eine so breite politische Wirkung, dass sich selbst noch Herfried Münkler um Wirkungsminderung bemühen muss. Aber auch er kommt inzwischen an Barthes nicht mehr vorbei, den er immerhin – neben Ernst Cassierer, Claude Lévi-Strauss und Hans Blumenberg – zur „Gruppe der wichtigsten Mythostheoretiker des 20. Jahrhunderts" (S. 25) zählt. Ganz sicher höchst ungern, denn Barthes' Mythostheorie setzt sich gerade mit jener politischen Mythosmanipulation auseinander, für die Münkler beratend tätig ist.

Barthes' Mythostheorie setzt ein mit der für die Linguistik und insbesondere für die Semiologie grundlegenden Unterscheidung von signans und signatum. Etwas verkürzt heißt das: Alles hat irgendwie einen Namen, der für die Dinge und Sachverhalte steht („Objektsprache"), aber gleichzeitig können diese Namen für jeden eine unterschiedliche Bedeutung haben, sie können unterschiedlich bedeutend sein oder werden. Ein Stall ist ein Stall; aber wenn es regnet, wird der Stall zur Herberge – obgleich er natürlich ein Stall bleibt, auch wenn die Konnotation „Herberge" vielleicht auch bleibt. In dieser Doppelschichtigkeit der Sprache und ihrer Zeichen, so Barthes, nistet sich der Mythos ein. Man erkennt ihn daran, dass er die Dinge auf den Kopf stellt. Er erklärt grundsätzlich das Bedeutende zum Natürlichen, zum eigentlichen Ding und Sachverhalt. Zwar bedient er sich der „Objektsprache", doch ist

---

49 Hans Heinz Holz hat gezeigt, dass eine solche Entpotentialisierung des Existentialismus eine allgemeine Nachkriegserscheinung war. „Der Existentialismus der ersten Nachkriegsjahre versandete im sektiererischen Weltanschauungsbetrieb, der für ein orientierungsloses Großstadt-Publikum zur Mode werden konnte." (H.H. Holz, *Die abenteuerliche Rebellion. Bürgerliche Protestbewegungen in der Philosophie*, Darmstadt/Neuwied 1976, S. 146)

er letztlich eine „Metasprache", „weil er eine zweite Sprache darstellt, *in der* man von der ersten spricht".[50] So kann mehr oder weniger alles zum Mythos werden. „Faktisch ist nichts vor dem Mythos geschützt".[51]

Der Mythos „verwandelt Geschichte in Natur".[52] Er präsentiert das ihm Bedeutende als das Originäre und Natürliche, als das Normative und also Unhinterfragbare. Und eben darin kaschiert er bis zur Unkenntlichkeit seine Interessengebundenheit. Das „Natürlichmachen" ist „die wesentliche Funktion des Mythos".[53] Und nun zeigt Barthes, wie dieser Mythos in der bürgerlichen Gesellschaft funktioniert. Das beginnt erstens damit, dass sich das „Regime des Eigentums" „ent-nennt" und die wirklichen Namen verschwinden lässt. „Die Bourgeoisie wird definiert *als die soziale Klasse, die nicht benannt werden will.* ‚Bürger', ‚Kleinbürger', ‚Kapitalismus', ‚Proletariat' sind Orte eines unablässigen Ausfließens: ihnen entfließt der Sinn, bis der Name nutzlos wird."[54] Die Bourgeoisie geht in der ewigen „Nation" auf. Hier ist sie ent-nannt und kann ungehindert herrschen. In „der bürgerlichen Gesellschaft gibt es keine proletarische Kultur, keine proletarische Moral und auch keine proletarische Kunst: ideologisch muss alles, was nicht bürgerlich ist, bei der Bourgeoisie borgen. Die bürgerliche Ideologie kann also alles erfüllen [...]. Niemand wird sie zurückweisen, sie kann widerstandslos das bürgerliche Theater, die bürgerliche Kunst, den bürgerlichen Menschen unter ihre ewigen Analogien subsumieren."[55]

Und zweitens: „Der Mythos ist eine entpolitisierte Aussage"; das heißt: die Bourgeoisie gründet „historische Intention als Natur, Zufall als Ewigkeit". Wie „die bürgerliche Ideologie durch das Abfallen des Namens ‚bürgerlich' bestimmt wird, wird der Mythos durch den Verlust der historischen Eigenschaft der Dinge bestimmt. Die Dinge verlieren in ihm die Erinnerung an ihre Herstellung." „Der Mythos leugnet nicht die Dinge, seine Funktion besteht im Gegenteil darin, von ihnen zu sprechen. Er reinigt sie nur einfach, er macht sie unschuldig, er gründet sie als Natur und Ewigkeit, er gibt ihnen eine Klar-

50 R. Barthes, *Mythen des Alltags*, a.a.O., S. 93.
51 Ebd., S. 115 f.
52 Ebd., S. 113.
53 Ebd., S. 114.
54 Ebd., S. 124 f.
55 Ebd., S. 126.

heit, die nicht die der Erklärung ist, sondern die der Feststellung."[56] Durch den Mythos werden die Menschen abgerichtet, „die Dinge zu *besingen*, nicht aber sie zu bewegen."[57]

Es ist verständlich, dass Roland Barthes von den 68ern gefeiert und von der bürgerlich besetzten Wissenschaft ignoriert und abgelehnt wurde. Vor 20 Jahren „fanden seine Werke nicht einmal in Fachbibliotheken einen Stammplatz".[58] Und noch vor 10 Jahren galt es nicht als blamabel, Barthes nicht einmal Eingang in ein Literaturverzeichnis zu gestatten – in einem Band über Mythostheorien.[59] Horkheimer und Adorno wäre das nie passiert. Dabei ließe sich sogar eine gewisse Kompatibilität herstellen. „Dialektik der Aufklärung" und „Mythen des Alltags": in beiden Schriften steht der Mythos für Herrschaft und Ausbeutung, für Betrug und Lüge. Und in beiden Schriften ist er totalitär. Aber darin erschöpft sich auch schon das Gemeinsame, denn während sich Horkheimer und Adorno in der mythosbesetzten Gesellschaft mit einer „kritischen Theorie" einzurichten wissen, will Barthes diese Gesellschaft tatsächlich entmythologisieren – und also überwinden: Mythoskritik ist Gesellschaftskritik mit dem Ziel, die ganz und gar nicht natürliche Entfremdung in einer alternativen Gesellschaft aufzuheben. Wenn „der Mythos die gesamte Gesellschaft befällt, muss man, wenn man den Mythos freilegen will, sich von der gesamten Gesellschaft entfernen."[60]

Eine solche Konsequenz kann in der mythosregierten bürgerlichen Gesellschaft selbstverständlich nicht zugelassen werden. Wenn es um die Offenlegung des ideologischen Betriebssystems dieser Gesellschaft geht und also eigentlich um den Verrat eines Staatsgeheimnisses, dann sind Sanktionen unausweichlich. Erst recht dann, wenn man mit Barthes behauptet, dass sich dieser „rechte Mythos" nicht durch eifrigen Hinweis auf einen real existierenden „linken Mythos" kompensieren lässt. Den gibt es zwar auch, sagt Barthes, aber der siedelt höchstens links, revolutionär ist er schon nicht mehr. Der My-

---

56 Ebd., S. 130 f.
57 Ebd., S. 132.
58 Gabriele Röttger-Denker, *Roland Barthes zur Einführung*, Hamburg 1989. S. 7.
59 Siehe Jürgen Mohn, *Mythostheorien. Eine religionswissenschaftliche Untersuchung zu Mythos und Interkulturalität*, München 1998. Dieselbe totale Ausgrenzung erfährt Barthes auch in dem von Christa Bürger herausgegebenen Sammelband: „*Zerstörung, Rettung des Mythos durch Licht*", Frankfurt am Main 1986.
60 R. Barthes, *Mythen des Alltags*, a.a.O., S. 148.

thos ist „essentiell" rechts: „gut genährt, glänzend, mitteilsam, geschwätzig, er erfindet sich unablässig. Er erfasst alles: die Rechtsprechung, die Moral, die Ethik, die Diplomatie, die Haushaltsgeräte, die Literatur, die Schauspiele. Seine Ausdehnung hat das Ausmaß der bürgerlichen Ent-Nennung."[61]

Roland Barthes Beitrag zur Ideologiekritik der bürgerlichen Gesellschaft gewinnt in der gegenwärtigen Krise wieder an Plausibilität – in einer Situation, in der sich die Ent-Nennung selber aufzudecken beginnt. Vielleicht kann er auch deshalb nicht mehr einfach ignoriert werden. Und es wirkt schon ein wenig ratlos, wenn Herfried Münkler ihm lediglich nachsagen kann, er habe leider eine „politische Schlagseite" (S. 23). Roland Barthes hätte wohl erwidert, dass Münkler sehr trefflich illustriere, was der Mythos so alles anrichtet: Eine „politische Schlagseite" ist in der mythenbesetzten bürgerlichen Gesellschaft etwas natürlich höchst Unnatürliches. Also darf sie gar nicht erst vorkommen, höchstens als Pejorativ. Barthes ist hochaktuell.

*

Der Mythos verwandelt Wirklichkeit in eine Botschaft. Und diese Botschaft hat immer auch einen politischen Inhalt. Mit dieser fundamentalen Erkenntnis hat Roland Barthes einen Aspekt des Mythologischen zur Geltung gebracht, von dem abgesehen sich kein Mythos wirklich erschließt. Das sieht Herfried Münkler übrigens auch so, wenn er feststellt, dass mit dem Mythos „die politische Welt, einigen vertraut, anderen gänzlich unvertraut, mit narrativen Deutungen umstellt und mit interpretativen Narrationen überzogen wird, um Gewissheiten in einem Bereich zu erlangen, der sonst der Kontingenz des Kampfes um die Macht ausgeliefert gewesen wäre" (S. 26). Das klingt nicht zufällig etwas kryptisch, denn gesagt sein soll schließlich: Es ist die politische Funktion des Mythos, den Kampf um die Macht zu gewinnen, bevor er überhaupt eingesetzt hat – mit einer „narrativen Deutung" und „interpretativen Narration", die dafür zu sorgen haben, dass die Frage nach dem „Kampf um die Macht" gar nicht erst aufkommt.

In der Mythosforschung ist die politische Dimension des Mythologischen bisher nur unzureichend erfasst worden, aufgrund einer Anthropologie, die über die Abstraktionen „Mensch" und „Menschheit" kaum hinausgekom-

---

61 Ebd., S. 138.

men ist. So wurde und wird immer noch das Mythologische vornehmlich im großen Spannungsfeld „Mensch-Natur", „Mensch-Wirklichkeit", „Mensch-Welt" festgemacht und interpretiert und kaum danach gefragt, welche Bedeutung die soziale Differenzierung für die Wahrnehmung, Bewältigung und Gestaltung dieses Spannungsfeldes hat (im Unterschied zur Frage, welche Bedeutung dem Spannungsfeld bei der sozialen Differenzierung und also dem Aufkommen auch schamanisch-priesterlicher Autoritäten zukommt).

Roland Barthes hat die politische Dimension des Mythos an der bourgeoisen Gesellschaft Frankreichs illustriert. Unter geradezu klinischen Bedingungen lässt sie sich studieren an der spektakulären Konversion des ägyptischen Pharaos Amenophis IV. vom traditionellen Polytheisten zum Monotheisten Echnaton. Ein Ereignis vor mehr als Dreitausend Jahren, das nicht nur die Historiker noch immer fasziniert, sondern nachgerade den Rang eines Weltkulturereignisses eingenommen hat. Ästhetisch gesehen wird Echnaton zwar auf Ewig im Schatten seiner Ehefrau Nofretete stehen, aber historisch geurteilt verbindet sich mit ihm der erste dokumentierte politische Gründungsmythos der Menschheitsgeschichte. Und die Dialektik ist fabelhaft: er gründet sich mit einem Entmythologisierungsprogramm.

Als Amenophis IV. in der Mitte des 14. Jahrhunderts v. Chr. den Thron besteigt, ist er in seiner neuen Stellung zwar der oberste Priester des Reiches; doch wie seine Vorgänger muss auch er seine Macht teilen mit einer zahllosen Priesterschaft, die ein Heer von Göttern versorgt – und sich selbst. Reich und einflussreich geworden, gehört diese Priesterschaft seit jeher zu einem Reichsgefüge, das zwar königlich repräsentiert wird, dessen lokale Autorität aber kultisch besetzt ist. Kein Pharao kann ohne seine Priester regieren, schon gar nicht gegen sie. Und eben diese Gewaltenteilung will Amenophis IV. beenden. Und so geschieht etwas Einzigartiges: Der Pharao putscht gegen seine Priester, indem er ihnen ihre Götter entzieht – und damit das Fundament ihrer gesellschaftlichen Wirksamkeit. Der Olymp wird einfach abgeschafft, und an seiner Stelle wird allein die Sonne, der Gott Aton, zur Verehrung freigegeben. Natürlich ist dieser Vorgang weit komplexer, auch weil der Widerstand der Priester, die gelegentlich auch hingerichtet werden, zur Retardierung führt und manche angestammten Götter überleben lässt. Aber die politische Struktur ist beispiellos transparent. Ein Pharao entmachtet die Priesterschaft seines Landes, indem er totale Entmythologisierung anordnet, sich einen neuen Namen gibt und eine neue Hauptstadt und riesige Aton-Tempel baut.

Übrig bleibt lediglich ein „mythologischer Rest", nämlich Aton, der Sonnengott. Aber dieser „Rest" hat es in sich, denn mit der nunmehr einzigen Gottheit verbindet sich auch die einzigartige Botschaft, die der Pharao landesweit vermittelt wissen will. Und in dem großen Aton-Hymnus ist sie uns sogar schriftlich überliefert: „Wenn du gegangen bist, dein Auge nicht mehr da ist, [...] (auch dann) bist du in meinem Herzen, denn es gibt keinen, der dich kennte, außer deinem Sohn [...]. Du lässt ihn kundig sein deiner Pläne und deiner Macht [...] alle Arbeit wird niedergelegt, wenn du untergehst im Westen. Der Aufgehende, er lässt [alles Seiende] wachsen für den König; Eile ist in jedem Fuß, seit du die Erde gegründet hast. Du richtest sie auf für deinen Sohn, der aus deinem Leibe kam, den König Von Ober- und Unterägypten [...]."[62] Die politische Botschaft ist eindeutig: Es gibt nur eine Gottheit, und die hat nur einen Sohn, und der heißt Echnaton, und ihm allein gehört die Erde. Ein Gott, ein Pharao, ein Reich. Imperialer lässt sich ein Mythos nicht mehr gestalten. Und politisch nicht durchsichtiger. Und erst der römische Kaiser Konstantin hat dann gezeigt, wie man das politisch auch nachhaltig zu Werke bringen kann.

Roland Barthes Mythosinterpretation wird vom Alten Ägypten der 18. Dynastie bestens bedient: Geschichte wird Natur, Zufall wird Ewigkeit, Wahrheit wird festgestellt. Und letztlich wird auch entpolitisiert, denn der politische Anspruch des Pharaos wird natürlich nicht politisch geltend gemacht. Echnaton agiert religiös. Bemerkenswert aber auch dieses: Noch heute rätseln die Ägyptologen, wie es wohl zu dem kommen konnte, was manche ganz einfach als „El Armana-Stil", als „neuen Kunstgeschmack" bezeichnen – ein ästhetischer Realismus, der Echnaton nicht nur im trauten Familienkreis und sehr vertraut mit seiner Nofretete zeigt, sondern auch ihn selbst mit einem körperlichen Leiden, das ihn wenig ziert. Die berühmte Statue im Kairoer Nationalmuseum gleicht eher der Karikatur eines Pharaos denn einem einzig geborenen Gottessohn. Doch dieser Realismus gehört zu eben jenem neuen Mythos, zu dem Echnaton höchst selbst gehört. Und der Mythos „leugnet nicht die Dinge, seine Funktion besteht im Gegenteil darin, von ihnen zu sprechen. Er reinigt sie nur einfach, er macht sie unschuldig." Solange Macht auf dem

---

62 Übersetzung von Jan Assmann, Ägyptische Hymnen und Gebete, Freiburg (Schweiz)/
    Göttingen 1999, S. 221 f.

Spiele steht, muss sich ein Pharao auch ästhetisch rüsten und Stärke spiegeln und Tradition repräsentieren. Hatschepsut, die Frau als Pharao, musste sich in der öffentlichen Darstellung gar einen Pharaonenbart gefallen lassen. Ein einzig geborener Gottessohn muss das alles nicht. Im Gegenteil. Er braucht nicht einmal seine Männlichkeit zu zeigen. Man erkennt ihn ja gerade daran, dass er auf seiner Höhe nichts zu leugnen braucht und gar nichts zu verbergen. Nur seine Sonne muss man sehen.

*

Der Ägyptologe Jan Assmann hat Echnatons „Religionsstiftung" mit Moses, Zarathustra, Buddha, Jesus und Mohammed verglichen, sich dann aber dafür entschieden, in ihm doch eher einen Vorläufer der ionischen Naturphilosophen zu sehen, den Begründern der „Theorie der Ursprünge und Grundprinzipen". Im Unterschied zu den Griechen habe Echnaton aber nicht den öffentlichen „Diskurs" gesucht oder sich „in einen bestehenden Diskurs" eingeschaltet, sondern der Sonne Tempel gebaut und die Kultur radikal umgestaltet. Seine neue „Theorie", sein „Lehrgedicht" (der große und kleine Aton-Hymnus) wollte Echnaton aber nur im Aton-Tempel kultisch vorgetragen wissen. Dies sei, so Assmann, „der einzige für ihn denkbare Rahmen" gewesen.[63]

Aber warum allein dieser Rahmen für Echnaton denkbar war, das sagt Assmann nicht. Dabei liegt es auf der Hand. Aber bei einer ideengeschichtlichen Deutung müssen realpolitische Hintergründe halt ausgeblendet oder subjektiviert werden. Die lokale Kultbindung des „Lehrgedichts" an Achet-Aton belegt natürlich, dass es Echnaton um seine Verbreitung allein deshalb nicht gehen konnte und durfte, weil ausschließlich er ein autorisiertes Monopol darauf beanspruchte, das er mit den Priestern des Landes nicht mehr zu teilen gedachte. Ein einzig geborener Gottessohn tritt nicht mit seinen geschassten Priestern in einen „Diskurs". Selbst diese lokale Tempelbindung ist ohne ihren politischen Kontext nicht zu verstehen.

Ohne ihren politischen Kontext lassen sich Mythen ohnehin nicht verstehen, denn jeder Mythos hat von Hause aus eine soziale Sphäre. Er entsteht

---

63   J. Assmann, *Religion und kulturelles Gedächtnis*, a.a.O., S. 167 f.

nicht jenseits der Sozialität, sondern spiegelt deren Problem- und Konfliktlage, auf die er, je nach Interessenlage, reagiert. Die totale Vereinzelung gebiert keine Mythen, es sei denn den Mythos ihrer Überwindung. Jeder Mythos setzt Sozialität voraus, und in seiner jeweils spezifischen „Struktur" vermittelt sich der Umriss einer bestimmten Sozialstruktur. Mythen sind unschätzbare Sekundärquellen einer jeden Kultur- und Sozialgeschichte.[64] Sie geben eine historische Auskunft durch ihre spiegelnde Präsentation. Wer den Zustand einer Gesellschaft ergründen will, benötigt kein Statistisches Jahrbuch. Er muss sich lediglich ihrer spiegelnden Präsentationen annehmen: ihrer Filme, ihrer Literatur, ihrer Musik, ihrer Theater, ihrer Architektur, ihrer Kunst ganz allgemein – und ihrer Mythen. Es genügt schon, wenn einer Gesellschaft neue Mythen empfohlen werden müssen, um zu ahnen, wie es um diese Gesellschaft bestellt ist.

Jeder Mythos lebt von Konflikt und Kontrast, nicht nur Ödipus, nicht nur Prometheus, nicht nur Gilgamesch. Auch Ätiologien wurzeln in notwendigen Behauptungen und verteidigen Vorzüge und Ansprüche. Und selbst Schöpfungsgeschichten sind nicht kontemplativ, sondern berichten von Gewaltigem, das als Unterschied und Gegensatz bereits im Ursprung eine Spannung hält. Mythen spiegeln Konflikte und Kontraste – auch dort, wo sie auf Menschen angesetzt werden, um zu befrieden. Aber auch dort, wo Mythos gegen Mythos steht, Behauptung gegen Behauptung, Botschaft gegen Botschaft.

Nicht immer ist das so transparent wie bei Echnatons Sonnen-Mythos, der gegen die versammelte Mythologie des Alten Ägypten steht – und den Eindruck hinterlässt, man könne dem Pharao in seinem Arbeitszimmer zuschauen. Und nicht immer ist es so transparent wie im Alten Testaments, das ausführlich berichtet, wie der Monotheismus im Alten Israel durchgesetzt werden musste, gegen eine Vielzahl „fremder" Götter – unter Umständen eben auch mit dem Schwert, wenn die Baalspriester der fetten Großgrundbesitzer nicht konvertierten. Und dabei ging es eben nicht nur um die „innermythologische Überwindung des Mythischen", wie Ernst Bloch den intermythologischen Konflikt nennt[65], sondern halt auch um Land und Grund und

---

64 Vgl. E. Cassirer, *Der Mythus des Staates*, a.a.O., S. 66: „Mythus ist eine Objektivierung der sozialen Erfahrung des Menschen, nicht seiner individuellen Erfahrung."
65 Ernst Bloch, *Zerstörung, Rettung des Mythos durch Licht*, in: Ders., Literarische Aufsätze, Frankfurt am Main 1984, S. 341.

Boden. Seit Sigmund Freud aus Moses einen Ägypter gemacht hat[66], wird über die Konjunktion Echnaton-Moses noch immer spekuliert. Als gesichert aber darf gelten, dass die im Alten Testament berichteten Götterkonflikte mit ebensolchen handfesten Interessen einhergingen wie die gezielt herbeigeführte Mythenkollision des Echnaton.

„Nichts ähnelt dem mythischen Denken mehr als die politische Ideologie. In unseren heutigen Gesellschaften hat diese möglicherweise jenes nur ersetzt."[67] Man wird über Claude Lévi-Strauss wohl sogar noch hinausgehen und sagen müssen: Solange ein Weltbild von Mythen geprägt ist, artikuliert sich Ideologie als Mythologie. Und mehr noch: Im Mythos erhält das Ideologische sein erstes Gesicht. Und selbst der entzauberten Ideologie bleibt ein „mythologischer Rest", der sich sogar wieder zum Kult auswachsen kann.[68]

*

Auch die Welt zur Zeit des Neuen Testaments lebt mit mythischen Bildern. Nicht nur die Christen, die herrschenden Römer gleichermaßen, auch wenn in Rom der Mythos schon längst vom Logos diktiert wird, der die Götter zum Staatsdienst abstellt und seine Kaiser vergöttlicht.[69] Die römische Politik macht immer auch Politik mit der Religion, rational durchdacht und strategisch umgesetzt. Schwer zu sagen, wer die Himmelfahrt des Augustus wirklich noch glaubte, ein pompöser Staatsakt war sie allemal. Ideologie total, mythisch ornamentiert und geziert wie später des Sonnenkönigs Versailles, der doch auch nur an sich selber glaubte. So mythologisch, wie Bultmann das Weltbild zur Zeit des Neuen Testaments beschreibt, war es wirklich nicht mehr – jedenfalls nicht für die Gebildeten unter den Mythenverehrern.

---

66 Sigmund Freud, *Der Mann Moses und die monotheistische Religion*, Frankfurt am Main 1975.
67 Claude Lévi-Strauss, *Strukturale Anthropologie*, Frankfurt am Main 1967, Bd. 1, S. 230.
68 Der Ideologiebegriff scheint seine Vergangenheit auch in jener Ambivalenz mitzuschleppen, die sich in der Doppeldeutigkeit von „Ideologie" als „verkehrtem Bewusstsein" und als „Widerspiegelung gesellschaftlichen Seins" erhalten hat. Selbst bei Ausschluss gesellschaftlicher Entfremdung ist verkehrtes Bewusstsein niemals ausgeschlossen. Und niemand vermag letztursächlich zu sagen, warum er so und nicht anders denkt.
69 „Die Begünstigten wussten, dass es keine Götter gab, denn sie, die sich deren Maske aufsetzten, kannten sich selbst." Ein Schlüsselsatz in Peter Weiss' „Ästhetik des Widerstands", die dazu anhält, im Mythos auch den Klassenkampf sehen zu lernen. (*Die Ästhetik des Widerstands* I, Frankfurt a.M. 1983 (2. Aufl.), S. 10.)

Weite Partien des Neue Testaments lassen sich überhaupt nur begreifen vor dem Hintergrund der staatsoffiziellen Mythisierung römischer Imperialpolitik. Die römische Mythologie ist ein Politikum in mythischer Sprache, die noch bestens beherrscht wird. Und von allen verstanden. Und von allen verstanden werden deshalb auch die Antimythen, die in den christlichen Gemeinden formuliert werden. In der Johannes-Apokalypse mit besonderer Schärfe: Rom ist das Zentrum des Bösen schlechthin, das Römische Reich ein Tier, das alles verschlingt. Der Kopf muss ihm abgeschlagen werden. Die Apokalyptik teilt ihren Hass auf Rom mit der Gnosis, an der besonders gut studiert werden kann, wie die mythologisch verklärte Imperialpolitik Roms mit einer eigens formulierten gnostischen Mythologie bekämpft wird. Der gemeinsame Tenor dieser Widerstandsmythologie lautet: Diese Welt (des Römischen Reiches) ist so unerträglich, dass sie unmöglich von einem guten Gott erschaffen sein kann. Sie ist das Produkt einer göttlichen *Emanation*, eines Ausflusses, an dessen Ende ein böser Demiurg als Weltenschöpfer steht. Aus einer solchen Welt kann man nur von einem guten Gott erlöst werden. Die Mythologie der Gnosis verhängt ein vernichtendes Urteil über Rom: Wenn der römische Kaiser *divus* ist, dann gehört er zu dem Götterreich des Demiurgen.[70]

Nicht immer ist im Neuen Testament die Sprache so drastisch wie in der Apokalypse. Aber pointiert sind seine Antimythen durchweg. Sie gleichen Antithesen, die ohne ihren Bezug auf die Politikmythen der Römer kaum verstanden werden können. Das beginnt schon mit der Geburtsgeschichte des Jesus von Nazareth, die in vielerlei Hinsicht einen gezielten antirömischen Affront darstellt. Und es endet mit der *Himmelfahrt* des politisch Verurteilten und neben Verbrechern Hingerichteten. Denn die kommt im römischen Politmythos ausschließlich dem göttlichen Kaiser zu.

Es sind bei den neutestamentlichen Antimythen oft die Details, die ihre Botschaft zuspitzen. Von den römischen Besatzungsbehörden und ihren Kollaborateuren politisch beargwöhnt, müssen die Verfasser der neutestamentlichen Texte Vorsicht walten lassen und etwa, wie die Apokalypse, in allegorischen Bildern reden. Doch jeder versteht, dass mit der „Hure Babylon" Rom gemeint ist. Und auch die vielen Anspielungen der Geburtsgeschichte

---

70 Vgl. Dieter Kraft, *Stoa und Gnosis – Anpassung und Verweigerung. Typologische Aspekte zweier antiker Ideologien,* in: Topos 15 (2000), S. 11–32.

werden verstanden, die ja als „Reichsgründungsgeschichte" gehört und gelesen werden will. Und diese Gründungsgeschichte siedelt im Spannungsfeld zwischen Rom und Jerusalem. Der Bezug auf Rom wird gleich zu Beginn hergestellt: Kaiser Augustus ordnet eine Volkszählung an. So kommen Maria und Joseph nach Betlehem. Und damit tritt die Geschichte Israels ins Bild, denn aus Betlehem stammt der große König David, der für Israel steht. Maria ist schwanger. Joseph ist zwar aus dem „Geschlecht Davids", aber die Vaterschaft liegt in der „Kraft des Höchsten". Auch die Rombegründer Romulus und Remus haben mit dem Kriegsgott Mars keinen leibhaftigen Vater. Ihre Mutter, die Priesterin Rhea Silvia, wird nach der Geburt der Söhne von ihrem Onkel Amulius getötet. Die Söhne werden in einem Weidenkorb auf dem Tiber ausgesetzt – wie einst schon Moses auf dem Nil. Moses überlebte, weil sich die Tochter des Pharaos seiner annahm und ihn von einer Hebräerin stillen ließ. Romulus und Remus werden von einer Wölfin gerettet, die sie in eine Höhle bringt und dort säugt. Entdeckt werden die Brüder von einem Hirten, dem Königshirten Faustulus. Der nimmt sie mit und zieht sie groß.

Auch Jesu Leben beginnt nicht in einer Herberge, sondern, etwas ausgesetzt, in einem Stall. Er liegt nicht in einem Weidenkorb, wohl aber in einer Krippe. Und im Unterschied zu Romulus und Remus wird er mütterlich versorgt und in Windeln gewickelt. Auch zu ihm kommen Hirten. Keine Schweinehirten, wie Faustulus, sondern Schafhirten, die ihre Herde vor Wölfen beschützen. Und sie sollen den Begründer und König des Gottesreiches an einem Zeichen erkennen. „Dies soll euch das Zeichen sein: Ihr werdet ein Kind finden, in Windeln gewickelt und in einer Krippe liegend." (Lukas, 2,12) Moses wird sicher auch gewindelt gewesen sein, aber 2. Mose 2,1-12 erwähnt das nicht. Romulus und Remus aber wurden von der Wölfin ganz sicher nicht gewindelt. Und so macht das Zeichen Sinn. Die Hirten brauchen sich nicht zu fürchten, auf einen Wolf zu stoßen und Rom in die Hände zu fallen, denn die Macht Roms ist hinfällig, weil der König des Gottesreiches geboren wurde. Die „himmlischen Heerscharen" bürgen dafür, nicht mit dem römischen Legionärsschwert, sondern mit einer Botschaft. Und als wollte der Text nebst Kaiserkult auch die vielgepriesene Pax Romana delegitimieren, heißt nun die Botschaft des neu begründeten Reiches: „Ehre sei Gott in der Höhe und Friede auf Erden und den Menschen ein Wohlgefallen." (Lk. 2,14) Von einem Imperium, das den Kriegsgott Mars zum Vater hat, ist kein Frieden zu erwarten. Dass der alte David diesen Goliath entmachtet, allerdings auch nicht mehr.

Aber nun geht gegen den Kriegsgott Mars der Gott Israels selbst ins Feld. Der neue David ist sein Sohn. Die Römer werden sehr wohl verstanden haben, warum die „Jungfrauengeburt" einer Kampfansage gleicht.

Man braucht das Neue Testament nicht zu entmythologisieren, denn seine Mythen interpretieren sich selbst – vor dem Hintergrund eines Weltreiches, in dem Mythologie zur pragmatischen Staatsideologie gehört. Die Bibel bietet nicht nur Belege für eine „innermythologische Überwindung des Mythischen", sie bietet auch den Gegenmythos auf, der als Contra-Mythos im Politischen auf Überwindung zielt.[71]

*

Diese Konfrontation sollte für „Mythostheorien" lehrreich sein. Sie entkräftet immerhin die These, dass nur „‚unechte Mythen' [...] auf einem den Mythen fremden Ort, in der Politik, beheimatet" seien und mit dem „Urphänomen Mythos" wenig zu tun hätten.[72] Was aber ist das „Urphänomen Mythos"? Auf diese Frage hat die Mythosforschung bisher ebensowenig eindeutig Auskunft geben können wie auf die Frage, was denn überhaupt als „Mythos" bezeichnet werden darf. Zahlreich sind jene Theorien, die sich mit der *Funktion* des Mythischen befassen[73], aber *womit* sie sich eigentlich befassen, bleibt undefiniert. „Was Mythos eigentlich ist, lässt sich [...] nicht leicht definieren, und schon gar nicht in unbestrittener Weise."[74] „Noch herrscht nämlich weitgehend Unkenntnis darüber, was der Mythos eigentlich ist, wie überhaupt sein Wesen bisher noch kaum geklärt wurde."[75] So oder ähnlich beginnen Beiträge

---

71 Insofern dieser Gegenmythos auf eine Entgrenzung seines Geltungsbereichs abzielt, überschneidet sich der neutestamentliche Contra-Mythos mit dem, was Ernst Bloch als das „Utopikum in Mythischem" ausgemacht hat, bei dem es heißen muss: „Rettung des Mythos durch *utopisches* Licht *begriffener Künftigkeit*" (E. Bloch, *Zerstörung, Rettung des Mythos durch Licht*, a.a.O., S. 347. Vgl. auch: Ernst Bloch, *Atheismus im Christentum. Zur Religion des Exodus und des Reiches*, Frankfurt am Main 1962 (Gesamtausgabe Bd. 14), und die dort durchgeführten „Unterscheidungen im Mythischen", die zwingend sind, um den „rebellischen und auch ... eschatologischen Mythos" (S. 70) nicht leichtsinnig zu nivellieren. „Geheiligt werde dein Name, auch das ist kein Gemeindegebet von Untertanen und Höflingen" (S. 80).

72 Karl Kerényi, *Wesen und Gegenwärtigkeit des Mythos* [1964], in: Ders. (Hg.), *Die Eröffnung des Zugangs zum Mythos. Ein Lesebuch*, Darmstadt 1982, S. 238 f.

73 Einen kleinen Überblick bieten schon die Anthologien von Karl Kerényi, *Wesen und Gegenwärtigkeit des Mythos*, a.a.O., und von Wilfried Barner/Anke Detken/Jörg Wesche (Hg.), *Texte zur modernen Mythentheorie*, Stuttgart 2003.

74 Walter Burkert, *Mythisches Denken*, in: Hans Poser (Hg.), *Philosophie und Mythos. Ein Kolloquium*, Berlin/New York 1979, S. 16.

75 Kurt Hübner, *Die Wahrheit des Mythos*, München 1985, S. 15.

zur Mythostheorie. Und anschließend werden neue Einsichten und Erkenntnisse ausgewiesen. Eine für die Wissenschaft ungewöhnliche Situation und
höchstens für Quantenphysiker unproblematisch: Wir haben ein Dingwort,
aber kein Ding, jedenfalls kein wirklich definierbares. Anhalt bietet lediglich
die griechische Vokabel μῦθος = das „Wort", die „Rede", die „Erzählung".
Die griechische Mythologie lässt sich dingfest machen, aber sie steht nicht
eigentlich für den Archaismus „Mythos". Denn bei Homer und Hesiod werden die Götter bereits poetisch verarbeitet. Ihre „Mythologie zeugt eher vom
Unglauben als vom Glauben an die Götter."[76] Und so geht es beinahe dialektisch zu, weil nun „gerade die Literatur, die zuerst mit Hesiod und Homer die
Entmythisierung der archaischen Götter betrieb, das beständige Refugium
der Mythologie ist".[77] Dort, wo das große Wort vom „Mythos" literarisch nistet, ist schon längst kein „Mythos" mehr am Werk. Jedenfalls nicht in jener
Urtümlichkeit, die ihm allenthalben abverlangt wird. Dennoch wird von der
griechischen Mythologie erwartet, einen menschheitsgeschichtlichen Topos
zu beherbergen, der in kaum einsehbare Anfänge zurückreicht.

Für diese Anfänge aber interessiert sich die Mythosforschung vornehmlich.
Und nahezu einhellig geht sie von der Prämisse aus: Am Anfang war irgendwie *alles* mythisch. Gestritten wird höchstens darüber, welche Konstitution und
Bedeutung diesem Mythischen beigemessen werden muss. Während Lucien
Lévy-Bruhl gegenüber Edward Tylor[78] und James Frazer[79] die totale Inkom-
mensurabilität von mythischem und logischem Denken hervorhebt[80], formiert
sich in ihm für Ernst Cassirer immerhin eine symbolisch vermittelte Ordnung
menschlicher Erfahrung.[81] Claude Lévi-Strauss sieht im Mythischen sogar eine
eigene Logik, die dem wissenschaftlichen Denken durchaus kommensurabel

---

76   Heinz Gockel, *Mythos und Poesie. Zum Mythosbegriff in Aufklärung und Romantik*, Frank-
       furt am Main 1981, S. 8.
77   Ebd., S. 7.
78   Vgl.: Edward Tylor, *Primitive Culture [1871]/Die Anfänge der Cultur: Untersuchungen über
       die Entwicklung der Mythologie, Philosophie, Religion, Kunst und Sitte*, (Reprint) Hildesheim,
       2005.
79   Vgl. James Frazer, *Der goldene Zweig. Das Geheimnis von Glauben und Sitten der Völker*
       [1890], Köln 1968.
80   Lucien Lévy-Bruhl, *Die geistige Welt der Primitiven* [1922], Düsseldorf 1959.
81   Ernst Cassirer, *Philosophie der symbolischen Formen*, Bd. 2: Das mythische Denken, Berlin
       1925.

sei.[82] Für Kurt Hübner sind Wissenschaft und Mythos gar zwei mehr oder weniger gleichberechtigte Formen der Wirklichkeitsbewältigung[83] Und auch Hans Blumenberg sieht eine Bedeutungslogik des Mythos, der dem Menschen Distanz verschafft zu einer Wirklichkeit, die ihn sonst erdrücken würde.[84]

Große Einigkeit besteht in der Ablehnung der Vorstellung, es gäbe so etwas wie eine allmähliche Entwicklung „Vom Mythos zum Logos".[85] Aber nirgends wird ernsthaft die Frage erwogen, ob in den angenommenen ur-mythischen Zeiten nicht gleichermaßen auch ur-logisch gedacht wurde. Nicht im Sinne einer dem Mythischen irgendwie inhärenten Logik, sondern durchaus im Sinne einer real existierenden Koexistenz von Mythos und Logos. Der Architekt, der heute in Sakkara zum ersten Mal vor der über 4600 Jahre alten Djoser-Pyramide steht, wird wohl auch den mythische Hintergrund dieses Bauwerkes interessiert zur Kenntnis nehmen, aber bewundern, und zwar maßlos bewundern wird er die mathematische Logik und technologische Logistik seines Kollegen Imhotep. Und wer vor der riesigen Tempelanlage von Karnak steht, den springt nicht der Mythos, wohl aber der Logos an. Wer solche Bauwerke zu schaffen vermochte, der lebte nicht jenseits des Logischen.

Es müssen nicht Tempel und Pyramiden sein. Auch die Höhlenmaler des Aurignac mussten vor 40.000 Jahren ihre Klingen und Pfeilspitzen erarbeiten und dabei natürlich logisch vorgehen. Und um die Frauenstatuetten des Gravettien vor 25.000 Jahren herstellen zu können, bedurfte es anderer Fähigkeiten als der magischen. Es ist bezeichnend, aber die Arbeit als Genesis des Logos kommt in dieser Mythenforschung nicht vor. Wenn überhaupt, dann wird nach dem Logischen im Mythischen gesucht[86], aber nicht nach jener Logik gefragt,

82   Claude Lévi-Strauss, *Die Struktur der Mythen*, in: Ders, *Strukturale Anthropologie*, Frankfurt am Maan 1967, S. 226 ff. Vgl. auch: Ders.: *Mythologica I-IV*, Frankfurt am Main 1971-1975.
83   K. Hübner, *Die Wahrheit des Mythos*, a.a.O.
84   Hans Blumenberg, *Arbeit am Mythos*, Frankfurt am Main 1979.
85   Vgl.: Wilhelm Nestle, *Vom Mythos zum Logos. Die Selbstentfaltung des griechischen Denkens von Homer bis auf die Sophistik und Sokrates*, Stuttgart 1975.
86   Bei aller Distanz, die man gemeinhin zu Hegel und seinem Entwicklungsgedanken halten möchte, weil der „Logos" im Mythos unbedingt etwas ganz anders zu sein habe als der Logos der Erkenntnis (vgl. u.a. K. Hübner, *Die Wahrheit des Mythos*, a.a.O., S. 61 ff.), letztlich ist Hegel doch viel näher an der Wahrheit, wenn er von den Mythen sagt: „der Instinkt der Vernünftigkeit liegt ihnen zugrunde" (*Vorlesungen über die Geschichte der Philosophie I*, Werke Bd. 18, Frankfurt am Main 1971, S. 103) – auch wenn dieser Instinkt bei ihm nicht „verarbeitet" wird.

die der Arbeit entspringt und zu deren Wesen gehört. Sicher gibt es keine rein intellektuelle Entwicklung vom Mythos zum Logos, aber es gibt eine Entwicklung der Arbeit und ihrer Bedingungen, mit der sich planendes, ordnendes und organisierendes Denken entwickelt. Der Mythos ist in der Menschheitsgeschichte nicht älter als die Arbeit. Und ohne die Arbeit hätte kein Mythos seine Darstellung gefunden.[87] „Arbeit am Mythos" (Blumenberg) ist sicher ein gediegenes Thema, „Arbeit und Mythos" aber ist das übergreifende.[88]

*

sellschaftliche Verhältnisse verwerfen und ihre Ordnung ideologisch untersetzt werden muss, bietet der Mythos reichlich Gebrauch an. Weil jeder das Wort im Munde führt, obwohl keiner so recht weiß, was es genau bedeutet, scheint „Mythos" einen Sitz im Leben zu haben. Den gilt es zu befestigen. Das jedenfalls war die Botschaft, die Odo Marquard vor 30 Jahren vortrug. „Lob des Polytheismus" nannte er einen Kolloquiumsbeitrag[89], der höchst aufschlussreich ist für die Bedingungslosigkeit, mit der bürgerliche Philosophen auf jedem Niveau zu intervenieren bereit sind. Marquards Statement geht so: „Menschen können ohne Mythen nicht leben", denn „Mythen sind Geschichten".[90] Sie helfen beim Leben, und weil wir in einer „„erzählten Welt'" leben, „gilt: *es geht nicht ohne Mythen*"[91]. „Menschen sind mythenpflichtig; ein mythisch nacktes Leben ohne

---

87   Allein schon deshalb müsste für die Forschung evident sein, dass sich die Frage nach dem Mythos letztlich an der Haltung zum Logos entscheidet.

88   Und zu diesem gehört dann auch das Thema „Mythos und Wissenschaft" – und zwar in jener Perspektive, die der alttestamentliche Schöpfungsbericht in Gen. 1,1–2,4a anbietet, ein Text aus der sogenannten Priesterschrift, verfasst wahrscheinlich im babylonischen Exil (586 bis 538 v. Chr.), in einer Zeit also, in der auch die babylonische Astronomie ihren Höhepunkt hatte und mit ihren einfachen Mitteln unvorstellbar genau Daten lieferte. Das faszinierend Besondere dieser „Schöpfungsgeschichte" besteht nicht darin, *dass* hier von der Erschaffung der Welt, sondern *wie* davon gesprochen wird. Nämlich so, dass sich der „Mythos" geradezu wie eine „Evolutionsgeschichte" anhört. Die Erde ist nicht etwa mit einem Schlag da, sondern sie nimmt nach und nach Gestalt an. Die Schöpfung braucht ihre Zeit, sagt die Tageszählung. Und sie „entwickelt" sich, gleichsam vom „Niederen" zum „Höheren": erst das Gras, dann die Samenpflanzen, dann die früchtetragenden Bäume. Und erst jetzt die Tiere, allen voran die im Wasser. Und erst am nächsten Tag die Landtiere und – zusammen mit ihnen – die Menschen. Natürlich ist das Weltbild der Priesterschrift noch recht archaisch, aber in dieser Schöpfungsgeschichte spiegelt sich eine durchaus schon wissenschaftlich zu nennende Reflexion. Und es ist eben nicht der Mythos, der hier strukturelle Rationalität freisetzt, sondern umgekehrt ergreift diese vom Mythos Besitz.

89   Odo Marquard, *Lob des Polytheismus*. Über Monomythie und Polymythie, in: Hans Poser (Hg.), *Philosophie und Mythos*, a.a.O., S. 40–58.

90   Ebd., S. 42.

91   Ebd., S. 44.

Geschichten ist nicht möglich. Die Mythen abzuschaffen: das ist aussichtslos"[92]. Jeder Mensch sollte möglichst viele Mythen haben (Lob des Polytheismus), aber er sollte unterscheiden zwischen „bekömmlichen und schädlichen Mythensorten". Bekömmlich ist eigentlich alles bis auf die „giftigen Mythen"[93]. Und nun wird von Marquard nicht etwa Rosenberg zur Anzeige gebracht, sondern ein sich dezidiert humanistisch verstehendes Zivilisations- und Entwicklungsbewusstsein, nämlich „der erfolgreichste Mythos der modernen Welt: der Mythos des unaufhaltsamen weltgeschichtlichen Fortschritts zur Freiheit in Gestalt der Geschichtsphilosophie der revolutionären Emanzipation"[94].

Das zielte nicht nur auf Hegel. Unter dieses Verdikt konnte sich ein ganzer Kontinent gestellt sehen: das Europa der Aufklärung, die Französische Revolution, der deutsche Idealismus. Und natürlich sollte es vor allem auch den Sozialismus treffen, und nicht nur den europäischen. Als unbekömmliche „Monomythie" denunzierte Marquard diesen menschheitsgeschichtlichen Progress und empfahl statt seiner, doch lieber regen Gebrauch von der „Polymythie" zu machen, den möglichst unpolitischen und gesellschaftlich folgenlosen Geschichtchen, die das Leben halt so schreibt und die man durchaus polytheistisch überhöhen dürfe.

An Marquard lässt sich besonders gut erkennen, was es bedeutet, wenn ein Substantiv keine Substanz hat. „Mythos" lässt sich beliebig politisieren und ad libitum thematisieren. In einem ideologisch bestimmten Diskurs kann allein schon das bloße Wort mühelos als Platzhalter jene Leerstelle ausfüllen, die sich auftut, wenn die gesellschaftlichen Konditionen des Ideologischen unbegriffen bleiben oder eben klandestin gehalten werden sollen.[95] So wird der Topos „Mythos" zu einem höchst änigmatischen Begriff, der interessengebunden instrumentalisiert werden kann.[96] Das hat auch zur Folge, dass es selbst bei solcher Ins-

---

92 Ebd., S. 45.
93 Ebd., S. 45 f.
94 Ebd., S. 46 f.
95 Wie man mit dem bloßen Wort „Mythos" Politik machen kann, hat Gary Schaal, Politologe an der Hamburger Universität der Bundeswehr, in seinem Statement zu „60 Jahre Grundgesetz" in den ARD-Tagesthemen am 21.05.2009 (22.30 Uhr) sehr schön deutlich gemacht. Zitat: „Damit eine Verfassung tatsächlich wirksam sein kann, braucht sie ein Moment des Mythischen, eine Aura." Und deshalb könne sich die BRD jetzt keine neue Verfassung geben.
96 In illusionärer Überhöhung des bürgerlichen Alltags projizieren auch die Romantiker die eigene Verklärung ihres unbegriffenen Weltbildes auf die Mythologie.

trumentalisierung nur bedingte Kompatibilitäten gibt. Münklers neomythischer Politikempfehlung würden Horkheimer und Adorno entsetzt widersprechen, und auch Marquard müsste die von Münkler eingeforderte „Großerzählung" als „Monomythie" eigentlich ablehnen. Münkler hingegen, der Horkheimer und Adorno im Text gar nicht erwähnt, sollte sich begeistern können für die vermeintliche Dialektik der Aufklärung, in die sich seine Neomythie glänzend einbetten ließe und geradezu als Beweis für die Stimmigkeit ihrer These dienen könnte, dass die Aufklärung halt wieder beim Mythos ankomme.

Es dürfte kein Zufall sein, dass sich Marquard für seinen „Polytheismus" ausgerechnet auf Max Weber beruft und dessen gern zitierte Sentenz eines Vortrags von 1919: „Die alten vielen Götter, entzaubert und daher in Gestalt unpersönlicher Mächte, entsteigen ihren Gräbern, streben nach Gewalt über unser Leben und beginnen untereinander wieder ihren ewigen Kampf."[97]

„Entzauberung" ist im Mythos-Diskurs der 80er Jahre ein Schlüsselwort.[98] Viele Beiträge rekurrieren – wie Wolfgang Emmerich kritisch anmerkt – „auf diesen Begriff wie Weber selbst, durchweg melancholisch: mit der Konnotation von ‚Verlust' und ‚Defizit' an Sinn und Bedeutung des gemeinschaftlichen wie des individuellen Lebens." So „bietet sich der Mythos, statt als bloßes Analyseobjekt (für Wissenschaftler) und anregendes motivisches Reservoir (für Künstler) zu fungieren, als sinnstiftende Alternative zum gesellschaftlichen und kulturellen Status quo an".[99] „Mehr als sechzig Jahre später", schreibt Christa Bürger, „ist nicht nur die Entzauberung der Welt fortgeschritten [...]. Die Überforderung der menschlichen Erfahrungsmöglichkeit, die mit Angst besetzt und als Erfah-

---

97 O. Marquard, *Lob des Polytheismus*, a.a.O., S. 54. Max Weber, *Wissenschaft als Beruf*, Berlin 1967, S. 28.

98 Vgl. Markus Huppenbauer, *Mythos und Subjektivität. Aspekte neutestamentlicher Entmythologisierung im Anschluss an Rudolf Bultmann und Georg Picht*, Tübingen 1992, und seine Auseinandersetzung mit der philosophischen und theologischen Mythos-Rezeption der 80er Jahre.

99 Wolfgang Emmerich, *Entzauberung – Wiederverzauberung. Die Maschine Mythos im 20. Jahrhundert*, in: Martin Vöhler/Bernd Seidensticker (Hg.), *Mythenkorrekturen. Zu einer paradoxalen Form der Mythenrezeption*, Berlin/New York 2005, S. 413 f. Wenn schon die Welt entzaubert ist, dann dürfen nicht auch noch die Mythen entzaubert werden. Von hierher versteht sich auch die geradezu gekränkte Ablehnung, auf die Lévi-Strauss bei Renate Schlesier stößt (*Der bannende Blick des Flaneurs im Garten der Mythen*, in: Renate Schlesier (Hg.), *Faszination des Mythos. Studien zu antiken und modernen Interpretationen*, Basel/Frankfurt am Main. 1985, S. 35-60). Wenn sich eine in Unordnung geratene Welt an Mythen aufrichten muss, dann passt es natürlich nicht ins Bild, wenn Lévi-Strauss' damit einsetzt, ausgerechnet nun bei den Mythen „eine Ordnung hinter dieser scheinbaren Unordnung" finden zu wollen (C. Lévi-Strauss, *Mythos und Bedeutung*, Frankfurt am Main 1980, S. 24).

rungsverlust erlebt wird, scheint vor allem in der jungen Generation eine wachsende Bereitschaft für die Rehabilitierung von Gefühlen zu erzeugen, die traditionell dem Bereich des Religiösen zugerechnet werden."[100] Jacob Taubes hat für diese Situation das oft wiederholte Schlagwort „mythogen" angeboten.[101] Wie muss es um eine Gesellschaft bestellt sein, in der sich die Existenzverfassung am Ende des 20. Jahrhunderts in der Nachkriegskrise von 1919 wiederfindet?!

Die akademische Mythos-Literatur setzt diese Verfassung offenbar nicht nur voraus, sondern scheint sie weitgehend auch zu teilen. So wird programmatisch erklärt: „Wenn sich die mythenkritische Frage heute neu und anders stellt als in der aufklärerischen Tradition, so ist dies nicht zuletzt darin begründet, dass nicht nur das Vertrauen in die Tragfähigkeit vernünftiger Ansätze durch die Geschichte immer wieder Lügen gestraft wurde, sondern vor allem darin, dass gerade in Verfolgung der aufklärerischen Selbstreflexion die Reflexion auf Funktion und Reichweite der praktischen Vernunft systematische Grenzen hat sichtbar werden lassen".[102] Daraus folgt die Empfehlung: Mythisches durchaus auch als „Sinngebung und Orientierung" anzunehmen, denn diese „Funktion haben die Mythen, hat der Mythos als Sinngebungs- und Orientierungsfunktion in seinen Restbeständen heute noch".[103] Der Mythos habe ein „uneinholbares Bedeutungspotential in wechselnder Funktion" und bemächtige sich „der ‚großen Dimension'", „der Dimension also, die dem Menschen schlechthin oder jedenfalls dem Individuum entzogen ist".[104] „Den letzten Horizont, als den mythischen ‚Rand der Welt', zu besetzen, ist nur der Vorgriff auf die Ursprünge und Ausartungen des Unvertrauten. Der *homo pictor* ist nicht nur der Erzeuger von Höhlenbildern für magische Jagdpraktiken, sondern das mit der Projektion von Bildern den Verlässlichkeitsmangel seiner Welt überspielende Wesen."[105]

*

100 Chr. Bürger (Hg.), „Zerstörung, Rettung des Mythos durch Licht", a.a.O., S. 9. Vgl.: Dieter Kraft, *Die ‚zweite Religiosität'. Theologische Anmerkungen zu einem gesellschaftlichen Thema*, in: Weißenseer Blätter 4/1982, S. 4–16.
101 Jacob Taubes, *Zur Konjunktur des Polytheismus*, in: K. H. Bohrer (Hg.), *Mythos und Moderne*, a.a.O., S. 458.
102 Hans Poser, *Einleitende Überlegungen zum Verhältnis von Philosophie und Mythos*, in: Ders. (Hg.), *Philosophie und Mythos*, a.a.O., S. VI.
103 Ebd., S. VII.
104 Manfred Fuhrmann (Hg.), *Terror und Spiel. Probleme der Mythenrezeption*, München 1991, Vorbemerkung des Herausgebers (S. 9).
105 H. Blumenberg, *Arbeit am Mythos*, a.a.O., S. 14.

Die Renaissance holte sich die Mythologie ins Haus, um in ihr schwelgen zu können. Die spätbürgerliche Gesellschaft sehnt sich nach einer mythischen Höhle, um den Verlässlichkeitsmangel ihrer Welt überspielen zu können. Ein nachgerade mythopathisches Bild vom Aufstieg und Fall einer Gesellschaft, die am Ende nicht einmal mehr eine originäre Ideologie zu entwickeln vermag.

Dieter Kraft

Hegels dialektische Philosophie der gesunden Menschenvernunft

Vorlesung an der Philosophischen Fakultät der Universität Potsdam
am 30.4.2013, in: Dialektische Positionen. Kritisches Philosophieren von
Hegel bis heute. Eine Vorlesungsreihe, hg. von Martin Küpper, Marvin
Gasser, Isette Schuhmacher, Hans-Joachim Petsch, trafo Verlagsgruppe,
Berlin 2015, S. 17–62

Ich muss Ihnen gleich zu Beginn meiner Vorlesung ein Geständnis machen:
ich befürchte, dass ich als Theologe für eine Hegel-Interpretation eine glatte Fehlbesetzung bin. Allein schon deshalb, weil sich für Hegel die Theologie, mithin die Religion überhaupt, eigentlich erledigt hat – *aufgehoben* in die
Sphäre des wahrhaft Philosophischen und damit ohne bleibende Existenzberechtigung. Kein Philosoph hat die Theologie so unwiderruflich eskamotieren
und Gott im „spekulativen Karfreitag" (HW2, 432)[1] sterben lassen wie Hegel.

Man kann den Gottesbegriff bestreiten und bekämpfen oder ignorieren –
das ist für die meisten Theologen keine wirkliche Anfechtung. Aber wenn
der Gottesbegriff *aufgehoben* wird, also anerkannt und doch vernichtet, dann
löst das in der Regel eine sehr aufgeregte Apologetik aus. Ich persönlich habe
mit Hegels „Tod Gottes" keine Probleme, denn ich halte es mit Blaise Pascal
und dessen gründlicher Unterscheidung zwischen dem biblischen Gottesver-
ständnis und dem, was er den „Gott der Philosophen und Gelehrten"[2] genannt

---

1   Georg Wilhelm Friedrich Hegel, *Werke*, 20 Bde., hrsg. von Eva Moldenhauer und Karl
     Markus Michel, Frankfurt a.M. 1970ff. (im Folgenden zit. HW).
2   Blaise Pascal, *Oeuvre complète*, hg. von Louis Lafuma, Paris 1963, S. 618.

hat. Ich habe zu Hegel eher eine spezifische Nähe, weil ich aus der Tradition der sogenannten „Dialektischen Theologie" komme. Die verbindet sich vor allem mit dem zu Recht als „Kirchenvater des 20. Jahrhunderts" bezeichneten Karl Barth, einem Schweizer Theologen, der zu den wenigen in Deutschland lehrenden Theologen gehörte, die sich vom Faschismus nicht infizieren ließen und eine grundsätzliche Widerständigkeit auch gegenüber einer verbürgerlichten Theologie und Kirche zeigten. Was „Dialektische Theologie" bedeutet, hat Karl Barth einmal auf die sehr prägnante Formel gebracht: „Wir sollen als Theologen von Gott reden. Wir sind aber Menschen und können als solche nicht von Gott reden. Wir sollen Beides, unser Sollen und unser Nicht-können, wissen und eben damit Gott die Ehre geben".[3]

Im Gefälle dieser dialektischen Spannung liegt auch die mir sehr nahestehende Theologie des am 9. April 1945 im KZ Flossenbürg ermordeten Theologen Dietrich Bonhoeffer, bei dem ich auf meine Kinderfrage, ob es denn einen Gott geben würde, mit der programmatischen Antwort beschieden wurde: „Einen Gott, den ‚es gibt', gibt es nicht".[4]

Ein zweites Geständnis muss ich Ihnen auch noch machen. Wäre ich von Hause aus Philosoph und kein Theologe, ich würde mich hüten, vor Philosophen über Hegel zu reden. Dann wäre ich ja nicht nur genötigt, die unüberschaubare Menge an Hegel-Literatur zur Kenntnis genommen zu haben, sondern selbst jene Hegel-Texte erhellen zu müssen, die ich selber bis heute nicht verstanden habe. Hegel ist ein so unglaublich großer Systematiker, dass ich froh bin, kein Philosoph zu sein und mich ihm deshalb ganz unbefangen nähern kann und auch nicht gezwungen bin, mich an die Standards des philosophischen Diskurses zu halten.

Zu diesen Standards gehört es ja wohl auch, Hegel unter der Kategorie „objektiver Idealismus" zu führen. Und da geht es auch schon los, denn ich halte Hegel nicht für einen „objektiven Idealisten", sondern für einen „Idealisten der objektiven Realität". Und das ist etwas ganz anderes. Vermutlich bin ich zu Ihrer Ringvorlesung auch nur eingeladen worden, weil ich Hegel

---

3 Karl Barth, *Das Wort Gottes als Aufgabe der Theologie*, in: Ders., *Gottes Freiheit für den Menschen. Eine Auswahl der Vorträge, Vorreden und kleinen Schriften*, Berlin 1970, S. 85.

4 Dietrich Bonhoeffer, *Akt und Sein. Transzendentalphilosophie und Ontologie in der systematischen Theologie*, München 1956, S. 94 (*Theologische Bücherei. Neudrucke und Berichte aus dem 20. Jahrhundert, Bd. 5*).

nicht für einen Idealisten im herkömmlichen Sinne des Wortes halte. Wer in den Kategorien von Software und Hardware zu denken begonnen hat und unter „Geist" das Organisationssystem der Materie versteht, den interessiert die Frontstellung Idealismus/Materialismus eher in ihrer synthetischen Bedeutung. Ich werde im Verlauf der Vorlesung darauf noch näher eingehen.

In Vorbereitung dieser Ringvorlesung bin ich darum gebeten worden, zunächst etwas zur philosophiegeschichtlichen Entwicklung des Dialektik-Verständnisses zu sagen. Und das ist auch nicht unwichtig, weil bisweilen die Vorstellung besteht, dass Hegel der Erfinder der Dialektik sei. Doch das ist mitnichten so.

διαλέγειν

Der Begriff „Dialektik" klingt im Griechischen zunächst ganz harmlos. Man leitet ihn vom Verb διαλέγω (dialégo) ab. Δια (dia) als Präposition heißt soviel wie *durch* oder *hindurch*, als Adverb etwa *auseinander*, *entzwei*, und das Verb λέγω, λέγειν (lego, legein) steht zunächst für einsammeln, auflesen, aussuchen, auslesen – und später dann auch für *lesen*, also für das Zusammenfassen von Buchstaben. Und in dieser Bedeutung übertrug es sich dann auf das Substantiv *Logos*: das Wort, die Rede, die vernünftige Rede, die Vernunft.

Und damit haben wir dann auch schon den „Dialog", die Rede mit Gegenrede. Διαλέγειν (dialégein): sich unterreden, sich besprechen. Aber spätestens seit dem 499 ante Chr. geborenen Anaxagoras bekommt der *Logos* als *Nous* die Dimension einer ganzen Weltanschauung, die später dann von den Stoikern reichlich entfaltet werden wird. Der Logos wird nun nämlich identisch mit der göttlichen Vernunft, und das bedeutet: Nicht nur diese Welt, sondern der gesamte Kosmos ist durchdrungen und wird getragen und geordnet und auf schönste Weise erhalten und gelenkt von einem göttlichen *logos* und also von einer alles regierenden und dirigierenden göttlichen Vernunft. Dieser Logos gibt aller Wirklichkeit Maß und Gesetzmäßigkeit, Sinn und Ziel. Die Natur, die Geschichte und selbst die Gestirne folgen seiner göttlichen „Logik". Er ist die „Seele" und der „Geist" des Ganzen – und das Ganze ist eines, denn auch die Gottheit ist eine, und nichts ist außerhalb der Gottheit.

Diesem Logos begegnen wir dann auch wieder in dem berühmten Prolog des Johannesevangeliums: Ἐν ἀρχῇ ἦν ὁ λόγος … – „Im Anfang war das Wort (λόγος) und das Wort war bei Gott, und das Wort war Gott. Im Anfang war es bei Gott. Alles ist durch das Wort geworden, und ohne das Wort wurde nichts, was geworden ist." Wenn wir jetzt Dialektik von *dialégo* ableiten, dann verliert das Wort alle Harmlosigkeit und verbindet sich mit philosophisch Grundsätzlichem und grundsätzlich Philosophischem. Und tatsächlich ist das bis in die Gegenwart hinein so geblieben, und so ist Dialektik noch heute ein Wort, das bei weitem nicht unstrittig ist, sondern umkämpft. Vielleicht wird ja jemand in den folgenden Vorlesungen über Popper und die Frankfurter Schule, über Horkheimers und Adornos „Negative Dialektik", reden. Oder auch über Schopenhauer und Kierkegaard.

Es geht in diesen Fällen ja immer um Hegel und gar nicht in erster Linie um Platon. An dessen Dialektik lässt sich auch nach Maßgabe des Dialogischen anknüpfen, wie wir das etwa bei dem Theologen Friedrich Daniel Schleiermacher finden, der Platon nicht nur übersetzt, sondern auch eine eigene *Dialektik* gelesen hat, die dann 1839 posthum herausgegeben wurde. Dialektik, so Schleiermacher, ist die „Kunst des Gedankenwechsels, Kunst mit einem andern in einer regelmäßigen Construktion des Gedankens zu bleiben, woraus ein Wissen hervorgeht" (1811). Dialektik „ist die Kunst von einer Differenz im Denken zur Uebereinstimmung zu kommen" (1818).[5]

Auch für Hegel ist Platon *der* bedeutende Gewährsmann für Dialektik. In § 81 seiner Enzyklopädie heißt es: „Unter den Alten wird Platon als der Erfinder der Dialektik genannt, und zwar insofern mit Recht, als in der Platonischen Philosophie die Dialektik zuerst in freier wissenschaftlicher und damit zugleich objektiver Form vorkommt. Bei Sokrates hat das Dialektische, in Übereinstimmung mit dem allgemeinen Charakter seines Philosophierens, noch eine vorherrschend subjektive Gestalt, nämlich die der *Ironie*. Sokrates richtete seine Dialektik einmal gegen das gewöhnliche Bewusstsein überhaupt und sodann insbesondere gegen die Sophisten. Bei seinen Unterredungen pflegte er dann den Schein anzunehmen, als wolle er sich näher über die Sache, von welcher die Rede war, unterrichten; er tat in dieser Beziehung allerhand Fragen und führte so die, mit denen er sich unterredete, auf das

---

5 Friedrich Schleiermacher, *Sämtliche Werke*, Abteilung III: Zur Philosophie, 9 Bde., Berlin 1835ff., Bd. III/4/2, S. 17f.

Entgegengesetzte von dem, was ihnen zunächst als das Richtige erschienen war. Wenn zum Beispiel die Sophisten sich Lehrer nannten, so brachte Sokrates durch eine Reihe von Fragen den Sophisten Protagoras dahin, zugeben zu müssen, daß alles Lernen bloß Erinnerung sei." (HW8, 174).

Friedrich Engels hat einmal ganz trefflich bemerkt: „Die Menschen haben dialektisch gedacht, lange ehe sie wussten, was Dialektik war, ebenso wie sie schon Prosa sprachen, lange bevor der Ausdruck Prosa bestand." (MEW20, 133)[6] Und das will sagen: Seit sich der Mensch bewusst orientieren kann, weiß er um links und rechts und oben und unten und vorn und hinten. Und er weiß, dass es das eine nicht ohne das andere gibt, dass da ein Zusammenhang besteht, der unauflöslich ist. Und dass das für seinen gesamten Erfahrungshorizont gilt, für groß und klein, für dick und dünn, für hoch und niedrig, für lang und kurz und auch für Mann und Frau, für Vater und Mutter, für Sohn und Tochter.

Platon war noch gar nicht geboren, da hatten die Chinesen diese korrelierende Duplizität der Wirklichkeit und der Wahrnehmung der Wirklichkeit in einer erstaunlichen Verallgemeinerung reflektiert und mit *Yin* und *Yang* eine Formel kreiert, die in gewisser Weise die Bedeutung einer Weltformel hat. Jedenfalls will einem das so scheinen, wenn die Physiker heutzutage ganz selbstverständlich nicht mehr nur von Plus und Minus, sondern von Materie und Anti-Materie sprechen. Und die Archäologen sagen uns, dass sie die Zeichen *Yin* und *Yang* auf Orakelknochen gefunden hätten – im zweiten Jahrtausend ante Christum natum. Das konnte Hegel noch nicht wissen. Aber dessen ungeachtet, seine Wertschätzung des *Yin* und *Yang* und der altchinesischen Philosophie überhaupt hält sich sehr in Grenzen.

Aber bei China hat sich Hegel nicht nur einmal geirrt. Der Zenit des Reichs der Mitte sei überschritten, meinte er. Und dabei erleben wir gerade, wie das Reich der Mitte selbst die Neue Welt in den Schatten zu stellen beginnt. Manche Software-Programmierer jedenfalls sind begeistert vom *Yin* und *Yang*, wie einst schon Leibniz, und sehen in den Strichcodes im *Yi Jing*, dem sogenannten „Buch der Wandlungen", geradezu eine Vorwegnahme eines Binärsystems mit 0 und 1. Die Südkoreaner haben übrigens *Yin* und *Yang* nebst vier Elementen aus dem Buch der Wandlungen auf ihrer Staatsflagge.

---

6   Karl Marx / Friedrich Engels, *Werke*, 43 Bde., Berlin 1956ff. (im Folgenden zit. MEW).

Platon ist nicht der erste Dialektiker, aber zum systematischen Verständnis des Dialektischen hat er Erhebliches beigetragen. Ich zitiere aus dem *Phaidon* (70/71) in Schleiermachers leicht korrigierter Übersetzung: „Betrachte es nur nicht allein an Menschen [...], sondern auch an den Tieren insgesamt und den Pflanzen, und überhaupt an allem was eine Entstehung hat. Laß uns zusehen, ob etwa alles so entsteht, nirgend anders her, als jedes aus seinem Gegenteil, was nur ein solches hat, wie doch das Schöne von dem Häßlichen das Gegenteil ist, und das Gerechte von dem Ungerechten, und eben so sich tausend anderes verhält. Dieses also laß uns sehen, ob nicht notwendig, was nur ein Entgegengesetztes hat, nirgend her anders selbst entsteht, als aus diesem ihm entgegengesetzten. So wie, wenn etwas größer wird, muß es doch notwendig aus irgend vorher kleiner Gewesenem hernach größer werden? [...] Und ebenso aus Stärkerem das Schwächere und aus Langsamerem das Schnellere? [...] Und wie? Wenn etwas schlechter wird, nicht aus Besserem? Und wenn gerechter, nicht aus Ungerechterem? [...] Dies also, sprach er, haben wir sicher genug, daß alle Dinge so entstehen, das Entgegengesetzte aus dem Entgegengesetzten [...] Wenn wir auch bisweilen die Worte dazu nicht haben, muß sich doch der Sache nach überall so verhalten, daß eines aus dem anderen entsteht, und daß es ein Werden von jedem zu dem andern gibt."[7]

Beim Stichwort „Werden" γίγνομαι (gígnomai) hat man fast schon das Gefühl, Hegel zu hören. Aber so weit sind wir noch nicht. Bemerkenswert ist vielmehr, dass wir mit dieser antithetischen Korrelativität, aus der alles wird, eigentlich Heraklit hören und sein berühmtes πόλεμος πάντων μὲν πατήρ ἐστι – Der Krieg, der Streit, der Gegensatz ist der Vater aller Dinge. Diese Polemos-Theorie wird ja meistens nur mit dem um 520 geborenen Vorsokratiker Heraklit in Verbindung gebracht, doch bewegt der Adversationsgedanke nicht wenige der altgriechischen Philosophen, und er hat auch schon sehr früh eine Systematisierung erfahren.

Hegel ist denn auch begeistert, dass er dank der Überlieferung des Sextus Empiricus aus dem zweiten Jahrhundert ante eine umfängliche Exposition der Pythagoreer anführen kann, wobei offenbleiben muss, ob diese schon auf den um 570 geborenen Pythagoras selbst zurückgeht. Jedenfalls ist die

---

7 Friedrich Schleiermacher, *Platons Werke*, Berlin 1961 (3. Aufl.), Bd. 3/II, S. 31f.

Exposition recht einleuchtend und zeigt ein hohes Maß an Systematik. Ich zitiere: „‚Es sind dreierlei Weisen (Grundbestimmungen) der Dinge [...]: erstens nach der Verschiedenheit, zweitens nach dem Gegensatze, drittens nach dem Verhältnisse.' [...]. Was nach der bloßen Verschiedenheit betrachtet wird, das wird für sich selbst betrachtet; das sind die Subjekte, jedes auf sich beziehend: so Pferd, Pflanze, Erde, Luft, Wasser, Feuer. Es wird abgelöst [...], nicht in Beziehung auf Anderes gedacht'. [...] Nach dem Gegensatze wird das eine als schlechthin dem anderen entgegengesetzt bestimmt: z. B. gut und böse, gerecht und ungerecht, heilig und unheilig, Ruhe und Bewegung usf.. ‚Nach dem Verhältnis [...] ist der Gegenstand', der als selbständig in seiner Entgegensetzung zugleich nach seiner gleichgültigen ‚Beziehung auf Anderes bestimmt ist' [...], ‚wie rechts und links, oben und unten, das Doppelte und das Halbe. Eins wird nur aus dem anderen begriffen – ich kann links mir nicht vorstellen, ohne zugleich auch rechts'". (HW18, 245f.)

Und jetzt kommt Dynamik in das ganze. Es heißt nämlich weiter: „‚Der Unterschied des Verhältnisses vom Gegensatz ist: [...] Im Gegensatz sei das Entstehen des einen der Untergang des anderen und umgekehrt. Wenn Bewegung weggenommen wird, entsteht Ruhe; wenn Bewegung entsteht, hört die Ruhe auf. Wird Gesundheit weggenommen, so entsteht Krankheit, und umgekehrt.'" Noch dramatischer geht es nun aber im Verhältnis zu, denn „‚im Verhältnis entsteht beides und hört beides zugleich auf. Ist rechts aufgehoben, so auch links'; ist das eine, so auch das andere. Das Doppelte ist zugleich mit dem, das seine Hälfte ist; ‚das Doppelte geht unter, sowie die Hälfte zerstört ist.'" (ebd., 246)

Noch dramatischer geht es nun aber im Verhältnis zu, denn im Verhältnis „‚entsteht beides und hört beides zugleich auf. Ist rechts aufgehoben, so auch links', *ist* das eine, so auch das andere. Das Doppelte ist zugleich mit dem, das seine Hälfte ist; ‚das Doppelte geht unter, sowie die Hälfte zerstört ist'" (ebd.). Das klingt eigentlich alles ganz simpel, und dennoch stecken wir bereits im Anfang dessen, was man wirklich *Dialektik* nennen darf. Zu deren Verständnis gehört zunächst einmal nur das Verständnis des Gegensatzes. Ohne das Konstitutive des Gegensätzlichen lässt sich die Welt gar nicht verstehen, und die Physiker sagen: es würde ohne das Konstitutive des Gegensätzlichen auch gar keine Welt geben. Wenn es im Atomkern keine gegensätzlich wirkenden Kräfte geben würde, hätten wir auch keine Atome. Und ein Stern würde ohne die ihn zusammenhaltende Kraft der Gravitation einfach explodieren – was er früher oder später freilich auch tut, aber eben erst dann, wenn ihm der Wasserstoff ausgeht.

Für Hegel ist es das große Verdienst der Pythagoreer, als erste überhaupt den „Gegensatz als ein wesentliches Moment des Absoluten" (ebd., 244), also des Ganzen, aufgenommen zu haben. Und das Wesentliche dieser Adversation besteht darin, dass der Gegensatz eine Beziehung zur Voraussetzung bzw. im Gefolge hat, jedenfalls ohne Beziehung nicht gedacht werden kann. Und wenn der Gegensatz ein Moment des Absoluten und also des Ganzen ist, dann ist auch das Ganze nur als ein totales Beziehungssystem zu verstehen. Nichts ist isoliert, alles steht irgendwie in einem Verhältnis zueinander. Auch das unterschreibt heute wohl jeder Physiker, wenn er den Begriff der Wechselwirkung universalisiert – Wechselwirkung, die mehr ist, als im schlichten Prinzip von Ursache und Wirkung festgehalten werden kann.

Die Pythagoreer haben sogar ein Kategoriensystem aufgestellt, in dem sie jene zehn Gegensätze erfassen, auf die sich nach ihrer Meinung alle Dinge zurückführen lassen. Hegel hat zwar moniert, dieses Kategoriensystem sei, wie er sagt, „ohne Ordnung, ohne Sinnigkeit", lediglich ein „roher Anfang von näherer Bestimmung der Gegensätze" (ebd., 245), aber wenn man weniger ungeduldig hinschaut, wird man vielleicht erkennen, dass mit diesen zehn Gegensatz-Paaren der ganze Kosmos ausgeschritten sein will. „Grenze und Unendliches, Ungerades und Gerades, Einheit und Vielheit, Rechts und Links, Männliches und Weibliches, Ruhendes und Bewegtes, Gerades und Krummes, Licht und Finsternis, Gutes und Böses, Quadrat und Parallelogramm". (ebd.)

Aber Hegel hat schon recht, im Fortgang der Pythagoreischen Systematisierung werden die zehn Gegensätze teilweise schief. Im Fortgang heißt es nämlich: „„Was im Gegensatz ist, hat zur Gattung [...] das Gleiche und das Ungleiche [...]. Ruhe ist das Gleiche, denn sie ist keines Mehr oder Weniger fähig; Bewegung aber das Ungleiche. [...] Gesundheit ist das Gleiche, Krankheit das Ungleiche.'" (ebd., 247f.) Und wenn man jetzt rechts und links oder Mann und Frau zuordnen soll, dann wird es schon schwierig. Aber der Grundgedanke ist schon faszinierend: Die Gattung dessen, was ungleich ist, wird bestimmt vom quantitativen und qualitativen Mehr oder Weniger, vom Überschuss oder vom Mangel. Und letztlich werden diesen Denkbestimmungen Zahlen zugeordnet. Die Gleichheit als Einheit bekommt natürlich die Eins, und die Ungleichheit mit ihrem Mehr oder Weniger bekommt die Zwei. Und natürlich sind diese Zahlen für Hegel „reine Begriffe": „Einheit, Zweiheit und der Gegensatz von Eins als Grenze, die unbestimmte Zweiheit" (ebd., 249). Und so lautet sein Fazit denn auch: diese reinen Begriffe sind wesentlich nur „durch Beziehung auf das Entgegengesetzte oder in denen die Bestimmtheit als das Wesentliche ist." Und „dies ist die Natur dieser Bestimmungen, überzugehen, sich zu bewegen". (ebd.)

Spekulative Philosophie

Und jetzt müssen wir gut hinhören, weil es etwas komplizierter wird, zugleich aber auch sehr schön klar, was Hegel unter Spekulation, spekulativer Philosophie, spekulativer Idee versteht. Er sagt nämlich als eigentliches Fazit seiner Interpretation: „Das absolut einfache Wesen entzweit sich in Einheit und Vielheit, in den differenten Gegensatz, der zugleich besteht, Sein hat, wie die reine Differenz die Negativität ist; und seine Rückkehr in sich selbst ist ebenso die negative Einheit, das individuelle Subjekt, und das Allgemeine oder Positive, und beide sind Einheit." (ebd., 249f.)

Also im Blick auf die Pythagoreischen Zahlen: Die 1 ist eine Einheit, aber die 2, als Gegensatz zur 1, ist als einfache Vielheit auch eine Einheit. Und so sind die 1 und die 2 auch eine Einheit. Und so ist die Einheit eigentlich ein „Hermaphrodit" (ebd., 249), wie Hegel sagt, denn sie ist beides: Einheit und Vielheit und aufgehobener und zugleich bleibender Gegensatz. Und in eben dieser negativ-positiven Verschränkung hat die Einheit ihr Wesen. Und jetzt kommt diese bemerkenswerte Hegel-Stelle, ich zitiere: „Dies ist in der Tat die reine spekulative Idee des absoluten Wesens, es ist diese Bewegung; bei Platon ist die Idee keine andere. Das Spekulative tritt hier als spekulativ hervor. Derjenige, der das Spekulative nicht kennt, hält nicht dafür, daß mit einer Bezeichnung solcher einfachen Begriffe das absolute Wesen ausgesprochen sei. Eins, Viele, Gleiches, Ungleiches, Mehr, Minder sind triviale, leere, trockene Momente." (ebd., 250) Doch in „ihren Verhältnissen" ist das „absolute Wesen, der Reichtum und die Organisation der natürlichen wie der geistigen Welt befaßt" (ebd.).

Die „Organisation der natürlichen wie der geistigen Welt" – das muss man wirken lassen, denn so verständlich bekommt man es von Hegel nicht oft gesagt. Was er will, und womit er nicht erst Platon, sondern schon die Pythagoreer befasst sieht: Er will das Organisationssystem, das Betriebssystem der Wirklichkeit entschlüsseln. Und er geht dabei davon aus, dass dieses Betriebssystem einen Quelltext hat, der sich lesen lässt. Aber eben nur spekulativ. Und spekulativ meint bei Hegel etwas völlig anderes, als wir in der Regel konnotieren. Das Spekulative hat bei Hegel nichts mit Börsenspekulanten zu tun, auch nichts mit Mutmaßungen und Vermutungen. Hegel fasst den Begriff ganz streng in seiner lateinischen Bedeutung, und da ist die *speculatio* das Ausspähen, das Auskundschaften, das Betrachten, das Beschauen; *speculor*: etwas von einem erhöhten Standort aus erspähen. Und der erhöhte Standort ist nun eben nicht mehr das sinnlich Wahrnehmbare, für das der Verstand zuständig ist, sondern die Vernunft, die es nun nicht mehr mit dem Empirischen zu tun hat, sondern mit dessen allgemeiner Organisationssystematik. Mit anderen Worten: Der Verstand kümmert sich um die Hardware, die Vernunft hat es mit der Software zu tun. Und im Binärsystem des Spekulativen muss die Null und die Eins zusammen gedacht werden können, in der 0 die 1 und in der 1 die 0, als Gegensatz und als Einheit. Der Verstand kann nur das Entweder/Oder, die spekulative Vernunft aber vermag in Komplexität zu denken, das Gegensätzliche, das Widersprüchliche in seiner Bewegung zu integrieren und aufzuheben.

Aber auch der Verstand wird mit der Software konfrontiert, denn, so Hegel: „Alles, was uns umgibt, kann als ein Beispiel des Dialektischen betrachtet werden. Wir wissen, daß alles Endliche, anstatt ein Festes und Letztes zu sein, vielmehr veränderlich und vergänglich ist, und dies ist nichts anderes als die Dialektik des Endlichen, wodurch dasselbe, als an sich das Andere seiner selbst, auch über das, was es unmittelbar ist, hinausgetrieben wird und in sein Entgegengesetztes umschlägt." (HW8, 174)

Und ad usum Delphini verweist er an zahlreichen Stellen besonders gern auf das große Ineinander von Leben und Tod. Wer Leben sagt, der sagt auch Tod, und wer Tod sagt, der hat Leben gesagt.– *Spekulatives* Denken ist für Hegel nur ein anderes Wort für *dialektisches* Denken. Spekulative Philosophie ist dialektische Philosophie, in der, wie es in der *Phänomenologie des Geistes* heißt, die „festen Gedanken" „flüssig" (HW3, 37) werden, weil sie das Gegensätzliche in ihrer Einheit und in ihrer Gegensätzlichkeit begreifen und begreifen, dass alles in ständiger Bewegung ist, weil alle endlichen Bestimmungen ständig in ihr Entgegengesetztes übergehen (vgl. HW8, 172). In § 81 der *Enzyklopädie* heißt es in einem Zusatz: „Das Dialektische gehörig aufzufassen und zu erkennen ist von der höchsten Wichtigkeit. Es ist dasselbe überhaupt das Prinzip aller Bewegung, alles Lebens und aller Betätigung in der Wirklichkeit. Ebenso ist das Dialektische auch die Seele alles wahrhaft wissenschaftlichen Erkennens." (ebd., 173)

Das ist nun genau der Punkt, an dem sich Kantianer und Hegelianer buchstäblich auseinandersetzen. Selbst unter Marxisten gibt es da geradezu unversöhnliche Standpunkte. Auf der Kantseite v.a. die Wissenschaftshistorikerin Renate Wahsner, auf der Hegelseite der 2011 verstorbene Philosoph Hans Heinz Holz, um nur die beiden prominentesten Namen zu nennen. Aber es ist schon so: Wo Kant und Hegel als Alternativen gesehen werden, da gibt es kaum Versöhnliches zu sagen, denn die Frontstellung ist ziemlich eindeutig. Entweder verlasse ich mich nur auf meinen Verstand und meine fünf Sinne und gestehe der Vernunft höchstens zu, „regulative Ideen" zu kreieren, oder aber ich gehe bewusst über den Verstand hinaus, um mit der Vernunft die immaterielle Strukturiertheit der Wirklichkeit zu erfassen, die sich im Dialektischen sogar dem Verstand zu erkennen gibt. Letzteres wird von Kant eigentlich verworfen, und selbst den Dialektik-Begriff benutzt er in der *Kritik der reinen Vernunft* eher pejorativ. Dialektik sei lediglich eine „Logik des Scheins"[8], und es käme darauf an, nicht Dialektik zu treiben, sondern eine „Kritik des dialektischen Scheins der Logik"[9].

Das, was Hegel unter Dialektik versteht, ist bei Kant gar kein richtiges Thema. Dialektik heißt für ihn eigentlich nur Sophistik. „Eine sophistische Kunst, seiner Unwissenheit, ja auch seinen vorsätzlichen Blendwerken den Anstrich der Wahrheit zu geben."[10] Hegels *Wissenschaft der Logik* ist denn auch in weiten Teilen eine sehr ausführliche und zum Teil auch deftige Auseinandersetzung mit Kant. Hegel ist da nicht sehr zimperlich. Aber es gibt von ihm auch Anerkennendes. So heißt es in der *Logik*: „Der Begriff, den Kant in den *synthetischen Urteilen a priori* aufgestellt hat – der Begriff von *Unterschiedenem*, das ebenso *untrennbar* ist, einem *Identischen*, das an ihm selbst *ungetrennt Unterschied* ist –, gehört zu dem Großen und Unsterblichen seiner Philosophie." (HW5, 240) Man weiß immer nicht, wie viel Ironie in solchen Urteilen

---

8   Immanuel Kant, *Kritik der reinen Vernunft*. Ehemalige Kehrbachsche Ausgabe, hg. von Raymund Schmidt (KrV A), Leipzig o.J., S. 61.
9   Ebd., S. 62.
10 Ebd., S. 61.

steckt. Denn an anderer Stelle lobt Hegel den Kant auch für dessen Antino-
mien, um aber gleich hinzuzufügen, der würde mit der Welt ja sehr zärtlich
umgehen, wenn er nur auf vier Widersprüche käme und die auch noch in die
Vernunft verlege und aus der Welt entferne. (vgl. ebd., 276)

Alle kennen den vielzitierten Satz aus Hegels *Grundlinien der Philosophie
des Rechts*: „Die Eule der Minerva beginnt erst mit der einbrechenden Däm-
merung ihren Flug." (HW7, 28) Was in etwa heißen soll: Erst, nachdem sich
Strukturen entwickelt haben, kann man sie auch erkennen. Oder: Erst nachdem die Bedingung der Möglichkeit eingetreten ist, lässt sich über Wirklichkeit reden. Das trifft irgendwie auch auf die Frage Kant oder Hegel zu, allein
empirischer Verstand oder auch spekulative Vernunft. Und diese Frage beantwortet sich heute ganz anders als zu jenen Zeiten, als Schopenhauer Hegel
noch für verrückt erklären konnte. Über die *Wissenschaft der Logik* hätten die
Götter gelacht. Aber nun haben wir nicht mehr nur eine Newtonsche Physik,
sondern auch eine Quantenphysik, in der alles irgendwie ganz anders ist und
in der Hegels Denkhaltung eine eigentümliche Bestätigung finden dürfte.
Nicht nur, weil das Paradoxe plötzlich plausibel wird und ein Teilchen auch
eine Welle sein kann und wir es mit Verschränkungen und Wechselwirkungen
zu tun bekommen, die man wirklich nur noch im Hegelschen Sinne *spekulativ*
betrachten kann.

Was die Welt im Innersten zusammenhält

Ich komme auf die Quantenphysik noch zurück. Zunächst aber müssen wir
doch noch einen Blick auf Platon werfen, denn der wird von Hegel besonders
hochgeschätzt. Zum einen aufgrund seiner Dialektik, die bei Platon auch so
heißt: διαλεκτική – διαλεκτικός = die Dialektik, der Dialektiker. Und die besteht bei Platon nicht nur in der konstitutiven Gegensätzlichkeit, die ich aus
dem *Phaidon* angeführt habe, sondern in der Konstitution der Verschränkung
des Gegensätzlichen. Im *Sophisten* setzt sich Platon mit der Dialektik der Sophisten auseinander, die er als eine „leere Dialektik" (HW19, 71 [259]) bezeichnet, weil das Pro und Contra beliebig und auch beliebig oft ausgetauscht
werden könne. Die Sophisten könnten aus dem X ein U machen, würden aber
gar nicht verstehen, dass das U im X steckt – und das X im U. Zitat: „Jene
Dialektik, die eine Bestimmung aufhebt, indem sie die andere konstatiert, ist

eine unrichtige. (ebd., 72) „‚Das Schwere und Wahrhafte'", so Platon, „ist dieses, zu zeigen, daß das, was das Andere (ἕτερον) ist, dasselbe ist, und was dasselbe ist (ταυτὸν ὄν), ein Anderes ist, und zwar in einer und derselben Rücksicht'" (ebd.). Es gehe nicht darum, zu zeigen „daß dasselbe auf irgendeine Weise [...] ein Anderes und das Andere *auch* dasselbe, daß das Große *auch klein* [...] und das Ähnliche *auch* unähnlich sei'". (ebd.) Wer so an die Dialektik herangehe, der habe die Einheit der Gegensätze schon auseinanderfallen lassen. Um diese Einheit aber geht es überhaupt, um die „Indifferenz in der Differenz" (ebd.). Absolut entgegengesetzt ist das Sein und das Nichtsein, Eins und Vieles – aber nur in ihrer Einheit sind sie überhaupt denkbar. Und so wendet sich Platon denn auch gegen das eleatische Seinsverständnis: „‚Es ist nur das Sein, und das Nichtsein ist gar nicht.'" (ebd., 73). Ganz und gar nicht, sagt er: Ohne das Nichtsein gäbe es gar kein Sein, denn das Nichtsein ist eine wesentliche Bestimmung des Seins. Hegel wird dann später sagen: Das Nichts ist die Negation des Seins, und das Sein ist die Negation der Negation – und so wird das Werden.

Wer will, der kann mit dieser geradezu anmutigen Auskunft die berühmte Leibniz-Frage beantwortet finden, die da lautete: „Warum ist überhaupt etwas und nicht vielmehr nichts?"[11] Aber nicht erst bei Hegel, schon bei Platon kann man die Antwort finden, und die lautet: Es ist doch Nichts, denn es ist das Sein.

Erst mit der relativistischen Physik ist es möglich geworden, den von Platon initiierten und von Hegel finalisierten Dialektik-Begriff nicht mehr nur philosophisch zu unterlegen. Obwohl Masse und Energie unterschieden werden können, geht das berühmte $E = M \times C^2$ von einer Masse-Energie-Äquivalenz aus. Und Hegel würde sagen: das ist eine rein spekulative Betrachtung, die sich aller Vorstellung und Anschauung entzieht. Und in der Quantenphysik entzieht sich eigentlich alles der Vorstellung, und im Experiment lässt sich nichts mehr anschauen, sondern nur noch messen. Und aufgrund der Unschärferelation lässt sich nicht einmal mehr alles gleichzeitig messen.

Kants berühmt gewordenes Diktum, nachdem „Gedanken ohne Inhalt [...] leer, Anschauungen ohne Begriffe [...] blind" seien[12], ist inzwischen obsolet ge-

11 Gottfried Wilhelm Leibniz, *Principes de la nature et de la grâce fondés en Raison*, in: Hans Heinz Holz (Hg.), *Kleine Schriften zur Metaphysik*. Philosophische Schriften. Band 1, Frankfurt a.M. 1965, S. 427.
12 Imanuel Kant, a.a.O. (KrVA), S. 48.

worden, denn von Anschauung kann heute weder in der relativistischen Physik noch in der Quantenmechanik die Rede sein. Einen gekrümmten Raum kann man sich nicht vorstellen und den sogenannten EPR-Effekt auch nicht. Ich hole mit Vorsatz immer wieder die moderne Physik in den Verständniszusammenhang, obwohl ich von ihr viel zu wenig verstehe. Aber der von uns allen vollzogene Schritt vom Analogen zum Digitalen ist ja ein Phänomen, das sich eben auch in der Philosophiegeschichte beobachten lässt. In ihr heißt das alles natürlich anders, aber wenn man so will, dann ist das, was wir so *Materialismus* nennen, eine analoge Art zu denken, und das, was unter dem etwas erklärungsbedürftigeren Wort *Idealismus* firmiert, eine digitale Art. In der Physik ist das Analoge als Spannung oder als Frequenz durchaus substantiell, das Digitale hingegen besteht nur aus Zahlen und ist völlig immateriell. Wenn wir verstehen können, dass es reine binäre Zahlenwerte gibt, die den analogen Frequenzwerten entsprechen, in diese sogar umgewandelt werden können, dann können wir auch ahnen, was ein Platon eigentlich will, wenn er darauf insistiert, das rein Ideelle hinter den Dingen erkennen zu wollen. Das Ideelle nun nicht als Pythagoreische Zahl – das wäre jetzt noch ein Kapitel für sich: Pythagoreische Digitalisierung –, sondern als begriffliche Zahl und also als Gedanke, als Idee.

Hegel hängt Platons Idee zunächst ganz tief und sagt: Platons „Idee" ist nichts anderes als das Allgemeine, „was wir zunächst [mit] *Gattung, Art* übersetzen; und die Idee ist auch allerdings Gattung, die Art, die aber mehr durch den Gedanken gefasst ist, mehr für den Gedanken ist. Man muss deshalb aber nicht unter Idee etwas Transzendentales, weit Hinausliegendes sich denken; εἶδος [die Idee] ist nicht in der Vorstellung substanziiert, isoliert, sondern die Gattung, das Genus. Idee ist uns geläufiger unter dem Namen des Allgemeinen." (HW19, 63)

Aber es geht Platon natürlich nicht nur um das so harmlos klingende „Allgemeine", es geht ihm um nicht weniger als Goethes Faust: zu erkennen, was die Welt im Innersten zusammenhält. Dass sie zusammenhält, ist augenscheinlich, aber nicht sichtbar sind die Hintergründe dafür. Und so will auch ein Platon eigentlich den kybernetischen Quelltext lesen, obwohl er von einem Quelltext noch gar nichts gehört hat. Aber auch er unterstellt mit seiner Suche, dass es neben dem Augenscheinlichen noch etwas anderes geben muss, das nicht mit Händen zu greifen, aber dennoch vorhanden und vor allem maßgeblich ist.

Einem Aristoteles geht es gar nicht anders. Wenn sich die Form im Stoff verwirklicht, dann haben wir auch hier eine zweite Ebene, die über das rein Materielle hinausführt: die Form als Organisationsprinzip der Materie. Die Form ist nicht nur Gestalt, sondern gestaltende Kraft, *energeia*, die nicht von außen kommt, sondern in allem steckt. Die Form ist, um es in unseren Sprachhorizont zu übersetzen, die Software in der Hardware. Um nicht weniger geht es bei Aristoteles. Natürlich kann er uns nicht sagen, wie das im einzelnen funktioniert. Aber er denkt ja auch nicht wie ein Programmierer, sondern wie ein Softwarearchitekt, dem es um die entscheidenden Systemkomponenten geht im System einer universalen Kybernetik. Und zu diesen gehören *hyle* und *morphe*, *energeia* und *dynamis*, Aktualität und Potentialität.

Die spätere christliche Theologie hat den Aristoteles weidlich ausgeschlachtet und seine Initialbestimmungen einfach kopiert und annektiert und in einen Gottesbegriff implantierte, der das Biblische weitgehend abstreifte, dafür aber zunehmend aristotelisch strahlte. Gott als der erste Beweger (primum movens non movetur), die erste Ursache (prima causa non causata), den zu erkennen *ex gubernatione rerum* (aus der Lenkung aller Dinge) möglich sei. Die sogenannten kosmologischen Gottesbeweise des Thomas von Aquin sind alle aristotelischer Provenienz. Und dabei kennt Aristoteles gar keinen Schöpfergott. Für ihn ist die Materie, die *hyle* ewig. Was von Aristoteles *Gott* genannt wird, findet die Welt schon vor. Er muss sie nicht erschaffen, aber er muss sie in Gang setzen, er muss sie bewegen als erster Beweger, der sich selber nicht bewegt, weil er reine Aktualität ist.

Mit einigem guten Willen könnte man Aristoteles bis hierhin noch irgendwie folgen. Den ersten Beweger braucht er für die Geschlossenheit seines universalen Betriebssystems – wie eine Batterie auf dem Mainboard. Aber dann taucht in der sogenannten *Metaphysik* jener Gedanke auf, an dem sich auch ganze Theologengenerationen abgearbeitet haben. Was macht dieser Aristotelische Gott, wenn alles zum Besten steht und sich alles bewegt. Er denkt, sagt Aristoteles, und was denkt er? Er denkt sich selber: νόησις νοήσεως, „das Denken des Denkens" (Met. XII 9, 1074b34f.)[13].

---

13 Aristoteles, *Metaphysik*. Griechisch-deutsch. Neubearbeitung der Übersetzung von Hermann Bonitz. Mit Einleitung und Kommentar hg. von Horst Seidl. Griechischer Text in der Edition von Wilhelm Christ. Erster Halbband (Bücher I-VI), 3. verbesserte Aufl., Hamburg 1989, Zweiter Halbband (Bücher VII–XIV), 3. verbesserte Aufl., Hamburg 1991.

Das klingt nun doch schon ganz schön verrückt, seriöser gesagt: höchst änigmatisch. Und doch verbirgt sich dahinter ein atemberaubender Gedanke, der übersetzt nämlich heißt: Die Software, die alle Hardware bewegt, ist in der Lage, sich selbst als Software zu erkennen. Natürlich steht das nicht so da, aber die Architektur dieses Weltentwurfs erinnert auf faszinierende Weise an jene Architekturen, die in der gegenwärtigen Softwarerevolution überhaupt nichts mehr ausschließen. Und grundsätzlich eben nicht einmal den Gedanken einer intelligenten Software, die sich als Software erkennen könnte. Rechner mit Selbstbewusstsein. Das stecke noch alles in den Kinderschuhen, wird allenthalben versichert. Aber die νόησις νοήσεως ist im Grundsatz längst zur allgemeinen Arbeitshypothese geworden.

Für Hegel ist das Denken des Denkens geradezu der Mittelpunkt seiner Philosophie, und wir werden noch sehen, wo die entscheidende Differenz zu Aristoteles liegt.

Coincidentia oppositorum

Zuvor aber müssen wir noch an einen Mann erinnern, der von Giordano Bruno für bedeutender als Pythagoras gehalten wurde. Ich meine Nikolaus von Kues (Cusanus), 1401 geboren in dem wunderschönen Moselstädtchen Kues, in dem man noch heute sein Geburtshaus, das von ihm gegründete Armenhospital und seine prächtige Bibliothek besichtigen kann. Hegel hat ja bekanntlich den 174 Jahre später (1575) bei Görlitz geborenen Schuster Jacob Böhme zum „ersten deutschen Philosophen" (HW20, 93) erklärt, zum *Philosophus Teutonicus*, weil er begeistert war von dessen urwüchsiger Naturdialektik.

Aber nun kommt etwas ganz Eigenartiges: Den Cusanus kennt Hegel gar nicht. Hegel, der alle und alles kennt, Cusanus kommt bei ihm nicht vor. Dabei hat den Hoheitstitel „erster deutscher Philosoph" kein anderer als er verdient. Seine Dialektik ist so bestimmend, dass sie zu einem höchst modernen Weltbild führt. Man weiß bei ihm allerdings manchmal nicht, ob er das Philosophische vom Theologischen ableitet oder nur dahinter versteckt. Aber revolutionierend sind seine Gedanken so oder so. Noch vor Kopernikus verwirft er das geozentrische Weltbild – mit einem theologischen Argument: Wenn Gott die Mitte und die Peripherie des Universums ist und also, wie Cusanus sagt, „überall und nirgends", dann bedeutet das: „Der Bau des Universums ist so, als hätte es überall sein Zentrum und nirgends eine Peripherie".[14] Das sieht die heutige Kosmologie wohl genauso und beruft sich dabei auch auf Einstein. Und manche Physiker sagen, die eigentliche Revolutionierung der Physik habe nicht mit der Ablösung des geozentrischen durch das heliozentrische Weltbild begonnen, sondern mit der relativistischen Einsicht, dass das Universum keinen Mittelpunkt hat.

Dass man Cusanus im Zusammenhang mit Einstein nennen darf, ist schon recht außergewöhnlich. Und man darf das sogar noch in einem anderen Zusammenhang, nämlich im Blick auf Einsteins relativistische Bewegung. Die kennt auch Cusanus. Weil es für ihn im Universum kein zentrales Bezugssystem gibt, müsse notwendig alle Bewegung relativ sein. Selbst vor der Vorstellung, dass es im Universum noch andere Geschöpfe gebe, schreckt Cusanus nicht zurück – auch nicht vor der Hypothese, dass es durchaus mehrere Welten geben könne. Alles stünde ohnehin in einem universalen Zusammenhang, so dass, wie er sagt, „die Bewohner der Erdenregion zu den Bewohnern anderer Sterne durch Vermittlung der universellen Region in einem gegenseitigen angemessenen Verhältnis stehen" (NC 122).

Wenn man wollte, könnte man auch den Energieerhaltungssatz bei Cusanus vorformuliert finden. Da „die Welt ein Universum ist, und alle einzelnen Sterne gegenseitigen Einfluss aufeinander ausüben, so ist es nicht ausgemacht, dass irgend etwas ganz und gar zerstörlich ist, wohl aber kann es in eine andere Seinsweise übergehen" (NC 123). In dem kürzlich im Bielefelder transcript Verlag erschienenen Band *Die Modernität des Nikolaus von Kues. Debatten und Rezeptionen*, herausgegeben von Tom Müller und Matthias Vollet, werden all die erstaunlichen Dinge besprochen, die man bei Cusanus antreffen kann: dass sich die Erde selbstverständlich bewege, weil sich doch alles im Universum bewege, dass sie aber keine glatte Kugel sei, sondern nur kugelförmig, und dass die Bahn der Himmelskörper nicht absolut kreisförmig sei.[15]

Cusanus hat sich als Mathematiker auch an der Quadratur des Kreises versucht und damit die Infinitesimalrechnung mit auf den Weg gebracht. Und

---

14 Nicolaus Cusanus, *Philosophische und theologische Schriften*, hg. von Eberhard Döring, Wiesbaden 2005, S. 119 (im Folgenden zit. NC).
15 Tom Müller/Matthias Vollet (Hg.), *Die Modernität des Nikolaus von Kues. Debatten und Rezeptionen*, Bielefeld 2013.

er hat in gewisser Weise die Einsteinsche Raumkrümmung vorweggenommen. Natürlich nur in einem Gedankenexperiment, aber wer kommt schon darauf zu sagen: „Wird [...] die unendliche Linie als konkret gedacht, in der Art, dass sie, als konkret, nicht mehr vollkommener gedacht und umfassender sein könnte, so ist sie kreisförmig, denn hier trifft Anfang und Ende zusammen." (NC 119) Und er kann das auch umkehren und sagen, dass der unendliche Kreis zur geraden Linie wird (vgl. NC 65), und er zeichnet das sogar, um diese Dialektik anschaulich machen zu können.

Zu dieser Dialektik gehört, was bei ihm die *Aliuditas* ausmacht, die Erkenntnis, dass grundsätzlich alles nur in seinem Verhältnis zu einem anderen, zu einem *aliud* existiert. Wir kennen das schon von Platons ἕτερον: Nichts ist nur identisch mit sich selbst, alles ist in seiner Identität bezogen auf anderes. Alles hat und braucht sein anderes, sagt Cusanus, nur Gott braucht das Aliud, das Andere nicht. Gott ist natürlich das Non-aliud, das mit sich ohne ein Anderes Identische. Und das Andere ist nicht nur das beliebig andere, sondern auch das genau Entgegengesetzte. Wie man alles nur in seinem Verhältnis verstehen kann, so muss man auch das genau Entgegengesetzte verstehen – und zwar in seiner Einheit.

Coincidentia oppositorum nennt Cusanus diese Einheit, das Zusammenfallen der Gegensätze. An Kreis und Linie will er das zeigen und sagt: „Fürs erste erhellt, dass die unendliche Linie eine gerade ist." (ebd.) Der „Durchmesser eines Kreises ist eine gerade Linie, die Peripherie eine krumme, größer als der Durchmesser. Wenn nun diese krumme Linie kleiner wird", gemeint ist: wenn die Krümmung abnimmt, „je größer der Kreis ist, so ist die Peripherie des größtmöglichsten Kreises gar nicht krumm, folglich ganz gerade; es koinzidiert also das Kleinste mit dem Größten" (ebd.).

Der Sache nach sind wir auf die Opposition schon bei den Pythagoreern und bei Platon gestoßen. Und nun sagt Cusanus: Alles Denken muss darum bemüht sein, die Einheit selbst des Antagonistischen zu denken, denn in der Wirklichkeit existieren die Antagonismen auch – allerdings nie in reiner Form. Es gibt nicht die absolute Ruhe oder die absolute Bewegung, sondern immer nur eine Mischung. Aber die gibt es immer und überall, und deshalb ist im Universum immer und überall alles in Bewegung. Aber in Cusanus' Dialektik ist diese Bewegung nichts anderes als die, wie er sagt, „Entfaltung der Ruhe", und „das Jetzt oder die Gegenwart ist der Inbegriff der Zeit. Die Vergangenheit war Gegenwart, die Zukunft wird Gegenwart sein. Die Zeit ist daher die aneinandergereihte Gegenwart. Es gibt also nur eine Gegenwart, als der Inbegriff aller Zeiten, und diese Gegenwart ist die Einheit selbst." (NC 93) Und jetzt folgt in *De docta ignorantia* ein Satz, der bei Hegel ein Grundsatz ist, und der lautet bei Cusanus: „So ist die Identität der Inbegriff der Verschiedenheit, die Gleichheit der der Ungleichheit." (ebd.) Man hält es nicht für möglich, bei Hegel heißt das, schon in der frühen *Differenzschrift*: „Das Absolute selbst [...] ist [...] die Identität der Identität und der Nichtidentität; Entgegensetzen und Einssein ist zugleich in ihm." (HW2, 96)

Dass Hegel den Cusanus nicht gekannt hat, ist überaus verwunderlich. Meines Wissens gibt es nur eine einzige Stelle, in der er die *coincidentiae oppositorum* erwähnt, in den *Heidelbergischen Jahrbüchern der Literatur 1817*, in einer Besprechung des Friedrich Heinrich Jacobi. Und selbst an dieser Stelle ist es nur ein Brief-Zitat von Jacobi, der sich sehr lobend über Johan Georg Haman äußert, der, wie Jacobi sagt, „von Jugend auf dem *principio contradictionis* [...] sowie dem des zureichenden Grundes von Herzen *gram* gewesen und immer nur der *coincidentiae oppositorum* nachgegangen. Die *Koinzidenz*", schreibt er allerdings weiter, „die Formel der Auflösung einiger entgegengesetzter Dinge in ihm, bin ich noch nicht imstande, vollkommen zu finden, aber ich erhalte doch fast mit jedem Tage darüber neues Licht." (HW4, 460f.)

Mit Leibniz Satz vom *zureichenden Grund* musste sich Cusanus noch nicht auseinandersetzen, aber das Aristotelische *principium contradictionis* hat auch er, wie wir gesehen haben, entschieden problematisiert. Darum ging es ihm ja gerade: zu zeigen, dass der Satz vom ausgeschlossenen Widerspruch aufgehoben werden muss in der *Koinzidenz* der Widersprüche: das Größte koinzidiert mit dem Kleinsten, die Bewegung mit der Ruhe. Erst in der Unendlichkeit fallen diese Gegensätze so zusammen, dass sie zur Einheit werden, aber schon in der Endlichkeit bestimmen sie das ganze Universum.

Was bei Cusanus *Unendlichkeit* heißt, das heißt bei Hegel das *Absolute*. Und des Cusanus Unendlichkeit hätte er wohl die „schlechte Unendlichkeit" genannt, den „Progress ins Unendliche" (ebd., 16), das immer größer werden des Großen. Doch in einem wollen beide dasselbe: sie wollen nicht weniger als das Universum denkend erfassen. Wäre Cusanus 100 Jahre später geboren worden, dann wäre er mit seinem Weltbild hochwahrscheinlich auf dem Scheiterhaufen verbrannt. Im 15. Jahrhundert aber brachte er es zum Kardinal. Zum Zeitpunkt seiner Berufung 1448 war er sogar der einzige deutsche Kardinal und zudem nicht einmal aus dem Adelsstand.

Hegel brachte es immerhin zu einer Professur in Berlin. Und in seiner Berliner Antrittsrede, in der Einleitung zu seiner 1818 gelesenen *Enzyklopädie*, steht tatsächlich dieser denkwürdige Satz: „Die Absicht dieser Vorlesung ist, Ihnen ein *vernünftiges Bild des Universums* [zu geben]." (HW10, 405) Und weiter heißt es: „Die Philosophie erkennt das, was *ist*, und insofern ist ihr Inhalt nicht jenseits, nicht von dem verschieden, was sich auch dem Sinne, dem äußeren und inneren *Gefühl* darstellt, was der Verstand erfaßt und sich bestimmt." (ebd.)

Ein vernünftiges Bild des Universums

Wenn wir uns Hegel nähern, dann sollte diese Universalität zum wesentlichen Interpretament seiner Philosophie werden, auch wenn oft gesagt wurde, dass eigentlich „die dialektische Subjekt-Objekt-Vermittlung" als *das* „Wesentliche" seiner Philosophie zu benennen sei[16]. Ganz sicher gehört die ins Zentrum dieser Philosophie, aber dieses Zentrum ist das Zentrum eines Ganzen – und dieses Ganze ist das Universum, von dem Hegel ein *vernünftiges Bild* geben will.

Das haben neben und vor ihm allerdings auch andere getan. Kants noch heute hochgelobte *Allgemeine Naturgeschichte und Theorie des Himmels* (1755) hat in das Universum Geschichtlichkeit hineingedacht und also ein Werden und Vergehen von Planeten- und Sonnensystemen. Schelling hat dem Universum gar eine „Weltseele" appliziert, ein Unterbewusstsein der Natur, das im Menschen schließlich zu Bewusstsein kommt. Ein Gedanke, der gar nicht so fernab dessen ist, was wir von Hegel hören. Und Schelling hat sich wohl auch nicht ganz zu Unrecht darüber beklagt, dass die Hegelianer – samt ihrem Meister – alle von seinem „Brod" essen würden[17].

Wenn Hegel ein *vernünftiges* Bild vom Universum geben will, dann klingt das zunächst gar nicht so aufregend. Aber wir wissen ja, was die Vernunft für Hegel ist. Keine allgemeine Verständigkeit, sondern etwas, was über den Verstand hinaus ist und ins Spekulative, ins Dialektische geht. Übrigens ist

---

16 Ernst Bloch, *Subjekt-Objekt. Erläuterungen zu Hegel*, Berlin 1951, S. 31.
17 Vgl.: Werner Wittenberger, *Mythologie und Vernunft in der Geschichtsphilosophie des späten Schelling*, in: Topos 31, Napoli 2009, S. 56.

es wieder dieser Cusanus gewesen, der noch vor Kant die Unterscheidung von Verstand und Vernunft, von *ratio* und *intellectus* als epistemisches Prinzip vertreten hat. Und wie bei Hegel, so geht auch bei Cusanus die Vernunft, der *intellectus* auf das Dialektische, auf die coincidentia oppositorum.

Hegels Dialektik wird oft sehr vereinfacht wiedergegeben mit der Triade von *These, Antithese und Synthese*. Das ist nicht völlig falsch, aber völlig insuffizient, weil es so wirkt, als handele es sich hierbei lediglich um den harmlosen Schritt dreier separater und irgendwie auch zusammengehörender Teile. Aber diese Triade ist alles andere als harmlos. Sie ist geradezu dramatisch und in ihrer Wahrheit „der bacchantische Taumel, an dem kein Glied nicht trunken ist" (HW3, 46), wie es in der Vorrede der *Phänomenologie* heißt.

Und in dieser Vorrede bringt Hegel auch gleich sein Lieblingsbild von Knospe, Blüte und Frucht und sagt: „Die Knospe verschwindet in dem Hervorbrechen der Blüte, und man könnte sagen, daß jene von dieser widerlegt wird; ebenso wird durch die Frucht die Blüte für ein falsches Dasein der Pflanze erklärt, und als ihre Wahrheit tritt jene an die Stelle von dieser. Diese Formen unterscheiden sich nicht nur, sondern verdrängen sich auch als unverträglich miteinander. Aber ihre flüssige Natur macht sie zugleich zu Momenten der organischen Einheit, worin sie sich nicht nur nicht widerstreiten, sondern eins so notwendig als das andere ist, und diese gleiche Notwendigkeit macht erst das Leben des Ganzen aus." (ebd., 12)

Verständlicher lässt sich das Dialektische kaum machen. Hier geht es um Leben und Tod und Weiterleben in einem und doch auch in seiner Getrenntheit. Hier geht es um die ständige Bewegung, um das Werden, um den Prozess, um den Übergang, des einen zum anderen, um die Aufhebung des einen im anderen. Und dann ist auch A nicht immer und ewig gleich A, sondern A kann auch zu B werden und B zu C, weil im A das B bereits enthalten ist und im B das C. Und die Quantität kann unter Umständen umschlagen und eine neue Qualität gebären. Die Quantenphysik kennt eigentlich nur noch Übergänge, Quantensprünge, wie man früher noch sagte. Nicht einfach These, Antithese, Synthese – die Negation der Negation, das ist das Innenleben der Hegelschen Dialektik, in der die Antithese schon irgendwie zur These gehört und als ihr innerer, treibender Widerspruch die These vernichtet und also aufhebt.

Die Negation ist nicht das schlechthin Negative, das an sich Böse. Das „Böse als solches [...], Neid, Feigheit und Niederträchtigkeit," sagt Hegel in der Ästhetik, „sind und bleiben nur widrig. Der Teufel für sich ist deshalb eine schlechte, ästhetisch unbrauchbare Figur; denn er ist nichts als die Lüge in sich selbst." (HW13, 288) Die Negation der Negation ist etwas Positives, weil sie ein Werden zum Inhalt hat und also schöpferisch ist. Und weil das Gewordene das Resultat einer Negation ist, steckt auch in ihm bereits das Moment seiner eigenen Aufhebung. Nichts bleibt, wie es ist, aber wie es wird, hängt auch davon ab, wie es gewesen ist. Hegels Dialektik kennt keine Freiräume. Weil alles Endliche dieses ist, sich selbst aufzuheben (vgl. HW8, 173), durchdringt und bestimmt die Dialektik die Natur ebenso wie die Geschichte, die auch von Aufhebungen, von Negationen der Negationen bestimmt ist.

Genau hier haben dann Marx und Engels an Hegel angeknüpft und gezeigt, wie diese Widersprüche nun auch ökonomisch und politisch und also gesellschaftlich aussehen. Und dabei haben sie sich nicht nur auf das Kapitel „Herrschaft und Knechtschaft" in der *Phänomenologie des Geistes* bezogen, in dem es um Leben oder Tod geht und darum, dass der Knecht seine „Kette" abstreifen muss, wenn er sich aus seiner Unselbständigkeit befreien will (vgl. HW3, 150f.). Das *Kommunistische Manifest* übernimmt das fast wörtlich: „Die Proletarier haben [...] nichts zu verlieren als ihre Ketten. Sie haben eine Welt zu gewinnen." (MEW 4, 493) Und Bertolt Brecht hat die Dialektik dieser Befreiung auch auf die Bühne geholt mit seinem noch heute hochaktuellen Stück *Herr Puntila und sein Knecht Matti* (1940/41). Und auch heute noch hochaktuell die später besonders von Nietzsche heftig bekämpfte Maxime Hegels, die sich durch sein ganzes Werk zieht und in der *Philosophie der Geschichte* lautet: „Das Wesen des Menschen ist die Freiheit" (HW12, 129), und „Die Weltgeschichte ist der Fortschritt im Bewusstsein der Freiheit". (ebd., 32) Diese Freiheit ist, wie es in der *Enzyklopädie* heißt, ein „ewiges Menschenrecht" (HW10, 224) und die Sklaverei „an und für sich Unrecht". (HW12, 129)

Es ist die Aufgabe der spekulativen Vernunft – und nur diese heißt bei Hegel Vernunft: die Welt, das Universum als einen ewigen Prozess aufzufassen, der in ständiger Aufhebung begriffen ist, in einem ewigen Stoffwechsel, ohne den bekanntlich auch alles Organische nicht existieren könnte. In der *Philosophie der Geschichte* fällt auch der berühmte Satz: „Wer die Welt vernünftig ansieht, den sieht sie auch vernünftig an." (ebd., 23) Ein Satz, der wohl häufiger missverstanden als verstanden wurde, weil man oft genug des Leibniz' „beste aller möglichen Welten" moralisch konnotierte und sich fragte: Wie kann denn diese Welt mit all ihrem Schrecklichen vernünftig sein.

Aber Hegel sagt etwas völlig anderes. Er sagt nicht: Diese Welt ist gut oder halbwegs gut geordnet. Er sagt, diese Welt ist durch und durch dialektisch. Und wer sie vernünftig und also mit den Augen des dialektisch Denkenden ansieht, den wird auch die Welt vernünftig ansehen. Das bedeutet: der wird erkennen, dass die Welt tatsächlich in allem auch dialektisch ist. „Was wirklich ist, das ist vernünftig", heißt es in der *Philosophie des Rechts*, was *wirkt* und etwas *bewirkt* und in diesem Sinne *Wirk*lichkeit ist, das ist es in seiner dialektischen Bewegung, in dem „bacchantische Taumel, an dem kein Glied nicht trunken ist". (HW7, 24)

Und nun kommt etwas höchst Eigenartiges. Wenn man sich nämlich jetzt Hegels *Wissenschaft der Logik* anschaut, dann wird man von diesem „bacchantischen Taumel" so gut wie gar nichts verspüren. In der *Logik* geht alles anstrengend trocken zu, natürlich immer schön triadisch: Sein, Nichts, Werden – Dasein, Endlichkeit, Unendlichkeit – Identität, Unterschied, Widerspruch – und so weiter. Über 200 Kapitel, bzw. Unterkapitel mit Unterkapiteln, die allesamt ineinander übergehen und schließlich ein beeindruckendes Systems ausmachen. Und es gibt Hegelexperten, die das alles aufsagen können. Dazu gehöre ich nicht. Mich interessiert nicht einmal die Frage, ob das denn wirklich alles so stimmig und nachvollziehbar ist. Mich interessiert vielmehr die Frage, was hier eigentlich vorgeht. Je länger man sich – und nicht selten auch etwas überfordert – mit der *Logik* beschäftigt, desto deutlicher wird aber nach und nach, dass die *Logik* so etwas wie der Quelltext einer universalen Kybernetik sein will, beginnend mit dem *Sein* und endend mit der *absoluten Idee*, von der Hegel sagt, sie sei „der einzige Gegenstand und Inhalt der Philosophie", weil sie „*alle Bestimmtheit* in sich" (HW6, 549) enthalte.

Ich übersetze das und sage: Die *absolute Idee* ist das alles enthaltene immaterielle Betriebssystem des Universums, und als solche erschließt sie sich nur der spekulativen Vernunft, deren Wahrheit in der Einheit des Begriffs und der Objektivität besteht (vgl. HW10, 227). In der *Wissenschaft der Logik* haben wir es mit einer Digitalisierung der Wirklichkeit zu tun, nun nicht mit Zahlencodes, wohl aber mit einem System dialektisch kommunizierender Begriffe. Und wohl nicht zufällig reden wir ja auch von Programmier*sprachen*.

Das ist die großartige Leistung dieser *Logik*: die Darstellung des Analogen in einer begriffsdigitalen Systematik. „Was vernünftig ist, das ist wirklich; und was wirklich ist, das ist vernünftig." (HW7, 24) Hegel konnte noch nicht wissen, dass eine substanzgebundene Frequenz in die Immaterialität einer

Zahl umgewandelt werden kann und auch umgekehrt. Aber das Prinzip dieses Gedankens liegt seiner ganzen Philosophie zugrunde, und die *Logik* will uns nicht weniger präsentieren als den begriffsdigitalen Quelltext eines universalen Betriebssystems. Natürlich musste Schopenhauer da sagen: Über die *Wissenschaft der Logik* haben die Götter gelacht.

Das Analoge ist etwas anderes als das Digitale, und dennoch bilden sie eine Einheit, weil sie in ein und demselben bestehen. Noch einmal aus der Berliner Antrittsvorlesung: „Die Philosophie erkennt das, was *ist*, und insofern ist ihr Inhalt nicht jenseits, nicht von dem verschieden, was sich auch dem Sinne, dem äußeren und inneren *Gefühl* darstellt, was der Verstand erfaßt und sich bestimmt." (HW10, 405) Und deshalb kann es in § 436 der *Enzyklopädie* heißen: „Das Spekulative oder Vernünftige und Wahre besteht in der Einheit des Begriffs oder des Subjektiven und der Objektivität." (ebd., 227) Und § 438 sagt: „Die an und für sich seiende Wahrheit, welche die Vernunft ist, ist die einfache *Identität* der *Subjektivität* des Begriffs und seiner *Objektivität* und Allgemeinheit." (ebd., 228)

Wie wir schon gemerkt haben, versteht Hegel unter *Begriff* nicht eine Kategorie der Verstandeslogik. „In der Verstandeslogik", sagt er, „pflegt der Begriff als eine bloße Form des Denkens und näher als eine allgemeine Vorstellung betrachtet zu werden, und diese untergeordnete Auffassung des Begriffs ist es dann, auf welche sich die Behauptung bezieht, daß die Begriffe als solche etwas Totes, Leeres und Abstraktes seien. In der Tat verhält es sich indes gerade umgekehrt und ist der Begriff vielmehr das Prinzip alles Lebens und damit zugleich das schlechthin Konkrete." (HW8, 307f.) Es mag auch der Begriff „abstrakt genannt werden, wenn man unter dem Konkreten nur das sinnlich Konkrete, überhaupt das unmittelbar Wahrnehmbare versteht; der Begriff als solcher lässt sich nicht mit den Händen greifen, und überhaupt muss uns, wenn es sich um den Begriff handelt, Hören und Sehen vergangen sein". (ebd.)

Der Begriff als „Prinzip alles Lebens" – oder wie es in der *Phänomenologie des Geistes* heißt: „der absolute Begriff ist das einfache Wesen des Lebens, die Seele der Welt, das allgemeine Blut" (HW3, 132), und ich sage: der Begriff ist eine Komponente der Software, die die Hardware lebendig macht, und die Software ist die Seele der Hardware. Hegel beschreibt in der *Logik* diese Software als auf den Begriff gebrachte *Vorgänge*. Diese Vorgänge sind es, die das Leben ausmachen und im Begriff festgehalten werden. Dabei ringt er nicht mit der ja noch heute strittigen Frage, ob und wie Vorgänge in Natur und Geschichte eine sprachliche und also begriffliche Entsprechung finden. Der Begriff hat bei ihm eine ganz andere Bedeutung, nicht die der Entsprechung, sondern die der Fixierung der Untrennbarkeit alles Dialektischen. Ich zitiere aus der *Logik*: dass „in dem einen die Bestimmung des anderen liegt, die einfache Einsicht in diese ihre Untrennbarkeit [...] heißt sie begreifen; *diese Untrennbarkeit ist ihr Begriff*". (HW5, 170) Und die *Idee* nun ist „die Einheit des Begriffs und der Wirklichkeit" (ebd., 129), „die Einheit des Begriffs und der Realität" (HW6, 465).

Mit den Füßen kann man nicht denken

Natürlich klingt das Anfang des 19. Jahrhunderts noch ganz schön mysteriös, und Marx hat Hegel denn auch des „Mystizismus" geziehen[18] und die Phänomenologie ein „destruktives Werk" (MEW 23, 27) genannt. Marx schreibt: „Weil Hegel [...] Selbstbewusstsein an die Stelle des Menschen setzt, so erscheint die   *verschiedenartigste* menschliche Wirklichkeit nur [...] *als eine Bestimmtheit des Selbstbewusstseins*. Eine bloße Bestimmtheit des Selbstbewusstseins ist aber eine ‚*reine Kategorie*', ein bloßer ‚Gedanke', den ich daher auch im ‚reinen' Denken aufheben und durch reines Denken überwinden kann. In Hegels ‚Phänomenologie' werden die *materiellen, sinnlichen, gegenständlichen* Grundlagen der verschiedenen entfremdeten Gestalten des menschlichen Selbstbewusstseins stehen gelassen, und das ganze destruktive Werk hatte die *konservativste Philosophie* zum Resultat [...]. Die ‚Phänomenologie' endet daher konsequent damit, an die Stelle aller menschlichen Wirklichkeit das ‚*absolute Wissen*' zu setzen – *Wissen*, weil dies die einzige Daseinsweise des Selbstbewusstseins ist und weil das Selbstbewusstsein für die einzige Daseinsweise des Menschen gilt – *absolutes* Wissen, eben weil das Selbstbewusstsein nur *sich selbst* weiß und von keiner gegenständlichen Welt mehr geniert wird. Hegel macht den Menschen zum *Menschen des Selbstbewusstseins*,

---

18 Vgl. zum Folgenden: Dieter Kraft, *Anmerkungen zu Hegels Idealismus der objektiven Realität*, in: Erich Hahn/ Silvia Holz-Markun (Hg.), *„Die Lust am Widerspruch". Theorie der Dialektik – Dialektik der Theorie. Symposium aus Anlaß des 80. Geburtstages von Hans Heinz Holz*, Berlin 2008, S. 159 ff.

statt das Selbstbewusstsein zum Selbstbewusstsein *des Menschen* [...] Er stellt die Welt auf den *Kopf* und kann daher auch im *Kopf* alle Schranken auflösen [...] Die ganze ‚Phänomenologie' will beweisen, daß *das Selbstbewusstsein* die *einzige* und *alle Realität* ist." (MEW2, 203f.)

Wenn sich die Begeisterung etwas gelegt hat, die von dieser geistreichen Analytik ja ausgeht, dann wird man letzten Endes aber doch zu der ganz nüchternen Feststellung kommen müssen, dass Marx zwar brillant formuliert, aber Hegel nicht wirklich trifft. Die *Phänomenologie* will nicht beweisen, „daß das Selbstbewusstsein die einzige und alle Realität ist" (ebd., 203f.). Im Gegenteil, sie will den Nachweis darüber führen, dass im Selbstbewusstsein nicht weniger als „alle Realität" versammelt ist, dass es Selbstbewusstsein gar nicht gäbe ohne jene alles umfassende Entwicklung in Natur und Geschichte, dass Selbstbewusstsein nicht einfach *da ist* – wie bei Kant–, sondern *herkommt* – und dass dieses Bewusstsein keinen anderen Inhalt hat als den, der ihm *voraus* ist.

In Hegels *Phänomenologie des Geistes* entdeckt sich der Mensch als Spiegel des Ganzen, und er wird sich bewusst, nichts anderes zu sein als im Ganzen *vorliegt*. Selbst sein Denken ist nicht autonom und autark, sondern, als Prolongation aller Entwicklung, auf jenen *Nomos* bezogen, der das Ganze durchzieht. Natürlich klingt das alles ganz abstrakt, aber wir werden noch sehen, warum man diese Abstraktion nicht gegen Hegel ins Feld führen darf, wie Marx das ganz massiv in den „Ökonomisch-philosophische(n) Manuskripten" getan hat. Im letzten Abschnitt, „Kritik der Hegelschen Dialektik und Philosophie überhaupt" (MEW40, 568–588) fallen auf 20 Seiten 102 Mal die Worte „Abstraktion", „abstrakt" – dezidiert pejorativ und irgendwie einfach zu oft. Aber Hegel ist mit diesem Argument nicht beizukommen, wiewohl man Marx' Kritik sehr wohl nachvollziehen kann, die ja der Frage nach der gesellschaftlichen Relevanz entspringt – ebenso wie seine Kritik an der Hegelschen Rechtsphilosophie, mit der gewiss keine proletarische Revolution zu machen ist.

Doch das ist ein im weitesten Sinne politisches Urteil. Und nur von dem her lässt sich überhaupt begreifen, warum Marx die *Phänomenologie* als ein „destruktives Werk" bezeichnen kann, das „die konservativste Philosophie zum Resultat" (MEW2, 203f.) habe. Und nur so lässt sich vielleicht auch verstehen, warum er über Hegel so erstaunlich ungerechte Urteile fällen kann: für ihn sei „der Denkprozess [...] der Demiurg des Wirklichen" (MEW23, 27).

Und dabei ist es bei Hegel gerade umgekehrt: der Denkprozess findet in der Wirklichkeit seinen Demiurgen, die Dialektik des Seins konstituiert das Bewusstsein des Dialektischen. Und Hegel ringt in seinem gesamten philosophischen Werk um die Frage nach der Bedingung der Möglichkeit einer Verifizierung dieser Identität, die ja nicht einfach vorausgesetzt oder behauptet werden kann, sondern gedacht werden muss, weil sie in ihrer Totalität empirisch nicht aufweisbar ist. Und die wirkliche Anstrengung des Denkens beginnt nun gerade dort, wo das sich selbst denkende Denken zugleich ein Denken des Ganzen ist, das als das Andere seine Vermittlung allein im Denken selbst findet.

Marx hat sich auf dieses Denkmodell nie eingelassen. Dafür war wohl auch seine Infragestellung aller herkömmlichen Philosophie, die er mit Feuerbach letztlich als *gedachte Religion* (vgl. MEW40, 569; MEW20, 481) ansieht, zu kategorisch. Und dass er auch Hegel hier ansiedelt, zeigt auch seine 1844 erschienene *Einleitung zur Kritik der Hegelschen Rechtsphilosophie*, in der mit der Kritik der Religion zugleich auch die Philosophie aufgehoben wird (vgl. MEW1, 384).

Marx' Fehlurteil über Hegel im Nachwort zur zweiten Auflage von *Das Kapital* steht in völliger Kontinuität mit seinen früheren Äußerungen. Damit wird aber auch seine Behauptung problematisch, dass seine dialektische Methode „der Grundlage nach von der Hegelschen nicht nur verschieden, sondern ihr direktes Gegenteil" (MEW23, 27) sei. Das wäre sie aber nur, wenn für Hegel tatsächlich der „Denkprozess [...] der Demiurg des Wirklichen" (ebd.) gewesen wäre. Gerade das aber trifft für Hegel in keiner Weise zu. Und so macht es auch gegenüber Hegel wenig Sinn zu betonen: „Bei mir ist umgekehrt das Ideelle nichts andres als das im Menschenkopf umgesetzte und übersetzte Materielle" (ebd.). Damit ist die „Umstülpung" der Hegelschen Dialekt keineswegs auf den Begriff gebracht, denn Hegel selbst hätte dem, von Feinheiten einmal abgesehen, durchaus zugestimmt; und im Grunde ist die Marxsche Formulierung ja auch nur eine Paraphrase dessen, was Hegel „die Wissenschaft der *Dinge* in *Gedanken* gefaßt" (HW8, 81) nennt.

Engels hat zwar auch recht apodiktisch über die „alte Philosophie" (MEW40, 569) geurteilt, sich aber immerhin mit der Frage auseinandergesetzt, was denn, von Marx her, überhaupt noch als Philosophie gelten könne (vgl. MEW20, 24; 129; 480). Und bezeichnenderweise lautet sein Urteil über Feuerbach ja auch völlig anders: der habe die Philosophie in Religion „aufgehn" (MEW21, 283) lassen.

Eigentlich hat Engels mit seiner Formulierung der philosophischen Grundfrage an die „alte Philosophie" sogar unmittelbar angeknüpft – und zwar in Inhalt und Form. Jedenfalls fällt auf, dass er kein Problem damit hat, von einem völlig abstrakten „Verhältnis von Denken und Sein", und „Geist" und „Natur" (ebd., 274f.) zu sprechen. Tatsächlich ist auch für Hegel die Frage nach dem Verhältnis von Denken und Sein konstitutiv, aber keineswegs in dem Sinne, in dem Engels die Grundfrage fokussiert. Die „Frage: Was ist das Ursprüngliche, der Geist oder die Natur?" (ebd., 274) steht außerhalb des subtilen Hegelschen Reflexionshorizontes.

Ich denke gar nicht daran, Engels gegen Marx auszuspielen, aber wenn es um Hegel geht, dann bekommt die kleinste Differenz Gewicht. Und die ist unübersehbar, denn Engels „Dialektik der Natur" ist doch nichts anderes als ein Kommentar zu Hegel, in dem der Versuch unternommen wird, die, wie er sagt, „kolossale Fehlgeburt" (MEW19, 206; MEW20, 23) mit Leben zu erfüllen, das sich nicht im reinen Denken erschöpfen soll. Engels' zentrale These, in der er die entscheidende Korrektur an Hegel vornehmen will, lautet denn auch: „Die Dialektik, die sogenannte *objektive*, herrscht in der ganzen Natur, und die sogenannten subjektive Dialektik, das dialektische Denken, ist nur Reflex der in der Natur sich überall geltend machenden Bewegung in Gegensätzen." (MEW20, 481) Das ist zwar sehr komprimiert gesagt, aber im wesentlichen richtig. Aber richtig ist nun auch, dass Hegel dem gar nicht widersprochen hätte. Im Gegenteil. Gleich am Anfang der Vorrede zur *Phänomenologie* stellt er selber diesen Naturbezug her in dem bereits erwähnten trefflichen Bild von der Pflanze in ihrer dialektischen Entwicklung als Knospe und Blüte und Frucht, die sich gegenseitig aufheben in jener Notwendigkeit, die, wie Hegel sagt, „erst das Leben des Ganzen" (HW3, 12) ausmacht.

Engels hat durchaus bemerkt und auch ausdrücklich angemerkt, dass Hegel, wie er schreibt, „an Hunderten von Stellen aus Natur und Geschichte die schlagendsten Einzelbelege für die dialektischen Gesetze zu geben versteht" (MEW20, 349), aber die Hegel in diesem Zusammenhang eigentlich bewegende Frage hat er nicht aufgenommen. Die aber lautet: Wie kann die sinnlich wahrnehmbare dialektische Bewegung in ihrer *Verallgemeinerung* gedacht werden, wenn mit dieser Verallgemeinerung eine Kategorie ins Spiel kommt, die als das „Ganze", als das Universum und also als Kategorie der Totalität und des Absoluten empirisch nicht verifizierbar ist, sondern lediglich als *Gedankentotalität* festgehalten werden kann. Weil die Dialektik auf den „Gesamtzusammenhang" (vgl. MEW19, 207) bezogen ist, die Kategorie des „Gesamtzusammenhangs" aber immer und notwendigerweise eine Abstraktion bleiben wird und also nur eine dem Denken mögliche Vergewisserung, lässt sich auch die dialektische Logik des „Ganzen" nur denkend bewältigen. Genau das meint Hegel, wenn er von „Idealismus" spricht (vgl. HW8, 203). Aber dieses Idealismus-Verständnis ist zutiefst realistisch (vgl. HW9, 438) und der herkömmlichen Antithetik von „Materialismus und Idealismus" völlig enthoben. Engels hätte nicht von einem „auf den Kopf gestellten Materialismus" (MEW21, 277) sprechen können, und Lenin hätte Hegel nicht „materialistisch lesen"[19] können, wenn Hegel ein Platoniker gewesen wäre.

Auch ein bekennender Materialist wird die Idee des Absoluten notwendigerweise als eine im Hegelschen Sinne „idealistische" Kategorie verwenden müssen. Und deshalb ist für eine angemessene Hegel-Interpretation die Bezeichnung „objektiver Idealismus" eigentlich unbrauchbar, es sei denn, wir verstehen darunter die objektive Notwendigkeit, die Kategorie des Absoluten niemals anders denn als Idee formulieren und in diesem Sinne begreifen und also auf den Begriff bringen zu können.

Jetzt aber beginnt für Hegel erst das eigentliche Problem. Gerade weil er – im herkömmlichen Sinne – kein Idealist ist, weder einer „Theorie von der Präexistenz der schöpferischen Kategorien" (MEW3, 89) huldigt, wie ihm Marx unterstellt, noch „die Dinge und ihre Entwicklung" nur für „die verwirklichten Abbilder der irgendwie schon vor der Welt existierenden ‚Idee'" (MEW19, 206) hält, wie Engels ihm irrtümlich nachsagt – weil er in diesem Sinne gerade kein Idealist ist, kann er weder die Idee des Absoluten noch die absolute Gültigkeit des Dialektischen einfach voraussetzen, transzendental postulieren oder metaphysisch ableiten. Er muss vielmehr nachweisen, dass die absolute Dialektik nicht eine Erfindung des menschlichen Geistes ist, sondern dass der die Dialektik des Absoluten denkende Geist ein Entwicklungsprodukt eben dieser absoluten Dialektik selbst ist. Umfassender lässt sich das Denken gar nicht in den Gesamtzusammenhang von Natur und Geschichte stellen, und das ist gerade das Gegenteil dessen, was Engels bei Hegel meint ausmachen zu können, dass er nämlich die „Denkgesetze der Natur und Geschichte aufoktroyiert" (MEW20, 348) hätte.

---

19 Wladimir Iljitsch Lenin, *Philosophische Hefte*, (= *Werke* Bd. 38) Berlin 1971, S. 94.

Das geht an Hegel wirklich vorbei; und mit einem solchen Idealismus hätte Hegel auch nie zu seiner Dialektik gefunden, die doch gerade eine *Dialektik der Wirklichkeit* sein will – einer *Wirklichkeit* freilich, die dem Subjekt nicht als Objekt *gegenüber*steht, sondern Objekt und Subjekt beziehungsvoll umgreift. „Das Wahre ist das Ganze." (HW3, 24) Und: „Es ist [...] ein Verkennen der Vernunft, wenn die Reflexion aus dem Wahren ausgeschlossen und nicht als positives Moment des Absoluten erfaßt wird." (ebd., 25)

Nicht das Bewusstsein als solches ist für Hegel also das Entscheidende, entscheidend ist für ihn vielmehr die Frage nach jener werdenden Entsprechung von Sein und Denken, von der her dem Bewusstsein die Erkenntnis wird, dass das dem Sein entsprechende Denken ein dem Denken entsprechendes Sein ist. Von einem Primat des Bewusstseins kann bei Hegel gar nicht die Rede sein, wohl aber davon, dass der subjektive Begriff einen objektiven Gehalt bekommt, dass die Kategorien des Denkens identisch werden mit den Parametern des Seins – doch wohlgemerkt: dass die absolute Gültigkeit dieser Parameter eben allein in den Kategorien des Denkens festgehalten werden kann.

Eigentlich hätte auch Marx dem zustimmen dürfen, denn bekanntlich stammt von ihm das schöne Wort von der „Gedankentotalität" (MEW13, 632), bezogen auf den „Gesamtzusammenhang". Und auch Engels hat N(ota) B(ene) angemerkt, dass der Begriff der Materie eine „reine [...] Abstraktion" (MEW20, 519) sei – und damit in gewisser Weise Lenin vorweggenommen, der den Materie-Begriff von der physikalischen Engführung befreit hat, indem er – statt von „Materie" – viel präziser und zugleich auch umfassender von der „objektiven Realität"[20] spricht.

Das hätte Hegel goutiert. Denn sein sogenannter Idealismus ist tatsächlich ein Idealismus der objektiven Realität. Die existiert natürlich auch für Hegel unabhängig vom Menschen, aber sie umfasst eben auch das Bewusstsein – und ist ohne dieses ohnehin nicht denkbar. Wer Hegel vom Kopf auf die Füße stellt, muss sich damit abfinden, dass man mit den Füßen nicht denken kann.

---

20   Wladimir Iljitsch Lenin, *Materialismus und Empiriokritizismus*, (= Werke Bd. 14) Berlin 1967, S. 124.

Retrospektive des Denkens

Was Marx den Hegelschen „Mystizismus" (MEW23, 27) nennt, ist so mystisch
gar nicht, wenn das Hegelsche Verständnis von „Geist" in einer Perspektive gesichtet wird, die diesen Begriff selbst dann rational übersetzbar macht,
wenn man in der herkömmlichen dualen Konstellation von „Geist und Materie" denken würde. Für Hegel ist „Geist" ja keine von der objektiven Realität
losgelöste, sondern eine sie bestimmende Kategorie. Eine Kategorie, die die
allgemeingültigen Prinzipien des Seins in ihrer dialektischen Bewegung und
also in ihrer Struktur und Organisationsform repräsentiert. Und so gesehen
ließe sich – mutatis mutandis – sogar sagen: Für Hegel ist Geist das Organisationsprinzip der Materie. Ich zitiere aus der *Logik*: „So ist das *Andere*, allein
als solches gefaßt, nicht das Andere von Etwas, sondern das Andere an ihm
selbst, d.i. das Andere seiner selbst. – Solches seiner Bestimmung nach Andere ist die *physische Natur*; sie ist das *Andere des Geistes*; diese ihre Bestimmung
ist so zunächst eine bloße Relativität, wodurch nicht eine Qualität der Natur
selbst, sondern nur eine ihr äußerliche Beziehung ausgedrückt wird. Aber indem der Geist das wahrhafte Etwas und die Natur daher an ihr selbst nur das
ist, was sie gegen den Geist ist, so ist, insofern sie für sich genommen wird,
ihre Qualität eben dies, das Andere an ihr selbst, das *Außer–sich–Seiende* (in
den Bestimmungen des Raums, der Zeit, der Materie) zu sein." (HW5, 127)

Selbst der „unbefangene Geist", heißt es im zweiten Teil der *Enzyklopädie*,
in der Naturphilosophie, § 246: „wenn er lebendig die Natur anschaut, wie
wir dies häufig bei Goethe auf eine sinnige Weise geltend gemacht finden, so
fühlt er das Leben und den allgemeinen Zusammenhang in derselben: er ahnt
das Universum als ein organisches Ganzes und eine vernünftige Totalität."
(HW9, 21) Und so kann Hegel denn auch davon sprechen, dass die Gesetze,
nach denen sich das Sonnensystem bewegt, „die Vernunft desselben" seien,
„aber", so sagt er, „weder die Sonne noch die Planeten, die in diesen Gesetzen
um sie kreisen, haben ein Bewusstsein darüber" (HW12, 23). Dieses Bewusstsein hat nur der Mensch.

Dass das Organisationsprinzip des Seins schließlich auch das Bewusstsein
und also die Struktur und Organisationsform des Denkens – oder wie Engels
sagen würde: die „Denkgesetze" (MEW20, 493) – bestimmt und dass mit der
dadurch gewordenen Identität von Sein und Denken nun vom Denken auf
das Sein Rekurs genommen werden kann, genauer gesagt: auf das übergrei-

fende Organisationsprinzip des Seins (oder wenn Sie so wollen: der Materie) – das ist nun tatsächlich eine apotheotische Erkenntnis, die sich durchaus den Satz leisten darf, in dieser erkannten Identität sei der absolute Geist zu sich selbst gekommen.

Hegels Philosophie ist eine Retrospektive des Denkens, das sich in seinem Gewordensein erkennt und sein Werden als Geschichte entdeckt, die mit der Natur anhebt. Höher lässt sich vom Denken und also vom Menschen nicht reden – aber wohl auch nicht bescheidener. Denn alle Intelligibilität muss nun auf die stolze Behauptung einer autonomen Subjektivität verzichten. Dass das gesellschaftliche Sein das Bewusstsein bestimmt, ist lediglich ein Derivat der Hegelschen Erkenntnis, dass es kein entbundenes Bewusstsein gibt.

Genau hier liegt nun auch der entscheidende Unterschied zu Aristoteles' νόησις νοήσεως, zu dem sich selbst denkenden Bewegergott. Auch Hegel spricht vom Denken des Denkens, aber bei ihm denkt nicht ein Gott sich selbst nach getaner Arbeit. Vielmehr blickt des Menschen Vernunft auf ihre eigene Evolution zurück und erkennt sich als das Resultat eines universalen Prozesses. Und des Menschen Vernunft kann diesen Prozess reflektieren und widerspiegeln, weil sie aus ihm hervorgegangen ist. Zitat: „Die denkende Naturbetrachtung muss betrachten, wie die Natur an ihr selbst dieser Prozeß ist, zum Geist zu werden." (HW9, 25)

Ein zweiter Unterschied zu Aristoteles ist noch gravierender und für ein adäquates Hegelverständnis geradezu entscheidend. Bei Aristoteles ist das Organisationssystem des Universums von Anfang an fix und fertig. Es bedarf lediglich des ersten Bewegers, der die Software zum Arbeiten bringt, also gleichsam einschaltet. Die Struktur dieses Gedankens liegt Hegel völlig fern. Sein *Geist*, sein Organisationsprinzip der Materie ist selber noch im *Werden*. Das, was Hegel unter der Chiffre „Geist" fasst, stößt einen Prozess nicht an, sondern ist selber Teil dieses Prozesses. Der Geist entwickelt sich, und erst in der sogenannten *absoluten Idee* erreicht er sein Telos, die „Einheit des Begriffs und der Realität" (HW4, 202).

Den oft wiederholten Vorwurf, Hegel hätte mit diesem grandiosen Finale die Geschichte eigentlich für beendet erklärt, widerlegt der Ausgang der *Wissenschaft der Logik*. Allein für die spekulative, für die dialektische Vernunft ist mit dieser Erkenntnis ein Telos erreicht, nicht aber für die Weltgeschichte, denn, Zitat: „Es sind noch die zwei Welten im Gegensatze, die eine ein Reich der Subjektivität in den reinen Räumen des durchsichtigen Gedankens, die andere ein Reich der Objektivität in dem Elemente einer äußerlich mannigfaltigen Wirklichkeit, die ein unaufgeschlossenes Reich der Finsternis ist." (HW6, 544)

Hier haben dann Marx und Engels angesetzt, um auch das Reich der Finsternis zu erhellen und zu verändern. Und sie haben sich dabei von der Philosophie eigentlich verabschiedet (vgl. MEW20, 24,129,480). Unverständlich ist das ganz und gar nicht, wenn die 11. Feuerbachthese sagt: „Die Philosophen haben die Welt nur verschieden interpretiert, es kommt aber darauf an, sie zu verändern." (MEW3, 7) Natürlich kann man System und Methode bei Hegel auseinanderfallen lassen, sich der Dialektik bedienen und den „Weltgeist" als poetischen Appendix sich selbst überlassen. Und Brecht hat ja recht, wenn er *An die Nachgeborenen* schreibt: „Was sind das für Zeiten, wo / Ein Gespräch über Bäume fast ein Verbrechen ist / Weil es ein Schweigen über so viele Untaten einschließt!"[21]

Aber Hegels System ist so kühn und grandios, dass man es auch in schlechten Zeiten nicht beschweigen darf, zumal diesem System des Prozessualen eine Dynamik innewohnt, die die Hoffnung auf Veränderung selbst unserer Zeiten reichlich nähren kann: Nichts bleibt, wie es ist. Alles trägt seinen ihm eignenden Widerspruch in sich. Nichts vermag sich vor seiner Negation auf ewig zu schützen. Und manchmal braucht der *Weltgeist* eben sehr lange, bis er in eine neue Epoche eintritt.

Der Philosoph Hegel und der Quantenphysiker Dürr

Wissenschaftsgeschichtlich gesehen, hat diese neue Epoche offensichtlich bereits begonnen, jedenfalls wirkt das so, wenn man den zunächst ganz verrückt wirkenden Auskünften so mancher Quantenphysiker glauben darf. Allen voran der ehemalige Direktor des Max-Planck-Instituts für Physik und Heisenberg-Nachfolger Hans-Peter Dürr, der so selbstverständlich vom „Geist" redet wie Hegel. Ich zitiere aus einem seiner Interviews: „Im Grunde gibt es Materie gar nicht", sagt Dürr, „jedenfalls nicht im geläufigen Sinne. Es gibt nur ein Beziehungsgefüge, ständigen Wandel, Lebendigkeit. Wir tun

---

21   Bertold Brecht, *Die Gedichte Bertolt Brechts in einem Band*, Frankfurt a.M. 1981, S. 723.

uns schwer, uns dies vorzustellen. Primär existiert nur Zusammenhang, das Verbindende ohne materielle Grundlage. Wir könnten es auch Geist nennen. Etwas, was wir nur spontan erleben und nicht greifen können. Materie und Energie treten erst sekundär in Erscheinung – gewissermaßen als geronnener, erstarrter Geist. Nach Albert Einstein ist Materie nur eine verdünnte Form der Energie. Ihr Untergrund jedoch ist nicht eine noch verfeinerte Energie, sondern etwas ganz Andersartiges, eben Lebendigkeit. Wir können sie etwa mit der Software in einem Computer vergleichen."[22]

Und weiter heißt es – Hegel hätte daran seine helle Freude: „Wir verwenden lauter Substantive, wo wir Verben nehmen sollten. Das prägt unser Denken. Wenn wir über die Quantenphysik sprechen, sollten wir eine Verb-Sprache verwenden. In der subatomaren Quantenwelt gibt es keine Gegenstände, keine Materie, keine Substantive, also Dinge, die wir anfassen und begreifen können. Es gibt nur Bewegungen, Prozesse, Verbindungen, Informationen. Auch diese genannten Substantive müssten wir übersetzen in: Es bewegt sich, es läuft ab, es hängt miteinander zusammen, es weiß voneinander. So bekommen wir eine Ahnung von diesem Urgrund der Lebendigkeit."[23]

Natürlich, sagt Hegel in der *Enzyklopädie*: „Die Philosophie überhaupt hat als Philosophie andere Kategorien als das gewöhnliche Bewusstsein; alle Bildung reduziert sich auf den Unterschied der Kategorien." (HW9, 20f.) Aber nicht ihr Unterschied sei das Entscheidende, sondern die Tatsache, dass sie sich ändern. Begriffe, die *Vorgänge* zum Inhalt haben – wie bei Dürr: Bewegung, Prozess, Verbindung – müssen anders gedacht werden als Dingworte. Hegel selbst hat ja denn auch weithin eine ganz eigene Sprache gesprochen: „Ansichsein", „Außersichsein", „Anundfürsichsein", „Sein für anderes". Das macht es ja manchmal auch einigermaßen schwer, ihn überhaupt zu verstehen.

Ich lese eine etwas längere Passage aus der *Logik* und bitte Sie, nicht abzuschalten: „Das Andere für sich ist das Andere an ihm selbst, hiermit das Andere seiner selbst, so das Andere des Anderen, – also das in sich schlechthin Ungleiche, sich Negierende, das sich *Verändernde*. Aber ebenso bleibt es identisch

---

22 Hans-Peter Dürr, *Am Anfang war der Quantengeist*, in: PM-Magazin 5, Hamburg 2007; abgerufen am 10.4.2013 unter: http://docplayer.org/12914368-P-m-magazin-05-2007-physik-philosophie-am-anfang-war-der-quantengeist.html.
23 Ebd.

mit sich, denn dasjenige, in welches es sich veränderte, ist das *Andere*, das sonst weiter keine Bestimmung hat, aber das sich Verändernde ist auf keine verschiedene Weise, sondern auf dieselbe, ein Anderes zu sein, bestimmt; es *geht* daher in demselben *nur mit sich zusammen.* So ist es gesetzt als in sich Reflektiertes mit Aufheben des Andersseins, mit sich *identisches* Etwas, von dem hiermit das Anderssein, das zugleich Moment desselben ist, ein Unterschiedenes, ihm nicht als Etwas selbst zukommendes ist." (HW5, 127)

Das klingt wie eine verbalisierte physikalische Formel, jedenfalls sehr kompliziert, und in gewisser Weise ist das auch in dem Algorithmus einer Formel gedacht. Zum Glück hat Hegel das vorher schon aufgelöst, und da klingt es dann schon verständlicher: „So ist das *Andere*, allein als solches gefaßt, nicht das Andere von Etwas, sondern das Andere an ihm selbst, d.i. das Andere seiner selbst." (ebd.) Und das will heißen: Alle „Relativität", wie er es nennt, besteht nicht nur darin, eine Relation zu einem äußerlich Anderen zu haben, sondern alles ist in sich relativ. Die *Energie* ist in sich relativ, weil sie die *Masse* als das Andere ihrer selbst in sich hat. Und umgekehrt. Das sagt nicht Hegel, das sage ich. Aber Hegel denkt so. Und das ist fast unglaublich.

Dürr sagt: Die zweiwertige Ja-oder-Nein-Logik ist nicht die Logik der Natur. „Die Quantenphysik beschreibt die Natur viel besser, denn in der Quantenwelt herrscht die mehrwertige Logik, also nicht nur Ja und Nein, sondern auch Sowohl / Als-auch, ein Dazwischen. Eben das Nicht-Greifbare, das Unentschiedene."[24]

Selbstverständlich, sagt Hegel: die Verstandeslogik geht auf *Ja* oder *Nein,* auf *wahr* oder *falsch,* auf *Ursache* und *Wirkung.* Aber die spekulative Vernunft, die mehrwertige Logik, hält in ihrem Begriff fest, dass die Wirkung schon in der Ursache steckt, sie begreift die Einheit von Ursache und Wirkung nicht in einem Nacheinander, sondern in einem Ineinander. Zitat: „Es ist nichts in der Wirkung, was nicht in der Ursache ist, und die Ursache ist Ursache nur in der Wirkung." (HW4, 181)

Dürr sagt: Die „moderne Physik ist eine holistische, eine ganzheitliche Theorie"[25].

---

24 Ebd.
25 Hans-Peter Dürr, *Nachdenken über Gott und die Weltformel. Hans-Peter Dürr im Gespräch mit Stephan Klapproth;* abgerufen am 4.2.2013 unter: http://www.youtube.com/watch?v=spolaVXEWNY.

Hegel sagt: Das muss sie auch sein, denn „das Wahre ist das Ganze" (HW3, 24), und „nur das Ganze hat eigentliche Wirklichkeit" (ebd., 498), denn: „Dies *Ganze* als Ganzes oder *Allgemeines* ist es, was das *Innere* ausmacht, das *Spiel der Kräfte,* als *Reflexion* desselben in sich selbst." (ebd., 116)

Dürr sagt: „Die Welt hat eine Struktur, die es nicht erlaubt, sie in Teile zu zerlegen, ohne ganz wesentliche Verbindungen zu zerstören."[26]

So ist es, sagt Hegel: Weil „das Universum [...] ein organisches Ganzes und eine vernünftige Totalität" (HW9, 21) ist, muss in der Philosophie alles vom bloßen Verstand oder dem reinen Anschauen „Zerstückelte zur einfachen Allgemeinheit denkend zurückgebracht werden; diese gedachte Einheit", so Hegel weiter, „ist der Begriff, welcher die bestimmten Unterschiede, aber als eine sich in sich selbst bewegende Einheit hat". (ebd.)

Dürr sagt mit Heisenberg: „Die Welt ist eine Beziehungsstruktur, aus der sich der Beobachter nicht problemlos herauslösen kann."[27] Die Wissenschaft trennt Subjekt und Objekt und macht alles zu Dingen. Damit aber geht die Lebendigkeit verloren. „Es gibt" aber „nichts Unlebendiges." Und der Mensch ist Teil eines Ganzen.

Richtig, sagt Hegel. Der Verstand trennt Subjekt und Objekt, die Vernunft aber zielt auf die „Einheit des Subjekts und Objekts" (HW17, 531), „jeder Teil des Subjekts und jeder Teil des Objekts" ist „im Absoluten eine Identität des Subjekts und Objekts". (HW2, 97)

Und wenn Herr Dürr sagt, man läge völlig falsch, wenn man sich in der Quantenphysik etwas vorstellen wolle, dann sage ich, Hegel, das ist auch in meiner Philosophie so: der Verstand hat Vorstellungen, die spekulative Vernunft aber hat nur Gedanken, denn „das Innere der Dinge ist der Gedanke oder Begriff derselben" (HW4, 116).

Und ganz gewiss ist der Mensch Teil eines Ganzen. „Es ist", sagt Hegel in der *Logik,* „überhaupt nur ein *Ganzes der Form* vorhanden, aber eben sosehr nur *ein* Ganzes des *Inhalts"* (HW6, 117), denn, so die *Phänomenologie:* „nur das Ganze hat eigentliche Wirklichkeit" (HW3, 498). Alles ist in allem, und alles ist überall. Von Leibniz kennen wir diese Ganzheitlichkeit, aber auch, und ich sage es gern, von Cusanus. Von Cusanus ganz unmetaphysisch gedacht als

---

26   Ebd.
27   Ebd.

eine universale Synergetik, bei Leibniz als Monade, die das ganze Universum repräsentiert.

Viel Beifall spendet Hegel übrigens auch der Physiker Erwin Schrödinger, obwohl der es ausgerechnet mit Schopenhauer gehalten haben soll. Doch in seinem 1989 in Zürich erschienenen Buch „Geist und Materie" schreibt er über die „altehrwürdige Unterscheidung zwischen Subjekt und Objekt": „Zwar müssen wir [diese Unterscheidung] im täglichen Leben ‚aus praktischen Gründen' tun, aber mir scheint, wir sollten sie im philosophischen Denken aufgeben. Es sind die gleichen Gegebenheiten, aus denen die Welt und mein Geist gebildet sind. Die Welt gibt es für mich nur einmal, nicht eine existierende ‚und' eine wahrgenommene Welt. Subjekt und Objekt sind nur eines. Man kann nicht sagen, die Schranke zwischen ihnen sei unter dem Ansturm neuester physikalischer Erfahrungen ausgefallen; denn diese Schranke gibt es überhaupt nicht [...] Es sind die gleichen Gegebenheiten, aus denen die Welt und mein Geist gebildet sind."[28]

Das heißt mit meinen Worten im Blick auf Hegel: Weil der Geist das Organisationsprinzip der Materie ist, ist er auch das Organisationsprinzip des Menschen und kommt in des Menschen Selbstbewusstsein zu seinem eigenen. Will heißen, das Organisationsprinzip kommt zu Bewusstsein – νόησις νοήσεως. Und dann klingt es gar nicht mehr so änigmatisch, wenn es in der *Phänomenologie* heißt: Der Geist ist das *„anundfürsichseiende* Wesen [...], welches sich zugleich als Bewusstsein wirklich und sich sich selbst vorstellt" (HW3, 325).

Ich nenne nur noch einen Punkt, indem sich Hegel und Dürr einig sind – mutatis mutandis natürlich. Alle Welt spricht vom „Urknall", und die kosmische Hintergrundstrahlung, mit der man so intensiv beschäftigt ist, gilt für viele bereits als Bestätigung der Urknall-Theorie. Nicht so für Hans-Peter Dürr. Die Theorie vom sogenannten „Urknall" gehöre zum „alten Denken", sagt er. Ich bin gar nicht in der Lage, mich ernsthaft auf diesen wissenschaftlichen Diskurs einzulassen. Aber was mit dem „alten Denken" gemeint ist, versteht man auch als Nicht-Physiker, denn die Verstandeslogik sagt, dass alles doch einen Anfang habe muss. Und wie man den für das Universum

28 Erwin Schrödinger, *Geist und Materie*, Zürich 1989; abgerufen am 04.02.2013 unter: http://www.blutner.de/philos/Texte/srod.html.

benennt, ob Urknall oder Schöpfung, ist eigentlich unerheblich. Als Kompromiss würde sich ja auch noch ein Schöpfer des Urknalls anbieten. So oder so aber geht es um den Anfang, hinter den nicht zurückgedacht werden kann. Das ist ja auch eines der großen Themen Kants gewesen. Wenn die Welt einen Anfang hat, dann müsste der im Nichts beginnen. Im Nichts aber beginnt nichts. Hat die Welt ihren Anfang im Sein, dann fängt sie nicht erst an. Hegel hat diese Art und Weise, vom Anfang zu sprechen ganz kategorisch verworfen. Nur für den Verstand sind Endlichkeit und Unendlichkeit Alternativen, ein Entweder-Oder. Für die dialektische Vernunft aber ist das Andere nicht nur das äußerlich Andere, sondern das Andere seiner selbst. Und das Universum in seiner Totalität trägt diese Dialektik in sich. Und so kann Hegel sagen: „In der Vorstellung ist die Welt nur die Sammlung von Endlichkeiten; wird sie aber als Allgemeines, als Totalität gefaßt, so fällt die Frage vom Anfang sogleich weg." (HW9, 26f.) Aber so ganz wohl scheint er sich bei dieser Antwort denn doch nicht zu fühlen, denn es heißt gleich weiter: „Eine runde, positive Antwort lässt sich auf die Frage nicht geben, ob die Welt ohne Anfang in der Zeit sei oder einen Anfang habe. Eine runde Antwort soll heißen, daß *entweder* das eine *oder* das andere sei. Die runde Antwort ist vielmehr, daß die Frage, dies Entweder-Oder, nichts taugt." (ebd., 27.)

Ich nenne jetzt aber auch noch einen Punkt, bei dem sich Hegel und Dürr gar nicht so einig sind. Und das ist Dürrs „geronnener Geist", Materie und Energie als „geronnener, erstarrter Geist". Das klingt sehr nach Schelling, und Hegel hat in der *Enzyklopädie* der *Naturphilosophie* gerade diese Schellingsche Vorstellung entschieden abgelehnt. Schelling habe die Natur eine „versteinerte, andere sogar die gefrorene Intelligenz" (ebd., 25) genannt. In Wahrheit aber sei die Natur „das dem Geiste *Andere* oder Äußerliche" (HW11, 525), „das *Andere des Geistes*" (HW5, 127), wie Hegel auch sagen kann. Auch die Bestimmtheit des Begriffs des Geistes ist „Bestimmtheit nur gegen eine andere Bestimmtheit; der des Geistes überhaupt steht zunächst die der Natur gegenüber; jene ist daher nur zugleich mit dieser zu fassen" (HW10, 18).

Dürr sagt: „Primär existiert nur Zusammenhang, das Verbindende ohne materielle Grundlage. Wir könnten es auch Geist nennen"[29].

---

29 Hans-Peter Dürr, *Nachdenken über Gott und die Weltformel*, a.a.O.

Nein, sagt Hegel: weil die Natur das Andere des Geistes ist, ist sie niemals ohne den Geist und der Geist niemals ohne die Natur. Die Software kann nicht zur Hardware gerinnen, weil sie das Andere der Hardware ist. Von „der Idee entfremdet, ist die Natur nur der Leichnam des Verstandes". (HW9, 25) Ohne Betriebssystem kann man die Hardware höchstens noch in Einzelteile zerlegen. Es ist schon erstaunlich, dass der Quantenphysiker Dürr dem klassischen Verständnis von Idealismus weit eher zu entsprechen scheint als Hegel, und dass sein Quantenidealismus, für den er verständlicherweise ein ganz neues Denken reklamieren muss, ganz frappierend die Züge des Denkens alter Griechen trägt. Platon hätte das auch so sagen können: Die ewige Idee des Zusammenhangs, die ewige Idee des Verbindenden geht allem materiellen Zusammenhang und allem real Verbundenen voraus. Aber wer weiß, ob nicht selbst Platon noch einmal zu ganz neuer Geltung kommt. In der Quantenphysik ist mit allem zu rechnen. Der Universalienstreit scheint jedenfalls noch längst nicht erledigt zu sein und in der Gegenwartsphilosophie spielt er ja wohl ohnehin noch eine Rolle. Und die müsste er eigentlich auch bei der Frage spielen, in welche Schublade eine Software gehört, in die realistische oder in die nominalistische.

Aber Hegel bleibt politisch

Weil ich mich langsam dem Ende nähere, muss ich Ihnen hier noch ein drittes Geständnis machen. Die Einführung zur philosophiegeschichtlichen Verortung des Dialektik–Verständnisses konnte natürlich nur ganz rudimentär ausfallen. Und was ich zu Hegel gesagt habe, ist gleichermaßen rudimentär und selektiv. Nun aber will ich gestehe, dass ich Sie – zudem mit der Korrektur des Mystizismus-Vorwurfs von Marx und Engels – zunächst auf eine ganz einseitige Spur bringen wollte: Hegel und das Universum, Hegel und die Quantenphysik, Geist und Natur als Software und Hardware. Das sind natürlich Themen, auf die man heute viel direkter zugeht als auf das zunächst ja in der Tat recht nebulös wirkende Wort vom „absoluten Geist". Aber wenn Hegel vom Geist spricht, dann ist das natürlich eine *Chiffre,* und die steht für den übergreifende Zusammenhang von in der Natur wirkender vernünftiger und also dialektischer Organisation und menschlicher Vernunft, menschlichem Bewusstsein, dass sich im Selbstbewusstsein als Resultat alles Vorangegangenen versteht und das im Begriff festzuhalten versucht.

Hegels Geist spukt nicht, wiewohl das reine Sein im Werden verschwindet. Man kann auf diesen Geist selbst mit den Überzeugungen moderner Naturwissenschaft zugehen. Und dann wird man Erstaunliches bei ihm finden, unter anderem auch die eher am Rande notierte, aber nichtsdestotrotz phantastische Überlegung, dass es eigentlich vier Dimensionen geben müsste, die aber, wie er sagt, „durch die geometrische Bestimmung auf drei herabgesetzt" (HW5, 361) werden. Das klingt genau so, wie es wohl gemeint ist: Die Geometrie behandelt die vierte Dimension herabsetzend – weil sie es nicht besser weiß. Und auch dieses nur am Rande: ein Ur-Ur-Ur-Enkel von Hegel, der US–amerikanische Mathematiker Rudy Rucker, hat 1984 ein Buch über die vierte Dimension geschrieben, das 1991 auch in deutscher Übersetzung unter dem Titel erschien: *Die Wunderwelt der vierten Dimension*.[30]

Bei der Dechiffrierung der Hegelschen Terminologie zeigt sich ein Denken, das nicht nur mit modernem Wissenschaftsverständnis kompatibel ist, sondern dieses zum Teil auf erstaunliche Weise antizipiert. Und in letzter Zeit finden sich ja auch zahlreiche Beiträge, gerade auch bei Jesuiten, die Hegel ganz gezielt im Kontext der Quantenphysik thematisieren.

*

Aber das ist nicht das wirklich Spektakuläre in seiner Philosophie. Spektakulär ist etwas ganz anderes. Hegel ist der erste, der Geschichte und Politik in die Metaphysik holt. Und als Metaphysik kann man sein System durchaus bezeichnen. Es ist allerdings eine ganz andere Metaphysik als die von Kant für obsolet erklärte. Es ist die Physik der polyphonen Vernunft, die *nach* der Physik des einstimmigen Verstandes kommt. In dieser Polyphonie, die dem Wesen des Dialektischen entspricht, geht es also nicht nur um die Natur der *Welt*, sondern gleichermaßen auch um die Welt*geschichte*, denn die Entfaltung des Begriffs vom *reinen Sein* bis hin zur *absoluten Idee* als der begrifflich erschlossenen Systematik des Ganzen *muss* von der Natur in die Geschichte übergehen, weil sie erst hier die Subjekt-Objekt-Einheit findet. Erst in der Geschichte kann es zu dem bewussten Begreifen jenes universalen Prozesses kommen, der in der Koinzidenz von Natur und Bewusstsein gipfelt. Genau so endet ja auch die *Naturphilosophie* der *Enzyklopädie*: „Der Zweck dieser Vor-

---

30 Rudy Rucker, *Die Wunderwelt der vierten Dimension*, München 1991.

lesung ist", sagt Hegel, „ein Bild der Natur zu geben", um in dieser „Äußerlichkeit" den Spiegel unserer selbst zu finden, in der Natur einen freien Reflex des Geistes zu sehen". (HW9, 539) Aber, und nun wird es noch einmal spannend und hochpolitisch: Dieser „freie Reflex des Geistes" wird nur in einem freien Selbstbewusstsein gespiegelt.

Hegels vielzitiertes Diktum vom „Fortschritt im Bewusstsein der Freiheit" verdankt sich nicht einer besonderen politischen Anschauung, sondern einer allgemeinen Bestimmung des Menschen im Ganzen des Universums. So bekommt die Freiheit geradezu eine ontologische Dimension, die sich in der Geschichte als Prozess verwirklicht. Zitat aus der *Philosophie der Geschichte*: „Der Orient wußte und weiß nur, daß *Einer* frei ist [also der despotische Herrscher], die griechische und römische Welt, daß *Einige* frei seien, die germanische Welt [also die christianisierte] weiß, daß *Alle* frei sind." (HW12, 134)

Hier konnotiert auch das Herr-und-Knecht-Kapitel der *Phänomenologie*. Und hier wurzelt auch Hegels *Rechtsphilosophie*, die in der *Allgemeingültigkeit* des Rechts, in seiner Gültigkeit für *Alle*, eine Manifestation des „objektiven Geistes" sieht. Hegel weiß sehr wohl, dass diese Allgemeingültigkeit freilich nur im Prinzip anerkannt ist und noch immer durch Partikularinteressen verletzt wird, die zu eklatanten gesellschaftlichen Widersprüchen führen. Im § 195 der *Philosophie des Rechts* hält er fest: Wo der Luxus „keine Grenzen hat", da „ist eine ebenso unendliche Vermehrung der Abhängigkeit und Not". (HW7, 351) Deshalb feiert er die Französische Revolution und sieht in Napoleon einen „Geschäftsführer des Weltgeistes" (HW12, 46). Nicht weil Napoleon sich in besonderer Weise dem Allgemeinwohl verpflichtet gefühlt hätte, sondern weil er in seinem überbordenden Voluntarismus den Gedanken an Freiheit, Gleichheit, Brüderlichkeit mit Macht in die Welt getragen hat und also das tat, was, wie Hegel sagt, „an der Zeit" (ebd., 46) war.

Meine sehr verehrten Damen und Herren, ich ende und sage: wenn Hegel recht hat und die „Philosophie *ihre Zeit in Gedanken erfaßt"* ist (HW7, 26), dann darf ich auch als Theologe von Ihnen noch viel erwarten. Hegel jedenfalls war begeistert von dem, was das Denken schon alles konnte. Ein letztes Zitat: „Durch das Denken war dem Positiven [dem Gegebenen] seine Macht genommen. Staatsverfassungen fielen dem Gedanken zum Opfer; die Religion ist vom Gedanken angegriffen, feste religiöse Vorstellungen, die schlechthin als Offenbarungen galten, sind untergraben worden, und der alte Glaube wurde in vielen Gemütern umgestürzt [...]. Daher wurden Philosophen verbannt und getötet wegen Umsturzes der Religion und des Staats, welche beide wesentlich zusammenhingen. So machte sich das Denken in der Wirklichkeit geltend und übte die ungeheuerste Wirksamkeit." (HW8, 71)

Constanze Kraft

Da stand die Sonne still

Biblische Maßgaben für Frauenfiguren im Werk von Peter Hacks

Vortrag auf der 8. wissenschaftlichen Tagung der Peter-Hacks-Gesellschaft „‚Mein bester Wurf ist Eva' – Geschlechterverhältnisse bei Hacks", 14.11.2015, in: Hacks-Jahrbuch 2016, hg. von Kai Köhler im Auftrag der Peter-Hacks-Gesellschaft, Aurora Verlag, Berlin 2016, S. 21–42

Das Thema dieses Aufsatzes bedarf zunächst einer definitorischen Erklärung und Beschreibung des Buches Bibel. Um es vorwegzunehmen: Die Bibel ist kein „Kirchenbuch". Sie ist auch kein Religionsbuch. Sie ist – wie andere antike Dokumente auch – Reflexion über gesellschaftliche Prozesse und Bedürfnisse in religiösem Gewand. In ihr ist Gott ein Funktionsbegriff, eine letzte Instanz, in der alle Loyalitäts- und Abhängigkeitsstränge einer Gesellschaft zusammenlaufen.[1] Sie spiegelt gesellschaftliche Situationen zum Zeitpunkt ihrer Erzählungen wider und drängt auf ihre Veränderung zugunsten menschheitlicher Verbesserung. In den biblischen Büchern werden sehr viel mehr Klassenwidersprüche verhandelt, als es auf den ersten Blick scheint. Sie enthalten eine Vielzahl von Stimmen aus einer Vielzahl von Kulturen über eine Vielzahl von Jahrhunderten.[2]

---

1 Vgl. Ton Veerkamp, *Die Welt anders. Politische Geschichte der Großen Erzählung*, Berlin 2012, S. 199.
2 Im Alten und Neuen Testament sind die unterschiedlichsten literarischen Genres enthalten. Der gesamtbiblische Entstehungszeitraum zieht sich von etwa 1200 v. u. Z bis etwa 300 n. u. Z. hin. Es finden sich Einflüsse aus den Kulturepochen und -räumen der Kreter (Skyten), Hethiter, Ägypter, Assyrer, Babylonier, Perser, Hellenen, Römer.

Mit seinem Rückgriff auf antike Stoffe begibt sich Peter Hacks in die historische Achsenzeit zwischen dem 8. und dem 2. Jahrhundert v. u. Z. Neue gesellschaftliche Themen werden in China, Indien, Nordafrika und dem Vorderen Orient, namentlich bei den Griechen und Juden, etwa gleichzeitig und in bisher nicht dagewesener Form selbstbewusst reflektiert.

Dabei kann die Epoche des Hellenismus – vom Regierungsantritt Alexanders 336 v. u. Z. bis zur Einverleibung des ptolemäischen Ägyptens in das Römische Reich 30 v. u. Z. – als eine erste Art von Globalisierung der mittelmeergeprägten Zivilisation bezeichnet werden. Nichts anderes bedeuten die Feldzüge Alexanders bis nach Indien sowie die hellenistische Umwälzung der Ökonomie hin zu einem marktorientierten Wirtschaften. Es entsteht die Geldwirtschaft, deren Entwicklung durch die Dominanz des Militärischen entscheidend befördert wird. Die Schuldknechtschaft nimmt ein bisher ungeahntes Ausmaß an. Erfahrungen des wirtschaftlichen Sterbens verstärken die Fragen nach „Auferstehung" und Theodizee. Die Erzählungen über Götter halten der Vernunft und der Realität nicht mehr stand, „Dämonisches" wird durchschaubar. Der Hellenismus bringt ebenso bedeutende Leistungen wie große Verwerfungen hervor. In den dichterischen Utopien dieser Zeit wird die Sehnsucht nach einem umfassenden Frieden artikuliert.

Dass die Geschichte der Menschheit zur einen Hälfte eine Geschichte des Klassenkampfes ist und zur anderen Hälfte eine Geschichte des Geschlechterkampfes, lässt sich in der Bibel recht deutlich ablesen. Weibliche Stimmen der antiken Gesellschaften erklingen kaum. Erst in der zweiten Hälfte des 20. Jahrhunderts gelingt es der feministischen Theologie im globalen Westen, weibliche Spuren in dem patriarchalen Buch herauszuarbeiten. In der Bibel zeigt sich der Klassenkampf als Königskampf und der Geschlechterkampf als Vorherrschaft des Patriarchats. In den biblischen Frauengestalten werden patriarchale Geschlechterverhältnisse gezielt sichtbar gemacht. Obwohl die biblischen Texte in der Regel durch männliche Redaktion geprägt sind, sind die weiblichen Stimmen in den Schriften nie wirklich zum Verstummen gebracht worden. Das macht die innere Dynamik und Potenz der Bibel aus, Anstöße für Veränderungen von gesellschaftlichen Verhältnissen freizusetzen. Sofern Menschheitsprobleme nicht gelöst sind, ist der biblische Stoff immer auch ein literarischer Stoff, der herausfordert.

Zugleich ist in der Analyse der wenigen biblischen Frauengestalten – aber doch gibt es mehr als vermutet – Überraschendes zu entdecken. In ihnen ist, wenn ihre Verschüttungen freigelegt worden sind, ein großes Maß an Emanzipation festgehalten. Dem Patriarchat unterworfen, gelingt es Frauen, selbstbestimmt zu handeln, dadurch Brüche männlicher Vorherrschaft auszulösen und so in die Gesellschaft einzugreifen. In den so agierenden Frauen werden die Unterprivilegierten wahrgenommen und gehört.

Doch nicht nur in weiblichen Figuren ist Stoff zu entdecken, der das vorherrschende männliche Denken dialektisch bricht und ergänzt, sondern auch in den Metaphern, die in der Bibel zum Tragen kommen. Die beiden Begriffe „Liebe" und „Geist" sind in der griechischen bzw. hebräischen Sprache weiblichen grammatikalischen Geschlechts und wesentlich für biblische Aussagen. Sie sind auch für das dichterische Werk von Hacks konstitutiv und unterscheiden sich inhaltlich nicht wesentlich von ihren biblischen Gegenstücken. Die Metapher Liebe zum Beispiel wird für Hacks zu einem „Systembegriff".

Hacks war ja in seiner Dichtung zunächst von der menschheitlich grundlegenden Veränderung ausgegangen, die in seinem Heimatland DDR stattgefunden hatte. In *Götter, welch ein Held!* schreibt er: *„Der wissenschaftliche Sozialismus hat seit hundert Jahren theoretisch und seit ein paar Parteitagen praktisch das Zeitalter eröffnet, wo Tugend sättigt. Nach seinen Berechnungen ziehen wir am Seil, und aus dem Brunnen steigen Frieden und, endlich versöhnt, die Schwestern Produktivität und Genuß. Aus dem Brunnen steigen der Frieden und das Glück."*[3]

Hacks war sich sicher, dass das gesellschaftlich Erreichte Bestand „haben" würde. Als er 1962 den *Frieden* schrieb, ahnte er nicht, dass die Menschheit einst brutal auf das zurückgeworfen werden würde, was er für überwunden gehalten hatte und was Rosa Luxemburg als Alternative zwischen Sozialismus und Barbarei beschrieb. So heißt es in der *Schönen Helena* von 1964: „Liebe und Rohheit, zwei Schiffe, sie fahren / Über den Ozean der Zeit. / Die Rohheit kommt abhanden mit den Jahren. / Die Liebe bleibt in Ewigkeit."[4]

Liebe in der *Schönen Helena* und anderswo im Werk von Hacks ist ersonnen als Gegenstück zu Lüge, Geistlosigkeit und Zerstörung des verhängnisvollen kapitalistischen Systems. So steht Liebe für Sozialismus und Rohheit für Bar-

3   Über Aristophanes' Komödie *Der Frieden*: Peter Hacks, *Götter, welch ein Held! Zu Der Frieden*. In: Ders., *Werke*, Berlin 2003, Bd. 15, S. 146–150, hier S. 149. (Zitate und Verweise im Folgenden als HW, mit arabischer Band- und Seitenzahl.)
4   Peter Hacks, *Die schöne Helena. Operette für Schauspieler. Nach Meilhac und Halévy*, HW 3/349–424, hier S. 424.

barei, und das Sprachbild Liebe umfasst die Systemveränderung.[5] Zwar erst
„mit den Jahren", doch in Ewigkeit wird sie bestehen bleiben. Dass etwas in
Ewigkeit bleibt, wird in der Bibel vom „Wort Gottes"[6] gesagt. Es widerspiegelt die Überzeugung, dass dieses so gehörte, erzählte und dann aufgezeich-
nete Wort eine regulierende Macht habe, die niemals außer Kraft gesetzt ist,
da sie sich gesellschaftlich durchsetzen kann. Von der Qualität eines solch eingreifenden, regulierenden, schöpferischen Wortes, das niemals vergehen soll,
ist auch Hacks' Liebesbegriff. Denn wirkliche Liebe ist erst im Sozialismus
möglich. Erst dort kann sie sich auch als gesellschaftlich tragfähige Kraft entfalten. Wohl am markantesten hat Hacks das in seinem Liebesgedicht *Venus
und Stalin* auf den Punkt gebracht: „Die Liebe und die Sowjetmacht / Sind nur
mitsammen darstellbar." (HW 1/427)

Den neutestamentlichen Begriff für Liebe kann man oftmals passender
mit Solidarität wiedergeben. Gemeint ist dann der hohe Mut zu versuchen,
in einer unsolidarischen Welt solidarisch zu leben. Damit ist die Antike zwar
weit hinter Hacks zurück, für den die Liebe Genuss und Frieden und Reichtum
und Glück enthält. Doch wem käme nicht das griechische Lied in den Sinn,
das Paulus für die Gemeinde in der Stadt Korinth umarbeitete: „Wenn ich mit
Menschen- und mit Engelzungen redete und hätte die Liebe nicht, so wäre ich
ein tönendes Erz oder eine klingende Schelle [...] Nun aber bleiben Glaube,
Hoffnung, Liebe, diese drei; aber die Liebe ist die größte unter ihnen."[7] Die
Liebe ist nach Paulus deshalb größer als Glaube und Hoffnung, weil sie das
Verhältnis der Gemeindeglieder untereinander prägen soll, ihr Tun miteinan-
der und füreinander. Es ist eine Metapher für ein unabdingbar solidarisches
Zusammenleben von Menschen in Gruppen und kleinen Zellen, die mit ihrer
Haltung zugleich den Perversitäten und Ungleichheiten des Römischen Rei-

---

5   Eine Transformation des politischen Stoffes in die religiöse Sprachwelt findet in dem *Ge-
     dicht „Als mein Mädchen zu Besuch kam"* statt. Als ihn seine Geliebte besuchte, da habe
     er, Hacks, „Von Gottes Regel / Besser als zumeist gedacht. / Und er wusste, dem Unter-
     fangen / Seiner ganzen Schöpfung Lob" (HW 1/463). Es ist das vorletzte Gedicht seiner
     Liebesliedersammlung in der Gesamtausgabe der Werke. Auch das Liebesgedicht „*Auf
     der Suche nach der weißen Göttin*" (HW 1/436–438) greift zu diesem Stilmittel.
6   Jesaja 40,8 und 1. Petrus 1,25.
7   1. Korinther 13,1 und 13; Übersetzung Martin Luthers, die Hacks grundsätzlich zu ver-
     wenden scheint. In seiner Bibliothek befanden sich eine Bibel von 1951, hrsg. von der
     Württembergischen Bibelanstalt, und eine Zürcher Bibel von 1954, hrsg. von der Ev.
     Hauptbibelgesellschaft 1963. Diesen Hinweis verdanke ich Dr. Kai Köhler.

ches zu widerstehen suchen. Dadurch leben sie einen Gegenentwurf zum Imperium Romanum. Insofern ist Liebe auch für Paulus eine Art „Systembegriff". Hacks verwendet biblische Begrifflichkeiten auch in seinen Liebesgedichten – oftmals ironisch. In Gründe der Liebe ist natürlich vom Liebes- und Geschlechtsleben die Rede, das Hacks mit der Sprache der Bibel bebildert. Er beschließt sein Gedicht, in dem die Beine der Geliebten so ganz anders enden als die seinen, mit dem paulinischen Liebeshymnus: „Wie heißt es bei Paul, / Geborenem Saul? / Habt ihr der Liebe nicht, / Ist schon was faul." (HW 1/444 f.)

Eirene

Mit der Sehnsucht nach umfassendem Frieden, die in der Achsenzeit entsteht, sind wir bei dem Frieden, den Hacks 1962 nach Aristophanes schreibt.[8] Der Frieden muss vom Himmel geholt werden. Wann wird ein Friede vom Himmel geholt, wenn nicht in einer Situation, wo Frieden ein höchst ersehntes Gut ist? Nach dem Ende der Perser- und Peloponnesischen Kriege im 5. Jahrhundert v. u. Z. war das der Fall. Nach dem mörderischen Zweiten Weltkrieg und der Grundsteinlegung für die Entwicklung des Sozialismus in der DDR sah Hacks eine ähnliche Situation – mit dem entscheidenden Unterschied, dass Eirene, die Göttin des Friedens, nun endlich vom Himmel geholt werden kann. Das Zustandekommen eines Staatswesens, in dem Ordnung, Wohlstand und Frieden herrschen, ist nun möglich. Aufschlussreich ist es, dass Aristophanes – in Bearbeitung von Hacks – den Frieden der Eirene ähnlich der Bibel beschreibt. Herbstfleiss erklärt:

Wir grüßen, Bauern, euch. Hört, was wir meinen.
Ihr mögt nun heimgehen, mögt euer Feldgerät
Abstauben und wie einst zum Weinberg wandeln.
Lanz und Harnisch tauscht in krumme Hacke
Und dreigezackte Gabel ein, und euerm Schweiß
Künd ich des Friedens Segen. Reichlich solls
Über der Erd und unter ihr euch sprießen. (HW3/234)

8 Peter Hacks, *Der Frieden. Nach Aristophanes*, HW 3/205–262.

Das ist der Widerhall der bekannten, durch politischen Missbrauch in der DDR in Verruf geratenen Worte über das Umschmieden von Schwertern zu Pflugscharen (Übersetzung Martin Luthers), das Hacks den Tausch von Lanz und Harnisch in krumme Hacken und dreigezackte Gabel nennt. Sie haben ihre Resonanz (und Herkunft) im biblischen Buch Micha: *In den letzten Tagen aber [...] von Zion wird Weisung ausgehen und des Herrn Wort von Jerusalem. Er wird unter großen Völkern richten und viele Heiden zurechtweisen in fernen Ländern. Sie werden ihre Schwerter zu Pflugscharen und ihre Spieße zu Sicheln machen. Kein Volk wird gegen das andere das Schwert erheben, und sie werden fortan nicht mehr lernen, Krieg zu führen. Ein jeder wird unter seinem Weinstock und Feigenbaum wohnen, und niemand wird sie schrecken. Denn der Mund des Herrn Zebaot hat es geredet.*[9]

Das Wandeln zum Weinberg und dessen friedfertige Bearbeitung gehören ebenfalls in den Horizont biblischer Friedensvisionen, in denen der Weinberg ein theologisches Bild für Israel und dessen intakte und unbeschädigte Partnerschaft zu Gott geworden ist.

Die Friedensgöttin Eirene wird Fülle, Auskommen, Segen bringen. Ihre Anwesenheit auf der Erde wird auch den Göttern nutzen, sie wird die Opfer reicher machen und auch das Predigen da, wo die Waffen schweigen. Eirene zürnt zwar, denn die Griechen brachen ihr die Treue und liefen Führern nach, die Kriege begannen. Deshalb mag sie dem Volk nicht gnädig sein. Sie ist schweigsam, doch sie ist ein gefeierter Zustand: „Die Oliven gedeihen / Der Krieg ist vorbei." (HW 3/260) Sie ist zudem bedroht, denn es gibt Kräfte, die sie zu behindern trachten – die Verdiener (Waffenkrämer und Helmschmied) und die Verblender (Hierokles) –, dennoch: Der Friede wird kommen. Diese Hoffnung teilt Hacks im Jahr 1962 mit Aristophanes im Jahr 421 v. u. Z. Beide feiern Frieden als erreichbar. Die preisgekrönte Komödie des Aristophanes und das Stück von Hacks sind Dichtungen über die Herstellung einer kriegsfreien Gesellschaft.

Man könnte meinen, die griechische Göttin Eirene habe ihre Parallele und Verankerung im biblischen Schalom. Doch der biblische Friedensbegriff entspricht dieser eindimensional geschilderten Friedensgöttin des Aristophanes, dem gerechten Frieden, nicht. Schalom ist im alttestamentlichen Textbefund

---

9   Micha 4,1–4 sowie Jesaja 2,1–4; ganz gegensätzlich jedoch Joel 4,10.

keine überzeitlich gültige Friedensformel, kein für alle Menschen höchstes zu erreichendes Gut. Die Grundbedeutung von Intaktheit, ungefährdeter Ganzheit, Heil, wie sie aus der semitischen Sprachwurzel *šlm* hervorgeht, ist eine abstrakte Größe und von nahezu verwirrender Breite. Der Schalom muss jeweils aus seinem literarischen und historischen Kontext erschlossen werden.

Und so ist der Tausch von Lanz und Harnisch in krumme Hacke und dreigezackte Gabel nur eine Möglichkeit von Schalom. Schalom kann aber ebenso auch Gewaltlosigkeit bei der Unterwerfung eines Gegners und damit das schiere Lebenlassen bedeuten, ein unblutiges Erobern von Territorien und die Unterwerfung des Schwächeren sowie dessen Kapitulation unter Bedingungen, die der Stärkere vorschreibt. Schalom ist dann die Herstellung eines Hegemonial-Friedens. Oftmals bedeutet Schalom zwar auch Frieden zwischen den Völkern, allerdings unter einem stark nationalistischen Gesichtspunkt: Frieden ist allzu oft Frieden nur für Israel. Ein wirklich politischer Weltfriede für alle Menschen in Gleichberechtigung ist biblisch kaum im Blick. Dieser taucht zeitlich erst später in den humanistischen Traditionen des Judentums auf. Gemeint ist vielfach ein Hegemonialfriede, eine weltumspannende Herrschaftsposition Israels, die entweder durch Selbstunterwerfung der anderen Völker, durch unblutige Zwangsmaßnahmen oder durch die Vernichtung der unbotmäßigen Völker erreicht wird. Auch die berühmten Texte Jesaja 2 und Micha 4, die aus Aristophanes und Hacks herauszuhören sind, setzen die Selbstunterwerfung der nach Jerusalem pilgernden Völker voraus.

Nun lässt sich eine merkliche Veränderung im biblischen Schalombegriff ausmachen. Die Bilder eines Friedensreiches unter der Vormachtstellung Israels werden umso größer und stärker, je weniger sie mit der tatsächlichen historischen Situation Israels übereinstimmen. Die Provinz war in ihrer nachexilischen Zeit ein immer unter fremder Herrschaft stehendes Gebilde und politisch völlig bedeutungslos.[10] Da entstehen die poetisch beeindruckenden, aber gesellschaftspolitisch unrealistischen Utopien eines Friedensreiches unter der Vorherrschaft des Volkes Israel, Texte der Sehnsucht nach einem allumfassenden Friedenszustand, die zu den großen utopischen Bildern der Menschheit geworden sind.

---

10 Es wurde auch lange Zeit von den nach Westen strebenden Persern verwaltet, die von den griechischen Stadtstaaten vernichtend geschlagen wurden. Das klingt im Frieden von Aristophanes nach.

Es klafft zudem ein Widerspruch zwischen der Möglichkeit, Frieden herzustellen, und der Wirklichkeit, ihn dauerhaft zu erhalten. Eirene ist bedroht. Hierokles gibt zu bedenken: „Noch ists nicht Zeit, Eirene zu entfesseln / [...] / Noch ists beschlossen nicht im Rat der Götter, / dass endige sich der Streit, bevor der Wolf / In ehelicher Lieb das Schaf bespringt" (HW 3/253).

Der Streit ist noch nicht zu Ende. Auch mit dieser Einschätzung ist ein biblisches Sprachbild zitiert. Zwar wird Hierokles eine der ganz großen biblischen Friedensvisionen in den Mund gelegt: Bei Jesaja heißt es: *Denn siehe, ich will einen neuen Himmel und eine neue Erde schaffen, dass man der vorigen nicht mehr gedenken und sie nicht mehr zu Herzen nehmen wird [...]. Wolf und Lamm sollen beieinander weiden; der Löwe wird Stroh fressen wie das Rind, aber die Schlange muss Erde fressen. Sie werden weder Bosheit noch Schaden tun.*[11] Doch noch ist es nicht so weit. Noch ist nicht die Möglichkeit da, dass „Wolf und Lamm" beieinander weiden. Der Frieden muss in einem schwierigen und widersprüchlichen Prozess errungen und gefestigt werden. Das gilt für die Zeit des Aristophanes ebenso wie für die Zeit des Peter Hacks. Die Widersprüche zwischen unterschiedlichen gesellschaftlichen Kräften und Interessen sind auch im anhebenden Sozialismus längst nicht überwunden.

Aristophanes wirkte etwa gleichzeitig mit der Entstehungszeit des Textes Jesaja 65. Der Micha-Text über das Umschmieden von Schwertern ist sehr viel früher, weit vor Aristophanes anzusetzen, er stammt vermutlich aus dem 7. Jahrhundert v. u. Z. In der Friedensgöttin Eirene fließen antike Sprachbilder zusammen, die auch zur biblischen Literatur gehören und deren Hoffnungspotenzial ausmachen. Ob Aristophanes die hebräische Dichtung des Jesaja-Buches kannte oder ob der Autor des Tritojesaja ein gängiges Sprachbild für den ersehnten Frieden übernahm, lässt sich nicht ausmachen.

Hacks hat die utopische Aufhebung des Gegensatzes zwischen gesellschaftlichen Wölfen und gesellschaftlichen Lämmern, der – auch – eine biblische Kategorie ist, in seine Dichtung über Eirene übernommen. Zugleich schreibt er davon, wie mühevoll es ist, Menschen für die Arbeit um den Frieden zu gewinnen und die Friedensgöttin nach verheerendem Krieg aus dem himmlischen (!) Brunnen zu ziehen: „Ein großes Unglück, liebe

---

11 Jesaja 65,17–25.

Leut, / Hojo / Mein Schätzchen fiel in Brunnen heut. / Hojo / Zieht am Strick, zieht am Strick, / Schätzchen ist mein Tag und mein Glück" (HW 3/228). Im Stück gelingt es, Eirene – schweigend und gekränkt zwar – zu bergen. Etwa 30 Jahre später ist das Glück des durch den Sozialismus herstellbaren Friedens tatsächlich in den Brunnen gefallen. Marco Tschirpke hat den Verlust dieses Schätzchens auf beeindruckende Weise vertont.[12]

Omphale

Hacks' Schauspiel um Omphale und Herakles[13] widerspiegelt die Geschichte von Simson und Delila, in der die Bibel den Herakles-Mythos verarbeitet: Simson wird in seiner Geburtsgeschichte, die im Neuen Testament in der Geburtsgeschichte von Johannes dem Täufer wieder anklingt, als ein Nasiräer angekündigt. Nasiräer verzichten auf alkoholische Getränke, nähern sich keinem Leichnam und keinem Grab und scheren sich weder Haare noch Bart. Als Nasiräer ist Simson ein Auserwählter Gottes und bleibt für die Feinde Israels unbesiegbar. Erst als er Delila sein Herz offenbart, wird er kraftlos und ein Opfer seiner Feinde.[14]

Die *Omphale* von Hacks ist auf den ersten Blick vom biblischen Erzählgut sehr weit entfernt. Eine Machbarkeit des Rollentausches der Geschlechter ist nicht das Thema des biblischen Zyklus, doch der Geschlechtertausch erhellt den eigentlichen Sinn der Erzählung. Diese setzt ja bewusst Namen: Der Name Delila bedeutet „die Schwache", während der Name Simon aus der hebräischen Wurzel für Sonne abgeleitet wird. Simson allerdings ist eine Sonne, die untergeht und eines neuen Sonnenaufgangs bedarf. Delila gelingt es nach dreimaligem Versuch, Simson das Geheimnis seiner Stärke zu entreißen. Delila ist die Schwache, die den Starken besiegt.

Indem die Bibel den Herkules-Mythos so verarbeitet, will sie theologisch vom Versagen Israels erzählen. Simson ist eine Abbildung des Volkes Israel während der erzählten Zeit des Richterbuches: Israel verfällt mit penetranter Wiederholung dem Götzendienst, gerät in Feindeshand, schreit zu Gott und

---

12 *Der Himmel ist voll Dampf. Marco Tschirpke singt Peter Hacks*, CD, Mainz 2008.
13 Peter Hacks, *Omphale*, HW 4/255–304.
14 Richter 13–16.

wird immer wieder angenommen. Doch letztlich scheitert er an seiner Treulosigkeit. Simson verkörpert dieses Schema wie kein anderer. Am deutlichsten wird dies am Augenmotiv der Erzähleinheit, die in der Blendung der Figur Simson endet.[15]

Delila nun ist die Frau auf der theologischen Erzählebene, die dazu beiträgt, die Wahrheit über Israel zutage zu fördern. In dem angeblich starken Simson konzentriert sich das Unrecht, das das Volk Israel Gott angetan hat, und in der schwachen Delila wird dieses Unrecht offengelegt. Es bedarf einer Frau, noch dazu einer Nicht-Israelitin, einer Feindin also, um zu zeigen, wie Israel in der Gestalt des Simson den Gott der Gerechtigkeit verlässt. Das ist für die Bibel die theologisch entscheidende Botschaft des mythologischen Zyklus. Und es ist die Verbindung zum Schauspiel *Omphale* von Hacks.

Denn das gemeinsame Scharnier ist die Liebe. Die Liebe führt im Simson-Delila-Mythos zum entscheidenden Positionswechsel. Simson liebt. Er öffnet Delila sein ganzes Herz[16], und das allein macht ihn angreifbar und verletzbar. Delila wird im Akt des Haarescherens zur Siegerin, Simson unterliegt. Er wird seiner übermenschlichen Kräfte entledigt. Ein Geschlechtertausch – im übertragenen Sinne – hat stattgefunden.

Auch im Stück von Hacks hat die Liebe zwischen Omphale und Herakles den Geschlechtertausch überhaupt erst ermöglicht. Die Liebe befreit die beiden dazu, aus den gesellschaftlich festgelegten Rollen auszubrechen und gegenteilige auszuprobieren. Das Experiment an sich ist schon von großer Bedeutung und befreiend für Mann und Frau, auch wenn es scheitert.

Nach dem vergeblichen Geschlechtertausch (HW 4/300) gebiert Hacks' Omphale drei Söhne: den Trompetenerfinder Tyrrhenos, den Städteerbauer Laomedon und den Königs-Hervorbringer Agelaos. Omphales biblische Parallelfigur Delila gebiert nicht, doch der Mythos dieser drei Söhne findet sich ebenfalls im biblischen Erzählgut. Hacks stellt eine Verbindung zu Kain und Abel her. Das Bruderpaar steht für Mord des Stärkeren am Schwächeren, der damit scheinbar zur menschlichen Genese dazugehört.[17] Abel bedeutet Hauch, und Abel wird durch Kain vernichtet. Doch die Bibel erzählt das nicht,

---

15 http://www.sankt-georgen.de/leseraum/boehler11.pdf, S. 7 ff. Zuletzt abgerufen am 25. 06. 2016.
16 Richter 16,13–17.
17 So die biblische Anthropogenese in Genesis 1–11, die zugleich durchbrochen werden soll.

um Rache zu rechtfertigen, sondern um Chancen zu eröffnen. Kain erhält das „Kains-Mal" auf seiner Stirn, das ihn als Mörder erkennbar macht, aber zugleich auch schützt. Und er hat Nachkommen, u. a. Jabal, den Hervorbringer, der Viehzüchter, Jubal, den Zither- und Flötenspieler, sowie Tubal-Kain, den Erz- und Eisenschmied. So spiegelt sich biblisch wider, wie sich antike Produktionsmittel, Kunst und Städtebau entwickelten.

In seinem Stück stößt Hacks Omphale also nicht zurück in die Frauenrolle, damit sie dort verharrt. Sie bleibt – glücklicherweise – Frau und gebiert mit den drei Söhnen Entwicklungspotenzial und damit Zukunft. Indem Hacks die Geburtsgeschichten um Kain und Abel mit der Omphale-Figur verbindet, wird diese zu einer befreiten Gestalt. Für die biblische Delila hat der Geschlechtertausch keine Befreiung gebracht. Sie, der für ihre Tat unerhörte 1 100 Silberstücke geboten werden, bleibt in der gesamten biblischen Erinnerungsgeschichte unerwähnt.[18] Im Verlauf der Theologie- und Kirchengeschichte wird sie zu einer Hure herabgewürdigt.

Eva

Das biblische Bild von Adam und Eva, das „vor Dialektik birst" und das Hacks mit Hegel als „das große komische Bild vom Betreten der wirklichen Welt"[19] interpretiert, hat eine Wirkungsgeschichte von kaum nachvollziehbarer Reichweite. Zu ihr gehören die moraltheologischen, die entwicklungs-psychologischen, die ethischen, die biologisch-darwinistischen, die religionsgeschichtlichen und die gesellschaftlichen Interpretationsmodelle. Wie ja auch in der biblischen Erzählung selbst verschiedene Schichten zu einer einzigen verwoben sind. Dabei ist es fraglos, dass das emanzipatorische Interpretationsmodell, das Hacks herausarbeitet, der Bibel innewohnt.

Entstehungsgeschichtlich verbirgt sich in der biblischen Erzählung auf einer ersten Ebene zunächst eine positive Darstellung der Entwicklung von

18 Simson hingegen taucht im Hebräerbrief als jemand auf, der durch den Glauben Königreiche bezwungen habe (Hebräer 11, 32 f.).
19 Peter Hacks, Über Adam und Eva, HW 15/184–190, hier S. 188 f. Hacks' Stück *Adam und Eva* findet sich in HW 4/373–451.

Mann und Frau: Gott baute eine Frau aus der Rippe, die er von dem Menschen nahm, und brachte sie zu Adam. Und Adam nannte seine Frau Eva; denn sie wurde die Mutter aller, die da leben.[20] Das ist vermutlich der ursprüngliche Kernbestand des Mythos. Er steht in seiner wertfreien Beurteilung der Geschlechter auf einer Ebene mit der sogenannten ersten Schöpfungserzählung, in der es heißt: „Gott sprach: Lasset uns Menschen machen, ein Bild, das uns gleich sei. Und Gott schuf den Menschen zu seinem Bilde, zum Bilde Gottes schuf er ihn; und er schuf sie als Mann und Frau."[21]

Auf die ursprüngliche Erzählung über die Entstehung des Menschen lagert sich nun eine Schicht, die dem Menschen prometheische und epimetheische Fähigkeiten zuspricht. Der Mensch ist zwar biologisch begrenzt, doch in seinem Erkenntnisvermögen verfügt er über göttliche Fähigkeiten. Der Mensch will erkennen und darf erkennen, und die Schlange – das Bild für Verführung, aber auch für Heilung – hilft dabei.

Auf einer weiteren Ebene ist der Adam-und-Eva-Mythos „sündentheologisch" bearbeitet und in mehreren Schichten zu einer „Fallgeschichte" erweitert worden. Dass die Suche nach Erkenntnis dabei von der Frau ausging, veranlasste die Kirche, aus dem Mythos eine „Erbsünde" durch die Frau zu konstruieren. Doch der Begriff „Sünde" steht nicht im biblischen Text, und schon gar nicht „Erbsünde". Diese sogenannte Lehre ist eine Ausgeburt strukturell männlich konnotierter Macht bis heute. Nichts von weiblicher Verführung und moralischer Deklassierung der Frau ist im biblischen Text zu finden.

---

20 Genesis 2,22 und Genesis 3,20. Eine der hebräischen Sprache angemessenere Übersetzung lautet: „Dann formte Gott die Seite, die er dem Menschenwesen entnommen hatte, zu einer Frau um und brachte sie zu Adam, dem männlichen Menschenwesen." Der hebräische Begriff „Adam", d. h. Mensch, umfasst beide Geschlechter. In Genesis 2 wird aus dem ersten, offenbar androgynen Menschen (Adam) durch Entnahme einer „Seite" (das Wort heißt sonst nie Rippe) das Gegenüber von Mann und Frau. Dennoch spricht der Text weiter vom „Menschen" bzw. vom „Menschen und seiner Frau". Dieses extreme Beispiel inklusiver Sprache kann nicht durch eine Wiedergabe von Adam mit „Mann" oder die Umwandlung von „Adam" in einen Eigennamen entschärft werden, denn was zu diesem „Menschen" z. B. über Tod und Arbeit in Genesis 3,17–19 gesagt wird, gilt eben auch für die Frau, bei der nur noch Weiteres hinzukommt (Genesis 3,16). Verschiedene Varianten wie „Mensch als Mann", „männlicher Mensch", „Mann-Mensch" sollen diesem Sprachgebrauch gerecht werden. Auch wenn Hacks eines seiner intensivsten Liebesgedichte der Rippe widmet (HW 1/418), ist und bleibt der Begriff „Rippe" eine Übersetzungswillkür Martin Luthers, die eine verhängnisvolle Wirkungsgeschichte nach sich zog.
21 Genesis 1,26 f.

So stellen die Strafsprüche auch keine religiös vorherbestimmte Weltordnung dar, sondern Lebenswirklichkeiten. Verflucht wird nur die Schlange. Die Strafsprüche beschreiben die soziale Situation ihrer Entstehungszeit in der damaligen Levante mit ihren harten Lebensbedingungen. In der Zeit der aufkommenden Latifundienwirtschaft bedeutete Ackerbau in der Regel mühselige Bewirtschaftung des Bodens, Mangel und strukturelle Armut. Der Strafspruch über die Frau,[22] der Schwangerschaftsbeschwerden und Schmerzen beim Gebären sowie die Herrschaft des Mannes über sie ankündigt, widerspiegelt die Mühseligkeit der Vermehrung und Erhaltung des lebensnotwendigen Familienverbandes sowie die unumgehbare wirtschaftliche Abhängigkeit der Frau vom Mann im Patriarchat.

Auf einer nächsten biblischen Ebene hingegen wird Eva zum Brennpunkt für das Leben an sich. In der deuteronomistischen[23] Theologie heißt es, der Mensch habe die Wahl zwischen „dem Leben und dem Guten, dem Tod und dem Bösen", und wenn das Regelwerk des gerechten Zusammenlebens, Tora genannt, befolgt werde, werde er leben und sich vermehren[24]. Für viele Stimmen der Bibel liegt es in der Macht und dem Vermögen des Menschen, über Überleben oder Untergang selbst zu entscheiden. Der Mensch hat die Freiheit der Wahl zwischen Gut und Böse. Möge er das Leben wählen.

Das Leben zu wählen heißt Eva wählen. Der Name stammt von hebräisch *chawwäh*, übersetzt „Leben". Die Bibel nennt Eva die „Mutter alles Lebendigen"[25] und setzt damit wieder Aufgeklärtes gegen Mythologisches: Nicht durch göttliche Erschaffung, sondern durch Fortpflanzung setzt sich die Menschheit fort. Nicht durch Gott, sondern durch sich selbst überlebt die Menschheit.

So wird Eva in der biblischen Erzählung zur Wiege der Menschheit. Sie gebiert drei Söhne: Kain, Abel und Schet. Schet bedeutet Setzling, also Ersatz für Abel. Die Erzählung interpretiert das auch sogleich: „Gesetzt hat Gott mir einen anderen Samen für Abel, weil Kain ihn erschlug. Und Set zeugte auch einen Sohn und nannte ihn Enosch"[26] (scil. sterbliche Menschheit). Eva,

---

22 Genesis 3,16.
23 Unter Deuteronomisten wird eine Schule von judäischen Theologen zusammengefasst. Die Deuteronomisten schrieben in spätexilischer und vor allem frühnachexilischer Zeit und bildeten die führende Gruppe unter den Heimkehrern.
24 Deuteronomium 30,15 f.
25 Genesis 3,20.
26 Genesis 4,25 f.

Mutter des Lebens, ist in der Bibel nicht die große Sünderin. Sie hat nicht die männliche Menschheit verdorben. Eva ist Mutter aller derer, die da leben. Sie ist die Hervorbringerin des menschlichen Lebens schlechthin. Eva ist der weibliche Mensch der Zukunft. Auch für die Bibel ist Eva ihr „bester Wurf".

Pandora

Von allen Dramen, die Hacks schrieb, hat *Pandora*[27] wohl die größte Nähe zur Bibel. Nicht im konkreten oder wörtlichen Detail, sondern in der Ausrichtung, im Geist, im Urziel, in der Stoßkraft. Das, was Hacks' Pandora verkörpert, beinhaltet auch das Hoffnungsgut der Bibel.

Es geht um die Sehnsucht nach der „Allesgeberin" Pandora, die erwartet wird als Hoffnungsgut einer ersehnten und erneuerten Welt.[28] Wenn *Adam und Eva* als „Komödie der Menschwerdung" bezeichnet werden konnte – und zwar nicht nur im biblischen Sinne, sondern als Drama des Menschen in Auseinandersetzung mit einem Mythos –, so kann die Pandora wohl als Drama der Hoffnungsbegründung schlechthin benannt werden, Begründung von Menschheitshoffnung. Denn „Vorn, Pandora, dort / Im Ungewesnen, werdend bist du seiend mir. / [...] Sie lieb ich, die Kommende." (HW 6/122–125)

Hacks greift mit „werdend, seiend, kommend" einen der biblischen Gottesnamen auf, freilich einen sehr entscheidenden.[29] So macht er deutlich, dass die in Gottesbegriffe gekleidete biblische Hoffnung auf eine Erneuerung der Welt ein Hoffnungsgut für die gesamte Menschheit ist, weit über die Bibel hinaus. Ihren Ermöglichungsgrund hat die Hoffnung Pandora im So-

---

27   Peter Hacks, *Pandora*, HW 6/61–133.
28   Vgl. Bernadette Grubner, *Kunst ist vorgestellte Praxis*, in: *Das Drama nach dem Drama: Verwandlungen dramatischer Formen in Deutschland seit 1945*, hg. von Artur Pełka und Stefan Tigges, Bielefeld 2011, S. 78–87.
29   In Exodus 3,14 wird Gott genannt: „Ich werde sein, der ich sein werde." Das jedoch ist die Übersetzung Martin Luthers, die wiederum zeitbedingt und willkürlich ist. Sie suggeriert einen Seinsbegriff Gottes, der ewig, unwandelbar und unteilbar sei. In der Lutherschen Übersetzung hallt scholastische Gotteslehre nach, die sich ihrerseits aus Aristoteles speist. Sehr viel näher der hebräischen Denk- und Sprachweise kommt die Übersetzung der vier hebräischen Radikale יהוה des Gottesnamens durch Martin Buber: „Ich werde (für dich) da sein, als der ich (für dich) da sein werde." Damit ist die durch und durch handlungsorientierte hebräische Sprache, in der das Verb immer an vorderster Stelle eines Satzes steht und so soziale Haltung kennzeichnet, sehr angemessen wiedergegeben.

zialismus gefunden, in dem „Die heilge Stunde vollversöhnten Kräftestreits" (HW 6/122) währt und wirkt.

Das entscheidende Element dabei ist die Arbeit. Der Grundwiderspruch zwischen vergesellschafteter Arbeit und privater Aneignung des Mehrwerts dieser Arbeit besteht nicht mehr. Die in einer Gesellschaft existierenden prometheischen und epimetheischen Kräfte geraten nicht mehr aneinander, bilden kein feindliches Gegenüber mehr. Sie sind miteinander verbunden zugunsten einer Sache, die errungen werden muss. Aus der Arbeit entwickeln sich – endlich – Heil und Heilung für die Menschen, das ersehnte Heil-Sein ihrer Existenz. Wahrhafter Fortschritt der menschheitlichen Entwicklung kann beginnen. „Wenn so Erzeugung Arzt ist eigner Todesgefahr, / Werkfleiß kein Schrecknis aufwirft, das nicht Werkfleiß stillt, / Heißt Heilung: Arbeit, grüß ich dich Heilbringenden." (HW 6/127)

Pandora ist diese heilbringende Arbeit, und die heilbringende Arbeit ist Pandora. Hacks nennt sie Menschenherrin. Sie ist ein Urgut, und dieses Urgut zu heben wird immer wieder erhofft. Es liegt ganz vorn in der Zukunft und wurzelt doch tief in der Vergangenheit. Es ist der unauslöschliche Wunsch des Menschen nach lebensermöglichenden Verhältnissen.

Wenn Arbeit Heilung bedeutet, dann wächst die von Prometheus so tatkräftig vermehrte Erde in die Träume des Epimetheus hinein. Es ist die nicht mehr entfremdete Arbeit, die die Tat des Prometheus zum Befreiungswerk des Epimetheus wandelt: „Wenn sich der Inhalt wiederfindet einst zur Form, / Bin ich auch dir zurückgegeben und der Welt." (HW 6/126) Und Pandora kommt.

Damit treffen sich die Pandora-Gestalt von Hacks und grundlegende Texte der Bibel in unüberbietbarer Weise. Es gibt in der Bibel in großer Zahl Schilderungen handwerklicher Tätigkeiten (sogar, dass Gott die Erde erschaffen habe, wird als „Arbeit"[30] bezeichnet), doch der Akt des Feierns und Ausruhens ist von herausgehobener Bedeutung. Der Sabbat, das Sabbatjahr nach sieben Jahren und das Jobeljahr nach sieben mal sieben Jahren, in das auch die Sklaven und Sklavinnen, die Nutztiere, der Ackerboden, der Besitz einbezogen werden sollen, sind unantastbare Werte. Das Gebot des Feierns und Ausruhens setzt Schutzzonen vor ausbeutender Arbeit. Den bi-

---

30 Genesis 2, 2f.

blischen Texten geht es nicht um die „Menschwerdung des Menschen durch Arbeit", sondern um die Mensch-werdung des Menschen durch Ausruhen und Feiern. Die ökonomische Ordnung der Tora mit ihren am Schutz des arbeitenden Menschen orientierten Grenzen will vor einer ausplündernden Ökonomie bewahren. Viele biblische Texte sprechen deutlich gegen antike Kapitalakkumulation, sei es in Ägypten oder Assyrien, bei der Etablierung eines israelitischen Königshauses oder bei einer reichen Besitzerschicht im eigenen Land.

Und so findet ein atemberaubender Brückenschlag zwischen dem Hacks-Stück und der antiken Bibel statt. Nicht der Vater der Arbeit, Prometheus, ist es, der die – durch ihn selbst bewerkstelligte – Befreiung genießt. Die Zukunft gehört der schönen Kunst, der Liebe und der Muße, biblisch gesprochen: dem Sabbath. Nach ihrem entschiedenen Streit um den Sinn der Arbeit, die Lebensgrundlagen zugleich zerstört und befördert, billigt Epimetheus dem Bruder die Pandora zu: dem Tätigen solle erworbene Habe gehören, durch sein Werk habe Prometheus die Menschheit geschaffen, er habe Pandora verdient. Doch die Antwort Prometheus' geht in die entgegengesetzte Richtung: „Dein Anspruch, Epimetheus, wiegt millionenfach, du liebest sie." (HW 6/132)

Diese Liebe des Epimetheus ist eine postrevolutionäre Tat, die keine Tat mehr ist, sondern Haltung. Sie ist ein Wert über sich hinaus, nicht abgeschlossen, sondern in die Zukunft hinein, jenseits von Sozialismus oder Kapitalismus. Dieser Triumph des Epimetheus ist das eigentliche Skandalon, wie es Hacks selbst genannt hat: „Epimetheus' Sieg indessen zeigt, daß die klassische Kapitalismuskritik bis auf den heutigen Tag die weiterreichende geblieben ist und über die des Sozialismus hinausgeht; die Verklärung des Epimetheus ist die unverfrorenste und aufregendste aller Vorwegnahmen."[31]

Dass Epimetheus Pandora, die Allesgeberin, die heilbringende Arbeit, die versöhnte Arbeit in Liebe herbei-erwartet und sie kommen sieht – „kommend, werdend, seiend" –, ist eine Menscheitsutopie, der es um das Weltganze geht. Auch die biblische Hoffnung ist so gefüllt: Die Erde und der Himmel sind neu, in der Gegenwart geschieht Befreiung, Zerstörtes wird wiederher-

---

31 Grubner, a.a.O., S.82.

gestellt, der Tod bleibt ohne Wirkung, Gerechtigkeit herrscht.[32] Es gibt einen neuen Exodus, ein neues Jerusalem, ein tatsächliches Friedensreich, ein neues, erkenntnisreiches Volk. Es gibt Auferstehung aus tödlichen gesellschaftlichen Verhältnissen.

Das biblische Hoffen ist zugleich ein tätiges Abwarten, ein gelassenes Drängen, eine polemische Haltung. Denn sofern sich die Bibel utopischer Sprach- und Gedankenbilder bedient, sind diese „von vornherein und unlöslich mit Ansprüchen an menschliches Handeln verbunden".[33] Das ist ein wesentliches Moment für die biblische Utopie – die Entstehung von Gerechtigkeit durch Tun von Recht. Promethisches und Epimethisches gibt es auch hier. So werden biblische Utopien zu Handlungsorientierungen. Sie führen der Welt eine bessere Welt vor Augen und üben damit implizit Kritik an bestehenden Verhältnissen. So kann eine Gegenwart bewältigt werden, die in Pandora überwunden sein wird.

Zugleich bleibt solcher Fortschritt aber auch immer unerfüllbares Hoffnungsgut. Denn „Wenn sich die Menschheit längst gerettet hat, / muss sich der Mensch noch immer selber retten."[34] Das sagt Numa, dem die Befreiungstat noch am bisher weitestgehenden gelungen ist. Und dass es auch Situationen gibt, die keinerlei Utopie hervorbringen, zeigt das biblische Markusevangelium. In diesem Stück Kriegs-Trauma-Literatur kommt der Begriff „Hoffen" nicht vor – er kommt nicht *einmal* vor! Für Markus gibt es keine Pandora.

Semiramis

Wenn *Pandora* die größte Nähe zum Geist der Bibel atmet, dann gilt für die *Jona*-Tragödie[35] das Gegenteil. Wenig nur nimmt Hacks aus dem biblischen Stoff als Vorlage für sein Trauerspiel. Denn der biblische Jona ist kein souveräner Beobachter, kühler Kommentator und Analyst wie der der Tragödie.

---

32 Jesaja 65,17–25.
33 Friedrich-Wilhelm Marquardt, *Eia, wärn wir da – eine theologische Utopie*, Gütersloh 1997, S. 24.
34 Peter Hacks, *Numa*, HW 4/305–371, hier S. 368.
35 Ders., *Jona. Trauerspiel in fünf Akten*, HW 6/403–487.

Im Gegenteil, er ist Betroffener, und an seiner Gestalt repräsentiert sich eine Krise Israels. Weder ist der biblische Jona ohne Verbindung zu Gott (vgl. HW 6/447) – im Gegenteil, er hört ihn, betet zu ihm, streitet sich mit ihm, noch ist er besonnener als Gott (vgl. HW 6/473) – im Gegenteil, Gott ist so besonnen, dass er umkehrt und von seiner Verurteilung Ninives Abstand nimmt. Weder treiben der biblische König, seine Beamten, das Volk und die Tiere das bösartige Spiel eines verrotteten Staatswesens bis ins Unerträgliche – im Gegenteil, sie tun alles (auch ökologisch Unsinniges wie das Fasten der Tiere), um die Katastrophe abzuwenden, noch gibt es im biblischen Buch die Feindeskonstellation Assur, Babel, Ararat – im Gegenteil, alles ist einseitig in der Bosheit des assyrischen Ninive begründet. Weder gibt es im biblischen Buch eine Königin, eine Tochter, einen Feldherren oder eine Geisel (anstelle all dessen ist die breite Auffächerung der Bevölkerungsgruppen – internationale Seeleute, Volk, Elite – konstituierend für die Grundaussage des Buches), noch gibt es einen Walfisch und einen Kürbis.[36] Und während der biblische König aufgrund einer Bürgerrevolte[37] – nicht etwa aufgrund seiner eigenen Initiative – die Vernichtung zu verhindern trachtet, ist die sogenannte „Buße" der Semiramis Teil ihres niederträchtigen Spiels, das zum Staatszusammenbruch führt. Beide Stoffe – das biblische Buch und Hacks' Tragödie – gleichen sich im Gegenteiligen.

Hacks verwendet die biblische Jona-Situation, um zum Thema „Niedergang" der DDR sein eigenes Drama zu entwickeln. Sicherlich meint Semiramis niemand anderen als den wankelmütigen Erich Honecker. Es sei an Hacks' eigene Worte erinnert: „Die Semiramis [...] ist ein empfehlenswertes Stück, und ein überaus anwendbares, falls Sie einen König haben, der nicht recht weiß, was er will."[38]

Dennoch bleibt Hacks nicht bei der Situation der DDR. Wie immer geht es ihm um das Weltganze. Das Stück atmet den System-Niedergang. Sonst hätte er nicht in seiner bitterbösen Abrechnung mit der Außenpolitik (Honeckers) in „*Jona. Beiwerk und Hintersinn*" das Ende der Außenpolitik den Anfang der Geschichte genannt. Denn dann würde die Außenpolitik ersetzt sein durch den Weltinnenfrieden und dieser wiederum hätte seine Voraussetzung durch

---

36 Wie auch der Apfel im Adam-und-Eva-Mythos kein Apfel ist, sondern schlicht eine nicht näher bestimmte Frucht.
37 Jona 3,5 f. Der König reagiert auf eine Demonstration der Bevölkerung.
38 Zitiert nach Rainer Neuhaus, *Peter Hacks' Blick auf Voltaire*, in: ARGOS. Mitteilungen zu Leben, Werk und Nachwelt des Dichters Peter Hacks (1928–2003) 5 (2009), S. 474.

den Welt-Klassenfrieden (HW 15/301). Zwar walten auch Bosheit, Lüge und Unfähigkeit für die Staatskunst in Hacks' Stück, doch vor allem mangelt es am Welt-Klassenfrieden, und dieser Mangel führt zum Niedergang „Ninives". Hacks' Jona-Tragödie ist ein Menschheits-Stück, eine Menschheits-Tragödie. Deshalb positioniert er seinen Jona auch mit folgender Selbstvorstellung im Thronsaal von Ninive: „Herr Hofrat Jona aus Jerusalem / Für alle Menschen auf dem Runde der Erde" (HW 6/451).

Das biblische Buch Jona hingegen ist das Produkt innerjüdischer Auseinandersetzungen. Es thematisiert die Frage, inwieweit sich Israel öffnen soll, ob es andere kulturelle und gesellschaftliche Einflüsse zulassen kann oder besser „unter sich" bleiben solle. Dieser Disput ist im Zusammenhang mit dem Erstarken des Hellenismus und seinen Verwerfungen zu verstehen. Orthodoxe biblische Stimmen plädieren für einen Ausschluss Fremder, um den Gesetzeskorpus Tora in einem geschützten Raum praktizieren zu können. Nur so wäre nationale und religiöse „Reinheit" abzusichern und die Tora zu erhalten. Liberale biblische Stimmen plädieren für eine Öffnung gegenüber Fremden, indem sie darauf verweisen, dass die Tora auch im ungeschützten Raum gelebt werden kann. Zugleich enthält die Jona-Erzählung apokalyptische Vorstellungen von einem die bedrückenden Verhältnisse umstürzenden Gott.[39] Insofern ist es ihr um Untergang zu tun.

Das geht nicht ohne Konflikte und Kontroversen in der Beurteilung der Großmacht-Politik für das kleine Israel ab. Diese schlagen sich im Buch als Verwirrungen, Unklarheiten und Streit um Gerechtigkeit nieder: Der Untergang der Großmacht wird angekündigt, aber er findet nicht statt. Die Figur Jona mutiert zu einem falschen Propheten. Der fremde König nimmt den Protest der Bevölkerung auf und revidiert seine Politik. Gott verschont den Verderber. Die Bedrohung, der sich Israel durch Ninive ausgesetzt sieht, bleibt bestehen. Gott korrigiert sich. Nicht alles läuft wie geplant.

---

39 Die Erzählung verhandelt zeitgenössisches Unbehagen am Hellenismus am Beispiel der ehemaligen Großmacht Assyrien und seiner Hauptstadt Ninive. Das historische Ninive existiert zwar nicht mehr, als etwa 300 Jahre später die Jona-Erzählung aufgezeichnet wird, es wurde durch Meder und Babylonier am 10. August 612 v. u. Z. zerstört. Doch die Stadt gilt in der hellenistischen Zeit als Inbegriff allen Übels, als Erfinderin der Massendeportationen, als Urbild für Gewalttätigkeit und Zerstörung überhaupt. Indem die Erzählung den Systemdruck des Hellenismus auf das vergangene Assyrien projiziert, formuliert sie den Wunsch für ihre eigene Zeit, die Macht Alexanders des Großen vernichtet zu sehen

Vor allem: Gott, die höchste Instanz, widerruft seinen eigenen Beschluss. Warum? Soll also das Gemeinwesen Israel weiter bedroht bleiben? Diese Frage beantwortet das Buch unmissverständlich: „Sollte ich nicht bekümmert sein wegen Ninive, der riesigen Stadt, in der es mehr als 120.000 Menschen gibt, die nicht zwischen rechts und links zu unterscheiden vermögen, und außerdem viel Vieh?"[40]

Die Verschonung Ninives wird biblisch damit begründet, dass diese Stadt zwar ein Ort des Unrechts, doch auch ein Ort unendlich vieler Lebewesen ist, zwar ein Symbol für Unterdrückung, doch auch ein Ort für Zivilisation. Diese wurde über viele Generationen aufgebaut und bot vielen Menschen Lebensraum – Überlebensraum. Zwölf ist immer das Ganze, 120.000 Menschen sind 12 mal 10.000, ein Ausdruck für eine Unmenge, für Myriaden. Ninive ist ein verruchtes System, doch es gehört auch Verteidigungswürdiges zu ihm.[41] Wenn Ninive zerstört wird, wird ein unendlich komplexes Ganzes zerstört.

Bei Hacks spricht nicht Gott, sondern Jona. Jona begründet die Verschonung Ninives so: „Es widerstrebt einfach dem Stilgefühl. Es verstößt gegen den guten Ton. Ein Weltuntergang, was immer für ihn spricht, er bleibt ein geschmackloses Ereignis." (HW 6/485) Diese unnachahmliche Sentenz enthält die theologische Aussage des biblischen Buches. Die Menschheit soll, darf nicht untergehen.

Zwar beantwortet das biblische Buch die Frage, warum das Ninive-System verschont bleibt und weitermachen darf, nicht unmittelbar. Doch bietet die Bemerkung, dass die Leute nicht zwischen rechts und links unterscheiden könnten, einen Perspektivhinweis. Israel mit dem Gesetzeskorpus Tora in der Hand ist durchaus in der Lage zu wissen, wo rechts und links für eine gerechte Gesellschaft ist. Die DDR Honeckers hätte genug an der Hand gehabt, den Staat wenigstens zunächst und im kleinen Maßstab zu erhalten und weiterzuentwickeln. Doch von der DDR blieb ein Trümmerhaufen. In Hacks' Jona-Tragödie führt nach Abdankung der Semiramis die Staatsgeschäfte der als Bastard mit Bier großgezogene Tölpel Gotthelf weiter. Das ist

---

40 Jona 4,11.
41 „In Assur denken alle Menschen viel, / Und selbst die Frauen, weiß ich, sind Gelehrte / Und haben Kenntnis von dem Weiten Ganzen / Und sprechen von dem Staat so unterrichtet, / Mit solch beschlagner Hurtigkeit, wie ich / Von meiner Robe nur und meinem Wagen / Zu sprechen wüßte" (HW 6/424).

grotesk und ekelhaft – und ein Sieg des für überwunden Geglaubten auf der ganzen Linie. Die eigentliche Frage für das Thema jedoch ist, warum Hacks aus dem namenlosen König des biblischen Buches eine Königin Semiramis macht. Die Figur Semiramis der Antike kann so manches sein – Heldin oder Königin, Göttertochter oder Gründerin Babylons. Mit der historischen assyrischen Königin Sammuramat, die etwa 840 bis 788 oder 810 bis 782 v. u. Z. lebte, teilt sie höchstens den Namen. Aus dieser Sammuramat, deren politischer Tatkräftigkeit sich ein stabiles und mächtiges Staatswesen verdankt,[42] macht Hacks eine Semiramis der Legende, die auf niederträchtigste Weise ihr Gemeinwesen zugrunde richtet. Warum gibt Hacks in der Jona-Tragödie, die das Ende der DDR vorwegnimmt, einer Frau eine solche Schlüsselstellung?

Die Antwort auf diese Frage kann meines Erachtens nur so lauten, dass Hacks die Semiramis von 1986 als ein Gegenbild zu Eirene, der Friedensgestalt von 1962, entwirft und somit noch einmal sein Urteil über die politische Ulbricht-Ära und die politische Honecker-Ära der DDR literarisch verarbeitet. „In der gesichert erscheinenden DDR der 60er und 70er Jahre hatte Hacks seine postrevolutionäre Dramaturgie entwickelt: Auf der Basis dessen, was er für erreicht hielt, sollte Kunst zum poetischen Vorschein künftiger Versöhnung werden", schreibt Kai Köhler.[43] Der *Frieden* von 1962 stellt dar, wie diese künftige Versöhnung errungen, heruntergeholt, herausgezogen wurde. Dabei bleibt Eirene eine schweigende, zerbrechliche Figur. Ein Vierteljahrhundert später hat Semiramis die Eirene zerschlagen. Der Dreistigkeit ihrer politischen Intrige war die Zerbrechlichkeit des Friedens nicht gewachsen.

---

42 Zahlreiche Inschriften, so heißt es, beweisen, dass sie eine außergewöhnlich mächtige und tatkräftige Frau gewesen sein muss. Es ist zu ihrer Zeit gelungen, das assyrische Reich zu stabilisieren, die Angriffe der Meder zurückzuschlagen und die Aramäer nicht nur zu besiegen, sondern sogar deren obermesopotamisches Machtzentrum Gozan zu erobern und dem Reich einzuverleiben. Auch innenpolitisch werden Šammuramat beachtliche Erfolge nachgesagt durch eine funktionierende Verwaltung und Gerichtsbarkeit und nicht zuletzt durch rege Bautätigkeit. Vom griechischen Historiker Herodot, der auf seinen Reisen um 450 v. u. Z. das damals persische Babylon besuchte und nach assyrischer Geschichte forschte, wird ihr unter anderem die Anlage eines großen Bewässerungssystems in der Euphrat-Ebene zugeschrieben.

43 http://www.literaturkritik.de/public/rezension.php?rez_id=831, zuletzt abgerufen am 29.06.2016.

Die Sonne

Neben den Frauen-Figuren der Dramen, in denen sich Gesellschaftliches verkörpert und bricht, steht in den Gedichten von Hacks die Frau oftmals als
Geschlechtspartnerin im Vordergrund. An einem augenfälligen Beispiel soll
gezeigt werden, mit welcher Heftigkeit Hacks Sexualität unter der Maßgabe
der Bibel in Poesie fasst: Es geht um die Gleichsetzung von Sexualität mit
einer außerordentlichen meteorologischen Erscheinung. Hacks vergleicht die
körperliche Vereinigung von Mann und Frau mit einem „Sonnenstillstand",
der ihn angeblich sogar religiös mache. Die Sonne als Zentrum des Planeten-
systems steht still in der körperlichen Begegnung von Mann und Frau, im
körperlichen Höhepunkt der Liebesbeziehung zweier Menschen. Die Ruhe
nach dem Akt wird verglichen mit dem Ruhen des Zentrums des Planeten-
systems selbst.

So heißt es in dem Gedicht *Schneller, schneller*: „Und das Lärmen des Planeten / Scholl auf einmal minder schrill. / Mir war irgendwie nach Beten, / Falls
mir wer das glauben will. / Herz und Sinn und Hände ruhten, / Und für zwei
bis drei Minuten / Stand wie einst die Sonne still." (HW 1/57 f.)

Das nun ist kühn und ganz der Ekstase entsprungen, die sich poetisch nie-
derschlägt. Hacks ruft hier ein Bild aus dem biblischen Buch Josua auf: *Der
HERR sprach zu Josua: Fürchte dich nicht vor den fünf Königen der Amoriter; denn ich
habe sie in deine Hände gegeben. Niemand unter ihnen wird vor dir bestehen können.
So kam Josua plötzlich über sie; [...] Und der HERR erschreckte sie vor Israel, dass sie
eine große Schlacht schlugen bei Gibeon, und sie jagten ihnen nach [...]. Und als sie vor
Israel flohen den Weg hinab nach Bet-Horon, ließ der HERR große Steine vom Himmel
auf sie fallen bis Aseka, dass sie starben. Und von ihnen starben viel mehr durch die
Hagelsteine, als die Israeliten mit dem Schwert töteten. Damals redete Josua mit dem
HERRN an dem Tage, da der HERR die Amoriter vor den Israeliten dahingab, und er
sprach in Gegenwart Israels: Sonne, steh still zu Gibeon, und Mond, im Tal Ajalon ! Da
stand die Sonne still und der Mond blieb stehen, bis sich das Volk an seinen Feinden gerächt hatte. Ist dies nicht geschrieben im Buch des Redlichen? So blieb die Sonne stehen
mitten am Himmel und beeilte sich nicht unterzugehen fast einen ganzen Tag.*[44]

Gleich dreimal steht die Sonne still.

---

44 Josua 10,8–13.

Wir haben es hier mit einer auch für die Bibel äußerst martialischen Metapher zu tun. Sie dient dazu, eine Begebenheit besonders hervorzuheben und damit ihre Bedeutung zu unterstreichen. Denn es geht in der Erzählung um die Gewinnung von Land durch Israel. Um Siedlungsmöglichkeiten zu erobern, müssen andere vertrieben werden.[45] Und um dieses Land, in dem nach biblischem Verständnis und in biblischer Absicht ein humanes Gemeinwesen errichtet werden soll, für diesen Zweck zu gewinnen, wird das Universum bemüht. Die Sache ist den biblischen Erzählern so wichtig, dass sie ein solch irrsinniges Bild wie einen Sonnenstillstand entwickeln und Steine vom Himmel herabstürzen lassen. Wie zu lesen ist, stürzen die Steine auch nicht nur punktuell, sondern eine ganze Wegstrecke entlang, der Himmel erschlägt die Feinde sozusagen reihenweise. Und so bleibt auch die Sonne stehen. Dreimal.

Die Redewendung „Da stand die Sonne still" ist zu einem Ausdruck für einen Höhepunkt schlechthin geworden, für einen Umbruch sondergleichen, für bisher Unerreichbares, für eine extreme Erfahrung. So verwendet ihn auch Hacks in seinem Gedicht. Die Sonne steht still, wo das Glück der sexuellen Vereinigung erreicht ist und die menschheitliche Sehnsucht nach Einssein von Körper, Geist und Seele erfüllt wird.

Dass Hacks erfüllte Sexualität mit dem biblischen Sonnenstillstand in Verbindung bringt, ist ein Ausdruck für die Größe dieses Vorgangs. Erfüllte Sexualität gehört zur Menschwerdung dazu. Nicht minder kann davon gesprochen werden als im Bild eines Himmelkörpers, der stillstehen muss, wo sich auf der Erde Entscheidendes tut.[46]

Eines allerdings ist bei Hacks' Berufung auf die Bibel in dem Gedicht *Schneller, schneller* unbefriedigend: In der Bibel stand die Sonne fast einen ganzen Tag lang still.[47] Bei Hacks sind es nur zwei bis drei Minuten.

---

45 Die Erzählung zeigt, dass der Streit um das Land, der im Nahen Osten geführt wird, schon Jahrtausende andauert.

46 Dass für den Dichter die Sexualität in Liebe als Einheit besungen wird, die den entwickelten Menschen ausmacht, also universale Bedeutung hat – und zum Universum gehören die Planetensysteme –, wird auch durch ein Stilmittel in der Komödie *Adam und Eva* gestützt. In dem Moment, wo Eva von der Frucht isst, tritt ein Klimawandel ein. Den sonnigen, fruchtbaren, paradiesischen Garten überziehen Kälte und Schnee. Die Stabilität der Sonne hat einen Bruch erfahren. Entscheidendes ist vor sich gegangen. Der Biss in die Frucht stellt den Moment dar, wo Eva und Adam die wirkliche Welt betreten und das Paradies gewinnen, indem sie es verlieren (HW 4/451).

47 Josua 10,13f.

Dieter Kraft

Stalin – eine schwarze Legende

Vortrag auf der Gedenkveranstaltung des Marx-Engels-Zentrums (MEZ) am 24.11.2018: „Domenico Losurdo – Was wir von ihm lernen können"

Ich bin kein Historiker. Aber vielleicht hat mich Andreas Wehr gerade deshalb gebeten, über Losurdos Stalin-Buch zu sprechen. Ich bin in diesem Jahr schon einmal eingeladen worden, über Stalin zu reden – auf dem Kurt Gossweiler-Gedenk-Kolloquium. Und das war durchaus erfahrungsreich. Denn schon nach meinem dritten Satz verließ eine Teilnehmerin den Saal. Dabei hatte ich lediglich gesagt, dass es gar nicht so einfach sei, über Stalin zu sprechen, weil dem Thema „Stalin" eine so unheimliche Ambivalenz eigne. Doch das war der Dame schon viel zu antistalinistisch. Und nun bin ich sehr gespannt, wer mich hier und heute als viel zu stalinistisch empfinden wird.

Ich hätte ja auch lieber über Franz Schubert gesprochen, aber über Schubert hat Losurdo kein Buch geschrieben. Wohl aber über Stalin: „Geschichte und Kritik einer schwarzen Legende", 2008 in Rom – nach kurzer Zeit bereits in dritter Auflage – und deutsch dann 2012 im Kölner PapyRossa-Verlag erschienen. 2013 erfolgte bereits die zweite deutschsprachige Auflage, mit einem Essay von Luciano Canfora, von dem wir gelernt haben, dass dēmos kratós, historisch übersetzt, nicht die Herrschaft *des* Volkes, sondern die Herrschaft über das Volk bedeutet, und dass sich daran bis heute kaum etwas geändert hat.

Wer so etwas schreibt, der darf das natürlich nicht im Münchener Beck-Verlag veröffentlichen, und wer über Stalin anders als dezidiert pejorativ schreibt, der darf natürlich mit den krudesten Rezensionen rechnen. Losurdos Stalin-Buch sei „allenfalls Erbauungsliteratur für unbelehrbare Altkommunisten", so etwa die Politologin Natalie Wohlleben auf dem Portal für Politikwissenschaft[1]. Und für Trotzkisten ist der „postmoderne Stalinist" Losurdo ohnehin unerträglich und sein Buch „kein wirklich historisches Werk", so Christoph Jünke auf dem Blog emanzipation.org[2].

Es gibt freilich auch ganz andere Rezensionen, etwa von den, wie Jünke schreibt, „üblichen Verdächtigen", also von Andreas Wehr in „jungeWelt", 15. September 2012 (ein Vorabdruck aus den „Marxistischen Blättern" 5/2012), und von Sabine Kebir im „Freitag" (4. Oktober 2012). Eigentlich sollte ich die beiden Besprechungen einfach vorlesen, um meiner Aufgabe hier gerecht zu werden, denn beide fassen Losurdos Stalin-Interpretation wirklich exzellent zusammen, weil sie beide, genau wie Losurdo, ein dialektisches Verständnis von Geschichte zur Anwendung bringen.

Nun hat mich aber Andreas Wehr aufgefordert, selber etwas zu Losurdo und Stalin zu sagen.

Nicht nur, weil ich als TOPOS-Redakteur über zehn Jahre mit den Herausgebern Holz und Losurdo eng zusammengearbeitet habe, sondern womöglich auch mit dem Hintergedanken, dass ein Theologe mit dem Lemma „Stalin" ganz anders als nur verwerfend umgehen müsste.

Und in der Tat: Wer mit der Kirchengeschichte konfrontiert ist, der hat es fast durchgängig mit einer Geschichte zu tun, die man mutatis mutandis durchaus als eine Geschichte des – salopp gesagt – „kirchlichen Stalinismus" bezeichnen könnte. Und das in jeder Beziehung, nicht nur im Blick auf den ideologisch-theologischen Totalitarismus, sondern auch im Blick auf die, wie Karlheinz Deschner es nannte, „Kriminalgeschichte des Christentums".

Und die ist wirklich atemberaubend – selbst noch in unseren Tagen, in denen Bischöfe zwar nicht mehr mit Helm und Schwert zu Pferde sitzen und raubend wie mordend durch die Lande ziehen, wohl aber die scheußlichsten Pädophilien decken oder gar selbst begehen. Doch noch atemberaubender ist es, erleben zu müssen, wie diese Kriminalgeschichte wohlmeinend eingehegt worden ist und deshalb lediglich, wenn überhaupt, dann höchstens als Fuß-

---

1   http://pw-portal.de/rezension/36254-stalin_44314, veröffentlicht am 02.10. 2013 – aufgerufen am 14.11.2018.
2   Christoph Jünke, *Zurück zu Stalin!?*, www.emanzipation.org/articles/em_4-2/e_4-2_juenke.pdf – aufgerufen am 14.11.2018.

note der Kirchengeschichte Beachtung findet. Zum kanonischen Text gehören diese Fußnoten jedenfalls nicht. Und wer sie, wie Deschner oder Rosemarie Müller-Streisand thematisiert, der wird auf das Heftigste befehdet oder wissenschaftlich einfach ignoriert.

Das Ergebnis ist übrigens fabelhaft, denn es ist dem sogenannten „Christentum" schließlich gelungen, bis heute eine Aura zu bewahren, die selbst die schrecklichsten Verbrechen einhüllt und höchstens als bedauerliche Kollateralschäden kaschiert. Die „große Erzählung" ist ganz einfach komponiert und lautet: Natürlich haben wir auch Fehler gemacht, die aber werden überstrahlt von den großen zivilisatorischen und humanitären Erfolgen der weltweiten Christianisierung. Und so gelten wir auch heute noch als eine durch und durch respektable Körperschaft des öffentlichen Rechts.

Zum 500. Reformationsjubiläum wurde dieser Spagat auch in den protestantischen Kirchen vollzogen. Aber Luther und Calvin spare ich mir jetzt.

Ich erwähne die „große Erzählung" ja auch nur deshalb, weil ich nicht zuletzt von Losurdo gelernt habe, welche mäeutische Bedeutung die Komparatistik für ein angemessenes Geschichtsverständnis hat. Das heißt, abgekürzt gesagt, wer über Stalin spricht, der muss irgendwie auch über Luther reden oder z. B. über Karl den Großen.

Zu letzterem gibt es einen aufschlussreichen Text in einem sogenannten „Ökumenischen Heiligenlexikon". Der lautet folgendermaßen, ich zitiere: „Karls Bedeutung liegt weniger in seinem frommen Leben, als in seiner politischen und geschichtlichen Wirksamkeit. Sein Eheleben entsprach den lockeren Gepflogenheiten des fränkischen Adels mehr als den Normen christlicher Lehre; sein brutaler, 30 Jahre lang währender Feldzug gegen die Sachsen verdient nur mit Mühe den Titel Missionierung oder Christianisierung. Seine Bemühungen um Ordnung und Frieden im Reich begründeten das Staatskirchentum. Die Bildung förderte er mit Hilfe der von ihm gegründeten kirchlichen Schulen, das Verhalten der Menschen wollte er durch Intensivierung der Seelsorge bessern […]. Mit seiner Politik legte er die Fundamente des christlichen Abendlandes, auf denen noch heute aufgebaut werden kann. Seine Politik hat der Kirche und damit auch dem Glauben in Europa bleibenden Raum verschafft."[3]

---

3   https://www.heiligenlexikon.de/BiographienK/Karl_der_Grosse.htm – zuletzt aufgerufen am 14.11.2018.

Trefflicher lässt sich kaum illustrieren, was Komparatistik heißt, denn dieser Text ließe sich mit kleinen verbalen Veränderungen durchaus auch Stalin unterlegen. Einen grundsätzlichen Unterschied gibt es allerdings: Karl steht in einem „Heiligenlexikon", Stalin aber schmort in der Hölle. Das ist irgendwie wundersam, denn beiden kann doch gleichermaßen zugerechnet werden, dass sie um Ordnung bemüht waren. Sie beförderten die Volksbildung und begannen ein stabiles Großreich zu errichten – Stalin sogar mit einer Wirkungsgeschichte, ohne die Russland heute wahrscheinlich eine Kolonie wäre und keine militärische Weltmacht. Das gilt selbst ohne Vorhandensein sozialistischer Strukturen und geschah Gestalten wie Jelzin oder Gorbatschow zum Trotz. Warum also gilt heute Karl als Heiliger und Stalin als Teufel?

Das genau ist die zentrale Frage, die Losurdo in seinem Stalin-Buch zu beantworten versucht.

Dabei kommt es ihm gar nicht in den Sinn, den „Terror" und die „blutigen Säuberungen, die in großem Umfang wüteten" (52), rechtfertigen zu wollen. Er sieht durchaus, dass der Kampf innerhalb der bolschewistischen Führungsschicht, wie er sagt, mit der „Grausamkeit eines Religionskrieges" geführt wurde (114). Aber Losurdo will verstehen, wie es zu dieser Grausamkeit kommen konnte, und warum die Grausamkeit eines Kaisers Karl nicht dessen Heiligsprechung verhindert hat.

Man muss sich nicht an Karl dem Großen festbeißen, auf den Losurdo auch gar nicht abzielt. Bei ihm stehen andere Namen für die scheußlichsten Verbrechen: Trumen, Johnson, Kissinger, Obama. Alles ehrenwerte Männer – trotz Hiroshima und Nagasaki, trotz Kambodscha und Vietnam, trotz Chile, trotz der Drohnen-„Kill List", die Noam Chomsky als „mörderischste Terror-Kampagne der Gegenwart" bezeichnet. Ein Urteil, das immerhin im Deutschlandfunk Kultur zitiert worden ist[4].

Ich habe bisher eher zufällig nur US-Amerikaner genannt. Losurdo bietet in seinem Buch ein ganzes Gruselkabinett auf, in dem die Schandtaten des Kolonialismus, des britischen und französischen, spanischen und portugiesische, niederländischen und belgischen bzw. deutschen nicht einmal vollständig erfasst sind. Zu ihnen gesellen sich die Genozide an den Ureinwohnern

---

4   https://www.deutschlandfunkkultur.de/drohnenkrieg-obamas-toedliches-erbe.1005.
    de.html?dram:article_id=376686 – zuletzt aufgerufen am 15.11.2018.

Amerikas und Australiens, der Völkermord an den Herero und Nama und fast zehn Millionen Tote im belgisch kolonisierten Kongo. Über die imperialistischen Kriege im 20. und 21. Jahrhundert will ich schon gar nicht mehr reden. Es sind einfach zu viele.

Eine nicht enden wollende Horrorgeschichte, die zum genuinen Eigentum – und also ganz eigentümlich – zur Geschichte und Gegenwart des sogenannten „Westens" gehört. Eine Geschichte, die dieser „Westen" zwar nicht mehr loswerden kann, aber möglichst in Vergessenheit zu bringen versucht, wenn es ihm schon nicht gelingt, sie zu pervertieren. Und zwar, indem er sie zum Beispiel umkehrt, Trapper und Indianer in die Kinderzimmer trägt, in denen dann der gute Trapper vom skalpsüchtigen Indianer angegriffen wird und diesen mit Gottes Hilfe dann doch noch erschießen kann.

Erwachsene dürfen entsprechende Filme sehen, bis sie diesen Skandal internalisiert haben und nicht mehr als Skandal empfinden. Bei Rainer Mausfeld kann man nachlesen, wie solche Perversionen flächendeckend und auf allen gesellschaftlichen Feldern funktionieren[5].

Losurdo wollte keine Kriminalgeschichte des „Westens" schreiben, schon gar nicht als Kompensation der Kriminalgeschichte in Stalins Sowjetunion. Er fragt lediglich danach, wie es denn möglich wurde, ein „Reich der Guten" zu errichten, das vorgeben kann, sich so wohltuend menschenfreundlich von dem „Reich des Bösen" zu unterscheiden, obgleich in Geschichte und Gegenwart dieses „guten Reiches" das „Böse" geradezu unmenschlich gehaust hat und noch immer haust.

Losurdo benennt drei entscheidende Aspekte dieser unglaublichen Transformation. Da ist **erstens** die pure Verkehrung, das heißt mit Losurdos Worten: „Die Verantwortung für eine fürchterliche Tat muss nicht unbedingt den wirklichen Tätern zugeschrieben werden." (327) Und pars pro toto illustriert er diese Verkehrung an der ja bis heute nicht verstummten Apologie der Atombomben-Abwürfe über Hiroshima und Nagasaki und er zitiert diesbezüglich den US-amerikanischen Historiker Paul Johnson, der noch 1991 schreiben konnte, „es wäre unlogisch, ja sogar unverantwortlich gewesen", die Atombomben „nicht zu benutzen". Gewiss sei es zu einem Massaker (an)

---

5   Rainer Mausfeld, *Warum schweigen die Lämmer? Wie Elitendemokratie und Neoliberalismus unsere Gesellschaft und unsere Lebensgrundlagen zerstören*, Frankfurt a.M. 2018.

der unschuldigen Zivilbevölkerung gekommen, aber „die (Zitat Johnson), die in Hiroshima und Nagasaki gestorben sind, waren nicht in erster Linie Opfer der angloamerikanischen Technologie, sondern eines durch eine perverse Ideologie paralysierten Regierungssystems, einer Ideologie, die nicht nur die absoluten moralischen Werte, sondern auch die Vernunft eliminiert hatte." (326[6])

Johnson macht also nicht nur mildernde Umstände geltend, er fordert einfach einen Freispruch – im Namen der „absoluten moralischen Werte" und der „Vernunft". So argumentieren Winkeladvokaten. Aber Winkelhistoriker gibt es auch allenthalben, und ihr Geschäft ist es eben, die Verantwortung für eine fürchterliche Tat nicht den wirklichen Tätern zuzuschreiben. Hiroshima und Nagasaki sind ja nur ein Paradigma für eine ideologietriefende Geschichtsschreibung, die bis heute prolongiert wird. Erst kürzlich hat ein Außenminister erklärt, man habe Serben bombardiert, um sie vor Serben zu schützen.

Nun sagt Losurdo: Nichts dagegen, dass man Umstände berücksichtigt. In der sowjetischen Führung habe man das „Grauen", „das sich in kritischen Momenten der Geschichte des Landes" abspielte, auch nicht geleugnet, aber „die Verantwortung dafür" gern nach außen delegiert (327). So ganz falsch war das ja auch nicht, *aber* ein Sowjet hatte dazu – jedenfalls in den Augen bürgerlicher Winkelhistoriker – kein Recht. Umstände geltend machen, das ist den Apologeten des liberalen und angelsächsischen Westen vorbehalten. Ihre historischen Kriterien sind ausschließlich *ihre* Kriterien, denen *keine allgemeine* Gültigkeit zukommt. „Doch ein Kriterium nur für sich und die eigene Seite zu beanspruchen", sagt Losurdo, „ist gerade die Definition für Dogmatismus auf theoretischer und Heuchelei auf moralischer Ebene." (327) Und diese Heuchelei ist nahezu grenzenlos, denn da, wo es politisch nicht opportun ist, Interdependenzen zu benennen, da werden diese einfach ausgeblendet, beschwiegen oder hartnäckig bestritten. Doch es gibt immer mehr Historiker, sagt Losurdo, die „den englischen Verfechtern der *Appeasement*-Politik, in Wahrheit der Ablenkung des nazistischen Expansionismus nach Osten, die Mitverantwortlichkeit ‚für die Tragödie des Zweiten Weltkriegs'" zuschreiben, „‚den Holocaust eingeschlossen'" (326).

---

6   Paul Johnson, *Modern Times. From the Twenties to the Nineties*, New York 1991, S. 425 u. 427.

Interdependenzen sind ja Zusammenhänge, die als solche für Welt und Geschichte konstitutiv sind. Für Naturwissenschaftler ist das heute eine Selbstverständlichkeit. Doch für manche Historiker und Politiker durchaus nicht. Sie lieben mitunter gerade auch die Zusammenhanglosigkeit, weil diese ihnen die Möglichkeit bietet, Geschichtsbilder zu entwerfen, in denen auch Teufel und Dämonen auftreten dürfen.

Und damit sind wir bei dem **zweiten** Aspekt der Transformation: Stalin und Hitler als „wahlverwandte" Monster – eine bis heute gängige Analogie, die vielfach ausgestaltet und unterlegt wurde – ganz prominent von Hannah Arendt mit ihrem „Totalitarismus"-Konstrukt.

An dem fällt ja besonders auf, dass der sogenannte Totalitarismus überhaupt keine historische Vergangenheit hat, sondern im 20. Jahrhundert einfach ausbricht – wie eine, so Losurdo, erschreckende „Krankheit mysteriösen Ursprungs" (222). Hitler ist einfach da, ohne jegliche Vorgeschichte, und dann treibt er es wie ein Teufel.

Ich kenne das aus der Kirchengeschichtsschreibung nach 1945. Ein probater Ansatz, sich allen peinlichen Nachfragen zu entziehen. Das gilt gerade auch, wenn man mit dem Teufel getanzt hat, wie nicht wenige sogenannte „Deutsche Christen", die nach 1945 gerne vom „Einbruch der Dämonen" sprachen und damit auch um Verständnis zu werben bemüht waren. Denn was kann ein einfacher Christenmensch schon gegen einen ausgemachten Dämon erreichen?

Losurdo lässt das natürlich alles nicht gelten. Hitlerdeutschland ist durchaus kein Reich ohne Vorgeschichte. Und die siedelt im eigenen Land ebenso wie in anderen Teilen des Erdballs. Etwa in den Vereinigten Staaten von Amerika mit seiner *„white Supremacy"*. Die Ideologie der „Herrenrasse" ist von Hitler nicht erfunden, sondern übernommen worden. Übernommen von einem Regime, „das lange in den Südstaaten der USA in Kraft war, auf das sich der Nazismus wiederholt berufen hat" und das sogar noch zu der Zeit fortbestand, als Arendts Totalitarismus-Buch erscheint (217). Zitat Losurdo: „Die Schlüsselwörter, die heutzutage benutzt werden, um das Grauen des 20. Jahrhunderts zu beschreiben, tauchen schon in den Untersuchungen auf, die die liberale Welt des 19. Jahrhunderts erforschen. (220)"

Wenn Losurdo darauf hinweist, dass den Verbrechen Hitlers und seiner Helfershelfer bereits eine Geschichte vorausgeht und dass der Faschismus im Blick auf diese Vorgeschichte eine „Radikalisierung" und eine, wie er sagt, „furchtbare Eskalation" bedeutet (222), dann geht es ihm selbstredend nicht um irgendeine Relativierung, sondern um die Widerlegung einer billigen Psychopathologisierung. Diese Psychopathologisierung, Hitler als krankes Monster, ist ja ausgesprochen komfortabel, denn mit ihr lässt sich der Faschismus vom Kapitalismus und der bürgerlichen Gesellschaft trefflich isolieren. Selbst über Imperialismus muss man dann nicht mehr reden, denn „Hitlerismus" ist natürlich etwas ganz anderes. Psychologie ist angesagt, nicht Ökonomie. Die hat mit Hitler gar nichts zu tun, auch die Geschichte nicht. Hitler ist einfach nur ein krankes Monster.

Und ein solches Monster ist auch Stalin *geworden*, muss man sagen, *geworden*, denn während des 2. Weltkrieges – und noch danach – wurde er, auch im Westen, überaus geschätzt. Selbst für Goebbels war zuerst nicht Stalin, sondern Trotzki das große Ungeheuer, zumal ein jüdisch-bolschewistisches (295). Churchill begrüßte den Generalissimus 1943 in Teheran mit „Stalin der Große", der „würdige Erbe Peters des Großen" (9). Und das US-amerikanische Magazin „Time" kürte Stalin 1939 und 1942 gar zum Mann des Jahres.

Bemerkenswert auch der Nachruf Isaac Deutschers, der alles andere als ein Stalinist war. Deutscher war ein Anhänger Trotzkis, der Stalin als „kleinen Provinzler" verspottet hatte; ein Provinzler, der, ich zitiere: „zum Scherz von der Geschichte auf die Ebene der großen Weltereignisse katapultiert worden" sei (8f.) Deutscher, dem wir auch eine lesenswerte Stalin-Biographie verdanken, schreibt am 6. März 1953 im Manchester Guardian: „Er hat Russland zur zweiten Industriemacht der Welt erhoben, und es hat sich nicht nur um die Frage bloß materiellen und organisatorischen Fortschritts gehandelt. Ein derartiges Ergebnis hätte man nicht ohne eine breit angelegte kulturelle Revolution erzielen können, in deren Verlauf man ein ganzes Land in die Schule geschickt hat, um ihm eine breite Bildung zu geben." (8)

Es lohnt übrigens noch an ein weiteres Zitat zu erinnern, das – ich möchte sagen paradoxerweise – von Trotzki stammt. Es findet sich in der Schrift „Die verratene Revolution" von 1936, eine Abrechnung mit Stalins Verrat an der Weltrevolution. Doch was ich gleich etwas ausführlicher zitieren darf, das klingt ganz und gar nicht nach Verrat, sondern eher nach dem „russischen Wunder" der Thorndikes.[7] Also Zitat Trotzki: „Gigantische Errungenschaf-

---

7   Das russische Wunder ist ein deutscher zweiteiliger Dokumentarfilm der DDR-Filmproduktionsgesellschaft DEFA, der unter Regie von Annelie und Andrew Thorndike in den

ten in der Industrie, vielversprechender Beginn eines Aufschwungs der Landwirtschaft, außerordentliches Anwachsen der alten und Entstehung neuer
Industriestädte, rasche Zunahme der Zahl der Arbeiter, Hebung des Kultur-
niveaus und der Bedürfnisse – das sind die unbestreitbaren Ergebnisse der
Oktoberrevolution […]. Allein dank der proletarischen Revolution erzielte ein
zurückgebliebenes Land in weniger als zwei Jahrzehnten historisch beispiel-
lose Erfolge." (176f.[8]) Und weiter: „In den Schulen der Union wird heute in
nicht weniger als achtzig Sprachen unterrichtet. Für die meisten musste ein
neues Alphabet geschaffen [...] werden. In ebensovielen Sprachen erscheinen
Zeitungen, welche die Bauern und Hirtennomaden erstmalig mit den elemen-
taren Vorstellungen der menschlichen Kultur bekanntmachen. In den entle-
gensten Randgebieten des ehemaligen Zarenreiches entstehen eigenständige
Industrien. Die alte, noch halb vom Stammesdasein geprägte Kultur bricht
unter dem Traktor auseinander. Neben dem Schreiben und Lesen werden die
Erkenntnisse der Agrarwissenschaft und der Medizin vermittelt. Schwerlich
ist die Bedeutung dieses Aufbauwerkes an dem neuen Menschenschlag zu
überschätzen." (177[9])

Für Trotzki hat das natürlich alles nichts mit Stalin zu tun, sondern das
sind Erfolge der Oktoberrevolution – trotz Stalin, dem „kleinen Provinzler".
So ähnlich kann man das dann auch in Chruschtschows „Geheimrede" lesen,
die vornehmlich aber nicht mehr auf die Erfolge, sondern auf Stalins Niederträchtigkeit abhebt, auf dessen Skrupellosigkeit und blutgierige Paranoia.
„Ein ‚enormes, finsteres, kapriziöses, degeneriertes menschliches Monster",
wie Isaac Deutscher, nur drei Jahre nach seiner Nachruf-Eloge, schreibt (21).
Und der Große Vaterländische Krieg, so Chruschtschow, wurde nicht mit,
sondern trotz Stalin gewonnen. Der habe schließlich die militärischen Opera-
tionen an einem Globus geplant und eingezeichnet.

Was man von Chruschtschow und seiner sogenannten „Geheimrede"
halten könnte, lässt sich unter anderen auch bei dem US-Amerikaner Gro-
ver Furr nachlesen. Und zwar in „Chruschtschows Lügen", Englische Aus-

---

Jahren 1959–1963 entstand. Der Film erzählt die Geschichte Russlands vom Zarenreich bis
zur Sowjetunion und endet 1961 mit Wostok 1, dem ersten bemannten Weltraumflug.

8   Leo Trotzki, *Schriften 1. Sowjetgesellschaft und stalinistische Diktatur*, Bd. 1.2 (1936–1940),
hg. von Helmut Dahmer und anderen, Hamburg 1988, S. 694f.

9   L. Trotzki, ebd., S. 863.

gabe 2011; die deutsche erfolgte dann 2014 im Verlag Das Neue Berlin und ist mit einem Vorwort eines der „üblichen Verdächtigen", nämlich Domenico Losurdo, versehen. Furr hat eine ziemlich plausible Erklärung dafür, warum Chruschtschow ausschließlich den von einer „blutgierigen Paranoia besessenen" (52) Stalin für den großen Terror verantwortlich macht. Er selber nämlich habe so viele Ukrainer auf dem Gewissen, dass er gar nicht anders kann, als seine eigene Verantwortung an ein alles beherrschendes Obermonster zu delegieren. Und um die Ukrainer vollends zu besänftigen, schenkt er ihnen dann 1954 die Krim, die seit 1783 formell zum Zarenreich gehörte, genauer: zum Zarinnenreich von Katharina II.

An der Frage, ob und inwiefern der XX. Parteitag der KPdSU eine revisionistische Wende eingeleitet habe, zeigt Losurdo wenig Interesse. Wohl aber zeigt er, wie 1956 endgültig die Schleusen geöffnet werden für eine Überflutung des Stalinbildes mit allen nur erdenkbaren Pejorativen. Am beliebtesten wird die Analogie: Stalin gleich Hitler. Die ist in gewissem Sinne auch komfortabel, denn sie bedient gleich mehrere Interessen. Mit ihr lässt sich Hitler entschärfen und Stalin verschärfen. Nun muss man nicht mehr auf Stalins historische Erfolge blicken, man kann vielmehr all das, was wir von Trotzki und Deutscher gehört haben, getrost ignorieren, denn irgendwie ist das ja Teufelswerk. Und wer da auch immer von exorbitanter Entwicklung spricht, den paralysieren wir mit nur zwei Worten. Und die lauten: „Aber Stalin". Daran hat sich bis heute nichts verändert. Mit China und Mao geht man übrigens auch so um, selbst wenn das inzwischen nicht mehr ganz so einfach ist.

Nun hat Stalin nicht wenig dazu beigetragen, dass die Gleichsetzung mit Hitler geradezu schlagwortartig zünden konnte. Und das Schlagwort heißt: Hitler-Stalin-Pakt. Losurdo schreibt: „Natürlich kann man die auf der Grundlage der Geheimprotokolle des deutsch-sowjetischen Pakts vorgenommene Festlegung der Einflusssphären besonders widerwärtig finden und den Zynismus dieses Handelns kritisieren, das es Stalin erlaubt, sowohl Zeit als auch Raum zu gewinnen; doch es ist recht schwierig, diese Verurteilung mit der These der gegenseitigen Anziehung der beiden Diktatoren, mit dem Theorem der Wahlverwandtschaft in Einklang zu bringen. In Wahrheit begrüßt Churchill, gleich nachdem Nazideutschland den Krieg entfesselt hatte, den Einmarsch der sowjetischen Truppen in Ostpolen." (224)

Zudem sollten wir, meint Losurdo, nicht eskamotieren, dass es nicht nur einen Hitler-Stalin-Pakt gab. Bereits vom 20. Juli 1933 datiert das Konkordat zwischen dem Deutschen Reich und dem Vatikan, das „der neuen [wie es heißt] ‚verfassungsgemäß gebildeten Regierung' die Loyalität der deutschen Katholiken zusichert. Eine Anerkennung, die nur kurze Zeit nach der Verabschiedung des Ermächtigungsgesetzes mit seinem Griff zum Terror und nach dem Entstehen des Rassenstaats mit den ersten Maßnahmen gegen Beamte ‚nicht arischer Herkunft' erfolgt." (225)

Und Losurdo erinnert auch an die sogenannten „Deutschen Christen" in den protestantischen Kirchen, die gleich nach Hitlers Amtsantritt für ihn Partei nahmen, um ihre Kirche mit der „deutschen Volksgemeinschaft" zu verschmelzen. Und er erinnert auch an das zwischen Großbritannien und Deutschland 1935 geschlossene strategische Flottenabkommen (226).

Hitlers große Bewunderer in den USA und auch in England erwähnt er nicht extra, etwa den Oligarchen Henry Ford, der Hitlers Wahlkampf unterstützt hatte und dafür das Verdienstkreuz „Deutscher Adler" tragen durfte, oder König Edward VIII., der sich mit der berüchtigten Wallis Simpson eine Nazi-Spionin hielt. Der Namen sind viele, weltweit, vor allem aber in den Vereinigten Staaten, auf deren Rassegesetze Hitler ja seinerseits mit Bewunderung geblickt und sie in „Mein Kampf" entsprechend gelobt hatte. Losurdo hat darüber an anderer Stelle ausführlich geschrieben.

Doch zurück zu den Paktstaaten, zu denen auch Polen gehörte und ebenso der deutsch-polnische Nichtangriffspakt vom Januar 1934. Nur ein Jahr darauf vertritt der polnische Außenminister Jósef Beck die Ansicht: „Es gibt zwei politische Formationen, die zweifellos zum Verschwinden verurteilt sind, Österreich und die Tschechoslowakei." (227[10]) Drei Jahre später sind sie verschwunden. Und erst jetzt, sagt Losurdo, „beginnt Moskau, sich in Richtung auf den Nichtangriffspakt mit Deutschland zu bewegen, wobei es das Scheitern der Volksfrontpolitik konstatieren muss." (228)

Eigentlich blieb der UdSSR „keine andere Wahl". Zitat Losurdo: „eine Taktik, die als ‚eine dramatische Improvisation des letzten Augenblicks' be-

---

10   Zitiert nach Maurice Baumont, *Les origines de la deuxième guerre mondiale*, Paris 1969, S. 92f. u. 281.

zeichnet wurde[11], auf die Moskau ,am unmittelbaren Vorabend eines neu-
en europäischen Krieges' in Ermangelung von Alternativen zurückgegriffen
habe." (229) Übrigens brachte Mao Zedong seine Genugtuung über diesen
Pakt zum Ausdruck, weil er den Japanern einen Schlag versetzt und der Sowjetunion die größere Möglichkeit gegeben habe, den „Widerstandskrieg Chi-
nas gegen die japanische Aggression" zu unterstützen (230[12]).

Bevor ich darauf komme, warum Stalin sich aber dennoch nicht als Inter-
nationalist geriert hat, noch kurz ein **dritter** und letzter Aspekt der Transformation einer Welt mit blutiger Geschichte in eine glänzende demokratische
Gegenwart. Für einen solchen Glanz benötigt man natürlich spezielle Kon-
trastmittel, und die herrschende Interpretation hat Stalin zu einem vorzüg-
lichen Kontrast gemacht. Der ist nicht nur ideologisch, sondern mehr noch
ökonomisch von Bedeutung. Denn wir brauchen natürlich auch einen Kontrast zu all jenen Verbrechern, mit denen wir die feinsten wirtschaftlichen und
geopolitischen Beziehungen unterhalten oder unterhalten haben und die z. T.
erst in strategischer Absicht an die Macht gebracht wurden. Den Namen Pi-
nochet nenne ich hier lediglich als Platzhalter für all jene Potentaten, die von
den USA in ihr Amt geputscht oder manipuliert wurden.

Und nun ist folgendes interessant: In reaktionären Diskussionen, denen
ich mich früher noch gestellt habe, hörte ich immer wieder zwei perfide Argumente. Das eine ist ausgesprochen kaltschnäuzig und lautet: Der Westen
war gezwungen mit Stalin zu kooperieren, warum soll er nicht auch mit Verbrechern anderer Couleur gemeinsame Sache machen, wenn es in unserem
Interesse ist.

Dazu passt: Das faschistische Francoregime gehört natürlich in die UNO.
Und Pol Pot darf seinen UNO-Botschafter auch noch nach der Gründung der
neuen Volksrepublik Kampuchea im Januar 1979 14 Jahre lang behalten. Heute hört man aus der Bundesregierung zu Saudi Arabien: ein Hort der Stabilität
und des Friedens. So äußerte sich kürzlich der deutsche Außenminister Heiko
Maas in Gegenwart seines saudischen Amtskollegen, von dem einige behaupten, er hätte bei dieser Erklärung ein Grinsen unterdrücken müssen.

11 Geoffrey Roberts, *Stalin's Wars. From World War to Cold War. 1939-1953*, New Haven/
London 2006, S. 5.
12 Mao Zedong, *Ausgewählte Werke*, Verlag für fremdsprachige Literatur, Peking 1968–1978,
Bd. 2, S. 307.

Das andere Argument lautet: Solange diese Potentaten nicht so schlimm sind wie Stalin, bleiben sie für uns eine legitime Option. Letzteres kann sich allerdings jäh ändern. Nämlich immer dann, wenn Optionen aus dem Ruder laufen. Dann gilt ein Gaddafi, der einst noch Millionen in den Wahlkampf von Sarkozy gesteckt hatte, für genauso schlimm wie Stalin. Und das bedeutet sein Todesurteil – wie bei Saddam Hussein oder Osama bin Laden. Politischer Gegner hat man sich von je her durch Mord und Totschlag entledigt. Das gilt für Lumumba (1961 im Kongo), Allende (1973 in Chile), Sankara (1987 in Burkina Faso). Fidel Castro hatte Glück, weil die zahllosen Mordanschläge vereitelt werden konnten. Und auch der Perser Mossadegh hatte Glück, weil der Schah sein Todesurteil klugerweise aufhob. Aber zwielichtige Renegaten wie Noriega in Panama (1983-89) hatten gnadenlos zu büßen.

Ich fasse zusammen und sage dogmatisch komprimiert: Der Imperialismus braucht ganz besondere Verbrecher, um die Legitimation dafür zu erhalten, mit den ganz normalen Verbrechern Geschäfte machen zu können. Und wenn die renitent werden, degenerieren auch sie zu „Schlächtern", dem Synonym für „Stalin". Das ist beliebig anwendbar, auch für „besondere Verbrecher" wie *Milošević oder Assad.*

*

In den Augen Trotzkis war auch Stalin degeneriert, nämlich ein Renegat, der die Weltrevolution verraten hatte. Damit bin ich beim zweiten und letzten Teil meiner Losurdo-Lektüre. Und die macht Zusammenhänge durchschaubar, ohne die die Tragödien der sowjetischen Geschichte kaum eingeordnet werden können. Stalin als Verräter. Wenn auch die unsägliche Serie „Berlin Babylon" ansonsten natürlich keinen Erkenntnisgewinn in der Requisite hatte, eines wurde zumindest gezeigt: Wie leidenschaftlich die Trotzkisten Stalin hassten und ihn als Verräter anklagten, der um jeden Preis liquidiert werden muss. Das sickerte durch, obwohl man eigentlich nur die Brutalität der Stalinisten vorführen wollte. Aber gar nicht gezeigt und gesagt wurde, warum Stalin denn als Verräter zu gelten habe.

Das ist auch Losurdos Frage, und seine Ausführungen dazu klären einiges. Stalin, so die Anklage, habe die Weltrevolution verraten. Das ist in gewisser Hinsicht sogar richtig, sagt Losurdo, allerdings nur, wenn man außer Acht lässt, dass er *Russland* nicht verraten hat und dass er genau vor diese Alternative gestellt wurde: Weltrevolution oder Überleben Russlands bzw. Weltrevolution oder Errichtung des Sozialismus in *einem* Land. Das war das

Schibboleth, an dem sich die Geister schieden und die Fraktionen blutig bekämpften. Für alle Seiten eine Frage auf Tod oder Leben. Eine Frage, an der
eigentlich alles hing, sogar ganz markante Elemente marxistischer Tradition.
Kein anderer als Isaac Deutscher hat das erstaunlicherweise genauso gesehen. Noch 1954 schreibt er: „Unter einem entscheidenden Aspekt setzte
Stalin das Werk Lenins fort: Er versuchte, den von Lenin aufgebauten Staat
zu verteidigen und seine Macht zu mehren." Und weiter noch: Wenn Lenin
überlebt hätte, hätte er am Ende die Politik Stalins gemacht, weil es, merkt
er an, „praktisch nur einen einzigen Weg für ihn gab, und zwar den, der zur
Autokratie führte"; „das bolschewistische Regime konnte nicht zu seinen demokratischen Ursprüngen zurückkehren, da es nicht auf eine Unterstützung
hoffen konnte, die ausreichte, sein Überleben zu gewährleisten."[13] (419)

„Sein Überleben gewährleisten". Dies ist, wie Losurdo es nennt, „der
Polarstern der Außenpolitik Stalins" (419) Aber nicht nur der Außenpolitik,
sondern in gleichem Maße, wenn nicht gar in höherem, auch der Innenpolitik.
Denn wie will man Außenpolitik machen, wenn man keinen halbwegs handlungsfähigen Staat hat. Und was in der Oktoberrevolution erobert wurde, das
war alles andere als ein handlungsfähiges Zarenimperium. Ein solches hätte
nicht einmal Kerenski, geschweige denn Lenin an die Macht gelassen. Aber
das ist nur der eine Aspekt. Der andere ist noch weit umfassender, denn das
Zarenreich war ein unglaublich ausgedehntes, von elf Zeitzonen geprägtes
Staatsgebilde in einem gesellschaftlich zum Teil desaströs unterentwickelten
und kulturell desolaten Zustand, der zuletzt kaum noch Strukturen der Ordnung trug und eher einem Chaos, denn einem Gefüge glich.

Das wurde mit der Oktoberrevolution nicht schlagartig besser. Im Gegenteil. Die löste Bewegungen und Gegenbewegungen aus, die teilweise anar-
chische Züge trugen – nicht nur bei den sogenannten Anarchisten. Und die
Revolution hatte im Gefolge einen Interventionskrieg zu führen, der sich mit
einem verheerenden Bürgerkrieg paarte, in dem sich dann Trotzki einen großen Namen gemacht hat.

Losurdo spricht nicht nur von diesem „ersten Krieg". Er hebt darauf
ab, dass Krieg der ständige Begleiter der sowjetischen Geschichte gewesen
ist. Das gilt bis zu ihrem Ende mit dem sogenannten Ende des sogenannten

---

13 Isaac Deutscher, *La Russia dopo Stalin*, Milano 1954, S. 31.

Kalten Krieges, der heute gegen Russland endlos fortgesetzt wird. Ich habe an anderer Stelle einmal gesagt: Wir hatten nie Sozialismus, nicht nur in der Sowjetunion nicht, sondern weltweit nicht, denn wir hatten immer nur Kriegssozialismus, einen Sozialismus, der im heißen wie im kalten Krieg sein Überleben sichern musste und dabei gezwungen war, sich irgendwie zu entwickeln. Das haben nicht alle geschafft, wenn auch Erstaunliches hervorgebracht wurde, von dem Russland noch heute zehrt.

Losurdo spricht vom „ersten Bürgerkrieg" und nimmt markante Differenzierungen vor zu dem, was er dann als „zweiten" und „dritten Bürgerkrieg" bezeichnet. Zitat: „Im ersten prallt die Revolution mit der buntscheckigen Front ihrer Feinde zusammen, die von den kapitalistischen Mächten unterstützt werden, denen es darum geht, mit allen Mitteln die bolschewistische Ansteckung einzudämmen. Der zweite entwickelt sich von der Revolution von oben [...] her, denn darin besteht praktisch, trotz einiger Anstöße von unten aus dem ländlichen Milieu, der Substanz nach die Kollektivierung der Landwirtschaft. Der dritte ist der, der die bolschewistische Führungsschicht erschüttert. Letzterer ist besonders komplex, weil er von großer Mobilität und sogar von eklatanten Frontwechseln gekennzeichnet ist." (113f.)

Was Losurdo innerhalb des ersten Bürgerkrieges besonders herausstellt, das hat eine Wirkungsgeschichte, die über diese Periode weit hinaus geht und, modifiziert, auch die spätere Geschichte der UdSSR durchzieht. Losurdo nennt es den revolutionären „Messianismus", die Utopie, die, wie er sagt, „messianische Vision der neuen Gesellschaft" (133). Alexander Blok, bindet diesen Messianismus ja ein in sein berühmtes Poem „Die Zwölf" vom Januar 1918: Zwölf Jünger – „sie schreiten majestätisch. / Hinten: Hund und Hungerleid; / Aber vorn: mit blutiger Fahne, / Unter Wind- und Schneegeleit / Gegen Blick und Blei gefeit, / Eisperlschimmer, Flockenglosen / Um den Kranz aus weißen Rosen / Und voll Sanftheit jeder Schritt, / Schreitet Jesus Christus mit." Die zwölf Jünger Jesu gehen den Weg der Revolution.

Wofür man andernorts später große Begeisterung zeigte – Begeisterung auch für die sogenannten Sozialrevolutionäre, die mit den Bolschewiki z.T. paktierten, sie aber zu großen Teilen auch gnadenlos bekämpften –, das drohte nach der Oktoberrevolution zum Verhängnis zu werden. Eine tragische Situation, denn hier ging es nicht um den Kampf gegen Invasoren und Weißgardisten, sondern um den Kampf zwischen, zeitgenössisch, aber seitenverkehrt gesprochen, Realos und Fundis.

Und zu den Fundamentalisten gehörten neben vielen Bolschewiken auch all jene, die mit dem Zusammenbruch der zaristischen Autokratie „messianische Erwartungen" (130) verbanden, also eine Gesellschaft, die in die absolute Freiheit entlassen wird und sich auch aller staatlichen Ketten entledigen darf. Der Staat, das war der verhasste Zar, und wenn der Zar verschwindet, dann muss mit ihm auch alle Staatlichkeit verschwinden, so lautete die Erwartung.

Unter nicht wenigen Bolschewiki speiste sich diese Forderung nicht nur aus dem Zarenhaß, sondern sie galt als ein orthodoxes marxistisches Axiom: Der Staat muss nach der Revolution absterben. Diesbezüglich kann man sich auf Marx berufen. Und nun kommen die Realos Lenin und dann noch nachdrücklicher Stalin daher und sagen: Was wir nach der Revolution um jeden Preis brauchen, das ist ein starker, ein handlungsfähiger, ein durchorganisierter Staat, ohne den wir das Chaos nicht beherrschen und die Feinde Russlands nicht besiegen können. Erst ein solcher Staat, sagt Stalin, garantiert „die Verwandlung Russlands aus einer Kolonie in ein selbständiges freies Land" (60[14]).

Das ist für Stalin ein Hauptmotiv seines innen- und außenpolitischen Handelns: Russland darf nie wieder zu einer, wie er schreibt, „Melkkuh der englischen und französischen Geldsäcke" werden, es muss zu einem Ort der „Befreiung [...] vom Joch des Weltimperialismus werden" (60[15]). Im Prinzip stimmen dem auch orthodoxe Bolschewiki zu, aber was wird dann mit dem von Marx prognostizierten Absterben des Staates? Im Zweifelsfall wiederholen sie also lieber die Marxsche These und wehren sich nach Kräften gegen das, was sie als „staatliche Bürokratisierung" empfinden, die sie mit Trotzki entschieden ablehnen und bekämpfen.

Solcher orthodoxer Widerstände hatte sich schon Lenin zu erwehren, der sich nach der Meinung von Kamenew und Sinowjew mit der Oktoberrevolution einer Abweichung vom Marxismus schuldig gemacht habe. Sie informierten sogar die Menschiwiki über die Situation und zogen sich damit von der Mehrheit der Bolschewiki den Vorwurf des Verrats zu. Aber sie blieben dabei: eine sozialistische Revolution in *einem* Lande, das noch nicht die volle kapitalistische Entwicklung durchlaufen habe, das widerspräche der Marxschen Lehre.

14 Stalin, *Werke*, Bd. 4, S. 252, Berlin 1951.
15 Stalin, ebd.

Heftige Kritik erntete Lenin auch mit seiner Einführung der NEP (1921), der Neuen Ökonomischen Politik (*Новая экономическая политика*). Das sei die Wiedereinführung kapitalistischer Marktverhältnisse, hieß es, und man berief sich dabei u.a. auch auf Alexandra Kollontai, die geradezu emphatisch für die Überwindung einer Politik plädiert hatte, die das Denken in den Kategorien von „Dein" und „Mein" befördern würde. Selbst in der Sphäre überkommener Vorstellung von Familie und also im Blick auf den gezeugten Nachwuchs dürfe es das nicht geben. Die Kinder gehören allen, die Kinder gehören „uns" (135)

Auch eine „messianische Vision". Und derer gab es viele. Verständlicherweise, möchte man sagen, denn wenn man die Revolution als eine Befreiung zu einer „neuen Erde" begreift, dann muss *alles* anders werden und nichts darf der „alten Erde" gleich sein. Nicht verwunderlich, dass nach der Einführung der NEP Zehntausende Arbeiter ihr Parteibuch zerrissen und NEP als Neue Erpressung des Proletariats buchstabierten.

Dieser eigentlich ganz sympathische Fundamentalismus ist nun mit einer Welt konfrontiert, in der es gleichermaßen radikal zugeht. Nur stellt sich in ihr ganz radikal die simple Frage nach dem Überleben. Und ohne einen handlungsfähigen Staat, sagt Stalin, überleben wir nicht. Und wir überleben nicht, wenn wir uns nicht von allem Utopischen trennen, selbst wenn die euphorischen Utopisten Marx und Engels zitieren können.

Das klingt nach einem äußerst brutalen Realismus, der denn auch brutal durchgesetzt wurde und entsprechend viele Feinde fand, viele Enttäuschte und Desillusionierte, die in Stalin einen Verräter der Revolution sahen. Und Losurdo schreibt zu Recht: „Die von einer Verknüpfung von objektiven und subjektiven Umständen ausgelösten messianischen Erwartungen erklären die besonders verheerende Heftigkeit, die die Dialektik Saturns annimmt." (54) Saturn – die Revolution frisst ihre Kinder. Und derer sind viele, denn viele wollen einen „wahren" Sozialismus. „Proletarier aller Länder, vereinigt euch!" – das heißt jetzt: die Staatsgrenzen gehören abgeschafft, und Russland muss in einer einzigen weltweiten sozialistischen Familie aufgehen (57). Selbst Trotzki, der zunächst durchaus auf Staatsraison setzt und seinen von den zaristischen Offizieren einst drangsalierten Rotgardisten wieder Befehl und Gehorsam predigte – und deshalb zeitweise *auch* als Verräter beschimpft wird –, selbst Trotzki erklärt, als er 1917 das Amt des Volkskommissars des Äußeren übernimmt: „Ich werde ein paar revolutionäre Appelle an die Völker der Welt richten und dann den Laden schließen" (57).

Dann kommt Stalin und räumt mit solchen Vorstellungen fürchterlich auf. Auch mit der Vorstellung, die Schaffung einer sozialistischen Weltfamilie könne gar durch den Export der Revolution befördert werden. „Export der Revolution – das ist Unsinn" (62) – so lautet sein lapidarer Kommentar.

Der Staat muss weg, und auch das Geld muss weg. „Ein geistiges Klima", sagt Losurdo, „das auch im Werk bedeutender westlicher Philosophen seinen Ausdruck fand. 1918 rief der junge Ernst Bloch die Sowjets auf, nicht nur jeder ‚Privatwirtschaft', sondern auch der ‚Geldwirtschaft' und damit der ‚alles Böseste im Menschen preiskrönenden Kaufmannsmoral' ein Ende zu setzen." (65f.)

Und wieder heißt es bei Stalin ganz knapp: „Es ist Zeit, sich darüber klarzuwerden, dass der Marxismus ein Feind der Gleichmacherei ist." (68[16]) Und Losurdo zeigt, dass Stalin sich gezwungen sieht, einen zentralen Punkt hervorzuheben: „Es wäre eine Dummheit, anzunehmen, dass der Sozialismus auf der Basis des Elends und der Entbehrung, auf der Basis der Einschränkung der persönlichen Bedürfnisse und der Senkung der Lebenshaltung der Menschen auf die Lebenshaltung von Armen errichtet werden könnte". Im Gegenteil „Der Sozialismus kann nur auf der Basis eines stürmischen Wachstums der Produktivkräfte der Gesellschaft" und „auf der Basis eines Lebens der Werktätigen in Wohlstand", sogar „eines wohlhabenden und kulturvollen Lebens für alle Mitglieder der Gesellschaft" errichtet werden (70f.[17]) Bei dem bisweilen als „Stalinist" apostrophierten Peter Hacks heißt das dann: „Gleiche Reichheit".

Aber die ist nicht mit messianischen Visionen und einem abstrakten Internationalismus zu erreichen, sondern nur mit einem Realismus, der in seinen nationalen Konkretionen durchaus peinigend ist, wiewohl er letztendlich das Fundament zum Sieg im Großen Vaterländischen Krieg legte. Man sollte bei diesem Sieg auch die Voraussetzungen evaluieren, die ihn ermöglicht haben. Für Losurdo jedenfalls ist das zwingend, auch wenn er sich damit dem Verdacht aussetzt, rechtfertigen zu wollen, was nicht zu rechtfertigen ist. Aber Losurdo ist als Marxist Hegelianer, und in Hegels Philosophie der Geschichte

---

16 Stalin, *Werke*, Bd. 13, S. 315, Berlin 1955.
17 Ebd., S. 319.

gibt es keine Rechtfertigungen, nur das Prozedere der bruta facta, das Diktat roher Tatsachen.

Und mehr als roh sind die Auswirkungen der Stalinschen Zurücknahme der NEP und die Einführung einer zentralen Planwirtschaft und die Zwangskollektivierung der Landwirtschaft, die nicht nur die Kulaken das Leben kostet. Dennoch vertrat Toynbee die auch von Losurdo bedachte These, dass erst diese brutalen Einschnitte die forcierte Industrialisierung und diese Industrialisierung – samt entsprechender Entwicklung der Rüstungsindustrie – Stalingrad möglich gemacht habe (328f.[18]). Wie auch immer: Der Sieg der Roten Armee hatte Voraussetzungen, die ohne Stalins Diktate kaum vorstellbar sind.

Stalin als Diktator? – Ja, sagt Losurdo, Stalin ist tatsächlich zum Diktator geworden, aber das war nicht unbedingt sein Karriereziel. Ich zitiere: „Für die drei Jahrzehnte der Geschichte Sowjetrusslands unter der Führung Stalins ist der grundlegende Aspekt nicht die Mündung der Parteidiktatur in die Autokratie, sondern der wiederholte Versuch, vom Ausnahmezustand zu einer Situation relativer Normalität überzugehen; diese Versuche scheiterten sowohl aus inneren [Gründen] (die abstrakte Utopie und der Messianismus, die es verhinderten, sich mit den erzielten Resultaten zu identifizieren) als auch aus internationalen Gründen (die permanente Bedrohung, die auf dem aus der Oktoberrevolution hervorgegangenen Land lastete) bzw. aus der Verflechtung beider." (S. 169 f.) Und weiter Losurdo: „Mit dem Aufflammen des dritten Bürgerkriegs (innerhalb der bolschewistischen Reihen) und während sich gleichzeitig der Zweite Weltkrieg (in Asien noch vor Europa) nähert, läuft dieses mehrfache Scheitern auf den Anbruch der Autokratie hinaus, die ein Führer ausübt, der Gegenstand eines wahren Kults wird." (170)

Man könnte eigentlich noch umfassender sagen: Es gab für die Sowjetunion in ihrer gesamten Geschichte überhaupt keinen Zeitpunkt, an dem sie sich nicht in einem Ausnahmezustand befunden hätte. Auch der Kalte Krieg war tatsächlich ein Krieg. Und in einem Krieg herrscht immer auf die eine oder andere Weise Ausnahmezustand. Eine außergewöhnliche Situation, die auch in einen außergewöhnlichen Wahnsinn führen kann, auch zu einem politischen Wahnsinn. Das, was heute der „große Terror" genannt wird, das war ganz gewiss nicht frei von diesem Wahnsinn.

---

18 Arnold Toynbee, *The World and the West*, Oxford 1953, S. 9f.

Die Moskauer Prozesse hingegen sind für Losurdo durchaus nachvollziehbar, auch wenn es sich tatsächlich um „Schauprozesse" handelte, die
bewusst eine breite internationale Öffentlichkeit suchten. Die bekamen sie
auch, mit prominenter Besetzung – u. a. mit Lion Feuchtwanger, dessen Begegnung mit Stalin ihren Widerhall fand in seinem bis heute heftig umstrittenen Buch „Moskau 1937", zu dem Feuchtwanger auch noch nach der Chru-
schtschow-Rede stand. Was für Wikipedia natürlich höchst ärgerlich ist – und
entsprechend pejorativ sieht denn auch der Feuchtwanger-Eintrag aus.

Das trifft auch für den US-amerikanischen Botschafter in Moskau, Joseph
Edward Davies, und für den britischen Labour-Abgeordneten und Kronan-
walt Denis Nowell Pritt zu. Davies kabelte im März 1938 nach Washington,
dass sich die Prozesse gegen eine tatsächlich vorhandene „Fünfte Kolonne"
richteten, was er in einem 1943 in Zürich erschienenen Buch noch einmal bekräftigte: „Als USA-Botschafter in Moskau. Authentische und vertrauliche Berichte über die Sowjetunion bis Oktober 1941"[19]. In Wikipedia kann man lesen:
„Ein politisch ehrgeiziger Mann, der nichts über Russland wusste und auch
kein ernsthaftes Interesse daran hatte", aber bei seiner Verabschiedung „mit
Genehmigung der sowjetischen Behörden zahlreiche Ikonen und Gemälde
russischer Künstler sowie eine umfangreiche Porzellansammlung" mitnahm[20].

Pritt schrieb in seinem Erinnerungsbuch „From Right to Left", London
1965 – ich zitiere: „Mein Eindruck war, [...] dass der Prozess im allgemeinen
fair geführt wurde und die Angeklagten schuldig waren [...]. Der Eindruck aller Journalisten, mit denen ich sprechen konnte, war ebenfalls, dass der Prozess
fair war und die Angeklagten schuldig; und gewiss dachte jeder ausländische
Beobachter, von denen es etliche gab, vorwiegend Diplomaten, das Gleiche.
[...]. Ich hörte einen von ihnen sagen: ‚Natürlich sind sie schuldig. Aber wir
müssen das aus Propagandagründen abstreiten.'"[21] Wikipedia ist entsetzt und
bemüht sich um Pritts Unglaubwürdigkeit. Die ist leicht herzustellen, denn
schließlich bekam er hohe Orden in der Sowjetunion und auch in der DDR,
wurde sogar Ehrenbürger der Stadt Leipzig.[22] Damit hat sich der Mann erle-

---

19   Vgl.: Kurt Gossweiler, *Der Antistalinismus – das Haupthindernis für die Einheit aller anti-
      imperialistischen Kräfte*, in: Weißenseer Blätter 4/1994, S. 38.
20   https://de.wikipedia.org/wiki/Joseph_E._Davies – zuletzt aufgerufen am 20.11.2018.
21   Zitiert nach K. Gossweiler, *Der Antistalinismus*, a.a.O., S. 40.
22   https://de.wikipedia.org/wiki/Denis_Nowell_Pritt – zuletzt aufgerufen am 20.11.2018.

digt.

Ich komme zum Schluss und sage nur noch, dass mir Wikipedia inzwischen sehr wichtig geworden ist, weil ich kein Historiker bin und mir oft kein eigenes Bild machen kann, sondern auf Hilfe anderer angewiesen bleibe. Dank Dirk Pohlmann, Markus Fiedler, Werner Rügemer und anderen ist inzwischen ja öffentlich geworden, wie Artikel über Politik und Zeitgeschichte in Wikipedia so massiv manipuliert und zensiert werden, dass sie geradezu, wie Theologen sagen, sub contrario gelesen werden müssen – also unter dem Aspekt des Gegenteils. Auch das ist eine Hilfe bei dem Unterfangen, sich ein Bild machen zu können. Stimmiger allerdings ist es, sich von Denkern wie Domenico Losurdo bilden zu lassen. Sein in jeder Beziehung aufregendes Stalin-Buch zeigt überaus detailreich fundamentale Zusammenhänge auf. Man muss die nicht in jedem Fall genau so sehen wie er. Aber seine übergreifende Komparatistik ist für das Verständnis von Geschichte, gerade auch einer sehr schwierigen Geschichte, unverzichtbar.

Ein blutgieriges Monster, ein Diktator, ein machtbesessener Despot – das alles waren zeitgenössische Urteile über: Napoleon. Auf ihn und auf die Guillotinen der Französischen Revolution stoßen wir, wenn wir nach den Wurzeln dessen fragen, was gern als „freiheitliche Demokratie" bezeichnet wird. Auch eine schwierige Geschichte, deren Interdependenzen nur komparatistisch erfasst werden können – mit all den Widersprüchen, die letztlich monolithisch verzahnt sind.

Hegel hat das machtgierige Monster Napoleon als einen Herrscher zur Freiheit gefeiert, als die „Weltseele zu Pferde". Und den Sachsenschlächter Karl den Großen hat er gerühmt ob seiner „schönen, vernünftigen (Staats-)Verfassung", „die sich als stark, groß und ordnungsvoll nach innen und außen gezeigt" habe. Eine „glänzende Staatsverwaltung", wie er sagt (Hegel, Werke, Bd. 12, S. 444).

Was wohl hätte Hegel, und mit dieser anachronistischen Frage möchte ich denn auch schließen, was wohl hätte Hegel zu Stalin gesagt?

Constanze Kraft

Umsonst gestorben?

Die hussitische Bewegung – ein Spiegel der Geschichte

Vortrag auf einem Symposion
der Niederländischen Ökumenischen Gemeinde zu Berlin im Juni 2011

Von der Gegenwart in die Vergangenheit

Warum sollte man sich am Anfang des 21. Jahrhunderts mit einer historischen Bewegung befassen, die sich auf Jan Hus (um 1370–1415) beruft? Was sollte am „Hussitismus" für die menschheitliche Geschichte bedeutsam gewesen sein? Ist er nicht eine Episode unter vielen? Inwiefern bleibt etwas von einer vergangenen Revolution, die eine verlorene Revolution war?

Um dieser Frage nachzugehen ist allein die Begriffserklärung von grundlegender Bedeutung. Es ist immer noch nicht selbstverständlich, von der hussitischen Bewegung als einer revolutionären Bewegung im ausgehenden Mittelalter zu sprechen. Vielfach bleibt auch heute die Wissenschaft noch dabei, den „Hussitismus" als ein Neben- oder Vorgängerelement der eigentlichen, mit der „Reformation" des 16. Jahrhunderts beginnenden, neuzeitlichen Entwicklung zu betrachten. Oder als ein geistesgeschichtliches Phänomen innerhalb der (römisch-katholischen) Kirchengeschichte. Oder als eine zu vernachlässigende Größe im Verhältnis zur gleichzeitig entstehenden Renaissance mit ihrer außerordentlichen Bedeutung für die Wiederentdeckung menschlichen Selbstbewusstseins und der menschlichen Freiheit.

Eine Betrachtung jedoch, die die Geschichte als eine Geschichte von Klassenkämpfen (Marx/Engels) versteht, sieht in der hussitischen Bewegung

sehr viel mehr. Sie sieht in ihr ein Resultat langwährender Kämpfe vorher-
gehender Protestbewegungen gegen den Feudalismus mit all seinen gesellschaftlichen Verfalls-Erscheinungen. Sie sieht sie als „erste Reformation" des
15. Jahrhunderts im Zusammenhang mit der „zweiten Reformation" des 16.
Jahrhunderts. Die Unterscheidung hat Amedeo Molnár 1965 wissenschaftlich
eingeführt und unterlegt. Und sie sieht sie als eine Revolution mit langanhal-
tender Nachwirkung auf dem europäischen Kontinent.

Europageschichtlicher Zusammenhang der hussitischen Revolution

Infolge des Zerfalls des Römischen Reiches entwickeln sich im westeuropäischen Raum zunächst präfeudal geprägte Grundherrschaftsformen, aus
denen gegen Ende des Jahrtausends das feudalistische Lehenswesen hervorgeht, das im 12. Jahrhundert mit der Leibeigenschaft seinen Höhepunkt erreicht. Die katholische Kirche mit dem römischen Kirchenstaat als ihrem Zentrum wird zu einem Machtfaktor, der um die Vorherrschaft vor Kaisern und
Königen ringt und in diesem Wettlauf auch erfolgreich ist. Das gesellschaftliche Gefüge ist durch und durch von ihr geprägt, die Ideologie feudal-katho-
lisch, die Wirtschaftsform geht allmählich von der Selbstbewirtschaftung in
die einfache Warenproduktion über.

Zur Krise des ausgereiften Feudalismus kommt es, als die Warenproduktion
zunimmt und so die bisherige Naturalwirtschaft und den damit verbundenen
Patriarchalismus allmählich aufzulösen beginnt. Die Geldwirtschaft schiebt sich
zwischen den leibeigenen produzierenden Bauern und seinen Herrn. Der Bauer
wird jetzt zu einem Subjekt, dem Steuern auferlegt werden können. Die Entwicklung der Produktion und der Handel führen zu sozialen Differenzierungen
und zur Verarmung der unteren Volksschichten im großen Stil (Kalivoda).[1]

Im 11. Jahrhundert beginnt der Mittelmeerhandel neu aufzublühen. Italien wird zu einem Wegbereiter der neuen Wirtschaftsformen, und in Süd-
frankreich entwickeln sich reiche Städte. Es kommt zu Kapitalanhäufungen
in den Händen südfranzösischer Adliger und zu einer weiteren Bereicherung
der Kirchenleute.

---

1   Kalivoda, *Revolution*, S. 102.

Und gerade hier entstehen erste Zentren sozialer Protestbewegungen. Ein weiterer Brennpunkt ist das Gebiet von Flandern, später kommen deutsche Städte, die ebenfalls von einer fieberhaften Warenproduktion erfasst werden, hinzu. Die Entwicklung geht auf das östliche Europa über, auch auf dessen Süden, nach Böhmen und auf den Balkan. Ganz Mitteleuropa unterliegt den ökonomischen Veränderungen. Die Waren- und Geldwirtschaft dringt in die landwirtschaftliche Produktion ein, die bisher herrschende Naturalrente geht allmählich in Geldrente über. Das hat gerade für die Bauern schwerwiegende Auswirkungen. Da der gesamte Überbau der Gesellschaften von der Arbeit der Bauern lebt, werden diese zur unterdrückten und ausgebeuteten Klasse schlechthin. Die Mannigfaltigkeit ihrer Ausplünderung – durch die Kirche, die feudale Herrscherschicht, die entstehenden Städte – macht den Bauern zum am meisten ausgebeuteten Subjekt der mittelalterlichen europäischen Gesellschaften. Zugleich entsteht ein städtisches Bürgertum, das, da es Träger der neuen Produktivität ist, sich ebenfalls auf Kosten der Bauern gegen den Feudaladel durchsetzen will.

So sind es die Bauern, die Widerstand entwickeln, um ihr Überleben zu sichern. Es sind die Katharer und Waldenser in der südfranzösischen und oberitalienischen Region, die Bogumilen auf dem Balkan, die Beginen und Begarden in Flandern. Von der Bewegung der Pataria, über die Auflehnung Arnolds von Brescia und dem Angriff Fra Dolcinos in Italien, über den als Jaquerie bezeichneten Aufstand der Bauern in Frankreich, die Kämpfe in deutschen Städten und in Florenz, über den denkerischen Anstoß des John Wyclif, der den Aufstand John Balls und Watt Tylers in England vorbereitet, über die Lollarden bis zur hussitischen Revolution und den deutschen Bauernkrieg lässt sich „eine ununterbrochene Kette blutiger Klassenkonflikte verfolgen, in denen (...) sich der Verfall der feudalen Formation ankündigte"[2]. Es handelt sich um einen breiten Strom von Erneuerungsbemühungen, die entweder innerhalb der organisierten Kirche oder, vom 12. Jahrhundert an, durch Abfall von ihr wirksam werden. Die Kraft dieses Stromes ist (zunächst) auf eine Reform der Kirche gerichtet.

Die Menschen in diesen sozialen Bewegungen handeln spontan und ohne Theorie. Ihre Predigt, ihre Versammlungen, ihre Haltung, ihre Lebenswei-

---

2   Ebd. S. 244.

se finden in der Regel schnell große Resonanz. Zwar bilden die Bauern den Hauptanteil, doch kommen auch der städtische Protest, einzelne Adelige, einzelne Mönche, in gewissem Sinne auch die Bettelorden hinzu. Ihre Interessenlagen sind demzufolge nicht immer übereinstimmend, so dass es ihren Gegnern oftmals gelingt, sie gegeneinander auszuspielen.

Die mittelalterlichen sozialen Bewegungen bringen ihren Widerstand in rein religiöser Form zum Ausdruck. Ein anderes gedankliches Instrumentarium steht ihnen auch noch gar nicht zur Verfügung. Was sie – bei allen historisch und geographisch bedingten Unterschieden – eint, ist ihr Rückbezug auf die Bibel und hier besonders auf das Neue Testament. Die Bibel wird zum Maßstab, mit dem sie die Erscheinungsformen der Kirche zu vergleichen beginnen. Da ist es an allererster Stelle der materielle Reichtum der Kirche, der im abgrundtiefen Widerspruch zum Leben Christi steht. Da ist die Geistlichkeit – der Papst, Kardinäle, Bischöfe, Priester, Prälaten, Mönche –, deren Leben und Lehre nicht mit dem übereinstimmt, was vom Leben Christi zu hören ist. Dass diese Kirche die Bibel recht und allein auslegen soll, wird deshalb von den sozialen Bewegungen ebenso grundsätzlich angezweifelt wie dass sie allein sakramentale Handlungen durchführen und Sakramente in ihrem verwerflichen Stand verwalten darf. Einige ordinieren darum ihre eigenen Prediger oder erklären, dass jeder und jede in der Lage sei zu predigen und die Sakramente zu spenden. Oftmals verlangen sie von der weltlichen Feudalmacht, die kirchliche Macht zurückzudrängen.

So stellen die sozialen Bewegungen die Autorität der Kirche für viele Lebensbelange in Frage. Durch ihre Verweigerungshaltung, ihren Widerstand, ihren Ruf nach Armut, ihre unmittelbare Erwartung des Reiches Christi, die alles andere zu relativieren scheint, durch ihre bemerkenswerte Bereitschaft, für „die" Wahrheit zu sterben, fühlt sich der Machtapparat der mittelalterlichen Kirche grundlegend angegriffen. Er reagiert mit unerhörter Grausamkeit, denn: Wenn die Autorität der kirchlichen Ideologie nicht mehr gilt, wenn die Aussicht auf das Weltende besser ist als ein jämmerliches Leben auf Erden, wenn die Gottesgewissheit höher ist als der kirchliche Druck, dann droht dem kirchlichen und gesamtgesellschaftlichen System Gefahr.

Und so vernichtet die feudale Kirche im Zusammenwirken mit der weltlichen Herrscherschicht alles, was nach Widerstand aussieht. Die sozialen Bewegungen werden unerbittlich ausgerottet, so dass nichts mehr von ihrer historischen Substanz übrigbleibt. Dabei wendet die Kirche immer wieder ähnliche Strategien an: Die Bewegungen werden verunglimpft, ihre Ziele falsch dargestellt. Einzelne Strömungen werden voneinander isoliert, sie werden in theologische Streitgespräche verstrickt, denen sie nicht gewachsen sind. Schließlich gehören Vertreibung, Folter, militärische Gewalt, Kreuzzüge und die Inquisition zu den Mitteln der Bekämpfung.[3] Nach den sogenannten Albigenserkriegen zum Beispiel ist kein Katharer mehr am Leben. Nur das europäische Waldensertum überlebt die Reaktion von Kirche und Staat. Eine andere kirchliche Strategie ist es, den Protest umzuleiten – zum Beispiel durch die Zulassung von Bettelorden, die sich der Armut hingeben, aber unter päpstlicher Hoheit stehen.

Allmählich, nach zwei oder drei Jahrhunderten vergeblichen Widerstands gegen die Kirche, bildet sich das Bewusstsein heraus, dass eine Reform der Kirche auch und vor allem eine Reform der Gesellschaft bedeutet. Diese Erkenntnis gewinnt bei dem Philosophen und Theologen John Wyclif (um 1330–1384) in England eine neue Qualität. Und sie wird sich in Böhmen als erste Reformation und als hussitische Revolution niederschlagen.

England und Böhmen

Man sagt, dass es – wirkungsgeschichtlich gesehen – einen Jan Hus nicht ohne einen John Wyclif gegeben hätte. Daran ist etwas Wahres. Doch genauso trifft es zu, dass es – wirkungsgeschichtlich gesehen – ohne einen Jan Hus keinen John Wyclif gegeben hätte.[4] John Wyclif entwickelt eine Philosophie und Theologie, die Jan Hus eine Generation später in gesellschaftlichen Humanismus umwandelt. Und durch den Humanismus der hussitischen Revolution kommt der Materialismus Wyclifs zu europageschichtlicher Tragweite.

Wyclif untermauert das Widerstandspotential der mittelalterlichen sozialen Bewegungen zum ersten Mal mit einem theoretischen System. Wie andere vor ihm, ist die Bibel für ihn ein Buch, das die Wahrheit an sich enthält. Die Kirche ist eine Gemeinschaft von Menschen, die durch Gott auserwählt wird, und an deren Spitze Christus selbst, nicht der Papst, steht. Niemand weiß,

---

3   Schirmer, S. 8.
4   Kalivoda, *Revolution*, S. 11.

wer verdammt oder erwählt ist, darum können auch Priester zu den Ver-
dammten gehören. Es gibt keinen Grund zur Anerkennung kirchlicher Autorität oder zur Anerkennung der Verwaltung der Sakramente durch Priester,
weil die Bibel dazu nichts sagt. Ganz konsequent ist seine Haltung im Blick
auf das Abendmahl: Brot bleibt Brot und Wein bleibt Wein. Wie viele vor ihm,
kritisiert auch Wyclif den Klerus, den materiellen Reichtum der Kirche, ihre
Korruption, ihr weltliches Herrschaftsstreben, den Kauf von Ämtern. Er verwirft den Reliquienkult und den Zölibat. Auch er fordert, dass die weltliche
Macht, der König, die „sündige" Kirche enteignen müsse.

An diesen Grundforderungen war vieles nicht neu, doch in seiner philosophischen Fundiertheit, die der Scholastik, übertrifft Wyclif damit alle bisherigen
Denkmuster. Denn er erkennt, dass die Voraussetzung für eine Reform der Kirche die Veränderung der Gesellschaft ist. So setzt er Gott als Quelle des Universalen, als vollendete Ordnung, und aufgrund dieser Vorbedingung durch-
denkt und erschließt Wyclif das Verhältnis von Gott und Mensch, Kirche und
Gesellschaft. Es gibt die „lex Dei", und sie gilt für das Ganze. Nichts darf sich
zwischen Gott und Welt schieben. Es bedarf keiner „Vermittlungselemente"
zwischen Gott und Mensch. Gerade der Vermittlungsanspruch der Kirche trägt
zu ihrem nachdrücklichen Verfall bei. „Die für Wyclif charakteristische, streng
logisch-mathematische Denkweise gibt seiner Lehre erst das Besondere und verwandelt die reformatorische Integration Gottes in die Welt in eine nichtreforma-
torische Verschmelzung von Gott und Welt, Gott und Natur."[5] Mit anderen Worten: Wenn Gott und die Welt eins sind, kann die Welt nicht so bleiben, wie sie ist.

John Wyclif wird aufgrund seiner Lehre von der Universität Oxford vertrieben. Nachdem er daraufhin im königlichen Dienst steht, wirkt er zuletzt
als Geistlicher in der Ortschaft Lutterworth, wo er auch die Bibel in die englische Sprache übersetzt. Engels zählte Wyclif zu jener „Ketzerei der Städte",
die eine „wohlfeile Kirche" gegen die geistlichen Feudalherren schaffen wollte.[6]
Der – blutig niedergeschlagene – Aufstand der englischen Bauern unter Wat
Tyler und John Ball von 1381 geht auf Wyclifs Gedanken zurück und ist von
ihnen inspiriert. Am 31. Dezember 1384 stirbt Wyclif. Das Konzil zu Konstanz
beschließt am 4. Mai 1415, ihn zum Ketzer zu erklären und alle seine Schriften

5   Ebd. S. 3.
6   Engels, S. 344f.

zu verbrennen. Wyclifs Gebeine, die regulär bestattet worden waren, werden 1428 exhumiert und nachträglich als die eines Ketzers verbrannt.

Über verschiedene Wege kommt es in der zweiten Hälfte des 14. Jahrhunderts zu einer Öffnung zwischen England und Böhmen. Wyclifs Gedanken gelangen in das südlichere Europa, spätestens 1397 sind sie in Böhmen belegt. In Böhmen herrscht das „goldene Zeitalter", wie die bürgerliche Historiographie es nennt, eine Epoche wirtschaftlichen und geistigen Aufschwungs in der Regierungszeit Karl IV., der von 1346 bis 1378 böhmischer und deutscher König und ab 1355 auch Kaiser des Heiligen Römischen Reiches ist. Prag, die Geburtsstadt Karls, ist Regierungssitz und damit Hauptstadt des Reiches. Die katholische Kirche ist eine gewichtige Stütze für den Kaiser, denn prägend bleibt in Böhmen weniger der byzantinische Einfluss, der über die Missionare Kyrill und Method nach Böhmen gelangt ist, als vielmehr das „westliche" römische Kirchentum, das die gewaltsame Missionierung der Slawen durch Kaiser Karl den Großen hinterlassen hat. Karl IV. befördert den geradezu ins Unermessliche wachsenden Reichtum der Kirchen und Klöster. Zudem gibt es einen hohen Anteil an Deutschen in der Bevölkerung, was zu ethnischen Konflikten führt. Gerade an der Prager Universität tritt dies immer deutlicher zutage. Der Graben zwischen Arm und Reich tut sich im wirtschaftlich rasch entwickelnden Böhmen besonders tief auf.

Und dort finden die Gedanken von John Wyclif einen so fruchtbaren Boden, dass sie zum Entstehen einer revolutionären Situation beitragen. Der geradezu unerhörte Reichtum der Kirche und der Geistlichen sowie deren politische Machtentfaltung und das Gefühl, national nicht selbstbestimmt zu sein, bewirken Unruhen und Proteste der unerbittlich und gewalttätig ausgebeuteten Bauern, der feudal abhängigen Landbevölkerung und des städtischen Bürgertums. Innerhalb relativ kurzer Zeit werden sie zu einer gesellschaftlichen Explosion führen.

Die hussitische Bewegung

Zwar ist die soziale Bewegung in Böhmen mit dem Namen Jan Hus zurecht und unauslöschlich verbunden, doch ist er bei weitem nicht der erste und einzige, der in Böhmen Reformen der Kirche einfordert. Es gibt Jan Milíč z Kroměříže, Jakoubek ze Stříbra, Jeroným Pražský und manch andere, die ähnlich denken wie er und dieses auch zur Sprache bringen. Zudem sind auch die Waldenser mit ihrem Gedankengut in Böhmen weit verbreitet. Die Nähe dieser Bewegung zum Gedankengebäude John Wyclifs ist unübersehbar. In einer zeitgenössischen Anklage heißt es, dass „der Papst der Waldenser ein *Buch"* sei. Für ihre Praxis spielen neben der freien Predigt, die sich gegen den Reichtum der Kirche richtet, ihre Hochschätzung der Arbeit, der Bildung, des Lebens in Armut, geschwisterliche Beratungen, an denen auch Frauen teilnehmen, eine gewichtige Rolle. Ihr Gottesbild verschmilzt mit ihrem Gerechtigkeitsideal. Der neue Mensch ist verwirklicht in dem nach der Bibel lebenden Menschen. Das ist das ethische Ideal, an dem die Waldenser Kirche und Gesellschaft messen.

Es ist insofern durchaus zutreffend, die Bewegung, die sich in Böhmen entwickelt, als waldensisch- wyclifitisch-hussitisch zu bezeichnen, wobei die Bezeichnungen dafür stehen, dass der gesamte antifeudale Widerstand ein Prozess ist, in dem sich die Positionen gegenseitig befruchten und miteinander so weiterentwickeln, dass er im Böhmen des beginnenden 15. Jahrhunderts eine neue Qualität erreicht.

Aus diesem Prozess erwächst der Theologe Jan Hus. An der Universität zu Prag, wo er seit 1401 Dekan der artistischen Fakultät ist, kommt er mit dem Gedankengut Wyclifs in Berührung und ist an dem jahrelangen kollegialen Disput darüber mitbeteiligt. Er ist ein begabter Redner, der einen Predigtauftrag an der Bethlehemskapelle erhält, die extra für das Predigen in tschechischer Sprache erbaut wird. Die Missstände, die Hus dort thematisiert, gelangen an eine große Öffentlichkeit, mitunter sitzen 3.000 Menschen unter seiner Kanzel. Wie Wyclif wird auch Hus zunächst noch vom König unterstützt. Im Jahr 1410 allerdings erhält er Predigtverbot, das er jedoch ignoriert. 1411 wird er mit dem Bann belegt, 1412 wird über die Stadt Prag seinetwegen ein Interdikt verhängt. Hus verlässt die Stadt. Später wendet er sich in der Hoffnung auf Verständigung an das Konzil, das seit Anfang 1415 in Konstanz tagt. Trotz des königlichen Geleitversprechens, wird Hus dort eingekerkert und nach Anhörung und Verurteilung vor den Toren der Stadt am 6. Juli 1415 verbrannt. Nur wenige Monate zuvor hatte das Konzil mit einem bis heute umstrittenen Dekret[7] das große Schisma innerhalb des

---

7   Machilek, S. 10f.

Papsttums (seit 1378 zwei, seit 1409 drei Päpste), das die Widersprüchlichkeit der feudalen katholischen Kirche besonders krass ans Tageslicht bringt,
beendet. Auch Hus' Freund und Gefährte Jeroným Pražský erleidet ein Jahr
nach Hus den Feuertod.

In seinem bedeutendsten Werk „De ecclesia" von 1414 gelingt es Hus, ein
Programm zu entwickeln, das zwar in religiöse Form gekleidet ist, doch deutlich Standpunkte enthält, die gesellschaftliche Strukturen betreffen. Er erklärt
das Gesetz Gottes in *dem* Sinne zur gesellschaftlich verbindlichen Norm, dass
der, der diesem Gesetz nicht entspricht und sich nicht ihm gemäß verhält –
und sei es ein feudaler Herr –, von Gott selbst (!) seines Amtes enthoben wird.
Und nicht nur das: Hus überträgt nicht nur das Gesetz Gottes direkt auf die
vorfindliche Gesellschaft, er räumt auch dem Menschen das Recht auf Un-
gehorsam ein. Das Volk darf und soll selbst beurteilen, welche Macht der ihm
Übergeordnete haben darf und welche nicht.[8] Damit wird dem Volk eine universale Macht der Vernunft zugesprochen und ein Instrumentarium der Demokratie. Aufgrund dieser Theorie befähigt Jan Hus das Volk zu Widerstand
und Emanzipation.

Neben diesem gedanklichen Apparat ist es der Flammentod, den Hus
erleidet, der in Böhmen zur Entstehung einer revolutionären Stimmung und
zum Ausbruch der Revolution führen wird. Jan Hus stirbt in der festen Überzeugung, dass er einen Kampf um die biblische Wahrheit führt. Aus dem
Kerker in Konstanz schreibt er: Es siegt, wer getötet wird. Und: „Sollte mich
aber die Verfolgung und die Folterqual erreichen, die jene mir zugedacht
haben, so habe ich für diesen Fall erwogen, dass es besser sei, für die Wahrheit den Tod zu erleiden als für eine Schmeichelei einen zeitlichen Lohn zu
erhalten."[9]

Trotz aller Proteste – auch des adligen – Böhmens dauert es bis 1419, bis
die Unruhen öffentlich ausbrechen. Und es ist bezeichnenderweise nicht
die bis dahin in der Kontroverse führende Universität Prag, es ist nicht das
städtische Prager Bürgertum, das zum Hegemon der Widerstandsbewegung
wird. Während sich die Universität zur Hauptvertreterin des Konservativis-
mus entwickelt, den konsequenten Radikalismus zu bekämpfen beginnt und

---

8   Kalivoda/Kolesnyk, *Quellen*, S. 58ff.
9   Zitiert nach Machilek, S. 24

mit dem Königtum zusammengeht, wird das bürgerliche Tabor zum Zentrum der Bewegung. Es beginnen die Pilgerzüge auf die Berge, die mit der Großen Versammlung am 22. Juli 1419 auf dem später so genannten Berg Tabor ihren Höhepunkt erreichen.

Besonders deutlich wird der Abstand zwischen den beiden hussitischen Strömungen in den Formulierungen der Vier Artikel von 1420, die die freie Wortverkündigung, den Kelch im Abendmahl, die Armut der Kirche sowie die Absetzung fehlbarer Geistlicher fordern. Die Prager Version dieser Artikel ist detailreicher, durchgearbeiteter und mit einem reichen Apparat versehen; doch die taboritische Version ist in vielem konsequenter und radikaler.[10] Denn im bürgerlichen Tabor, wo die Vier Artikel entstehen, wird die Theorie des Jan Hus in die Praxis umgesetzt. Im städtischen Prag schon nicht mehr. Hier ist eine erste Phase der Spaltung der antifeudalen Haltung der kirchenkritischen Kräfte und sozialen Bewegung zu sehen. Dennoch sind die Vier Artikel als Kompromisspapier die Grundlage für das Programm der hussitischen Bewegung bis zu ihrer Vernichtung.

Doch auch in Tabor setzt eine Polarisierung ein, nämlich die zwischen bürgerlichen Kräften und der sozialen Volksbewegung (Engels nennt diese „bäuerlich-plebejische Ketzerei"). Aus Enttäuschung über den Rückzug des bürgerlichen Prag in die Reihen des Feudaladels und des Königtums bilden sich in Tabor radikale Gruppierungen, die das Gesetz Christi bis aufs äußerste seiner religiösen Gestalt entheben, eine radikale neue Lebensweise einfordern und leben – und vor allem die Elemente der Eucharistie nur und ausschließlich als Zeichen gelten lassen. Damit greifen sie die feudalistische Kirche in ihrem Kern an. Bekannt auch unter dem Namen Pikarden oder Chiliasten, erwarten sie die Wiederkunft Christi zu ihren Lebzeiten und damit den unmittelbaren Beginn des Reich Gottes.

Eine konsequente Weiterentwicklung dieser noch spirituellen Haltung findet sich bei den Adamiten. Sie bezeichnen sich als „Engel Gottes, die gesandt seien zur Bestrafung der ganzen Welt und hinwegzufegen alles Übel aus dem Königreich Gottes". Als solche sind sie diejenigen, die die vorfindliche gesellschaftliche Ordnung selbst hinwegfegen wollen, ohne auf göttliches Eingreifen zu warten. „Das ist der eigentliche Inhalt der gedanklichen Ent-

---

10 Kalivoda/Kolesnyk, *Quellen*, S. 97ff.

wicklung des bäuerlich-plebejischen Humanismus."[11] Angesichts dieser Radikalität werden sie als gefährlicher „Störfaktor" empfunden und durch die taboritische Bewegung ebenso ausgeschaltet wie sich das bürgerliche Prag von Tabor löst. Namen wie Jan Žižka und Martin Húska stehen für diesen Konflikt.

Der (erste) Prager Fenstersturz gilt als Auslöser der militärischen Kämpfe, die später Hussitenkriege genannt werden. Insgesamt fünf Kreuzzüge werden von der europäischen Feudalmacht aufgeboten, um die siegreichen Hussiten zu schlagen. Das bäuerliche Tabor erkämpft unglaubliche Siege gegen die unschlagbar scheinenden Interventionsarmeen. Vereint durch die Vier Artikel, mit den hus'schen Theorien auf einen gesellschaftlichen Kampf ausgerichtet, durch die Wagenburg-Strategie taktisch gewappnet, tragen die Taboriten ihre Vorstellungen und Überzeugungen weit über Böhmen in den europäischen Raum hinaus. Dieses ihr Programm werden sie zwar theoretisch nicht weiterentwickeln, doch in seiner praktischen Auswirkung ist es einzigartig in Europa.

Dabei ist der Kelch das Symbol schlechthin für die hussitische Revolution. Die „consuetudo bohemica", der böhmische Brauch, 1414 als apostolische Tradition gegen die kirchliche Tradition erkämpft, setzt sich auch in der zweiten Reformation durch. Der Kelch wird zu einem flammenden Fanal des hussitischen Kampfes gegen die feudalistische Kirche und für die Macht der sozialen Bewegung.

Der Kelch für alle,[12] nicht nur für die Geistlichkeit, ist dann aber das einzig greifbare Ergebnis, das für die utraquistische Partei[13] bei den von 1433 zwischen dem Papsttum und den Utraquisten geführten Verhandlungen festgeschrieben wird. Alle drei anderen Forderungen der Prager Kompaktaten (freie Wortverkündigung, Bestrafung von Verfehlungen, Verhinderung von Kirchenbesitz) bleiben praktisch wirkungslos, da sie unter dem ideologischen Vorbehalt der feudalen Kirche stehen.

---

11 Ebd. S. 79.
12 „Der Kelch für alle" brachte den christlichen Grundsatz der Gleichheit aller zum Ausdruck und war deshalb eine zentrale Forderung der hussitischen Bewegung.
13 Als „Utraquisten" (Calixtiner) wurde ab 1436 die gemäßigte Mehrheitsströmung der hussitischen Bewegung bezeichnet.

Zwar ließe sich sagen, dass die Erfüllung der Forderung nach dem Kelch, die das vorrangige Anliegen der Utraquisten ist, eine Nichtigkeit darstellt im Vergleich zu dem vergossenen Blut, das in den Kämpfen gegen die Feudalmächte geflossen ist. Doch ist sie ein erster Bruch mit der feudalen katholischen Kirche, eine erste Einschränkung der bis dahin unumschränkten Macht ihrer Vertreter. Und damit ist „der Kelch" ein erster gelungener Ausbruch aus dem feudalistischen kirchlichen System.

Eine Folge dessen ist die Tatsache, dass der Anteil der hussitischen Bevölkerung an der Gesamtbevölkerung Böhmens im 16. Jahrhunderts mit hoher Wahrscheinlichkeit bei 85 Prozent liegt.

Nachdem die Taboriten den gnadenlosen Kreuzzügen widerstanden haben und mit ihrer Botschaft weit über die Grenzen Böhmens hinausgelangt sind, werden sie in der Schlacht bei Lipany 1434 vernichtend geschlagen. Überlebende Waldenser und Taboriten schließen sich zusammen und gründen 1457 die Böhmisch-mährische Brüderunität. Mit ihrem herausragender Denker Petr Chelčický verharrt sie jedoch wieder in den Grenzen gesellschaftlicher Utopie. Chelčický kritisiert den Feudalismus theoretisch, tastet ihn jedoch praktisch nicht an. Er bleibt wie Wyclif und Hus dabei, dass es der gegenwärtigen weltlichen Macht bedarf, Gerechtigkeit zu sichern und weltliche Dinge zu regeln. In eben diesem Widerspruch – zwischen der Ablehnung des Feudalismus als einer antichristlichen Einrichtung und seiner gleichzeitigen, vermeintlich notwendigen Akzeptanz – bleiben Chelčický und die Brüderunität verfangen. Gleichwohl gehen Elemente des Hussitismus in ihrer Lebenspraxis nicht verloren. Es bildet sich eine Gemeinschaft heraus, die nach strengen ethischen Grundsätzen lebt: apostolische Armut, Ablehnung von Eid und Wehrpflicht, Ablehnung jedweder Gewalt.

Im Laufe des 16. Jahrhunderts kommt es zu verschiedenen Verfolgungswellen und gewaltsamen katholischen Bekehrungsversuchen der Brüderunität. Doch bleibt sie während der Zeit ihrer Existenz in Böhmen von der Mitte des 15. Jahrhunderts bis zur Mitte des 17. Jahrhunderts ihrem gesellschaftlichen und geistigen antifeudalen Erbe treu – trotz aller Hatz, trotz der Missgunst der Utraquisten und trotz der Bestrebungen der Adligen in ihren eigenen Reihen, Ruhe mittels diplomatischer Zugeständnisse herbeizuführen.[14]

---

14 Molnár, *Eschatologie*, S. 118.

Mit Jiří z Poděbrad wird 1558 zum ersten Mal in der Geschichte – durch eine utraquistische Ständemehrheit – ein utraquistisch gesonnener König in Böhmen gewählt. Er ist der erste König im spätfeudalistischen Europa, der sich von der katholischen Kirche abwendet. Sein bedeutendstes politisches Erbe besteht in der Entwicklung des Gedankens einer Konföderation europäischer Staaten. Damit setzt er um, was sich ursprünglich der Internationalität des Waldensertums und des Hussitentum verdankt[15]. Jedoch zum Ketzer erklärt und politisch widersprüchlich zwischen Rom, dem böhmischen Adel und den Utraquisten taktierend, bleibt auch seine Wirksamkeit der spätfeudalistischen römischen Macht verhaftet.

Mit der Schlacht auf dem Weißen Berg 1620 endet zunächst die Geschichte der hussitischen Revolution. Zu den Gründen der Niederlage der protestantischen Stände gehören die fehlende Beteiligung und Einbindung des Volkes und ein kaum durchdachtes politisches Programm. Zudem haben die Stände die calivinistische Lehre vom Staat übernommen, nach der es eine absolute Trennung von Kirche und Staat gibt.[16] Die siegreiche katholische Liga und die kaiserliche Armee setzen der Existenz der Brüderunität in Böhmen praktisch ein Ende. Sie wird fast vollständig vernichtet, eine große Anzahl ihrer Anhänger wird ermordet, andere fliehen, die meisten können nur im Untergrund überleben. Der letzte Bischof der Brüderunität, Jan Amos Komenský, verlässt 1628 das Land. Auch der Utraquismus in seinen verschiedenen Ausprägungen verschwindet. In Böhmen beginnt das Zeitalter der „Dunkelheit". Der Schriftsteller Alois Jirásek versucht in seinem historischen Roman „Temno" (Dunkelheit) von 1915, die für die Bevölkerung traumatisierenden Ereignisse dieser Epoche zu verarbeiten.

Obwohl sich der feudalistische Adel und die katholische Kirche zunehmend gegen das erstarkende Bürgertum erwehren müssen, gelingen ihnen doch immer noch große Siege. Die sich im Zuge der zweiten Reformation verstärkenden deutschen Bauernkriege werden blutig niedergeschlagen, ebenso die Täuferbewegung des 16. Jahrhunderts, die in Münster ihr Zentrum hat. Seit 1545 beginnen die katholische Kirche und der Hochadel, strategisch groß angelegt, protestantische Regionen zu rekatholisieren. Doch Spuren des revo-

---

15 Molnár, *Hus*, S. 23.
16 Molnár, *Eschatologie*, S. 142.

lutionären böhmischen Widerstands werden sich später in den Revolutionen der Niederlande und Englands wiederfinden – und in allen nachfolgenden Revolutionen ebenfalls.

Zurück in die Gegenwart

Die Entwicklungsmechanismen der hussitischen Revolution entsprechen den Entwicklungsmechanismen aller bürgerlichen Revolutionen. Auch die hussitische Revolution verläuft in der Dialektik von rechtem und linkem revolutionären Interesse: Die Rechte erreicht ihre begrenzten Ziele nur durch die revolutionären Erfolge der Volksmassen, die durch die Linke organisiert werden. „In dem Augenblick aber, in dem die Linke durch ihre Energie und ihre glänzenden Siege die Revolution gerettet und die Verhältnisse stabilisiert hat, wird die selbst durch den rechten Flügel der Revolution liquidiert, der dann auf der Basis des bisher Erreichten – woran er selbst das geringste Verdienst hat – seine rechte Variante des revolutionären Programms realisiert." gezwungen.[17]

Ordnet man die hussitische Revolution geistesgeschichtlich in den Kontext des Reformationsgeschehens ein, dann lassen sich markante Unterschiede zwischen erster und zweiter Reformation ausmachen: Die erste Reformation beruft sich vornehmlich auf das Neue Testament und betrachtet es als lex Christi oder lex Dei. Die Schrift ist höchste Autorität und Lebensregel. Erwartet wird ein baldiges Ende der Zeiten, angesichts dessen Prophetie und Visionen um sich greifen und feudale und kirchliche Autorität direkt verneint werden. Die zweite Reformation beruft sich auf die gesamte Bibel, doch hier insbesondere auf die paulinischen Schriften. Die Betonung der Barmherzigkeit Gottes und seiner Gnade relativiert die empfundene Gesetzesseite der Schrift. Die Hoffnung auf die Veränderung von gesellschaftlichen Verhältnissen verlagert sich in das persönliche Leben und verliert so an Kraft.

„Der Unterschied zwischen beiden Reformationsströmen ist nicht nur ein zeitlicher. Es ist vor allem ein Unterschied in ihrer gesellschaftlichen Resonanz. Die erste Reformation ist im weitesten Sinne eine Volksreformation. Sie

---

17 Kalivodas, *Revolution*, S. 246.

vereint in großer Mehrheit Anhänger aus den niedrigsten gesellschaftlichen Schichten, sie stiftet soziale Unruhe, ist nonkonformistisch, manchmal revolutionär. Die zweite Reformation dagegen ist gesellschaftlich konformistisch, konservativ."[18]

Dass die Rechte den Sieg davonträgt, den die Linke errungen hat, gehört auch zu den Erfahrungen unserer Tage. Zu erinnern ist daran, welche Auswirkungen die Oktoberrevolution für die kapitalistische Welt des 20. Jahrhunderts hatte. Mit ihr waren die Gleichheit der Geschlechter, die Gleichheit der „Rassen", die Gleichheit der Völker auf einmal keine Worthülsen mehr, sondern angewandtes Gesetz. Die Bourgeoisie des 20. Jahrhunderts kam nicht umhin, dieses auch in ihrer Gesetzgebung zu berücksichtigen und allmählich zu verankern. Und das Völkerrecht ist – auch – eine Frucht der Oktoberrevolution.

Inzwischen leben wir in einer Situation, in der die Revolution, also die tatsächliche Umwandlung gesellschaftlicher Ausbeutungsverhältnisse, im Weltmaßstab verlorengegangen ist. Friedrich Engels schreibt in seiner Abhandlung zum deutschen Bauernkrieg: „Wer profitierte von der Revolution von 1525? Die Fürsten. – Wer profitierte von der Revolution von 1848? Die *großen* Fürsten [...]"[19] Bei aller Unvergleichbarkeit der historischen Umstände müssen wir heute hinzusetzen: Wer profitierte von der Konterrevolution von 1989? Die *riesengroßen* Fürsten – die Weltkonzerne.

Wir sind heute geneigt, vom Ende der menschheitlich möglichen Revolutionen zu sprechen. Der im bisher blutigsten Jahrhundert der Menschheitsgeschichte erkämpfte Sieg der Linken konnte nicht gehalten werden. Revolutionäre Kräfte scheinen nicht in Sicht zu sein und nicht in Sicht zu kommen. Zu übermächtig ist das Instrumentarium, das die Bourgeoisie des Spätkapitalismus aufbietet, um jeglichen Widerstand gegen sie im Keim zu ersticken.

Bedeutet das Verschwinden des europäischen Sozialismus nicht doch das „Ende der Geschichte"? Brachte das Jahr 1989 nicht doch eine endgültige Niederlage? Wird es je wieder eine weltweite Alternative zum Spätkapitalismus geben? Oder ist das Jahr 1989 ein Teil der Dialektik der Revolution? Bleibt die

---

18 Molnár, *Hus*, S. 26f.; vgl. auch Heiko A. Oberman, *Hus und Luther*, in: Seibt, S. 345f.
19 Engels, S. 413.

Geschichte in Bewegung? Werden sich – gesetzmäßig – Kräfte entwickeln, die den barbarischen Verhältnissen doch grundlegend Einhalt gebieten können? Indem wir uns diesen Fragen stellen, können wir die hussitische Revolution in ihrer Tiefe erfassen. Und wir können sie zu einem Teil unserer eigenen Geschichte werden lassen.

Literatur

Friedrich Engels: Der Deutsche Bauerkrieg, MEW, Berlin 1976, Bd. 7, S. 327–413.
Robert Kalivoda/Alexander Kolesnyk: Das hussitische Denken im Lichte seiner Quellen, Berlin 1968 [Quellen].
Robert Kalivoda: Revolution und Ideologie, Köln 1976 [Revolution].
Franz Machilek (Hg.): Die hussitische Revolution, Köln 2012.
Amedeo Molnár: Die eschatologische Hoffnung der böhmischen Reformation, in: Tschechischer Ökumenismus, Leipzig 1959, S. 59–187 [Eschatologie].
Amedeo Molnár: Jan Hus und die erste Reformation, in: Weißenseer Blätter 5/1983, S. 20–34 [Hus].
Dietrich Schirmer (Hg.): Kirchenkritische Bewegungen, Bd. 1: Antike und Mittelalter, Stuttgart 1985.
Ferdinand Seibt (Hg.): Jan Hus zwischen Zeiten, Völkern, Konfessionen, München 1997.
Gerd Wendelborn: Gott und Geschichte. Joachim von Fiore und die Hoffnung der Christenheit, Leipzig 1974.

Diese überarbeitete und erweiterte Fassung eines Vortrags aus dem Jahr 2011 widme ich postum meinem kirchengeschichtlichen Lehrer Prof. Amedeo Molnár (Prag), der am 31. Januar 1990 starb.

Berlin, 31. Januar 2020

Die Autoren

Dieter Kraft, der bei Hanfried Müller zum Dr. theol. promoviert wurde und sich später zum Dr. sc. theol. habilitierte, war bis zu seiner sog. „Abwicklung" 1992 ordentlicher Universitätsdozent für Systematische Theologie an der Sektion Theologie der Humboldt-Universität zu Berlin. Schon 1991 trat er aus Protest als gewählter Senator zurück. Von 1980 bis 1984 arbeitete er im Prager Stab der Christlichen Friedenkonferenz und redigierte seit 2000 für 10 Jahre die von Hans Heinz Holz und Domenico Losurdo herausgegebene Zeitschrift TOPOS. Als Autor publizierte er regelmäßig u.a. auch in den seit 1982 erschienenen „Weißenseer Blättern".

Constanze Kraft ist eine Berliner Pfarrerin, die in vielfältiger Weise Erfahrungen auf fast allen Gebieten kirchlicher Praxis gewonnen hat: Ganz reguläre Arbeit in verschiedenen kirchlichen Gemeinden, Engagement im Ökumenischen Rat Berlin-Brandenburg, zeitweilig auch als Vorsitzende seiner Theologischen Kommission, Mitglied des Theologischen Prüfungsamtes der Landeskirche, unbedingt interessiert an der Sozietät des Hendrik-Kraemer-Hauses Berlin. Ihr Studium an der Evangelischen Theologischen Comenius-Fakultät in Prag schärfte ihren Sinn für eine geschichtliche Perspektive, die eine grundlegende Veränderung kirchlicher Kooperation zur Voraussetzung hat.

Bisher im Mangroven Verlag erschienen

Werner Seppmann: Kritik des Computers –
Der Kapitalismus und die Digitalisierung des Sozialen
346 Seiten, Preis 16,60 €, ISBN 978-3-94694-602-1

Reinhard Jellen: Pop-Marxismus – Nachrichten aus der Weltgeistzentrale
329 Seiten, Preis: 20,00 €, ISBN 978-3-94694-605-2

Werner Seppmann: Kapital und Arbeit – Klassenanalysen I
161 Seiten, Preis: 17,00 €, ISBN 978-3-94694-600-7

Thomas Metscher: Integrativer Marxismus –
Dialektische Studien Grundlegung
305 Seiten, Preis: 25,00 €, ISBN 978-3-94694-605-5

Elmar Treptow: Die Entfremdungstheorie bei Karl Marx –
Eine dialektische Konkretisierung
166 Seiten, Preis: 16,00 €, ISBN 978-3-94694-607-6

Werner Seppmann: Es geht ein Gespenst um in Europa –
Rechte Mobilisierung zwischen Populismus und Neofaschismus.
Linke Alternativen
304 Seiten, 20,00 €, ISBN 978-3-94694-606-9

Thomas Metscher: Pariser Meditationen – Zu einer Ästhetik der Befreiung
535 Seiten, Preis 30,00 €, ISBN 978-3-94694-603-8

Samir Amin: Eurozentrismus
243 Seiten, Preis 25,00 €, ISBN 978-3-94694-608-3

Michael Wengraf: Institutionalisierung der Vernunft –
Zur Genese der europäischen Universitäten
485 Seiten, Preis 27,00 €, ISBN 978-3-94694-614-4

Werner Seppmann: Das Elend der Philosophie – Über Louis Althusser
381 Seiten, Preis 27,00 €, ISBN 978-3-94694-601-4

Michael Wengraf: Die rechte Revolution –
Veränderte ein Masterplan die Welt?
240 Seiten 18,00 €, ISBN 978-3-94694-610-6